住房和城乡建设部"十四五"规划教材
教育部高等学校工程管理和工程造价专业教学指导分委员会规划推荐教材

综合设施管理导论

曹吉鸣 主 编
刘 亮 林振思 副主编
王万力 主 审

中国建筑工业出版社

图书在版编目（CIP）数据

综合设施管理导论/曹吉鸣主编；刘亮，林振思副主编．－－北京：中国建筑工业出版社，2024.6.
（住房和城乡建设部"十四五"规划教材）（教育部高等学校工程管理和工程造价专业教学指导分委员会规划推荐教材）．－－ISBN 978-7-112-29935-5

Ⅰ．F273.4

中国国家版本馆CIP数据核字第2024JT6842号

本书在总结国内外设施管理最新研究成果的基础上，结合理论探索和应用实践，构建了一套较为完整的设施管理学科体系。全书分为13章，系统地介绍了设施管理的基本概念、典型案例和发展趋势，阐述了设施管理战略规划、组织模式、空间管理、业务外包、建筑维护和能源管理等方面理论和方法，总结了客户关系管理、设施管理绩效审核、业务持续管理、信息技术应用等前沿领域的应用实践。

本书可作为高等学校房地产、物业管理、工程管理、建筑学和土木工程等专业教材，也可作为设施管理相关专业人员学习参考用书。

为了更好地支持相应课程的教学，我们向采用本书作为教材的教师提供教学课件，有需要者可与出版社联系，邮箱：jckj@cabp.com.cn，电话：（010）58337285，建工书院http://edu.cabplink.com（PC端）。

责任编辑：张　晶　冯之倩
责任校对：芦欣甜

住房和城乡建设部"十四五"规划教材
教育部高等学校工程管理和工程造价专业教学指导分委员会规划推荐教材
综合设施管理导论
　　　　曹吉鸣　主　编
刘　亮　林振思　副主编
　　　　王万力　主　审

*

中国建筑工业出版社出版、发行（北京海淀三里河路9号）
各地新华书店、建筑书店经销
北京建筑工业印刷有限公司制版
北京同文印刷有限责任公司印刷

*

开本：787毫米×1092毫米　1/16　印张：$23\frac{1}{4}$　字数：489千字
2024年6月第一版　　2024年6月第一次印刷
定价：**59.00**元（赠教师课件）
ISBN 978-7-112-29935-5
　　　　（42717）

版权所有　翻印必究
如有内容及印装质量问题，请联系本社读者服务中心退换
电话：（010）58337283　QQ：2885381756
（地址：北京海淀三里河路9号中国建筑工业出版社604室　邮政编码：100037）

出版说明

党和国家高度重视教材建设。2016年，中办国办印发了《关于加强和改进新形势下大中小学教材建设的意见》，提出要健全国家教材制度。2019年12月，教育部牵头制定了《普通高等学校教材管理办法》和《职业院校教材管理办法》，旨在全面加强党的领导，切实提高教材建设的科学化水平，打造精品教材。住房和城乡建设部历来重视土建类学科专业教材建设，从"九五"开始组织部级规划教材立项工作，经过近30年的不断建设，规划教材提升了住房和城乡建设行业教材质量和认可度，出版了一系列精品教材，有效促进了行业部门引导专业教育，推动了行业高质量发展。

为进一步加强高等教育、职业教育住房和城乡建设领域学科专业教材建设工作，提高住房和城乡建设行业人才培养质量，2020年12月，住房和城乡建设部办公厅印发《关于申报高等教育职业教育住房和城乡建设领域学科专业"十四五"规划教材的通知》（建办人函〔2020〕656号），开展了住房和城乡建设部"十四五"规划教材选题的申报工作。经过专家评审和部人事司审核，512项选题列入住房和城乡建设领域学科专业"十四五"规划教材（简称规划教材）。2021年9月，住房和城乡建设部印发了《高等教育职业教育住房和城乡建设领域学科专业"十四五"规划教材选题的通知》（建人函〔2021〕36号）。为做好"十四五"规划教材的编写、审核、出版等工作，《通知》要求：（1）规划教材的编著者应依据《住房和城乡建设领域学科专业"十四五"规划教材申请书》（简称《申请书》）中的立项目标、申报依据、工作安排及进度，按时编写出高质量的教材；（2）规划教材编著者所在单位应履行《申请书》中的学校保证计划实施的主要条件，支持编著者按计划完成书稿编写工作；（3）高等学校土建类专业课程教材与教学资源专家委员会、全国住房和城乡建设职业教育教学指导委员会、住房和城乡建设部中等职业教育专业指导委员会应做好规划教材的指导、协调和审稿等工作，保证编写质量；（4）规划教材出版单位应积极配合，做好编辑、出版、发行等工作；（5）规划教材封面和书脊应标注"住房和城乡建设部'十四五'规划教材"字样和统一标识；（6）规划教材应在"十四五"期间完成出版，逾期不能完成的，不再作为《住房和城乡建设领域学科专业"十四五"规划教材》。

住房和城乡建设领域学科专业"十四五"规划教材的特点，一是重点以修订教育部、住房和城乡建设部"十二五""十三五"规划教材为主；二是严格按照专业标准规范要求编写，体现新发展理念；三是系列教材具有明显特点，满足不同层次和类型的学校专业教学要求；四是配备了数字资源，适应现代化教学的要求。规划教材的出版凝聚了作者、主审及编辑的心血,得到了有关院校、出版单位的大力支持,教材建设管理过程有严格保障。希望广大院校及各专业师生在选用、使用过程中,对规划教材的编写、出版质量进行反馈,以促进规划教材建设质量不断提高。

住房和城乡建设部"十四五"规划教材办公室
2021年11月

序　言

教育部高等学校工程管理和工程造价专业教学指导分委员会（以下简称教指委），是由教育部组建和管理的专家组织。其主要职责是在教育部的领导下，对高等学校工程管理和工程造价专业的教学工作进行研究、咨询、指导、评估和服务。同时，指导好全国工程管理和工程造价专业人才培养，即培养创新型、复合型、应用型人才；开发高水平工程管理和工程造价通识性课程。在教育部的领导下，教指委根据新时代背景下新工科建设和人才培养的目标要求，从工程管理和工程造价专业建设的顶层设计入手，分阶段制定工作目标、进行工作部署，在工程管理和工程造价专业课程建设、人才培养方案及模式、教师能力培训等方面取得显著成效。

《教育部办公厅关于推荐2018—2022年教育部高等学校教学指导委员会委员的通知》（教高厅函〔2018〕13号）提出，教指委应就高等学校的专业建设、教材建设、课程建设和教学改革等工作向教育部提出咨询意见和建议。为贯彻落实相关指导精神，中国建筑出版传媒有限公司（中国建筑工业出版社）将住房和城乡建设部"十二五""十三五""十四五"规划教材以及原"高等学校工程管理专业教学指导委员会规划推荐教材"进行梳理、遴选，将其整理为67项，118种申请纳入"教育部高等学校工程管理和工程造价专业教学指导分委员会规划推荐教材"，以便教指委统一管理，更好地为广大高校相关专业师生提供服务。这些教材选题涵盖了工程管理、工程造价、房地产开发与管理和物业管理专业主要的基础和核心课程。

这批遴选的规划教材具有较强的专业性、系统性和权威性，教材编写密切结合建设领域发展实际，创新性、实践性和应用性强。教材的内容、结构和编排满足高等学校工程管理和工程造价专业相关课程要求，部分教材已经多次修订再版，得到了全国各地高校师生的好评。我们希望这批教材的出版，有助于进一步提高高等学校工程管理和工程造价本科专业的教学质量和人才培养成效，促进教学改革与创新。

教育部高等学校工程管理和工程造价专业教学指导分委员会
2023年7月

前　言

随着我国人民对美好生活的追求、社会经济高质量发展和结构转型升级需求，各类企业、事业单位和社会公共机构等组织都面临着升级改造、数字化建设、绿色环保和低碳、服务体验、业务连续性、资产保值升值等一系列机遇和挑战。如何通过高质量建成空间管理来提高资本投资效益，满足战略目标和业务发展要求，提升人民生活舒适性、安全性和便捷性，是各类组织迫切需要解决的难题。

建成空间是人们为了满足社会、政治、经济和生活等需要而建造、安装或建立的空间资产集合，包括城市、园区/社区和建筑物三大层次。设施管理（Facility Management，FM）是集成人员、空间和流程要素，以提高人民生活质量和核心业务生产力为目的组织职能。它是一个跨领域、多学科交叉的新兴学科，通过综合应用管理科学、建筑科学、经济学、行为科学和工程技术等多种学科理论，对建成空间中人类工作和生活环境进行有效的规划和控制，确保业务战略目标的实现。

设施管理的概念是在20世纪70年代后期被提出来的，世界各国相继成立了设施管理协会，在一些高校专门设有设施管理的本科和研究生专业，成立了设施管理研究中心/学院。欧洲标准研究院（ESI）和国际标准化组织（ISO）也正式发布了一系列设施管理标准和规范。

虽然我国设施管理行业发展比较晚，但市场对设施管理高端服务和专业人才需求不断扩大，公众认知也在逐步深化。世界500强跨国企业、国际知名服务供应商发挥了设施管理实践的示范引领作用，我国高等院校、国际性专业协会推动了设施管理知识、理念、方法的传播，培养了一批设施管理的新生力量，有一些传统运营公司实现了向设施管理战略目标的转型升级。根据教学计划的安排，国内部分高校针对本科生和研究生开设设施管理专业课程，这将是我国设施管理行业发展过程中重要的里程碑事件。

本书在2017年出版的《设施管理》基础上，结合设施管理最新研究成果和应用实践，进行了补充、调整和修改，系统地介绍了设施管理的基本概念、典型案例和发展趋势，阐述了设施管理理论体系和实施方法。

本书共分为13章，由曹吉鸣担任主编，刘亮、林振思担任副主编，王万力担任主审。具体编写分工如下：第1章、第2章，曹吉鸣；第3章，刘亮；第4章，曾辉；第5章，陈艳秋；第6章，徐帆；第7章，林振思；第8章，刘亮；第9章，马腾、赵鹏；第10章，俞嘉；第11章，朱倩；第12章，汤红霞、袁德铮；第13章，齐振华、林振思。

  本书在编写过程中得到了同济大学经济与管理学院和中国建筑出版传媒有限公司（中国建筑工业出版社）领导的大力支持，也得到了李秋锦、白云松、周诗杰、缪莉莉、汪平华、孙实建、杨克、单显林、卢罡、余涛、施骞、许鹏、刘慧敏等业界专家教授的热情帮助，叶亦明、邢梦珏、许志远、吴曼钰、刘聪等为本书的资料编辑和整理做了大量工作，在此一并表示衷心的感谢。

  本书可以作为房地产、物业管理、工程管理、建筑设计和土木工程类专业的课程教材，也可作为设施管理相关专业人员的参考资料。

  由于作者的学术水平和实践经验有限，书中错误、遗漏和不足之处，敬请有关专家、学者和读者批评指正。

2024年2月于同济大学

目 录

第1章 设施管理概述 /001

本章导读 001
主要内容 001
1.1 设施管理的基本概念 002
1.2 设施管理的产生和发展趋势 009
1.3 设施管理的专业要求和相关学科 015
关键术语 022
复习思考题 023

第2章 设施管理战略规划 /025

本章导读 025
主要内容 025
2.1 设施管理战略概述 026
2.2 设施管理战略规划 031
2.3 房地产投资决策 038
关键术语 044
复习思考题 045

第3章 设施管理组织 /047

本章导读 047
主要内容 047
3.1 设施管理利益相关方 048
3.2 设施管理组织模式 051
3.3 设施管理组织变革 059
3.4 设施管理组织体系 063
关键术语 067
复习思考题 068

第4章 工作空间管理 /069

本章导读 ... 069
主要内容 ... 069
4.1 工作空间需求分析 ... 070
4.2 工作空间配置 ... 077
4.3 工作空间变化 ... 084
4.4 工作空间搬迁 ... 091
关键术语 ... 096
复习思考题 ... 097

第5章 设施管理商务 /099

本章导读 ... 099
主要内容 ... 099
5.1 资本项目经济评价 ... 100
5.2 设施管理预算 ... 107
5.3 生命周期成本 ... 118
关键术语 ... 127
复习思考题 ... 127

第6章 设施管理外包 /129

本章导读 ... 129
主要内容 ... 129
6.1 设施管理外包概述 ... 130
6.2 设施管理外包决策 ... 137
6.3 设施管理外包合同 ... 144
关键术语 ... 153
复习思考题 ... 153

第7章 建筑运维管理 /155

本章导读 ... 155
主要内容 ... 155
7.1 建筑运维概述 ... 156

7.2 建筑运维管理体系 163
7.3 建筑运维实施 169
关键术语 179
复习思考题 179

第8章 环境、健康和安全管理 /181

本章导读 181
主要内容 181
8.1 环境、健康和安全管理概述 182
8.2 建筑环境管理 188
8.3 职业健康与安全管理 196
8.4 绿色建筑评价标准 206
关键术语 211
复习思考题 212

第9章 建筑能源管理 /213

本章导读 213
主要内容 213
9.1 建筑能耗结构及其指标 214
9.2 建筑能源管理体系 222
9.3 建筑能源管理工具与方法 229
关键术语 240
复习思考题 240

第10章 客户关系管理 /241

本章导读 241
主要内容 241
10.1 客户关系管理概述 242
10.2 客户关系实施 248
10.3 客户满意度测评 257
关键术语 263
复习思考题 264

第 11 章 设施管理服务评价与审核 /265

本章导读 265
主要内容 265
11.1 设施管理服务范围 266
11.2 设施管理服务水平协议 272
11.3 设施管理关键绩效指标 279
11.4 设施管理审核 286
关键术语 291
复习思考题 291

第 12 章 业务持续管理 /293

本章导读 293
主要内容 293
12.1 业务持续管理概述 294
12.2 业务影响与风险 303
12.3 业务持续响应计划 311
12.4 业务持续管理实施 318
关键术语 323
复习思考题 323

第 13 章 设施管理信息技术 /325

本章导读 325
主要内容 325
13.1 设施管理信息系统概述 326
13.2 基于 BIM 的设施管理 339
13.3 数据驱动设施管理 345
关键术语 353
复习思考题 353

参考文献 354

第 1 章

设施管理概述

本章导读

设施管理（Facility Management，FM）是一个跨学科、多专业交叉的新兴行业。随着国际和国内实践案例积累和理论方法研究深入，初步形成了系统化专业体系，其影响力也在不断提升。我国正进入社会和经济发展的新时代，组织优化、技术变革、环境可持续等一系列因素给我国设施管理行业带来了巨大的市场机遇和挑战。本章主要探讨设施管理的基本概念，回顾和展望设施管理产生和发展趋势，并阐释设施管理的学科体系。

主要内容

- ❖ 设施管理定义和特点；
- ❖ 设施管理任务与范围；
- ❖ 设施管理价值；
- ❖ 设施管理的产生、现状与发展趋势；
- ❖ 设施管理专业的人才标准和知识体系；
- ❖ 设施管理者的能力框架；
- ❖ 设施管理与相关学科的关联。

1.1 设施管理的基本概念

在国际上对于设施管理还没有形成统一共识，不同国家和组织对于设施管理都有不同的定义和解释。但设施管理的意义和作用却得到了社会各界广泛的认可。

1.1.1 设施管理的定义和特点

设施是组织所拥有的一种重要资源，是保证生产、生活和运作过程得以进行的必备条件，其日常运作需要庞大的费用成本开支，作为资产也具有增值保值的能力。此处组织是指社会法人实体，包括公共机构、企业单位和社会团体，下文针对特定对象简称为企业。

（1）如何界定设施

设施一词在英文语境中所包含的范围非常广泛，可以从两个层面来理解。

从广义上看，设施（Facilities或Facility）是为某种需要而建造、安装或建立的资产集合。因此，一个单项资产并不是设施（例如，一辆汽车不是设施，一个空气处理机组也不是设施）。同样地，非经建造的事物也不是设施，即使它是一项资产（例如，自然保护区不是设施）。广义设施范围没有特别的适用限制，它不仅限于建筑物和工作场所，也可被应用于邮轮、飞机、火车等专项领域，尽管大多数诸如此类的大型专用资产通常有其特别的管理规程。

从狭义上看，即本书所指的设施特指用于生产、生活和社会活动的场所及其配套设备。如工厂、办公楼、医院、学校、体育场、展览馆等空间场所以及支持各类活动的软、硬件基础设施。

（2）怎样理解管理

管理是指在特定的环境条件下，对企业所拥有的人力、物力、财力、信息等资源进行有效的计划、组织、指挥、协调和控制，以期高效地达到既定组织目标的过程。

从控制论的角度看，管理是由多个工作环节组成的有限循环过程。管理环节组成，如图1-1所示。

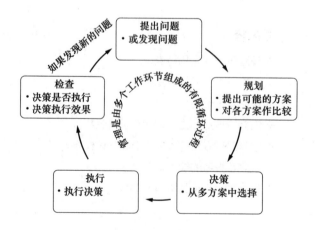

图1-1 管理环节组成

彼得·德鲁克（Peter F. Drucker）认为：管理是一种工作，它有自己的技巧、工具和方法；管理是一种器官，是赋予组织以生命的、能动的、动态的器官；管理是一门科学，是一种系统化的并到处适用的知识；同时管理也是一种文化。

亨利·法约尔（Henri Fayol）认为，管理是所有的人类组织都有的一种活动。这种活动由五项要素组成：计划、组织、指挥、协调和控制。

（3）设施管理定义

通过文献阅读，可以发现大量关于设施管理的术语和解释。

国际标准化组织（International Organization for Standardization，ISO）在ISO 41011:2017中提出：设施管理是在建成环境中整合人员、空间和流程，以提高人们的生活质量和核心业务生产率的一项组织职能。

国际设施管理协会（International Facility Management Association，IFMA）认为，设施管理是一门通过整合人员、空间、过程和技术，以确保建成环境实现设计目的的包含多个学科的专业。

工作空间与设施管理学会（Institute of Workplace and Facilities Management，IWFM）定义：设施管理是在组织内对约定的用以支持和提高其核心业务效益的服务进行维护和发展的过程集成。

德国设施管理学会（German Association for Facility Management，GEFMA）认为，设施管理是一门对企业核心业务流程进行必要的支持辅助工作的管理学科。工作场所设计和资产保值是设施管理经理关注的重点。

这些定义从不同的角度给出了对设施管理的不同解释，基本思路是一致的。它综合利用管理科学、建筑科学、经济学、行为科学和工程技术等多种学科理论，将人、空间、技术与过程相结合，对人类工作和生活空间环境进行有效的规划和控制，是一项以改善人们生活质量、满足核心业务战略为目的的组织功能。

设施管理是一个复合名词。因此，不能简单地从字面解释，将设施和物业、设备进行简单的组合。所谓设施设备管理、物业设施管理的叫法，不仅没有一个确定的含义，还可能对设施管理的理解产生歧义。在英文中，Facility Management和Facilities Management可作为同义词使用，均表示设施管理，简称为FM。

（4）设施管理特点

设施管理倡导以人为本的理念，与传统的行政管理、后勤管理及物业管理等具有显著的不同，设施管理者需要具备商务、技术、沟通、谈判、洞察、领导能力，理解组织愿景、宗旨、文化和战略，这样才能够对用户各个层面的相关需求作出有效决策，并实现与组织主营业务目标相一致的满意结果。设施管理在活动空间中整合了三项关键的组织资源：人员、过程、技术。设施管理整合要素，如图1-2所示。

图1-2 设施管理整合要素

设施管理有如下几个方面的特点：

1）针对对象。设施管理不同于项目管理的一次性活动；它更多偏向于持续性的、重复性的任务，属于服务科学和企业管理的范畴。它的对象包括硬性的技术（Technical）服务和软性的管理（Managerial）业务两个方面，涉及面广。

2）管理目标。设施管理通常是非营利性的，属于企业成本中心，需要按计划和预算支出成本费用，也有企业将房地产和设施管理（RE/FM）设置成独立的利润中心。它的根本目标是从战略层、管理层和运作层支持企业核心业务发展，提供高品质、舒适、健康和温馨的工作空间环境。

设施管理须先确保基础运营（尽职尽责），才可能获得管理层和用户认同（消除噪声）；进而实践卓越运营，并逐步融入公司业务战略层面；最终实现从保障支撑者到业务战略伙伴的角色转变。企业设施管理目标定位，如图1-3所示。

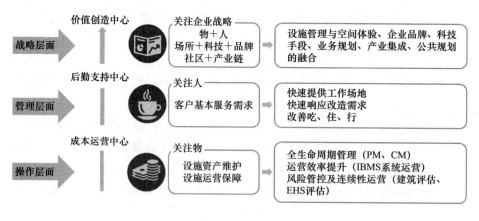

图1-3 企业设施管理目标定位

3）专业领域。设施管理突出企业中人、设施、资源和环境的整合，它首先是一项管理岗位，涉及企业战略、经济、技术、环境、合同、法律、人文等跨学科、综合性专业领域和理论知识。设施管理经理人需要协调企业内部各业务部门、外部供应商团队、最终用户等相互关系，对其执业素质、综合能力具有非常高的要求。

4）组织模式。企业设施管理部门就像财务管理、人力资源管理、采购管理和IT等部门一样，是一个重要的核心业务的支持部门，肩负着实施企业宏观战略的任务。企业内部的设施管理可以自营，也可外包给专业设施服务供应商，聘请专业设施管理顾问团队，或组成共同参与的合作伙伴团队。设施管理不是单纯关于外包服务的管理，尽管在一些市场获取外包支持仍是交付设施管理的重要选择之一。

5）生命周期。设施管理以及企业房地产（Corporate Real Estate，CRE），或资产管理（Asset Management，AM），或工作场所管理（Workplace Management）等，尽管有不同的称呼，其专业范围均涉及设施的前期策划、设计、施工、使用维护等阶段的全生命周期。既包括企业房地产的组合投资、选址、租赁和交易，设施运行阶段的战略、资产、空间、维护、能源、应急管理，还涉及设施新建、更新改建和扩建中的项目管理等。全生命周期设施管理，如图1-4所示。

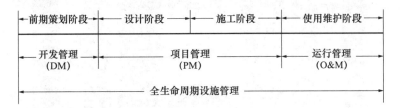

图1-4 全生命周期设施管理

现代设施管理与传统物业管理（尤其是住宅物业管理）的区别，如图1-5所示。此外，设施管理（FM）与资产管理（AM）、企业房地产（CRE）、工作场所管理（Workplace Management）等新兴专业有一定的交集。

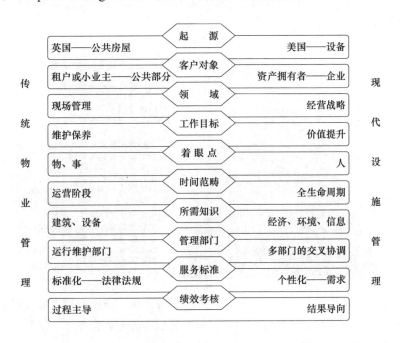

图1-5 现代设施管理与传统物业管理的区别

1.1.2 设施管理的任务和范围

设施管理的任务和范围取决于企业需求和结构，从优化企业绩效和资产价值的角度，协调建立在经济目标、组织目标和战略目标基础之上的需求和供应关系是设施管理至关重要的任务。

设施管理可以分为战略、管理和操作不同层面的任务。核心业务所驱使的设施管理的需求，由服务水平协议（Service Level Agreement，SLA）确定，并通过内部或外部服务供应商负责交付和提供，关键绩效指标（Key Performance Indicator，KPI）主要用于设施管理绩效衡量，并监控服务水平协议（SLA）的实施进程，也可以用于企业之间的基准分析和比较，以识别和鉴定最佳实践。设施管理供求关系框架，如图1-6所示。

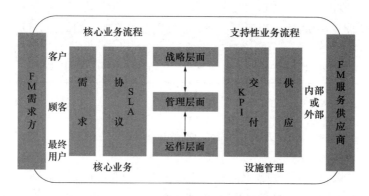

图1-6 设施管理供求关系框架

设施管理的任务是通过平衡企业内部的需求和供应目标，以实现从需求、服务水平与交付能力、资源供应之间的优化组合。不同层面设施管理的任务，如图1-7所示。

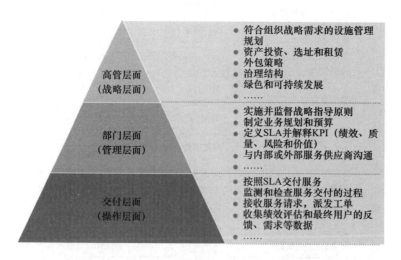

图1-7 不同层面设施管理的任务

根据《企业房地产与设施管理指南》一书的分析，设施管理者需要负责企业内部所有的与设施相关的业务，因此其所涉及的功能和职责非常广泛和复杂。企业房地产与设施管理职能范围，如图1-8所示。

根据分析，设施管理的管理范围可以从服务链的业务深度和广度两个方面理解。设施管理业务范围，如图1-9所示。

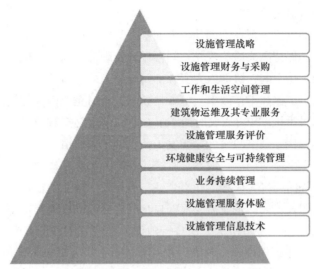

图1-8 企业房地产与设施管理职能范围

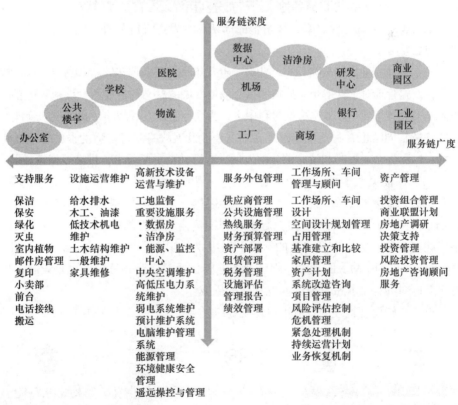

图1-9 设施管理业务范围

1.1.3 设施管理的价值

设施管理是企业相当关键的商业职能,它不仅影响企业的收入和成本、品牌和社会形象,而且对企业核心业务的生产或服务、员工生活质量、健康和安全、工作环境,尤其是在员工的招募和留存上起着重要作用。当设施管理能够推动或支持企业最终产品或服务时,其战略重要性则会进一步提升,设施管理部门本身也会有更高的价值定位。

设施管理的价值体现在下列几个方面：

（1）提供和保持高品质的工作空间。设施管理部门通过提供安全、环保、健康和人性化的工作空间，协助人力资源部门吸引人才、留住精英型员工，同时最大限度地帮助员工提高工作效率。例如，微软公司对企业内部空气质量进行净化改造，员工通过手机APP可以实时的了解企业内部空气指数情况；谷歌公司亮丽的、个性化的现代办公空间设计，激发了员工的工作热情。

（2）降低全生命周期运行成本。有统计表明，企业工作场所空间成本是除人力资源成本之外的第二大成本。在当今经济形势下，企业的投资回报、经营效益及成本的压力越来越大。企业需要根据自身战略和投资战略确定选址，并确定是购置土地自行建设，还是租赁土地自行建设，抑或是租赁已有的工作场所。另外，企业的存量建筑规模越来越大，几百万甚至上千万平方米建筑面积的体量，分布在全国各地甚至全世界各地，如何充分利用好现有存量建筑资产，合理配置有限的资源，提高运行效率，从全生命周期角度发挥设施管理的最佳经济效益，显得非常重要。

（3）支持企业发展战略和核心业务。近几年来，越来越多的企业高层管理者意识到，设施管理对于支持企业战略和核心业务发展的意义和重要性，设施管理者也越来越多地参与到企业战略决策过程中去，为企业制定发展战略，提供设施管理方面的支持，同时也有利于设施管理者根据企业发展战略制订合适的设施管理战略计划，以促进企业战略和核心业务的发展，履行社会责任要求，推动可持续发展。

（4）保证突发事件下的业务连续性。一些重大的突发性事件，譬如地震、火灾、大风、暴雨、爆炸，或者玻璃幕墙坠落、广告牌倒塌等，不仅会造成人员伤亡和财产损失，还可能会引起生产和经营业务过程的中断，造成较大的社会影响。如何在突发事件发生的情况下运用业务连续管理（Business Continuity Management，BCM）的理念，保证业务连续，及时应对和处理，也是设施管理者需要面对的一个非常重要的问题和新的挑战。

成功实施设施管理的效益可以体现在以下五个方面，如图1-10所示。

办公空间规划、优化和维护	营造更有吸引力的工作环境	优化设施的可靠性、能效和可持续	复杂的房地产资产/设施的先进质量管理	风险管理、治理与业务连续管理
·实现企业房地产资产保值 ·支持房地产资产规模增长 ·更好地控制成本	·有助于吸引人才 ·提高员工留职率 ·提高员工生产率	·提高（国际）信誉 ·改善品牌形象 ·改善企业社会责任绩效	·改善总体效益 ·提高设施设备正常运行时间 ·减少维护成本	·提高在困难时期节流增效 ·降低业务中断概率 ·迅速恢复正常运行

图1-10 成功实施设施管理的效益

总之，设施管理要求采用系统理论和方法，达到资产设施全生命周期经营费用与使用效率的最优结合,在保证资产保值增值的基础上,为各类企业带来更多的社会、经济和生态效益。

1.2 设施管理的产生和发展趋势

设施管理是为了满足企业对节约设施运行成本、提高服务效率的社会需要应运而生的,跨国公司的实践应用、高校等研究机构的研究、专业公司和协会的推动,进一步扩大了国内外设施管理市场规模,促进了设施管理理论研究和实践水平的提高。

1.2.1 国外设施管理的产生和发展

设施管理的定义和理念虽然是在20世纪70年代后期才确定并开始推广,但在这之前,许多拥有大量房产设施和庞大运行维护预算但缺少资金预算的高校、大型企业以及政府部门已经在进行设施管理实践,只是这种实践还未上升到理论体系的高度。

在20世纪70年代能源危机背景下,由于全球化竞争加剧、IT技术发展、办公空间环境需求的提高,设施管理学科应运而生。1979年,美国首先成立了密歇根州的设施管理协会;1981年,更名为国际设施管理协会(IFMA)。

1984年,设施管理被引入欧洲。房地产和运营领域的专家先后发起成立了英国、荷兰、德国、意大利等欧洲27个国家各自的设施管理协会。由于欧洲各个国家的文化、经济、语言和法律法规、市场结构等各不相同,所以欧洲各个国家设施管理的发展各有特色。

随后,日本、澳大利亚、韩国及"金砖五国"中的巴西、南非等国家也都先后发起成立了设施管理组织。澳大利亚政府为推动设施管理的发展,专门出台了一份"设施管理行动方案(Facility Management Action Agenda)"。

国外与设施管理相关的专业机构有全球设施管理联合会(Global FM)、国际设施管理协会(IFMA)、工作空间与设施管理学会(IWFM)、国际建筑业主与管理者协会(BOMA)、全球企业不动产协会(CoreNet Global)、英国皇家特许测量师学会(Royal Institution of Chartered Surveyors,RICS)等。如今,IFMA在全球100多个国家的注册会员超过2.2万名,会员从业者管理超过770.5亿平方米的资产,并且每年经手超过7740亿美元的产品和服务交易。有关设施管理组织机构信息,见表1-1。

设施管理组织机构信息　　　　　　　　　　　表1-1

组织名称	组织名称(英文)	简称	所属国家或地区
国际设施管理协会	International Facility Management Association	IFMA	美国
工作空间与设施管理学会	Institute of Workplace and Facilities Management	IWFM	英国

续表

组织名称	组织名称（英文）	简称	所属国家或地区
欧洲设施管理网络	European Facility Management Network	EuroFM	欧洲
德国设施管理协会	German Association for Facility Management	GEFMA	德国
日本设施管理协会	Japan Facility Management Association	JFMA	日本
韩国设施管理协会	Korea Facility Management Association	KFMA	韩国
国际建筑业主与管理者学会	Building Owners and Managers Association International	BOMA	美国
英国皇家特许测量师学会	Royal Institution of Chartered Surveyors	RICS	英国
全球设施管理联合会	Global Facilities Management	Global FM	美国
澳大利亚设施管理协会	Facility Management Association of Australia	FMAA	澳大利亚
巴西设施管理协会	Associação Brasileira de Facilities	ABRAFAC	巴西
全球企业不动产协会	The Global Association for Corporate Real Estate	CoreNet Global	美国
南非设施管理协会	The South African Facilities Management Association	SAFMA	南非
香港设施管理学会	The Hong Kong Institute of Facility Management	HKIFM	中国香港
新西兰设施管理协会	Facilities Management Association of New Zealand	FMANZ	新西兰
荷兰设施管理协会	Facility Management Nederland	FMN	荷兰
匈牙利设施管理协会	Hungarian Facility Management Society	HFMS	匈牙利
中东设施管理协会	Middle East Facility Management Association	MEFMA	中东

此外，很多高等院校都设立了设施管理相关的本科和硕士专业学位，有的大学还成立了设施管理研究机构。例如，伦敦大学学院、悉尼大学、佐治亚理工学院、康奈尔大学、香港理工大学、多伦多大学、波士顿大学等。

2010年起，国际标准化组织（ISO）和欧洲标准化委员会（CEN）编制发布了一系列设施管理标准，如ISO 41000系列标准、EN 15221系列标准。已发布设施管理系列标准见表1-2。

设施管理系列标准　　　　　　　　　　表1-2

序号	标准号或计划号	标准名称	发布日期	状态	备注
1	ISO 41011:2017	Facility management — Vocabulary	2017/3/31	已发布	正在修订 ISO/CD 41011
2	ISO 41012:2017	Facility management — Guidance on strategic sourcing and the development of agreements	2017/3/31	已发布	
3	ISO/TR 41013:2017	Facility management — Scope, key concepts and benefits	2017/7/11	已发布	
4	ISO 41001:2018	Facility management — Management systems — Requirements with guidance for use	2018/4/23	已发布	
5	ISO/IEC 17021—11:2018	Competence requirements for auditing and certification of facility management（FM）management systems	2018/11/1	已发布	

续表

序号	标准号或计划号	标准名称	发布日期	状态	备注
6	ISO 41014:2020	Facility management — Development of a facility management strategy	2020/9/9	已发布	
7	GB/T 36688—2018	设施管理 术语 Facility management — Vocabulary	2018/9/17	现行	等同 ISO 41011:2017
8	GB/T 36689—2018	设施管理交底 一般要求 Facility management briefing — General requirements	2018/9/17	现行	
9	GB/T 40046—2021	设施管理 质量评价指南 Facility management — Guidance on quality evaluation	2021/4/30	现行	
10	GB/T 40059—2021	设施管理 战略寻购和协议制定指南 Facility management — Guidance on strategic sourcing and the development of agreements	2021/4/30	现行	等同 ISO 41012:2017
11	GB/T 41474—2022	设施管理 运作与维护指南 Facility management — Guidance on operation and maintenance	2022/4/15	已发布	
12	GB/T 41473—2022	设施管理 办公场所空间管理指南 Facility management — Guidance on office space management	2022/4/15	已发布	
13	EN 15221—1:2006	Facility Management — Part 1: Terms and definitions	2006/10/25	已撤销	被EN ISO 41011:2018替代
14	EN 15221—2:2006	Facility Management — Part 2: Guidance on how to prepare Facility Management agreements	2006/10/25	已撤销	被EN ISO 41012:2018替代
15	EN 15221—3:2011	Facility Management — Part 3: Guidance on quality in Facility Management	2011/10/19	已发布	正在修订
16	EN 15221—4:2011	Facility Management — Part 4: Taxonomy, Classification and Structures in Facility Management	2011/10/19	已发布	正在修订
17	EN 15221—5:2011	Facility Management — Part 5: Guidance on Facility Management processes	2011/10/19	已发布	正在修订
18	EN 15221—6:2011	Facility Management — Part 6: Area and Space Measurement in Facility Management	2011/10/19	已发布	正在修订
19	EN 15221—7:2012	Facility Management — Part 7: Guidelines for Performance Benchmarking	2012/10/17	已发布	正在修订
20	EN ISO 41011:2018	Facility management — Vocabulary（ISO 41011:2017）	2018/5/16	已发布	等同 ISO 41011:2017正在修订
21	EN ISO 41001:2018	Facility management — Management systems — Requirements with guidance for use（ISO 41001:2018）	2018/5/30	已发布	等同 ISO 41001:2018
22	EN ISO 41012:2018	Facility management — Guidance on strategic sourcing and the development of agreements（ISO 41012:2017）	2018/6/27	已发布	等同 ISO 41012:2018
23	EN ISO 41014:2020	Facility management — Development of facility management strategy（ISO 41014:2020）	2020/9/23	已发布	等同 ISO 41014:2020
24	CEN ISO/TR 41013:2021	Facility management — Scope, key concepts and benefits（ISO/TR 41013:2017）	2021/3/3	已发布	等同 ISO/TR 41013:2017

设施管理与企业房地产、工作场所等领域的整合，促进了相关专业的融合和交流，进一步培育和促进了全球范围内设施管理专业市场的发展，也推动了设施管理学术交流、实践总结和人才的培养，逐渐形成了比较完善的设施管理体系。设施管理专业发展历程，如图1-11所示。

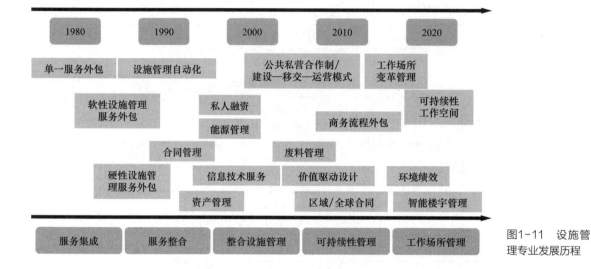

图1-11 设施管理专业发展历程

1.2.2 我国设施管理市场演化

虽然我国设施管理发展比较晚，但是设施管理的实践和运作从20世纪90年代就已经开始了。随着大量的外资企业进入我国内地市场，高端设施管理服务需求不断扩大，国外专业设施管理组织以全球战略合作伙伴关系的身份也纷纷进入我国内地，积极开拓我国本土设施管理市场。

从我国设施管理理论研究、应用实践和行业推广的角度看，得益于下列三方面力量的共同推动。

（1）我国高等院校、专业机构

高等院校、专业机构的设施管理领域承担科学研究、人才培养的任务，通过案例分享和经验交流，开展与国际组织、国外高校、研究机构的交流，为我国设施管理专业发展提供了有力支持，输送了一批合格的新生力量。1997年夏，同济大学与国际设施管理协会（IFMA）共同举办了我国第一次设施管理研讨会；2003—2006年，同济大学联合香港设施管理学会（HKIFM）、香港大学等分别召开了"策略性设施管理在中国""设施管理解决方案"等国际研讨会；2011年，同济大学成立了设施管理研究中心和学生社团，出版了专业教材《设施管理概论》；2014年，同济大学推出设施管理门户网站，在上海、深圳等地开设面向专业人士的设施管理高级研修课程；2014年，吉林大学开设设施管理第二学位，吸引建筑学、土木工程、工程管理、房地产开发与管理等相关专业大学生学习设施管理专业知识。2017年，同济大学成立设施管理研究院；2018年，同济大学设施管理研究院分别与戴德梁行（CUSHMAN & WAKEFIELD）、上海大学工程与项目管理研究所发布了《2017设施管理行业基准报告》《国际设施管理高等学历教育研究报告》；2019年，我国设施管理领域第一个产学研相结合的公益性组织——企业房地产和设施管理专业联盟（Corporate Real Estate and Facility Management Professional Union）成立，并在专业联盟主持下联合三十多位专家和学者出版了《智慧设施管理（Smart FM）战略研究报告》（2018年）、《企业房地产与设施管理指南》（2019年）、《产学研联合打造CRE&FM人才持续发展》（2021年）、《智慧企业房地产与设施管理（Smart CRE&FM）战略研究报告》（2022年）等，并提供了大量社会、政府和企业的设施管理咨询服务，积累了大量实践案例。

（2）跨国企业和专业服务供应商

改革开放以来，摩托罗拉、英特尔、通用电气等世界500强企业相继在中国引入设施管理模式，带动了华为、联想、腾讯等我国内地头部企业设施管理实践业务的开展，树立了国内标杆和最佳实践；国际专业设施管理服务供应商，如江森自控（Johnson Controls）、仲量联行（JLL）、戴德梁行（Cushman&Wakefield）、索迪斯（Sodexo）等积极推行设施管理，发挥了行业示范引领作用。与此同时，国内综合性服务公司也通过向设施管理领域转型升级，专业服务能力有了很大的提升。

20世纪90年代末，我国内地设施管理的客户群体主要为欧美的金融机构，如摩根大通、花旗银行等；之后，客户群体的重心偏向了高科技大型跨国企业，如诺基亚、英特尔等；现在，客户群体在不断扩大，并向信息技术、生物科技、医疗、研发、高校等多领域拓展。

（3）国际性专业协会

国际性专业协会，如国际设施管理协会（IFMA）、全球企业不动产协会（CoreNet Global）、国际建筑业主与管理者协会（BOMA）、英国皇家特许测量师学会（RICS）等，包括我国香港设施管理学会（HKIFM），在我国内地举办了一系列设施管理的峰会、研讨会、学习课程，通过发展专业会员、提供专业刊物和阅读书籍等方式，推动了我国设施管理知识、理念、方法的传播。

1.2.3 设施管理发展趋势

企业对于设施管理的重视程度随着宏观经济的增长、萎缩而波动起伏，呈现出一定程度上的相关性。未来一段时间，设施管理的发展将体现在下列几个方向。

（1）企业战略

设施管理的作用与企业核心业务战略紧密联系，设施管理在决定生产率、支持技术革新、提高工作效率、雇员满意度和公众理解等方面能够发挥巨大的作用。设施管理专业人员通过充分理解企业的长期发展战略，有机会将设施管理职能部门提升成为企业运营战略的一个关键参与方，并最终使其设施管理能力与企业核心战略保持一致。例如，针对空气质量改善的暖通空调系统改造项目往往被视为一项基本的成本开支，但它能够减少员工的病假天数，以及由此带来的工作效率提高，能够为企业带来直接的经济效益。由此证明了设施管理强有力的战略性作用。

（2）业务连续性

业务连续性（Business Continuity）是指在中断事件发生后，企业在预先确定的可接受的水平上连续交付产品或提供服务的能力。中断事件包括但不限于安全保卫、恐怖行动、自然灾害、工作场所暴力、化学和生物事件、流行性疾病和数据保护等可能影响企业及其员工的事件。预先的计划和准备对于减少事故、迅速恢复是非常重要的。业务连续性管理（Business Continuity Management，BCM）是识别对企业的潜在威胁以及这些威胁一旦发生可能对业务运行带来的影响，并为企业建立有效应对威胁的具有自我恢复能力的一整套管理流程。

（3）变化管理

变化管理（Change Management）涉及业务变化、建筑物的扩展、提高效率的持续需求以及经常性的变化等。变化总是不可避免的，数字化和技术革命步伐的加快给设施管理提出了更加复杂的要求。企业核心业务中的程序变化、政策法律的变化、经营环境的变化，都需要设施管理专业人员做出明确和快速的反应。设施管理专业人员要尽可能早地发现变化，提供运营、搬迁、空间变化（增加或扩展）过程中时间和费用的预案，保持建筑物的机动性和组织灵活性。

（4）可持续性

可持续性涉及环境责任、能源管理、高效系统的投资、室内空气质量等问题。随着工业化的发展，环境资源的消耗越来越受到人们的关注。对于设施管理专业人士来说，制定和贯彻低碳、节能的战略方针，履行可持续发展的社会责任，将是未来尤为关注的工作重点。

（5）新技术应用

客户需求和科学技术的变化，将会逐步形成基于云计算、物联网（IOT）、图像识别、虚拟现实、机器人、大数据、无人机、智能电网、建筑信息模型（BIM）、集成工作场所管理系统（IWMS）等一批设施管理新技术和工具，为设施管理向精细化、标准化、数字化运营管理方向转变，创建科技、服务和环境相融合的高效工作环境提供了有力的技术手段。在这个日益由数据驱动的商业环境下，设施管理者可利用新兴技术解决方案来捕获实时数据，并通过模型建立和数据挖掘，作出更加明智的预测、决策。

（6）国际化

由于我国企业国际化市场的扩展和竞争领域的扩大，全球化地理位置的分布越来越国际化，也会引入国际化团队，各国团队在文化、语言、法律、制度、标准和教育背景等方面均存在差异。设施管理专业人士需要针对广阔的国际环境提供无缝的工作流，应对不同发展阶段、地理障碍、文化差异和环境变化。

（7）更新改造

随着我国大规模建设周期的结束，既有建筑存量规模越来越大。设施管理专业人员将更多地面临既有建筑的维护、更新和改造的艰巨任务。设施管理专业人员要根据设施投资回报率（Return on Investment, ROI）进行再投资或替换的决策，这当中既需要提高对既有建筑、结构和维护技术知识的了解，还需要掌握技术经济综合分析能力。

设施管理理论发展和实践运用，将会给传统的基建、后勤、行政、物业管理模式带来根本性变革，形成一种新的发展理念。我国设施管理发展重点，如图1-12所示。

图1-12 我国设施管理发展重点

1.3 设施管理的专业要求和相关学科

设施管理经理人的知识、能力、素质、理念和工作经验直接关系到设施管理的成败，成功的设施管理活动无不反映出设施管理经理人卓越的管理才能，而失败的设施管理活动也从反面说明了设施管理经理人的重要性。

1.3.1 设施管理专业人才标准

人才是我国新时代CRE&FM行业发展的第一要素，也是制约未来CRE&FM发展的瓶颈。设施管理经理人是企业设施管理的领导者，承担设施管理组织、计划及实施全过程的任务，对提供给各类客户的产品或服务负有最终责任，以保证设施管理目标的成功实现。

国际设施管理协会（IFMA）关于设施经理的调查，形成了设施管理经理人的一个大致轮廓：

（1）85%的设施经理管理多场所的设施；

（2）54%的设施经理管理超过500000平方英尺的空间面积；

（3）40%的设施经理所在企业的员工人数超过1000人；

（4）68%的设施经理管理1/6的企业员工，甚至更多；

（5）76%的设施经理是男性，24%是女性；

（6）所调查的设施经理的平均年龄是49岁，具有27年的全职工作经验；

（7）81%的设施经理拥有专业协会的资格认证，61%拥有学士学位甚至更高，

20%拥有硕士学位甚至更高；

（8）拥有专业资格和学位的人员中，34%的人主修商业管理。

当今组织系统发展的一个趋势是组织结构的扁平化，多数工作人员被赋予更多的责任和更大的权力，中间几乎不设经理人。设施经理所需的技术、人力、经济、管理方面的技能往往是跨专业的，这就需要设施经理是通才，具有战略的眼光，能够收集整理、综合分析设施信息，学会与企业中其他部门打交道，确定解决问题所需的资源和行动过程。当设施经理遇到疑难问题时，可调动社会力量邀请专家会诊，协力解决。

同济大学设施管理研究院作为我国高校系统首家设施管理专门研究机构，联合了企业、政府、高校等各方力量，考虑不同层级专业人士的能力需求，从教育水平、工作经验、业务知识、专业技能、行为表现和专业素养六个方面全方位考核设施管理专业人才，构建设施管理专业人才标准体系，旨在为行业提供专业能力评估和发展指导。设施管理专业能力标准体系，如图1-13所示。

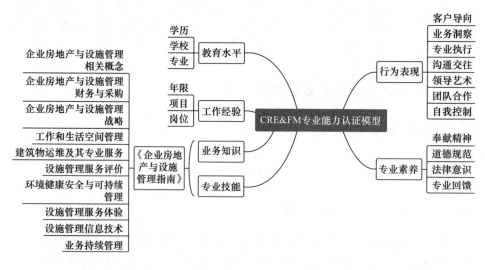

图1-13 设施管理专业能力标准体系

1.3.2 设施管理专业知识

知识具有内在的联系，并且这些联系中存在着一定的规律性，通过对这些规律的梳理可以在各种知识之间建立起系统的、完备的结构。这一结构体系被称为知识体系。

设施管理理论知识涉及社会、政治、经济、技术、管理、法律、环境等诸多方面，需要多学科知识的支撑和融合。设施管理专业知识体系，如图1-14所示。

设施管理知识体系可以帮助从业人员梳理横向学科之间的关系，使其具备触类旁通的能力；可以帮助从业人员透视纵向知识之间的联系，使其具有上下贯通的能力。当设施管理从业人员具备了这样的能力，则理论学习和实践应用效率就会大大增强。

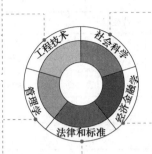

- 建筑学、工程结构、施工技术、建筑设备、环境保护、信息技术、计算机、地基基础等
- 建筑设计、空间评估、能源审计、结构加固、环境测评、设备维护等
- 战略管理、项目管理、服务管理、组织论、风险管理、知识管理、人力资源管理、采购管理、领导艺术等
- SOWT分析、精益生产、5S、合同能源管理、计算机设施管理系统、绩效评价、组织结构、分析评估等

- 美学、心理学、人体工程学、行为科学等
- 审美判断、艺术感觉、心理计测、人体构造、动作域、动机、激励、群体行为等
- 估价学、经济学、会计学、财务管理、项目融资、造价、国际贸易、税务管理等
- 全寿命成本、资产回报、费用效益分析、成本估算、税收计算、利率计算、汇率分析、财务预算、国际结算等

- 建筑法、经济法、劳动法、城市规划法、环境法、招标投标法、能源法、国际法、LEED等
- 法律、法令、条例、司法、仲裁、争端解决、证据等

图1-14 设施管理专业知识体系

为了应对市场需求、培养设施管理专业人才,全球范围内多家专业协会、高等院校相继开设了设施管理类培训课程、本科和研究生学位教育课程。其中,国外高校本科和研究生设施管理学位教育课程,见表1-3;作为国内最早开设相关高等级课程的高校,同济大学设施管理高级研修班的课程模块,见表1-4。

国外高校本科和研究生设施管理学位教育课程　　　　表1-3

学院/大学/机构	所在学院	学位性质	主要课程
Hanze University	School of Facility Management	本科4年	FM概论、设施管理过程分析、工作场所、服务管理、建筑可持续性管理、质量管理、设施经济管理、变革管理
Conestoga College Institute of Technology and Advanced Learning	Engineering & Information Technology	本科4年	建筑材料、建筑科学、计算机、科学技术沟通、商业经济学、物业管理、发展经济学、建筑规划、建筑管道、照明和电力系统、金融学、会计学、公共事业管理、设施运营和维护、施工质量管理、商业地产、合同管理、建设风险管理、遗产保护
Ferris State University	School of Built Environment	本科4年	设施管理原理、空间计划理论、经济学原理、项目管理、室内设计原理、基本商业法、房地产开发和规划、概预算、管理决策工具、统计学、组织行为学、人力资源管理、商业道德和社会责任
The Hong Kong Polytechnic University	Department of Building Services Engineering	硕士2.5年	设施管理专业实践、战略设施规划与资产管理、设施经济管理、建筑资产维护管理、设施服务管理、设施管理技术集成、可持续发展与建筑环境、设施法律管理
The University of Sydney	Faculty of Architecture Design & Planning	硕士3年	建筑科学概论、设施管理战略、金融决策、建筑资产管理、风险管理、室内环境质量监控、设施运营管理
University College London	Facility & Environment Management	硕士1年	设施管理概论、运营管理服务、设施管理法律、环境管理和可持续性发展、空间和工作场所管理、社会可持续发展、有效建筑服务系统、可持续运营设施管理
Arizona State University	School of Sustainable Engineering and the Built Environment	硕士2年	运营与维护、设施管理、建筑能源管理、设施项目管理、可持续性设施、先进业务流程、领导原理、应用项目、实习

续表

学院/大学/机构	所在学院	学位性质	主要课程
Georgia Institute of Technology	College of Architecture, Building Construction	硕士 2年	设施管理趋势、建造资产的维修管理、安全及环境问题、设施规划、项目管理、标杆分析、房地产物业管理、设施管理财务分析、项目交付系统、设施设计和施工价值管理、设计施工流程、先进的项目管理、建设研究的定量方法

同济大学设施管理高级研修班课程模块　　　　　　　　表1-4

模块	主题	内容
一	基本原理与行业发展	介绍FM基本定义、范围和特点，探讨FM行业背景和市场需求，描述FM行业的历史发展和面临的挑战，解析新常态下FM的创新理论和实践应用
二	战略规划	介绍企业发展战略、文化与FM之间的关系，结合具体案例分析企业房地产（CRE）选址、租赁和交易过程中多项目投资组合（Project Portfolio）战略，讲解企业FM战略规划编制、实施和评价的全过程管理
三	组织体系	运用组织行为学原理，分析现代企业组织制度和FM组织模式、结构和流程的演变，探讨FM相关利益方关系，结合跨国公司案例分析FM部门在企业中的地位和作用
四	外包与合同治理	介绍FM市场需求和行业竞争态势，讲解FM外包战略决策方法和外包合同模式，探讨SLA、KPI指标设计，研究FM服务采购策略、流程和技巧，分享达到卓越FM合同治理的实操和经验
五	项目交接与运营实务	分析项目移交接管工作内容和流程，讲解FM运营关键要素控制，掌握预防性运维策略和计划方法及超声波、红外线成像、RFID等技术的应用
六	精益运营管理	介绍FM精益（Lean）运营的理念、目标、特点和方法，分享跨国企业实施FM标准化质量管理体系和FM精益运营管理的成功案例和思考
七	项目策划与控制	介绍项目策划程序、方法和关注点，分析项目决策策划和实施策划的任务，通过典型案例分析总结项目管理过程中的常见误区。在任何时候，做正确的项目永远比把项目做完美更重要
八	工作场所空间规划与管理	介绍工作场所空间需求、空间规划、空间分类等基本原理和方法，讲解空间成本（Chargeback）核算的指标、租赁和搬迁步骤，探讨顺应现代人文和科技发展的办公空间变革趋势和典型案例
九	经济评价和财务管理	介绍工程技术经济分析工具，讲解评价指标体系的构成和判断标准，并通过案例分享运行维护、更新、升级和改造项目的决策技术；另外，分析FM财务成本组成，研究FM财务预算编制、实施和评估流程，探讨FM成本预测、决策、控制和考核方法和手段
十	信息技术应用	介绍BIM技术发展趋势和FM领域的应用；研究大数据、互联网+技术在FM领域的应用，分享数据驱动的设施管理实施蓝图；介绍计算机辅助FM系统、应急管理系统等代表性应用软件的功能和特点
十一	客户关系管理	了解基于服务科学的客户关系管理原理，阐述客户需求识别和价值分析方法，讲解客户满意度、FM服务质量与客户感知、客户服务、沟通技巧等基本要点，结合跨国公司案例探讨提升客户满意度的途径
十二	基准分析和尽职调查	讲解基准分析（Benchmark）的方法和步骤，分析FM基准分析框架结构；详细分析国际、国内FM服务标准和费用基数，并介绍国际上代表性的建筑性能评价和尽责调查方法
十三	绿色建筑与EHS管理	讲述可持续发展的理念，分析绿色建筑建设和运营中的资源、环境和健康问题，介绍世界主要国家绿色建筑评估体系及应用案例；介绍EHS概念及设施运营中的EHS，剖析管理者在EHS中的角色和职责，论述EHS风险的识别和管理
十四	业务连续性管理	介绍业务连续性管理（BCM）定义、历史、法律法规和监管体系，分析常态模式下和事件模式下的核心管理环节，结合特定对象学习风险识别、应急预案、风险应对等领域建模和仿真方法
十五	职业发展与能力要求	邀请FM专业协会负责人和资深专家，介绍优秀FM经理应具备的专业能力和要求，分享个人成长经历和从业体会，探讨FM经理的职业发展路径，支招FM从业人员的职场"天花板"困境

鉴于设施管理理论和方法丰富多样，设施管理专业人士既要掌握某一专业领域的纵深知识，又要有宽阔的知识面，具备多学科的广泛视野。作为一个跨专业管理领域，设施管理专业人士要不断加强新知识的学习，推动设施领域的知识管理。

1.3.3 设施管理专业能力

设施经理是经过系统工程、商务、金融、财经等专业训练，既懂技术、又懂经济的复合型管理人才，在发现、分析和解决设施管理问题过程中能够明确主导方向、基本思路、技术路线和组织途径，有较高的沟通和人际交往技巧。

设施管理专业能力模型可采用三层架构标准体系，包括第一层能力单元（六项）、第二层能力要素（分成两级）和第三层能力要素描述。设施管理专业能力框架，如图1-15所示。

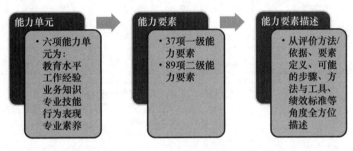

图1-15 设施管理专业能力框架

英国皇家特许测量师学会（RICS）将设施管理专业能力分为核心能力和可选能力，并按不同要求分成3个层次。RICS设施经理能力标准，见表1-5。

RICS 设施经理能力标准　　　　表1-5

核心能力： ☐ 客户要求分析 ☐ 企业房地产管理 ☐ 消防安全 ☐ 维护管理 ☐ 采购与招标 ☐ 项目财务控制及报告 ☐ 供应商管理			可选能力： ☐ 建造技术与环境服务 ☐ 合同管理 ☐ 环境管理 ☐ 设计及规范 ☐ 可持续发展		
层次1	层次2	层次3	层次1	层次2	层次3
知道 理解	判断 应用 实施	报告 方案 建议	知道 理解	判断 应用 实施	报告 方案 建议

IFMA设施管理专业人士能力要求，见表1-6。

IFMA 设施管理专业人士能力要求　　　　表1-6

序号	能力方面	具体要求
1	沟通与交流 （Comunication）	管理、监督沟通计划的建立与使用，准备并传递能实现既有目标的信息

续表

序号	能力方面	具体要求
2	应急准备和业务连续 (Emergency Preparedness and Business Continuity)	规划、管理、监督并支持整个企业应急响应计划，同时也要规划、管理、监督并支持整个企业业务保障方案
3	环保和可持续发展 (Environmental Stewardship and Sustainability)	管理、监督并支持整个企业环保行为，同时也要管理、监督整个企业对建筑和自然环境可持续性的维护
4	财务和经营 (Finance and Business)	管理、监督设施管理部门的财务管理。执行及管理、监督与业务合同有关的财务活动，管理采购及分账流程
5	人员因素 (Human Factors)	开发并推行提升整个企业及其设施管理部门的能力和目标的项目
6	领导和战略 (Leadership and Strategy)	领导设施管理部门，带领整个企业发展，进行战略性规划
7	运行和维护 (Operations and Maintenance)	评估设施的基本情况，管理、监督设施的运行和维护工作，管理、监督用户服务（停车、修理、餐饮、礼宾、设施服务台、安保），管理、监督维修承包过程，规定、建议及管理、监督设施的运行计划条件（温度控制、照明、设备替换等）
8	项目管理 (Project Management)	规划并管理、监督项目
9	质量 (Quality)	规划及管理、监督设施管理部门相关标准的建立和应用。评价提供的服务质量，管理、监督工作程序的改进，确保并把控其是否符合规范、相关法规、政策和标准
10	不动产管理 (Real Estate and Property Management)	建立并实施企业不动产的总体规划，管理、监督不动产资产
11	技术 (Technology)	规划、指导及管理、监督设施管理业务及操作技术

1.3.4 与设施管理相关的学科

设施管理理论知识涉及多种学科的交叉融合，其实践过程中往往会与物业管理（Property Management）和资产管理（Asset Management）等混淆。尽管它们三者之间有一定的联系，但其实施范围、特征、方法和目的具有本质的不同。

（1）设施管理与物业管理的关系

物业管理，是指业主或物业服务企业按照物业服务合同约定，对房屋尤其是住宅及配套的设施设备和相关场地进行维修、养护、管理，维护物业管理区域内的环境卫生和相关秩序的活动。物业管理在我国具有特定的含义，受到国家政策、法规等制度性文件的规范，其主要侧重于物业的维护、保养、保洁、保安、绿色环保等操作性业务，旨在确保物业正常运行，节约物业运行成本。设施管理与物业管理（尤其是居住物业管理）具体的区别和联系表现在以下几个方面：

1）服务物业领域

设施管理涉及人类有效生活环境中所有的相关设施，具体包括医院、学校等公用设施、工厂和科技园等工业设施以及写字楼、酒店等商业设施；物业管理更侧重于居用物业领域，诸如住宅小区等。尤其是我国颁布了一系列物业管理条例，将物业管理纳入社区管理和行政管理的范畴，赋予物业管理特定的含义。

2）服务内容和范围

设施管理的范围非常广泛，涉及人类所有建成空间环境，包括对不动产、土地、建筑物、设备、房间、家具、备品、环境系统、服务、信息物品、预算和能源等设施的管理；服务内容涵盖了设施战略规划、商务与采购、专业维护、设计建造、空间管理、财务管理、绿色与可持续、健康安全等各大方面。物业管理主要涉及物业的日常维护管理以及一些保洁、保安、绿化等辅助支持性活动。因此，设施管理范围远超物业管理工作的内容。

3）服务目标

设施管理最主要的目标是从业主战略角度整合企业所有的建成空间活动，支持所在企业核心业务的发展和人员的舒适、健康和安全；物业管理的目标主要是从乙方的角度，根据合同约定为业主提供良好的公共区域空间秩序，保持物业的日常运营、安全、整洁和经济。

4）角色地位

设施管理与物业管理二者最核心的区别在于角色地位的差别。设施管理是企事业单位、政府机构内部的部门职责，该部门承担着本企业内部所有的设施管理工作，支持本企业发展。设施管理作为核心业务支持部门，其对于企业发展的支持作用已越来越受到高层管理者的重视，设施管理者已开始进入决策层，为制定企业战略提供设施管理方面的支持；而物业管理在企事业机构内部作为设施管理的一项外包业务，往往以第三方服务机构的身份，面对的是大量小业主和众多的服务需求。

5）所需知识结构

设施管理者不仅需要具备丰富的专业知识，更需要掌握各项管理技能，如战略管理、合同管理、空间规划、客户关系、沟通谈判、财务分析等；而物业管理所需要的知识重点在日常维护专业技术和工作技能。

（2）设施管理与资产管理的关系

资产是指由企业过去的交易或事项形成的、由企业拥有或者控制的、预期会给企业带来经济利益的资源。按照不同的标准，资产可以分为不同的类别。按耗用期限的长短，可分为流动资产和长期资产；按是否有实体形态，可分为有形资产和无形资产。可见，资产的概念要比设施具有更广泛的内涵，资产体现的是能够带来经济利益的资源；设施更多地反映场所、空间、环境等提供生产、生活的物质资源。

在财务服务领域，人们习惯于将资产管理理解为"从投资中获取最好的回报"。可是，现在资产管理也延伸用于描述针对物质资源、数据和信息资源、人力资源、公共形象、声誉等资产的专业化管理。

资产管理是将一系列单个的独立改进和行动组合在一起，形成管理流程、工具、执行评估的集合。资产管理具有非常动态的、自我调整的功能。资产管理的理论体系和架构，如图1-16所示。

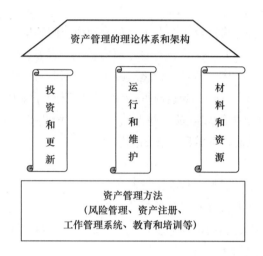

图1-16 资产管理的理论体系和架构

资产管理主要包括资产经营开发、租赁及投资管理等内容。其重点是从货币的角度减少资产运维费用、提高资产价值，实现无形和有形资产的保值和增值，以及对于新资产的投资和采购决策，以满足全生命周期内收益价值最高的需要。

由此可见，资产管理更多地关注投资回报率等经济性指标，其对象要比设施管理宽泛得多。两者的交叉部分，即针对空间资产（或不动产）的管理，涉及土地、建筑物、基础设施、建筑设备、办公设备、交通工具、景观绿化、人等物质要素的管理；设施管理的职责范围比资产管理广阔，采用的技术和方法也更丰富多样。资产性只是设施属性的一个维度，资产管理也只能是设施管理的一个方面。

此外，设施管理（FM）与企业房地产（CRE）、工作场所管理（Workplace Management）等新兴专业也有一定的交集。

> **关键术语**
>
> 设施管理　全生命周期　建筑环境　战略规划　业务连续性　业务连续管理　设施管理功能　职业经理人　知识结构　发展趋势　变化管理　企业不动产　工作场所管理

> **复习思考题**

1. 设施指的是什么？根据各个协会的定义，设施管理的定义是什么？
2. 设施管理是人员、过程、技术和空间的整合，那么它有哪些特点？
3. 设施的全生命周期包含哪些方面？
4. 设施管理的任务可分为哪几个层面，不同层面的任务包含什么内容？
5. 企业房地产与设施管理的职能范围包含哪些方面？
6. 推行设施管理的意义是什么？
7. 简述设施管理的发展趋势。
8. 设施管理专业知识体系包括几个范围？具体内容是哪些？
9. 设施管理专业能力框架包含哪些能力单元？
10. 分析设施管理和物业管理的关系。
11. 分析设施管理和资产管理的关系。

第 2 章

设施管理战略规划

本章导读

设施管理者如果整天忙于响应各种各样的请求、指令，往往处于被动反应式运作模式。越来越多的设施经理意识到设施管理的前瞻性和战略性规划非常重要，需要将设施管理与企业核心业务战略相结合。本章将介绍设施管理战略在企业中的角色定位、设施管理战略规划的概念及其制定、实施以及评估的全过程。

主要内容

- ❖ 设施管理战略的定义、任务；
- ❖ 竞争战略的相关模型；
- ❖ 设施管理战略规划的定义、地位、目标和影响因素；
- ❖ 设施管理战略规划的内容框架；
- ❖ 设施管理战略规划的制定和实施；
- ❖ 房地产投资模式、选址策略及获取方式。

2.1 设施管理战略概述

随着设施管理业务拓展，其聚焦点正从战术—运行层面慢慢转向战术—战略层面，设施经理们也越来越关注设施管理战略的制定、执行。设施管理战略作为企业战略的一部分，为企业战略目标的形成提供有形资源和服务性支持。

2.1.1 设施管理战略的基本概念

（1）战略一词的由来和定义

战略一词原来是军事术语。《中国大百科全书》中的解释是：战略是指导战争全局的方略。其本义是对战争的整体性、长远性、基本性谋划。对战争的谋划有两种：局部性、短期性、具体性的谋划是战术，而整体性、长远性、基本性的谋划是战略。

赛勒斯·索普（Cyrus Thorpe）于1917年著的《理论后勤学——战争准备的科学》一书提出"战略、战术、后勤三位一体的结构"，他认为"战略之于战争，犹如情节之于戏剧；战术比之为演员扮演的角色；后勤则相当于舞台管理，置办道具及提供演出的种种维护工作"。

根据亨利·明茨伯格（Henry Mintzberg）的5P定义，企业战略具有下列五种层面的含义：首先，从企业未来发展的角度来看，战略表现为一种计划（Plan），如五年计划、十年计划就属于公司发展的战略；其次，从企业过去发展历程的角度来看，战略则表现为一种商业模式（Pattern），如互联网O2O、P2P等模式；再次，从产业层次来看，战略表现为一种定位（Position），如有些产品定位于高端人群、有些产品推崇平民文化；另外，从企业认知层次来看，战略则表现为一种观念（Perspective），如商场主推有机食品的理念；最后，战略也表现为企业在竞争中采用的一种计谋（Ploy），如为打入海外市场或垄断市场所制定的策略。战略的基本目标是实现竞争优势，为企业带来卓越的赢利绩效。在某种意义上，战略是竞争优势和赢利的驱动力量。

（2）设施管理战略的概念

巴雷特（Barrett）模型中提出设施管理理论上包括两个截然不同的功能，即设施管理战略和设施管理运营。设施管理战略为企业提供长期可持续经营目标，设施管理运营为企业日常运作提供服务支持。为了实现长期可持续经营目标，设施管理部门需要为企业设立一个支持企业核心业务的远景目标，并对实现目标的轨迹进行清晰的总体性和指导性谋划，也即设施管理战略。

设施管理通过寻求合适的行动方式为企业核心业务经营服务提供支持并使资金价值最大化。因此，设施管理战略应当包含财务目标、工作场所空间、服务外包、人力资源、维护维修、客户满意度和IT服务等战略领域。设施管理战略任务，如图2-1所示。

图2-1 设施管理战略任务

2.1.2 企业竞争战略模型

1985年哈佛商学院教授迈克尔·波特（Michael Porter）出版的《竞争优势》一书中提出通过分析五种因素，可以诊断出任何行业的结构，并创建竞争战略。这五种因素是：客户力量、供应商力量、行业准入壁垒、替代者威胁和行业内竞争者综合水平。波特竞争模型，如图2-2所示。

图2-2 波特竞争模型

波特的竞争战略理论说明了企业需要战略的原因，即在竞争环境下赚取高于行业平均水平的利润。

（1）战略分析

应用SWOT分析对企业资源的优势（Strengths）和劣势（Weaknesses）以及外部的机会（Opportunities）和威胁（Threats）进行评估，可以全面了解企业具有的内部优势和劣势，判断公司面临的外部机会和威胁。准确的SWOT分析是精心构思战略的基础。SWOT分析示例，如图2-3所示。

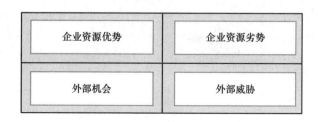

图2-3 SWOT分析示例

通过SWOT分析,可以收集企业总体业务情况和改善公司战略行动的信息。

1)企业总体业务情况。① 总体情况处于从"十分脆弱"到"极其强大"的哪个等级?② 企业情况有哪些处于最有利和最不利的方面?

2)企业改善战略的行动。① 将企业资源优势与能力作为企业战略的基石;② 专注最适合企业优势和能力的市场机会;③ 改善妨碍企业抓住重要的市场机会和抵抗外部威胁的劣势;④ 利用企业优势来降低主要外部威胁的影响。

(2)战略选择

根据波特的竞争战略理论,可以归纳出两种基本战略,即成本领先与独特的产品或服务。

1)成本领先。即通过大量生产获得低成本优势,其基本思想是通过增加市场份额建立规模优势、扩大生产以降低生产成本、注重降低成本等。

2)差异化产品或服务。即在细分领域提供独特的产品或服务,表现为满足特殊需求客户的偏好、提高产品服务的附加值、注重差异化价值等。

在波特两种基本战略的基础上,可延伸出四种战略,即卓越营运、黏性培养、产品领先与颠覆创新。四种企业战略模型及特点,见表2-1。

四种企业战略模型及特点　　　　表2-1

特点＼类别	卓越运营	黏性培养	产品领先	颠覆创新
聚焦	流程效率	客户体验	产品质量	差异化
时间管理关注点	内部节奏	客户反应时间	有竞争力的反应时间	被采纳的时间
主要考评指标	失误次数	客户再购买率	产品规格	快速超越
企业文化	控制型文化	协作型文化	竞争型文化	培育型文化
企业高层来自	运营、财务	市场部、客户支持部门	销售、工程部	研发部门

企业对于不同战略的选择会形成不同的企业文化。企业文化和战略匹配关系示例,如图2-4所示。

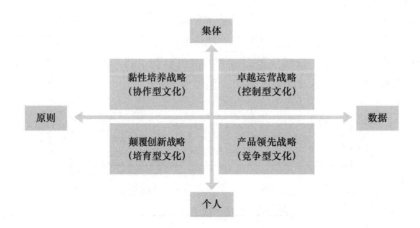

图2-4 企业文化与战略匹配关系示例

协作型文化和控制型文化更注重集体目标的实现,培育型文化和竞争型文化更强调个人发展;协作型文化和培育型文化需要切实可行的运行原则作支撑,而控制型文化和竞争型文化更强调数据的作用。

2.1.3 设施管理战略示例

设施管理战略不仅要符合企业发展战略,而且还要指导设施管理部门为企业战略目标的实现提供有形资源和服务性支持,为企业的市场定位和竞争策略提供决策支持。

制定设施管理战略的起点是充分理解根据企业愿景和使命制定的经营战略。经营战略将转化为业务部门的业务战略,其中建筑物只是为客户提供产品或服务所需的众多企业资源之一。设施管理战略将对投资组合策略所期望的目的和绩效水平进行说明,它将列出建筑组合的类型、位置、成本、价值和质量,以及将促进支持企业愿景和使命的"品牌形象";为业务所期望的设施服务质量设定标准,并使设施管理团队能够评估这些服务所需的资源、结构和预算。

从高层次上来说,设施管理战略应该被纳入企业业务和财务规划过程。每年(或根据需要更频繁地)审查总体政策和战略的实施状况,并作为常规业务和财务规划的一部分进行周期性的调整。

【案例2-1】[①]

某微系统公司在快速发展期间,面临办公空间紧张困境。对于微系统公司来说,其主要竞争优势在于它能比竞争对手更快地把产品送至用户手中。该公司设施管理部门的管理者秉信:"公司设施管理部门的使命是不让工作场所空间问题成为通往公司经营目标道路上的障碍。为做到这一点,我们要确保公司在合适的位置、以合理的价格获得足够恰当的场所和空间"。他们在进行战略选址时采用波特竞争战略模型,需要考虑的问题如下:

(1)关于购买者/客户的问题

工作场所直接或间接地影响着公司之间的关系。如果客户在公司的办公地点进行交易,则公司办公场所的规划与设计与客户对公司的看法之间就会产生直接的联系。

① 新的公司选址是否为客户与公司进行的业务活动提供了方便性?

② 公司的地址对客户有影响吗?如果有,有没有其他选址或者能够降低成本,或者能更好地实现服务的差异化?

③ 设施管理战略是否准确地传递了公司的公众形象?

(2)关于供应商的问题

如果供应商能够轻易地对公司的产品或服务的重要原材料抬高价格或者中断供给,那么说明这个行业内,供应商的力量非常强大。公司需要考虑如下问题:

---

① Arthur A. Thompson, Jr., John E. Gamble .A. J. Strickland Ⅲ. Strategy: Winning in the Marketplace Core Concepts, Analytical Tools, Cases[M]. McGraw-Hill/Irwin, 2006.

① 公司是在合适的地方办公吗？办公空间能吸引最好的雇员吗？
② 公司的办公选址是否与供应商毗邻？
③ 办公地点在选址上是否具有优势和竞争力？
④ 公司选址时是否考虑到了物料限制？如今这些限制仍然存在吗？

（3）关于准入壁垒问题

准入壁垒是指新介入者进入某一行业高额的进入成本或者其他困难及障碍因素。准入壁垒并不总是产品或服务的固有特征。关于准入壁垒需要考虑的问题是：

① 公司是否为竞争对手设置了更高的准入壁垒？
② 公司是否能降低成本以便实现低成本战略？
③ 公司在资源共享方面是否做得比竞争对手更好？

（4）关于替代品威胁的问题

替代品是与现有产品具有类似功能或作用，但在实质上完全不同的产品。替代品可以彻底改变一个产业的竞争规则。关于应对替代产品威胁需要考虑的问题如下：

① 替代产品如何改变公司对设施管理的需求？
② 公司选址是否能对新产品的快速开发和创新提供支持，以应对替代品的威胁？

（5）关于行业内竞争的问题

竞争者之间的对抗是不争的事实。关于行业内竞争需要考虑的问题如下：

① 公司所在的行业竞争程度如何？
② 设施管理能否提升竞争优势？
③ 工作场所选址能够为公司提供优于竞争对手的优势吗？

【案例2-2】①

某公司办公楼建设于20世纪80年代中期，拥有独特开放式建筑空间，但建筑物已经老化。无论从人力、地点或是技术方面考虑，设施管理人员毫无疑问担当着极其关键的"早期决策者"的身份和责任，他们面对的问题是"我们如何在维持现状的基础上，更好地运行我们的企业？"。

空间需求方面。通过与人力资源部门沟通和其他相关部门的共同工作，定义公司的空置岗位数量，预测未来员工需要和工作容量的供需配比，这一过程中需要依靠战略性设施管理规划。

投资决策方面。15年前该公司耗资1400万美元购置了该处建筑，并投资1000万美元对其进行整改，对旧设备和装置进行更新。据测算，该建筑在接下来的10年内，还需要耗费额外的1200万美元对建筑物和设备进行按需更换等整改活动，这种整改活动使得现有建筑、设备的整体价值提升到3600万美元。对此，该公司的财务总监以及设施管理人员进行了一系列的战略性思考，并提出了相关的主要问题：

① 公司所处的地理位置是否符合公司发展战略和市场需求？

---

① 巴里·林奇. 设施管理需要进行哪些战略规划思考.

② 相对于重新选址购置其他建筑或者租用其他建筑，当前进行的投资是否真的更具价值？

③ 是否还存在其他未知开支出现的可能？

配套设施方面。设施管理人员发现当前的计算机机房空置率为70%，而现有的不间断电力供给以及应急发电机容量面对即将翻倍的公司内部计算机需求，将在7年内无法满足全部计算机的电力配额供给。对此IT部门、首席财务官以及设施管理人员再次共同提出了如下问题："办公场所的计算机配备是否真正值得成本付出？"以及"是否有可能将公司的主服务器设置在总部？"高达1000美元/平方英尺的建造费用以及电脑机房的电力成本都是设施管理财务分析的主要部分。

通过对既有数据的分析及战略性思考，最终的决定是：如果公司通过重新选址租用其他建筑，则应将公司服务器外包给主机代管中心代管；如果公司购置或建造新建筑，则应新建服务器机房。而在战略规划早期阶段（停留在原有建筑位置）的决策成为最次选择。

2.2 设施管理战略规划

设施管理战略规划是围绕企业自有和租赁资产制订的中长期计划。设施管理战略规划与企业战略相辅相成。设施管理战略规划可以视为协调设施管理目标和企业总体目标的过程。

2.2.1 战略规划的定义和目标

设施管理战略规划是围绕企业所有自有和租赁资产制订的2~5年的计划，可基于企业商业战略目标制定设施管理战略目标。设施管理战略目标决定所有短期策略计划，包括设施管理相关项目的优先级、资金筹措等。在企业远景框架下，通过定义空间资产类型、数量和位置以优化措施，全力支持该企业业务计划。

设施管理战略规划是企业整体战略规划的一部分。设施管理战略规划的地位，如图2-5所示。

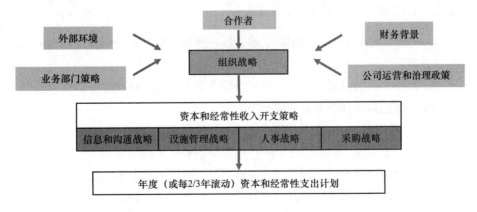

图2-5 设施管理战略规划地位

设施管理战略规划的目标，如图2-6所示。

图2-6 设施管理战略规划的目标

设施管理战略规划带动整个设施管理的过程。如果没有设施管理战略规划，正确回答下列问题将是困难甚至不可能的。例如，如何评估潜在的项目；如何衡量设施管理战略执行的成功与否；需要掌控哪些企业变化才能实现设施管理战略；如何组织人力以实现设施管理战略；需要哪些数据等。

设施经理必须首先确定影响企业整体发展的因素，特别是了解对建筑资产及其管理可能产生影响的因素。设施管理战略规划影响因素，如图2-7所示。

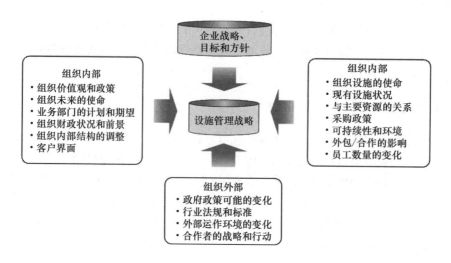

图2-7 设施管理战略规划影响因素

2.2.2 战略规划框架体系

设施管理战略规划最终需形成文本，以备评估、审批和参照执行。其主要包括如下内容：

（1）战略规划的目的和期望。说明为什么要有设施管理战略规划，设施管理战略规划如何适应企业其他规划和业务流程。

（2）企业宗旨、目标和企业核心业务的驱动因素。明确企业使命、愿景和价值观，确定企业目标，识别可能影响设施管理的业务驱动因素。

（3）企业财务状况。识别企业整体的财务状况，预测财务前景，了解企业在设施管理方面的财务决策，如允许的投资额、可能的预算额度、现金流状况等。

（4）企业现状与期望值的差距。通过审查了解企业当前的建筑性能状况，了解企业或核心业务部门对设施管理的需求和期望；分析设施管理现状与期望值或要求之间的差距；研究缩减和消除差距的方法。

（5）设施管理的宗旨和目标（5～10年）。通过上述分析，明确表明设施管理的长期目标；建筑利用和管理的总体方法；辨别设施管理过程中的关键议题；并阐述设施管理将如何有助于企业总体目标的实现。

（6）关键成功因素。基于设施管理战略目的、目标和远景，分析对设施管理成功起关键作用的因素；关键成功因素将成为未来设施管理绩效衡量的基础。

（7）达到目标的方法。围绕关键成功因素来确定设施管理系统的需求，确定设施管理关键议题的优先次序，阐述达到设施管理目标的方式方法；这部分可再次进行差距分析，提出具体的缩减或消除现状与期望值差距的方法。

（8）实现战略目标所需的资源。预计实现战略目标或设施管理实施过程中所需的重要资源，如建设、改造投入资金，日常运行维护费用，信息系统，人员储备，总体采购战略和方法以及管理层的支持等。

（9）绩效管理。基于关键成功因素的分析，建立一套收集、处理和监控绩效数据的绩效管理流程和系统；比较分析历史趋势和当前绩效水平；绩效管理不仅强调结果导向，而且重视达成目标的过程。

（10）设施管理组织安排。建立设施管理团队的组织架构，明晰岗位职责；梳理设施管理团队与利益相关者的关系；建设全面的设施管理流程体系；开发或购买数据管理平台即计算机辅助设施管理信息系统；整合团队个人能力，进行组织能力管理等。

（11）战略行动和里程碑。列出在下一年要采取的实现战略目标的主要行动，包括发展设施管理战略的行动，实现设施管理变化的行动，如建设、整改、替换、搬迁或其他；说明能支持组织变革的行动，如增强建筑空间灵活性、增强设施服务响应性等。

设施管理战略规划体系，见表2-2。

设施管理战略规划体系　　　　　　表2-2

序号	主要框架	阐述内容
1	战略规划的目的和期望	说明为什么要有设施管理战略规划 如何适应其他规划和企业业务流程
2	企业宗旨、目标和核心业务的驱动因素	明确企业使命、愿景和价值观 确定企业目标（内部和外部） 识别可能影响设施管理的业务驱动因素
3	企业的财务状况	识别企业总体的财务状况 预测财政前景 了解设施管理方面的财务决策（如投资、预算、现金流等）
4	企业设施管理现状与期望值的差距	审查了解企业当前的建筑性能状况 了解设施管理的需求和期望 分析设施管理现状与企业要求间的差距 研究缩减和消除差距的方法

续表

序号	主要框架	阐述内容
5	设施管理宗旨和目标（5~10年）	明确设施管理的长期目标 建筑空间利用和管理的总体方法 辨别设施管理过程中的关键议题 阐述如何有助于企业总体目标的实现
6	关键成功因素	分析设施管理成功关键因素 确定设施管理绩效衡量的基础
7	达到目标的方法	确定设施管理系统的需求 确定设施管理关键议题的优先次序 阐述达到设施管理目标的方式方法 再次进行差距分析
8	实现战略目标所需的资源	建设、改造投入资金，日常运行维护费用，信息系统、人员储备、总体采购战略和方法以及管理层的支持等
9	绩效管理	建立一套收集、处理和监控绩效数据的管理流程和系统 比较分析历史趋势和当前绩效水平
10	设施管理组织安排	确立设施管理架构和职责 梳理与利益相关者的关系 建立设施管理流程体系 开发或购买CAFM系统/IWMS系统 提升个人能力和团队能力
11	战略行动和里程碑	在下一年要采取的实现战略目标的主要行动，包括： 发展战略的行动 实现变化的行动（如新建、改造、搬迁等） 支持企业变革的行动

设施管理涉及的规划或计划主要可分为三类：设施管理战略规划、设施管理总体规划和设施管理年度计划。三者很容易混淆，因为它们都回答了同样或类似的问题，如需要怎样的建筑物和空间来支持战略目标。然而，三者又有所别。

（1）设施管理战略规划（Strategic Facility Plan）

设施管理战略规划确定支持业务目标所需建筑空间类型、最佳地理位置、预期成本和时间计划。设施管理战略规划的组成部分可能包括：房地产投资组合分析、建筑状况调查、建筑和场所使用情况、建筑空间容量和能力分析、行业基准研究、人员和技术规划、费用预测、供上层批准的演示材料和设施管理发展规划等。

（2）设施管理总体规划（Master Plan）

设施管理总体规划是从功能、审美角度，为具体建筑场所描述物理环境框架，包括自然条件、配套系统等要素。设施管理总体规划内容，如图2-8所示。

（3）设施管理年度计划（Annual Plan）

设施管理年度计划通常表现为设施管理的预算或运行维护计划。

设施管理战略规划、设施管理总体规划和设施管理年度计划的比较，见表2-3。

图2-8 设施管理总体规划内容

设施管理战略规划、设施管理总体规划和设施管理年度计划的比较　表2-3

类型	设施管理战略规划	设施管理总体规划	设施管理年度计划
组成	设施管理现状分析	特定场所建筑计划	维护计划
	企业需求陈述（将设施管理与企业战略相联系）	该场所的配套系统	运行计划
	差距分析	建筑美学	建筑平面图/隔断设计
	建议新的空间或建筑	建设工程计划	建筑设计/配置
	设施管理费用预算和生命周期成本分析	施工预算	运行维护预算
	投资分析和利用建议	工程评估	平面图或占用图表

2.2.3 战略规划实施步骤

战略规划是制定长期目标，并将其付诸实施的过程。战略规划制定和实施过程包含五个步骤：① 明确公司使命和主要的公司目标；② 分析企业外部环境，识别机会与威胁；分析企业内部运营环境，发现企业的优势与劣势；③ 选择能够发挥企业优势、矫正劣势的战略，利用外部的机会，迎击外部威胁；④ 战略规划输出；⑤ 实施战略。战略规划实施步骤，如图2-9所示。

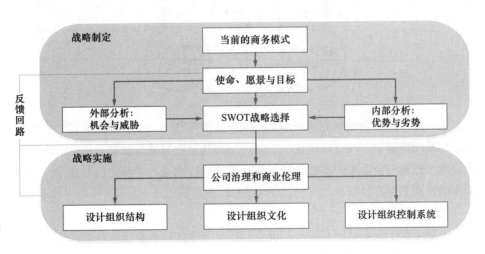

图2-9 战略规划实施步骤

（1）使命陈述

战略管理的第一步是企业使命陈述，它提供了设施管理战略制定的框架和背景。使命陈述的四个主要部分，如图2-10所示。

图2-10 使命陈述的四个主要部分

设施管理战略规划是基于企业目标和全局需要的长期规划。设施经理在战略规划制定前必须彻底理解企业使命、愿景、文化和核心价值观；了解企业当前的业务状况和资产状况；了解组织总体发展方向，企业经营可能遇到的变化，以及这些变化可能对设施管理造成的影响。

企业使命描述企业要做什么。在确定设施管理使命的过程中，第一个重要的步骤是提出设施管理业务的定义。该定义要能够回答下列问题："我们的业务是什么？它将会怎样变化？我们希望它怎样？"对这些问题的回答指导着使命陈述的制定。设施管理业务定义，如图2-11所示。

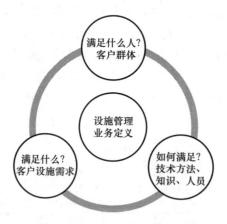

图2-11 设施管理业务定义

这一阶段需收集大量的数据信息，如企业财务状况、业务部门计划、空间需求、建筑功能需求、现有建筑状况、新建空间规划和实施情况等。这一阶段还要求设施经理能与企业中的高级管理人员和职能部门沟通，了解他们的期望，讨论未来的发展方向和计划。

（2）环境分析

一旦明确了企业状况和需求，设施经理将考虑如何平衡当前及长期的建筑空间需求。这些需求和问题可能包括企业员工人数的变化、核心业务生产流程要求、产量变化、组织结构和文化要求、社会和政府的监管要求等。有许多分析工具可用于比较分析当前状况与未来需求之间的差距，如情景规划、系统布局规划、SWOT分析、头脑风暴、基准比较等。

1）外部分析

外部分析的主要目的是在企业外部环境中，找出可能影响其达成使命的战略机会和威胁。在制定设施管理战略规划的这一阶段，设施经理需要考虑的外部关键驱动因素包括政府政策可能的变化、行业法规和标准、外部运作环境的变化以及合作者的战略和行动等。

2）内部分析

内部分析的目的在于找出企业优势和劣势，如确定企业资源的数量和质量。在这一阶段，设施经理需要考虑的内部关键驱动因素包括业务部门的计划和期望、财政状况、内部结构的调整、现有建筑状况、采购政策、可持续性和环境要求等。设施经理通过内部分析，可以知道企业对建筑空间的需求，对设施管理可以提供的资源，以及建筑系统和设施管理团队的优势和劣势。

（3）基于SWOT战略选择

设施管理战略规划的这个步骤是根据企业内部优势和劣势、外部机会和威胁找出一系列战略选择。它的中心目标是制定能够最好地对应和匹配公司资源和能力的战略，以适应环境的需求。

（4）战略规划输出

作为分析的结果，一些建议和决策得到了有力的支持，这些建议将成为设施管理战略规划的实质性内容。为了得到企业正式授权，设施经理需要将这些建议提交给高级管理人员审核，这一阶段往往涉及一些谈判和计划的调整。战略规划输出的主要步骤，如图2-12所示。

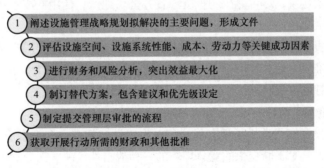

图2-12 战略规划输出的主要步骤

一份完善的战略规划必须以事实和数据为基础，并要有详细和具体的运营方案。如果缺乏事实基础和具体可行的方案，战略就有可能成为宣传口号和毫无意义的一个愿景。

（5）战略实施

经批准后，设施管理战略规划将付诸实施。设施管理战略规划实施包括：发起设施管理服务改善项目，改变设施管理运作流程，向不同的客户群体提供相应服务，通过新建和购买扩大空间规模，或通过关闭和出售缩小空间规模。设施管理战略规划实施还包括设计合适的组织结构、组织文化和控制系统，从而将战略落实为行动。

战略规划实施通常需要开展一个特定项目或一系列项目，如新建、整改或重新配置建筑空间以满足企业发展的需要。这些项目需要详细的策略性计划并付诸实施。在执行这一模块时，战略实施的效益评估和报告是必不可少的工作，评估结果将纳入数据库作为更新战略的参考。

2.3 房地产投资决策

房地产投资是设施管理战略最重要的组成部分。它是根据企业总体经营战略要求，为维持和扩大生产或经营规模，进行的全局性、中长期谋划工作空间的投资活动，其主要任务是充分利用有限的投资资金，根据企业战略目标对投资方案或项目进行评价、比较和选择，以获取最佳投资效果。本节介绍了企业房地产投资模式、选址策略和获取方式。

2.3.1 房地产投资模式

根据企业战略的不确定性，房地产投资可分为渐进式、标准化和价值型三种模式。在每一次房地产投资决策过程中，企业几乎都会用到上述所有的投资模式，但在某一时期、某一种模式会占据主导地位。

（1）渐进式

渐进式投资模式是一种逐渐前进、循序发展的战略方式。绝大多数初创企业以及经常转移市场或进行技术变革的企业都会采取渐进式投资模式。企业往往会签订短期租赁协议，尽可能少的投资添置办公房地产，使用低成本器具等。

（2）标准化

标准化投资模式旨在对企业的房地产规划和管理活动进行集中控制和协调，统一制定标准，然后在整个企业范围内施行。标准条款通常以书面形式明确，并融入正式的管理流程。

（3）价值型

价值型投资模式适用于具有战略相对稳定性和拥有许多高素质人才的企业。它的决策方式是对不断变化的竞争环境的一种战略性反映。无论这种环境是确定还是不确定的，它都弥补了渐进式和标准化投资模式的缺陷。管理者进行决策时常要考虑企业的价值和特征，决策程序也要富有灵活性，以满足企业内个体需求。

渐进式、标准化和价值型投资模式在适用阶段、战略环境、投资策略、管理者特征方面具有不同的要求，表现出各自的优势和劣势。三种房地产投资的特征，见表2-4。

三种房地产战略投资的特征　　　　　表2-4

特征	渐进式战略	标准化战略	价值型战略
适用阶段	起步和快速发展	较长时间内保持稳定	发展到一定阶段且趋于稳定
战略环境	高度不确定	相对稳定	中等不确定
投资策略	倾向于短期投资	成本控制原则	关注长期、大规模投资
管理者特征	缺少进行规划、决策的足够时间	大胆预测，注重投资使用后的控制和效率	高度重视企业与客户、员工与业界的关系
优势	可获得更多有关未来的信息；可缩短作出预测的时限	更好地控制资源分配规模化的采购经济；简化大型项目和重复性项目的管理工作；加强企业文化	鼓励就企业的未来展开对话；利用标志的象征力量；前瞻地运用设计手段来规范行为；能够适应竞争条件的变化
劣势	选址仍然是一项长期任务，会产生累积性的财务问题，如协调成本、房地产利用率；已确立的战略难以改变	妨碍依据需求变化做出调整；遵照某一程序比取得最好业绩更为重要	错误的人导致错误的价值观；难适应变化的需求；利用时间和资源的代价更高
思考点	尽早确定稳固的地址；清楚地表达企业的价值取向及其象征意义；寻求获得短期空间的创新性方式，"孵化器"可帮助初创公司成长；同开发商建立伙伴关系；早期大投资，后期高灵活性	标准化是否节省了金钱或时间？企业的其他花费应该控制在什么水平上？各个业务部门或产品应该对有关建筑空间承担多大的直接责任？企业总会在一段时间内，把工作场所从一个地点搬到另一个地点吗？整个公司内有没有某种强烈的位置偏好？有对标准进行管理和监督的人员吗？标准化是否物有所值？	需用长远的眼光

2.3.2 房地产选址策略

房地产选址是企业房地产或设施管理团队按照企业的战略目标和商业计划，在合适的时间以合适的价格在合适的地方找到合适数量的工作空间的过程。选址是一个战略问题，不仅关系到房地产投资效益和建设速度，而且在很大程度上决定了企业提供产品或服务的成本，从而影响企业的生产管理活动和经济效益。本节介绍了选址需要考虑的因素和如何选址，并给出选址案例。

（1）选址考虑因素

房地产选址除了要了解企业性质、战略目标和产品外，还需考虑劳动力素质和成本、交通条件、工作环境和配套设施、市场供应关系、税收、消费者和供应商、政府优惠政策七个主要因素。选址考虑因素，如图2-13所示。

1）劳动力素质与成本

高素质劳动力是企业发展的首要动力。以一个合理的价格获得劳动力是许多企业首先考虑的选址因素。由于企业对员工教育和技能的要求越来越高，而且人才短缺严重，企业更应在培训员工和留住优秀人才上投入更多的精力。

图2-13 选址考虑因素

理想化的选址可以使企业具有招募和保留劳动力的绝对优势。最理想的"选址决定"应该是最理想的"HR决定"。设施管理部门必须了解劳动市场特征，并与人力资源部门合作确定企业所需要的人才。高素质劳动力意味着高劳动力成本，所以企业应在劳动力丰富、劳动力成本较低的地方选址。

2）交通条件

不同企业对不同交通方式的依赖度不同，高科技、金融和医药行业的跨国公司对选址城市的航空运输要求较高；而对于制造业、以分销和物流为主营业务的企业来说，公路的交通更加重要。

尽管交通费用仅占公司运营总费用的5%，但便利的交通条件会为企业带来多重价值：缩短员工上下班时间，增加员工参与社交和娱乐活动的便利性；使企业更方便地获取劳动资源；节约大量业务时间和运输费用；提高企业获得新投资的可能性。所以，企业应尽可能在交通网络发达、交通准时度高的位置选址。

3）工作环境和配套设施

年轻一代更喜欢都市生活，更希望在低密度、低高度、高绿化率的生态型和个性化的工作环境中工作；而适宜的气候、舒适的居住条件和优越的教育、医疗条件是高质量生活所需具备的基本条件。

4）市场供应关系

我国房地产价格受当地社会和经济条件的影响，呈现出不断增加的趋势；另外，基于房地产市场供应量的减少、市场空置率的降低，企业获取房地产的自由度越来越低。在这种形势下，位于一线城市的企业可能考虑从核心商圈搬迁至非核心商圈，也可考虑将部分办公需求转向产业园区，也可以从战略角度布局二线城市。

5）税收

虽然高税收地区往往具有完善的基础设施、丰富的教育和医疗资源及良好的公共安全环境，但税收还是企业需要支出的一大笔费用。有些地区为了吸引企业投资，会降低税收比率。例如，成都市高新区为吸引企业投资，凡被认定的高新技术企业，减按15%的税率征收企业所得税；企业所得税前三年免征，后三年减半征收。

6）消费者和供应商

消费者和供应商是企业需要考虑的两个市场因素。靠近消费者和供应商可以减少运输费用和运输时间，进而提高企业运行效率，降低运行成本。随着电子商务和全渠道零售（多种零售渠道组合和整合销售）的发展，消费者更加看重商品运输速度。越来越多的企业关注"最后一公里"配送，也印证了这一趋势。

7）政府优惠政策

政府为了促进就业和发展当地经济，经常会制定一些优惠政策来吸引企业投资。政府的鼓励措施有许多形式，例如，免费用地、税收优惠、帮助选址和简化建设审批手续等。为了吸引华为终端总部落户松山湖，东莞市政府会同松山湖管委会、国土局、规划局和水务局等部门沟通、联办项目选址规划，在建设用地指标比较紧张的情况下，批准了1900亩的建设用地指标。

此外，产业集群、市场潜力和资讯保密等也是企业选址时需要考虑的因素。不同行业所需考虑的主要选址因素不同，商业服务外包行业（如IT、呼叫中心）选址要考虑劳动供给、质量和成本等因素；制造及分销业首先考虑物流，一旦基于物流地理区位选好后，劳动力就成为选址的首要因素；对于研发行业，人才是至关重要的，所以会把地址选在大学园区附近；而对于企业总部，交通、支持服务和管理人才是最重要的因素；对于零售业，更加靠近消费者是首先要考虑的一个因素。

（2）选址策略

房地产选址需要与企业投资组合、商业战略保持一致。根据2022年CoreNet Global选址战略调查，79%的受访者认为选址战略与企业的商业驱动和运营战略相关。选址时，不同部门需要考虑的因素不同，如人力资源部门希望选址有利于企业招募人才，而房地产或设施管理团队需要考虑建筑物的再利用、转租和处置等，这就要求企业内部所有相关部门一起研究制定选址战略。

企业可以将选址工作委托给代理商，也可以组建自己的选址团队专门负责选址工作。但不论采用何种方式，企业都应该参考一定的工作流程以提高选址成功率。选址流程，如图2-14所示。

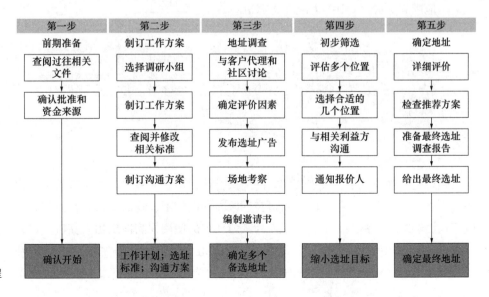

图2-14 选址流程

2.3.3　房地产获取方式

房地产是企业设施管理战略规划中一个非常重要的部分，既是一种客观存在的物质形态（土地、建筑物），同时也是一种财产权利（如所有权、使用权、租赁权等）。在房地产购买与租赁两种方式之间作出正确决策，是企业取得成功的重要条件。

（1）企业房地产购买

购买房地产后，房地产的所有权归企业所有，但企业同时需要承担相应的购买成本。该购买成本一般由投资和运营成本构成，运营成本包括税、保险、维修、维护、内部装修、水电气等能源支出等。

企业房地产购买优势和劣势，见表2-5。拥有者的声望对某些企业来说特别重要，有时会对企业发展起决定性作用；房地产潜在的资产增值包括开发、改造和调整等可能带来的资产增值。而空置风险是指房地产可能未被企业使用，并且无法外租；对于购买可能带来的较大的机会成本，如果商业投资回报率高于房地产投资回报率，那就应选择优先发展主营业务。

企业房地产购买优势和劣势　　　　表2-5

优势	劣势
具有完全的控制权	较高的资金占用成本
无租金，避免租金易变	增加债务偿债风险
拥有者的声望	可能无法变现
潜在的资产增值	空置风险
房地产可以作为借贷资金的抵押	较大的机会成本
可以处置房地产以收回资本	

房地产购买成功要诀，如图2-15所示。

图2-15　房地产购买成功要诀

（2）企业房地产租赁

租赁是一种以一定费用借贷实物的经济行为，出租人将自己所拥有的某种物品交与承租人使用，承租人由此获得在一段时期内使用该物品的权利，但物品的所有权仍保留在出租人手中，承租人为其所获得的使用权需向出租人支付一定的费用。企业房地产租赁属于广义范畴的"投资组合优化"，是一种支付并获取特定时间段内一定数量工作空间使用权的形式。市场变化对企业灵活性提出了更高的要求，不少企业也因此更青睐以租赁的方式获取房地产。

1）经营租赁

经营租赁又称为业务租赁，是为了满足经营使用上的临时或季节性需要而发生的资产租赁。出租人一般拥有房地产，一旦承租人提出要求，即可直接把房地产出租给用户使用。用户按租约交租金，在租用期满后退还房地产。经营租赁适用于租赁期较短、更新较快的房地产，且在租约期内可中止合同，退还房地产，不过租金相对较高。经营租赁产生的负债不计入资产负债表。经营租赁的特点，如图2-16所示。

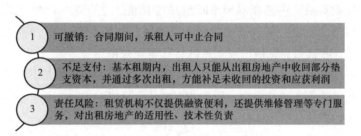

图2-16 经营租赁的特点

1. 可撤销：合同期间，承租人可中止合同
2. 不足支付：基本租期内，出租人只能从出租房地产中收回部分垫支资本，并通过多次出租，方能补足未收回的投资和应获利润
3. 责任风险：租赁机构不仅提供融资便利，还提供维修管理等专门服务，对出租房地产的适用性、技术性负责

2）融资租赁

融资租赁是指出租人根据承租人对房地产的特定要求和对供房人的选择，出资向供房人购买房地产，并租给承租人使用，承租人则分期向出租人支付租金，在租赁期内房地产的所有权属于出租人所有，承租人拥有房地产的使用权。租期届满，承租人可以留购、续租或者退回房地产。

由于租赁企业能提供现成融资租赁资产，这样使企业能在极短的时间、用少量的资金取得并安装投入使用，且能很快发挥作用、产生效益。因此，融资租赁行为能使企业缩短房地产项目的建设期限，有效规避市场风险，同时避免企业因资金不足而放过稍纵即逝的市场机会。

融资租赁与经营租赁的区别，见表2-6。

融资租赁与经营租赁的区别   表2-6

	经营租赁	融资租赁
租赁期限	较短，短于资产有效使用期	较长，接近于资产的有效使用期
租金数额	较低，不完全支付的方式	较高，完全支付的方式，比一次性全额购买资产的金额要大一些，或者相等
租金构成	保养、维修方面的服务费用；出让资产的使用费	利润；预计资产的残值；租赁手续费；利息；资产的购置成本，包括保险费、增值税、资产买价等
账务处理方式	承租者将所付租金和维修费用通过待摊方式分期摊销或直接列入费用。当承租者租的是固定资产的改造工程时，可计入"递延资产"核算	一般按照合同规定的价格计入账本，如果是要安装的资产，应该将包括安装成本的所有资产成本计入"在建工程"账户，等安装完后，再计入"固定资产"
灵活性	高，承租人能够在租赁合同的期限日期内退出租赁，甚至撤销合同	低，租赁合同签订好后，一定按照合同要求支付租金，在合同期间，如无出租人和承租者同时认可，不可撤销合同
资产风险	出租者承担	实质上转移给承租者

3）售后回租

售后回租是指将自建或外购的房地产出售，然后向买方租回使用。售后回租可使承租人在不影响其对原房地产的占有、使用、收益的前提下，将固定资产转变为流动资产，增强了资金的流动性，可大大提高资金的使用效率；也可在一定程度上抵免税收。售后回租也是企业轻资产化的有效办法。

例如，2009年10月，汇丰控股有限公司宣布将以3.3亿美元的价格出售其在纽约的第五大道的总部大楼，并将整个大楼回租1年。同时，汇丰银行表示，将保留纽约总部以进行美国业务的开展，并计划将总部大楼的第十一层连租10年。

汇丰控股有限公司选择以售后回租方式管理自己的资产有两个原因：① 通过出售大楼筹集现金，缓解资金难题，支撑资产负债平衡；② 重新调整全球业务战略布局，将其重点区域由发达地区转移至新兴市场。

租赁不仅使企业避免大的资本投资，将更多的资金用于发展其核心业务，还可以使企业保持较高的灵活性，使企业更加从容地应对市场变化。但租赁不能给予企业对房地产的足够控制权，企业对房地产的处置会受到租赁合同的限制。

一般而言，当企业具备充足的现金流和稳定的发展等条件时，可以考虑购买房地产；而企业有高灵活性等要求时，建议其租赁房地产。企业房地产购买或租赁策略建议，如图2-17所示。

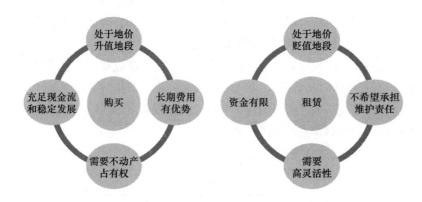

图2-17 企业房地产购买或租赁策略建议

> **关键术语**
>
> 战略　设施管理战略　波特竞争模型　SWOT分析　设施管理战略规划　设施管理总体规划　设施管理年度计划　房地产投资　房地产选址　经营租赁　融资租赁　售后回租

复习思考题

1. 什么是战略？什么是设施管理战略？设施管理战略在企业中的角色是怎样的？
2. 竞争战略模型主要包括哪些内容？
3. 什么是设施管理战略规划？设施管理战略规划的目标是什么？影响设施管理战略规划的因素有哪些？
4. 设施管理战略规划主要包含哪些内容？
5. 设施管理战略规划、总体规划和年度计划之间的联系和区别在哪儿？
6. 设施管理战略规划实施步骤包含哪些过程？
7. 企业房地产投资模式有哪些？它们有什么特征？
8. 企业房地产选址需要考虑哪些因素？
9. 企业房地产选址流程包含哪几个步骤？
10. 分析企业房地产购买的优劣。
11. 企业房地产租赁的方式有哪些？各有什么优缺点？

第 3 章

设施管理组织

本章导读

通常情况下,组织一词有两个方面的含义。从静态角度看,组织是在分工合作基础上构成的人的集合体;从动态角度看,组织是采用某种方法给成员安排和分配工作任务的过程。设施管理行业由业主方、服务供应商、咨询机构等市场主体构成;业主设施管理部门是业主内部行政职能部门之一,从企业战略角度提出用户需求和业务实施。由于设施管理自身的特性,决定了在设施管理实施过程中组织管理的特殊性。本章分析了设施管理利益相关方,阐述了设施管理组织模式、设施管理组织变革和设施管理组织体系。

主要内容

❖ 设施管理利益相关方的关系、属性及管理流程;
❖ 不同特性的设施管理组织模式;
❖ 设施管理组织结构职能整合;
❖ 设施管理团队人员培训与文化建设;
❖ 设施管理组织制度;
❖ 设施管理业务流程。

3.1 设施管理利益相关方

设施管理利益相关方是指能够影响设施管理目标实现或受到实现设施管理目标过程影响的群体或个人。设施管理利益相关方是设施管理系统环境的一部分，与设施管理部门有密切的互动关系。这些利益相关方可能与其合作以取得利益，也可能与其相互竞争，或可能与其同时存在竞争与合作关系。

3.1.1 设施管理利益相关方关系

设施管理利益相关方可以分为内部利益相关方和外部利益相关方，它们与设施管理组织之间存在服务、合作、合同和社会等方面的关系。设施管理利益相关方，如图3-1所示。

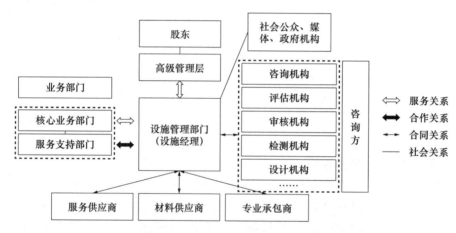

图3-1 设施管理利益相关方

不同的客户对设施管理的需求和作用是不同的，对设施管理的影响力是有差异的。梳理清楚设施管理部门与利益相关方的关系，才能深层次理解设施管理需求与作用。

（1）内部利益相关方

设施管理内部利益相关方包括企业股东、高级管理层、业务部门（包括核心业务部门和服务支持部门）等。企业内部股东、高级管理层和核心业务部门是设施管理的服务对象，服务支持部门与设施管理部门具有合作关系。内部利益相关方是企业内部服务需求或协同工作群体。设施经理面临的日益增多的挑战即是为这些群体提供快速反应和优质的设施管理服务。

（2）外部利益相关方

设施管理外部利益相关方包括直接和间接利益相关方。

直接利益相关方——包括各类外部供应商、咨询单位等群体，它们与企业设施管理部门签订专业承包或咨询合同，履行合同赋予的权利和义务，提供社会化、专业化、科学化全面、全过程设施管理综合服务。这些设施管理直接利益相关方的管理水平和专业能力高低，直接对企业设施管理绩效产生重要影响。

间接利益相关方——包括政府机构、社会公众和媒体等群体，它们更多地关心社会形象、公共安全和环境责任，对企业设施管理活动具有监督、引导和约束等影响。

3.1.2 设施管理利益相关方属性

根据具体情况，设施管理利益相关方又可以被细分为以下三类：

（1）决定型利益相关方（Definitive Stakeholders）——该群体同时具有合理性、影响力和紧急性三种属性，关系到设施管理业务的生存和发展。因此，必须十分关注他们的需求，并设法加以满足。

（2）预期型利益相关方（Expectant Stakeholders）——该群体与设施管理业务保持较密切的联系，拥有合理性、影响力、紧急性三项属性中的任意两项。

（3）潜在型利益相关方（Latent Stakeholders）——该群体是指只拥有合理性、影响力、紧急性三项属性中一项的群体。

按属性分类的设施管理利益相关方，如图3-2所示。

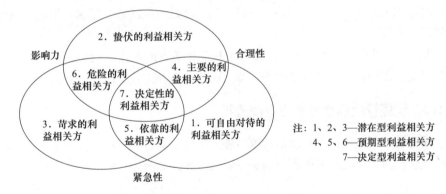

图3-2 按属性分类的设施管理利益相关方

影响力—动态性矩阵表明设施管理各利益相关方影响力大小和其行为可测性的关系。影响力—动态性矩阵，如图3-3所示。

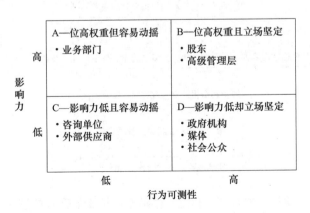

图3-3 影响力—动态性矩阵

权力—利益矩阵表现利益相关方持有的权力大小与设施管理利益之间的关系，指明了各自的定位和作用。权力—利益矩阵，如图3-4所示。

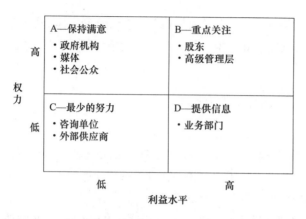

图3-4 权力—利益矩阵

通过上述两个矩阵可以明确以下问题：

1）企业政治和文化状况是否会阻止或采纳特定的战略，如处在一个成熟行业里具有惰性文化的企业，可能不愿采用创新战略。换句话说，确定利益相关方地位是一种分析文化适应性的方法。

2）确定哪些个人或群体是战略变革的支持者或反对派。为了重新确定某些特殊利益相关者的地位，要明确是坚持战略，还是改变战略，以满足他们的期望和要求。

3）一旦制定了明确的战略，确定了利益相关方的地位，就应该采取一定的维持行动，以阻止他们对自己重新定位。因为，重新定位会阻止战略的实施。

3.1.3 设施管理利益相关方管理流程

设施管理利益相关方管理是设施经理为综合平衡各利益相关方利益而进行的战略性管理活动。设施管理利益相关方管理流程，如图3-5所示。

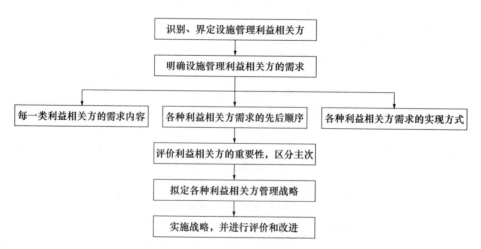

图3-5 设施管理利益相关方管理流程

设施管理利益相关方管理过程是一个动态的螺旋上升式的过程。在实施过程中，既定的设施管理利益相关方管理战略可以根据实际情况以及企业所处环境的变化，进行动态的调整、补充和修正，避免在日常运营决策中出现不必要的延期。

3.2 设施管理组织模式

每个企业都是独一无二的,而且会随着环境的改变有所变化。各个企业设施管理所需的资源不同,在设施管理决策、设备购置和资源配置及效率方面也会有显著差异。按照企业的不同特性,设施管理组织模式会焕发出无限可能。

3.2.1 基于规模的设施管理组织模式

(1)单一地点模式

单一地点模式,也称为"一地区、一地点模式"(One-location, One-site Model)。该模式适合大型企业在一个地区集中在一处建筑物中办公,企业拥有建筑物的所有权或者是租赁办公楼,但是由于规模比较大,相比单纯的办公室兼管模式,企业要花费更多的时间和预算用于设施管理,需要成立一个独立的部门来管理单一地点建筑空间。

由于只有单一的工作地点,设施管理部门倾向于使用较少的员工,实行一人多责,但却涉及全部设施管理职能。单一地点模式,如图3-6所示。

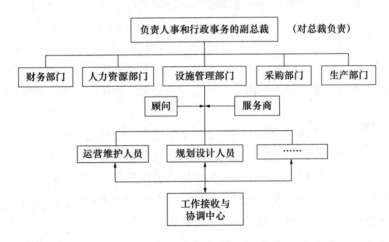

图3-6 单一地点模式

在这一模式中,企业会综合运用自管与外包设施管理服务来管理企业房地资产,自管与外包程度会因企业而异。例如,在一所建校100多年的学校中,有的建筑已经建成五六十年了,而有的仅建成几年时间,这些建筑都坐落在同一个校区中,设施管理很复杂,需要专业部门分门别类进行管理。

【案例3-1】

某跨国公司总部园区总建筑面积达55000m^2,可容纳超过2000多名员工。园区的主体建筑为会议中心大楼和办公楼,兼有大型活动与新品发布场所、独立的会议中心、餐厅、足球场、篮球场等室内外场所。

该公司设施管理组织架构有三个层次:业主、综合服务供应商、专业服务分包商。该公司设施管理组织架构,如图3-7所示。

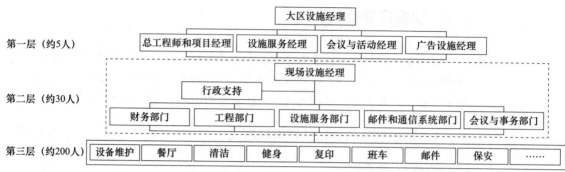

图3-7 某跨国公司设施管理组织架构

（2）单一地区模式

单一地区模式，也称为"一地区、多地点"模式（One-location，Multiple-sites Model），适合在多个地点拥有建筑物（办公场所），但是这些建筑物都在同一个地区，非常典型的例子是一个学校有几个校区。一地区、多地点模式，如图3-8所示。

在这一模式中，需要进行设施管理权力分配、不同地点资源的分配和需求评估等工作，这些工作需要在企业总部进行。该模式运作方式有以下两类：

1）设立一个设施经理。该设施经理统一安排企业的设施管理业务，负责制定设施管理战略规划；在不同的地点设立设施经理助理，负责日常的设施管理业务。

2）在每一地点都设置一个设施经理。在使用这一模式时，需要有其他的资源来弥补企业分散带来的不利因素。机构越是分散，使用咨询顾问和供应商的频率越高。

不同地点的设施管理业务依赖企业总部来运作，这样会更加经济可行。在一地区、多地点模式中，总部提供政策、监督、预算控制以及技术上的支持；自有员工、咨询顾问、供应商结合起来，为各地点提供服务。在这一模式下，企业必须加强租赁管理、财务管理、项目管理以及工作的接收和协作管理能力。公司一地区、多地点模式，如图3-9所示。

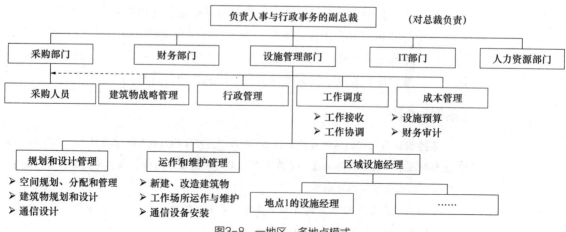

图3-8 一地区、多地点模式

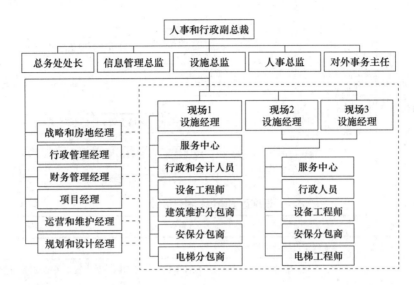

图3-9 公司一地区、多地点模式

（3）多地区模式

多地区模式（Multiple-location Model）适合分散在广大地域范围内，可能是在全国或全球范围内，企业规模很大，一般以分公司的形式存在的大型企业。它们的下属地区或分公司具有与办公室管理模式或一地区、一地点模式相似的设施管理部门。企业总部的主要职能是分配资源、战略和战术规划、房地产获得和处置、政策和标准制定、技术支持、宏观的空间规划、管理和监督。多地区模式，如图3-10所示。

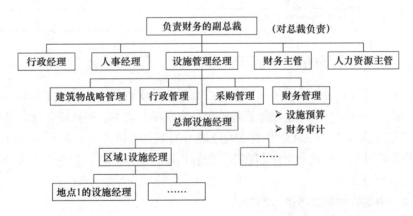

图3-10 多地区模式

在这种模式下，设施经理对一般的行政管理服务没有直接责任，所有的专业员工并非由设施经理所领导，主要的专业员工在所负责的专门技术范围内具有直接领导权力，地区设施管理部门通过总部的联络负责人与企业保持联系。

同时，企业会大量使用外部的咨询顾问和服务供应商。随着企业规模的扩大，使用的人数会更多，这些咨询主要集中在房地产、规划、设计和建造方面；法律咨询会成为企业总部日常事务，企业可以聘请一个精通设施管理事务的法律事务所或者律师作为企业的一员，直接在其职权范围内工作。公司多地区模式，如图3-11所示；设施管理角色和责任领域，见表3-1。

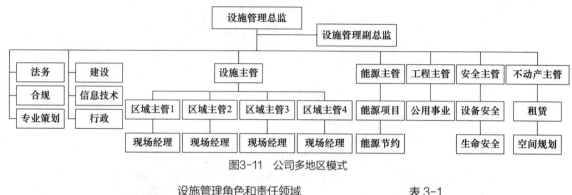

图3-11 公司多地区模式

设施管理角色和责任领域 表3-1

角色	责任领域
设施管理总监	为企业确定设施管理战略方向
支持性服务功能	法务、合规、专业策划、建设、信息技术和行政等功能,负责提供关键支持性过程或服务
设施管理副总监	制定并执行管理决策
设施管理主管	统筹协调各区域资源,确保整体服务水平
能源主管	执行可持续方案
工程主管	确保所有房地产的工程性能
安全主管	确保安全的工作环境和安保标准
不动产主管	确保建成空间效用最大化
区域主管	确保满足客户需求
现场经理	管理现场建筑空间及服务

3.2.2 基于外包策略的设施管理组织模式

设施管理外包是指将设施管理中非核心的业务或服务转移给外部企业,以利用外部优秀的专业化资源。设施管理外包是实现降低成本、提高设施管理服务质量、增强设施管理部门对企业战略响应能力的重要举措之一。基于不同外包策略,设施管理组织模式分为内部管理、管理代理、业务外包、管理外包和整合外包管理五种形式。

（1）内部管理策略下的组织模式

当设施经理属于企业内部资源时,通常采用内部管理（In-house Management）策略对非核心业务进行垂直整合。内部管理策略条件下组织结构为传统的功能型结构,一般在企业内部不设专门设施管理岗位（由相关业务部门兼管）,通常设专门设施管理经理或部门。这种组织模式在中小型企业中比较常见。内部管理策略下的组织模式,如图3-12所示。

比较典型的情况是企业通过指派内部员工完成清洁活动,为了保证这些支持型活动的有效管理,企业内部会成立单独的设施管理业务单元,指派设施经理对单元进行管理与协调。

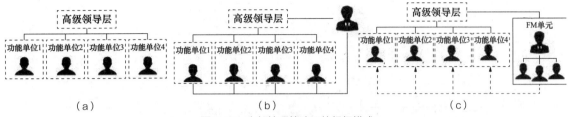

图3-12 内部管理策略下的组织模式
（a）由相关业务部门兼管；（b）设专门设施管理经理；（c）设专门设施管理部门

（2）管理代理策略下的组织模式

当企业不具备足够的知识和人员自行完成设施管理业务时，则可采用管理代理（Managing Agent）策略下的组织模式，将相关活动外包给外部咨询顾问，并签订中期或长期设施管理咨询协议。在该模式下，企业内部不设专门的设施管理人员或部门，通过外包选择特定领域供应商完成所需的设施管理业务。管理代理策略下的组织模式，如图3-13所示。

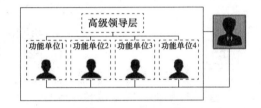

图3-13 管理代理策略下的组织模式

（3）业务外包策略下的组织模式

对于专业化程度高且复杂的设施管理业务，企业通常会以非整合外包的形式发包给外部服务供应商，增加企业内部业务管理弹性。业务外包策略所对应的企业可不设定设施管理经理，而选择高度分散的外部供应商负责一个或多个外包业务管理。

企业为了加强外包业务的内部化管理，可指定企业内部自有员工作为监督并负责整个外包业务的设施管理人员。但业务运营管理记录、邮件与物流资料等由外包供应商进行统一维护与更新。业务外包策略下的组织模式，如图3-14所示。

（4）管理外包策略下的组织模式

当企业需要统筹所有外包供应商提供服务而缺乏内部设施管理人员时，通常采用管理外包（Managing Contract）策略下的组织模式。不同外包业务之间的协调沟通由企业选定的独立外部咨询顾问或某个外包供应商负责，咨询顾问不仅充当设施管理者的角色，也承担设施管理项目承包者的职责。管理外包策略下的组织模式，如图3-15所示。

（5）整合外包管理策略下的组织模式

有时咨询顾问能力有限不足以管理多个设施管理外包项目时，企业可选择整合外包管理策略下的组织模式。企业选择一家具有综合实力、跨区域外包供应商全面负责设施管理整体业务，指定内部设施经理或外部咨询顾问负责与整合设施管理外包供应商进行协作。整合外包管理策略下的组织模式，如图3-16所示。

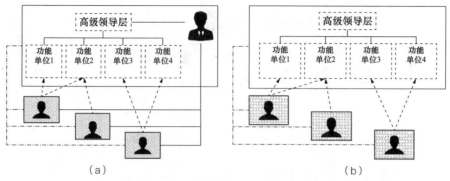

图3-14 业务外包策略下的组织模式
（a）设定设施管理经理；（b）不设定设施管理经理

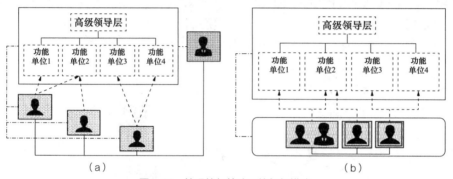

图3-15 管理外包策略下的组织模式
（a）独立外部咨询顾问负责；（b）某个外包供应商负责

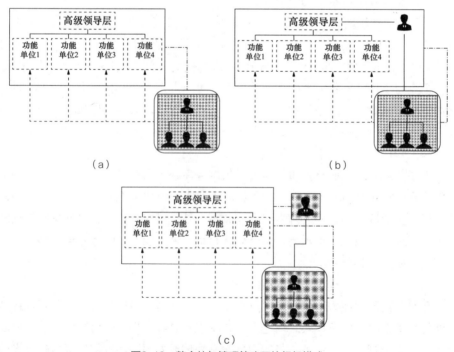

图3-16 整合外包管理策略下的组织模式
（a）不指定负责人；（b）内部设施经理负责；（c）外部咨询顾问负责

3.2.3 基于流程的设施管理组织模式

传统企业组织设计是根据亚当·斯密的"劳动分工理论"而建立起来的组织体系，进入知识经济和科技经济时代，传统组织设计中的问题逐渐暴露，已经不能满足现代企业发展需求，而这一切发生的背后还隐藏着一个重要因素——流程。

所谓流程，是把输入转化为对顾客有用的输出的一系列相关活动的结合。在传统企业中，流程隐含在各个部门的功能体系中，没有人专职对它们负责。直到提出"业务流程"的概念，管理者们才意识到真正为企业赢得顾客和创造利润的是"流程"，而不是"职能"。

基于流程的组织模式建立在跨职能部门流程团队基础上，企业内部也由此形成了以流程团队为基础的职权体系。该模式下具备某些专业知识的员工作为团队中的专家，不仅能够发挥自身的创造性改善流程绩效，而且可以帮助团队中的其他成员发挥与完善各自的专长。基于流程的组织模式及其特点，分别如图3-17和图3-18所示。

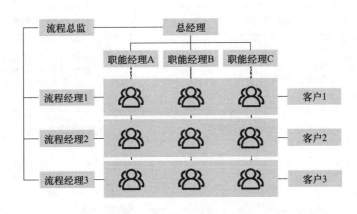

图3-17 基于流程的组织模式

图3-18 基于流程的组织模式特点

在基于流程的设施管理组织模式中，一切活动都是围绕业务流程来进行的，人们关心和解决问题的焦点是流程。这些流程与顾客需求密切相关，并通过流程把终端客户的信息无差异地传递给流程上的每一个环节和岗位，使每一个流程都有自己的直接顾客（内部顾客或外部顾客），每一个流程都与市场"零距离"。

【案例3-2】

某著名通信科技公司的业务遍布全球、自有物业规模超过1000万m^2。公司内部组织机构分为核心业务单元（Business Group，BG）和服务经营单元（Service Business Group，SBG）两条线。BG提供运营商、企业业务、终端等产品和服务，SBG包括内部服务、人力资源、财务、IT等相关业务支持部门。其中，内部服务部门的主要职责是为其他SBG及BG提供工作场地、设施管理及行政服务，旨在为员工创造舒适的、适宜提高效率的工作和生活环境。内部服务全过程管理流程，如图3-19所示；场地需求与规划流程，如图3-20所示；服务管理流程，如图3-21所示。

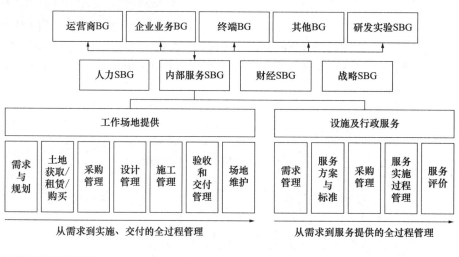

图3-19 内部服务全过程管理流程

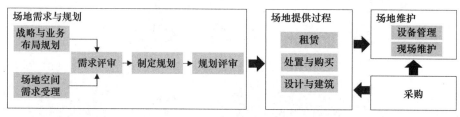

图3-20 场地需求与规划流程

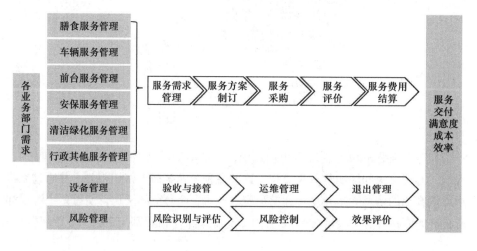

图3-21 服务管理流程

设施管理业务流程本身是运营业务的中心。该企业内部服务部门的业务范围涵盖了从设计、建造到运营管理的全流程，相应的组织设计完全支撑业务流程。基于流程的内部服务部门架构，如图3-22所示。

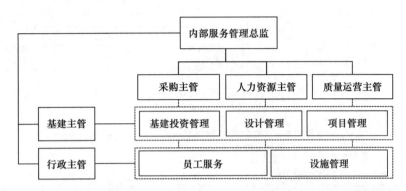

图3-22 基于流程的内部服务部门架构

在基于流程的设施管理组织模式架构中，该公司内部服务部门设置了基建和行政两个业务流程主管及采购、人力资源和质量运营三个职能服务中心。设施管理的每个业务都是一条贯穿各职能部门的流程。

流程型组织打破了部门之间的泾渭分明，从流程的角度进行人员配置，形成"流程团队"。流程团队由不同知识结构和能力的人员组成，保证了流程过程的通畅性。成员每个人在某一方面都特长突出，团队共同交流能使成员各方面的技能得以提高。

3.3 设施管理组织变革

当企业赖以存在的政策、经济、文化等环境发生重大变化时，企业理念、结构、功能、工作方式及方法等会呈现出不适应的现象。此外，随着时间变长，也会产生某些弊端，如机构臃肿、效率低下等。面对这种情况，设施管理团队必须适应内外环境的变化，及时调整自己的战略、组织结构、管理方式、文化等，以实现自己的职能，取得更好的服务绩效。

3.3.1 设施管理团队职能整合

传统设施管理团队（不含外部专业维保单位）往往以作业工种分组设置。传统作业工种分组设置，如图3-23所示。其中，行政经理负责包括清洁、保安、绿化等软性服务的管理；工程经理下设空间管理、项目管理和运行与维护工作团队，运行与维护团队根据电气、暖通空调、机械、楼宇自控、管道给水排水以及建筑一般维护等业务形成以专业工程师为领导、维护和运行技术员为支撑的工作模式。该模式设施管理团队分工细致、专业性较强，但组织结构庞大、人力成本高，且企业内部沟通较为复杂。

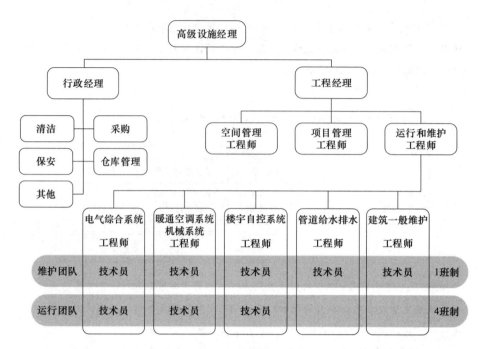

图3-23 传统作业工种分组设置

为精简团队,可从人员职能角度优化组织结构,即按照"结构服从功能"的原则,以业务目标来进行团队分组。以工作职能进行分组设置,如图3-24所示。其中,行政支持服务将清洁、保安、绿化等工作外包以减少人员,提高服务专业水平;工程团队则以运行、维护、项目管理等业务职能划分,运行维护团队以班组长为小组领导,工程师提供策略和进行监管。以该模式组建的团队,精简高效,能降低人员成本和管理费用,但对从业人员素质要求高,要求其一专多能,责任心强。

越来越多的企业以及专业设施管理公司开始采用基于职能或业务目标来组建设施管理团队的做法。该模式下团队人员精简,运行管理成本较低,组织灵活,服务响应性强,符合当前各类企业对成本效益的高要求。

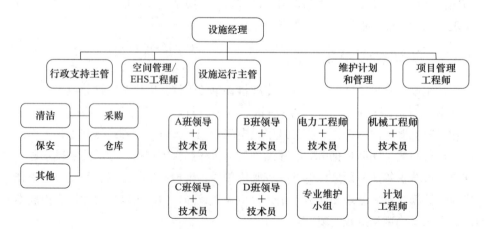

图3-24 以工作职能进行分组设置

3.3.2 设施管理团队培训

目前社会失业人数日益增多,而训练有素的专业人才越发短缺,成为紧缺型资源。在设施管理团队建设过程中,培训可使团队成员具备高质量完成工作的能力,是发展团队的有效方法。培训可分为新员工入职培训和在岗的技能培训两类。

(1)新员工入职培训

新员工入职培训的目的是使员工对公司有全方位的了解,认识并认同公司的事业及企业文化,坚定自己的职业选择,理解并接受公司的价值观、目标和行为规范;明确自己的岗位职责、工作任务和工作目标,掌握工作要领、工作程序和方法,尽快进入岗位角色。

(2)在岗的技能培训

在岗的技能培训可包括理论基础知识、方法论(比如解决问题的方法)培训或者行为训练(比如小组内部的交流与合作)等,促进在岗员工持续提高自身的业务水平和技能,全面提升自身素质和服务水平。

设施管理团队培训的具体内容,见表3-2。

设施管理团队培训内容　　表3-2

类别	培训主题	主要内容	培训方式
入职培训	企业概况	➢ 公司历史和现状、公司价值观 ➢ 组织机构、部门功能和业务范围、人员结构 ➢ 薪资福利政策等新员工关心的各类问题解答等	脱产集中授课及讨论
	项目概况	➢ 项目背景 ➢ 项目服务目标等	脱产集中授课、讨论及参观
	员工守则	➢ 规章制度、奖惩条例、行为规范等	脱产集中授课及讨论
	管理程序	➢ 各项业务的标准管理流程和程序,如工作单、采购、仓管、供应商管理等 ➢ 各岗位职责和作业指导等	脱产集中授课及讨论; 在岗培训
	EHS规定	➢ 信息安全培训 ➢ 安全施工管理程序 ➢ 室内环境管理程序 ➢ 消防安全、设备安全等 ➢ 突发事件紧急处理程序 ➢ 锁定标记等	脱产集中授课及讨论; 在岗培训
技能培训	专业设备操作和维护	➢ 专业设备的正确操作和维护 ➢ 事故处理方法 ➢ 案例介绍	脱产集中授课、讨论及参观; 在岗培训
	工程师专业系统知识	➢ 供配电系统培训 ➢ 空调系统维护与节能管理培训 ➢ 智能楼宇管理系统知识培训 ➢ 消防系统培训 ➢ 给水排水系统培训 ➢ 能源管理培训	在岗培训; 到其他项目参观学习

续表

类别	培训主题	主要内容	培训方式
技能培训	技术员/操作工专业基础知识	➢ 供配电系统基础知识与维护培训 ➢ 电动机维修与保养培训 ➢ 空调系统基础知识与维护培训 ➢ 水泵维修与保养培训 ➢ 锅炉维修与保养培训 ➢ 消防系统基础知识与维护培训 ➢ 给水排水系统培训 ➢ 机电设备运行巡检要点与操作要点培训 ➢ 智能楼宇管理系统基础知识培训 ➢ 服务意识和技巧培训 ➢ 能源管理和节能知识培训等	在岗培训

为提高培训的有效性，设施管理者应为团队制订完备的培训计划，并在制订之前考虑如下几个方面的问题：

1）对核心职能的反思。团队以及个人的特长是什么？
2）员工们需要哪些能力？
3）为达到所需要的绩效水平，哪些员工还应学习哪些技能和知识？
4）为了能独立自主和卓有成效地完成任务，员工们需要哪些信息、手段和支持？

通过上述分析，有的放矢地制订持续的培训计划或方案才能有效培养有能力的团队。

3.3.3　设施管理团队文化

团队文化是指团队成员在长期协作的工作实践过程中，形成的共同的团队价值意识。团队文化的核心是团队价值意识，是团队成员对团队工作价值实践活动的主观反映，是在长期合作过程中不断磨合、积淀形成的产物。它包含价值观、行为准则、行为目标、管理制度等内容，其目的在于最大限度地统一团队成员的意志、规范成员行为、凝聚成员力量，为实现团队总体目标服务。

团队文化认同对于企业的发展具有积极意义，它涉及员工和领导者是否认同企业，是否能为共同成功承担义务，或是否是"为挣钱而工作"，一旦有机会便跳槽另谋出路等一系列问题。团队文化建设是对引进和留存技术专长或训练有素的专门人才来说至关重要的影响因素，也是迅速、果断地落实企业管理决策和推动组织变革的主要力量。

在国际市场竞争和环境变化不定的情况下，考察卓有成效的设施管理团队的经验，文化建设具有突出的地位，主要表现在如下方面：

（1）企业认同感

企业认同感又称"组织认同感"，是指员工对企业各种目标的信任、赞同以及愿意为之奋斗的程度，认同感即归属感和参与感，是建立在坦率、信任和容忍基础之上的集体精神。企业认同感包括：情感认同（Affective Commitment），主要指员工对企业的支持和参与程度强弱；依存认同（Continuance Commitment），主要指员工在感觉上认为留在企业的必要程度；规范认同（Normative Commitment），主要指员工对企业战略及企业各种目标的责任感。潜藏在人内心深处的力量是无穷的，团队文化建设所要做的就是去启动这个力量的源泉。

认同感能大大降低企业的监督成本，员工不是看上级的眼色去做事，而是听从自己内心的声音和指引，然后这些指引被同样的价值观统一起来，就能实现较高的工作效率，这就是认同感带给企业的直接好处。

（2）工作意义

给员工的工作赋予意义是一种领导艺术。团队文化建设要使基层的每一个员工都理解企业的哲学和目标，为客户和社会服务的意义，以及个人对全局所作贡献的意义。员工越是清楚自己每天工作的意义，便越乐意为企业承担个人义务，必要时还乐意承担额外的负担。

工作在第一线的员工如果仅着眼于建筑运维无故障，则往往不能克服厌倦、灰心丧气和内心空虚的情绪。只有纵观工作环境的大局，并了解自己任务所处的过程链，才能发挥工作积极性。此外，如果员工能够认识到自己的贡献是重要的、宝贵的，甚至是必不可少的，就会从大处着想，为团队共同的成功全力以赴。

（3）信息交流

有效利用正式或非正式的交流机会，以相互交谈代替文书往来，可以有效地提高设施管理团队的凝聚力。在重大项目启动前，应制订独特的交流方案；在项目实施过程中，应不断通报工作进展。为此，创办一份生机勃勃的、反映设施管理现状的简报大有裨益。

（4）深入基层

深入基层是在业务活动充满复杂性的情况下，保证业务运行方向和确保总体调控能力行之有效的途径。各级设施管理负责人定期与第一线或基层员工接触、交谈，回答问题，体察情绪，并作必要的说服工作。

（5）持续学习

创建学习型组织，制订持续的培训计划和针对个人的学习发展计划，使团队成员的思想、行为、运作措施，以及相应的组织结构和流程适应不断变化的环境的要求。倡导从实际中学习，培养事后总结的习惯，并以例会或培训课程的方式分享经验。

3.4 设施管理组织体系

设施管理组织制度是设施管理部门内部各系统、各要素之间相互作用、相互联系、相互制约的形式及其内在的工作方式。在设施管理体系内部，组织制度是设施经理必须予以关注的重要环节，通过建立和创新组织制度，能够有效地实现企业目标。

3.4.1 设施管理组织制度

制度是约束人们行为及其相互关系的一套行为规则，是要求共同遵守的办事规程或行动准则，包括组织机构的各种章程、条例、守则、规程、程序、办法、标准等。"没有规矩，不成方圆"。

设施管理组织制度明确了企业内部设施管理任务分工、权限、职责、沟通方式和行动规范，可以有效地实现企业目标。设施管理组织制度基于各利益相关方的（最终用户、企业高层、协会、政府部门以及与设施管理有合作关系的机构）规范和价值观，约束设施管理的有序运营。设施管理组织制度框架，如图3-25所示。

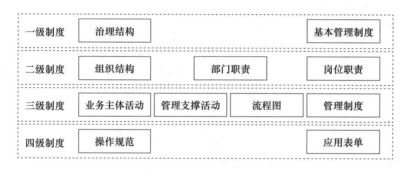

图3-25 设施管理组织制度框架

设施管理涉及众多参与方、企业内部管理部门和最终用户，因此需要制定系统、规范的工作制度，统一规划设施管理业务标准和要求。同时，还需编制工作事项的活动流向顺序，包括实际工作过程中的工作环节、步骤和程序，通过应用工作流程图的目的分析、地点分析、顺序分析、人员分析和方法分析，帮助设施管理者了解实际工作活动，消除工作过程中多余的工作环节、合并同类活动，提高工作效率。设施管理工作制度示意，如图3-26所示。

图3-26 设施管理工作制度示意

设备运行管理制度（示例），见表3-3。

设备运行管理制度（示例） 表3-3

序号	名称	序号	名称
1	工程维修保养制度	13	锅炉房交接班制度
2	工程维修安全规范	14	锅炉房巡回检查制度
3	高低压变配电房安全管理制度	15	压力容器安全管理制度
4	变配电房交接班制度	16	受限制区域进入制度
5	变配电房值班制度	17	中央空调机房管理制度
6	设备安全生产制度	18	中央空调机房值班人员岗位制度
7	设备交接保修制度	19	移动工具安全使用制度
8	设备部门人员安全上岗制度	20	柴油发电机房安全管理制度
9	设备预防性维护工作制度	21	装饰装修管理制度
10	设备日常运行工作制度	22	给水排水设备管理制度
11	维修组日常工作交接班制度	23	污水管理制度等
12	锅炉房安全管理制度	……	……

制度的构成要素包括正式制度（例如法律）和非正式制度（例如习俗、宗教等）。企业既受到制度的约束，同时也能通过行动改变制度的安排。设施管理的任何工作制度都有时效性，需要根据周围环境的变化进行动态的调整。一般情况下，人们习惯于已有的工作程序，或为了保持稳定而不主动进行变革。在需要充分提高工作效率，挖掘降低成本的机会，甚至更换设施管理服务供应商时，进行工作制度梳理和流程回顾更新成为一项必要工作。

3.4.2 设施管理组织流程

组织流程是指为完成某一目标或任务而进行的一系列逻辑相关活动的有序集合。组织流程由活动、连结方式、活动的承担者、技术和工具四个要素组成，任何一个要素的改变都会形成新的流程。美国生产力与质量中心（American Productivity and Quality Center，APQC）发布的业务流程框架（Process Classification Framework，PCF），对指导企业的流程体系建设和组织设计具有非常实用的参考价值。APQC的流程框架是一个开放的标准，将企业业务流程进行分类分级，形成一个四级流程清单。流程分类框架，如图3-27所示。

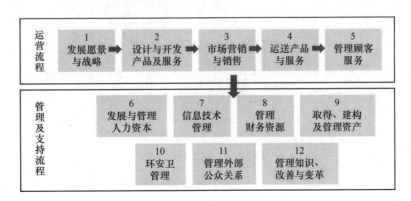

图3-27 流程分类框架

取得、建构及管理资产类别（9.0）将流程分为L1～L4四个层级关系。取得、建构及管理资产类别（9.0）下的流程分级（示例），如图3-28所示。

设施管理主要业务流程有：工作单管理流程；采购管理流程；环境审核流程；外包管理流程；文件管理流程；建筑能源审核流程；绩效考核管理流程；租赁管理流程；搬迁管理流程；运营流程；保洁工作流程；绿化工作流程；预防性维护管理流程；日常运行流程；点检管理流程；客户服务流程等。CM工作单管理流程及其说明，分别如图3-29和表3-4所示。

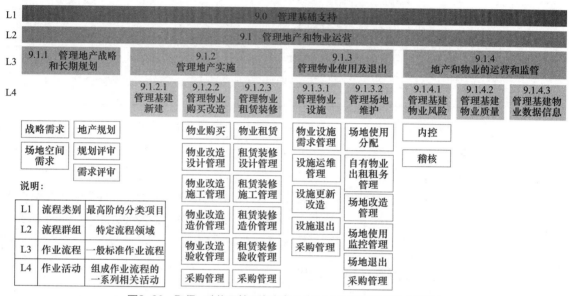

图3-28 取得、建构及管理资产类别（9.0）下的流程分级（示例）

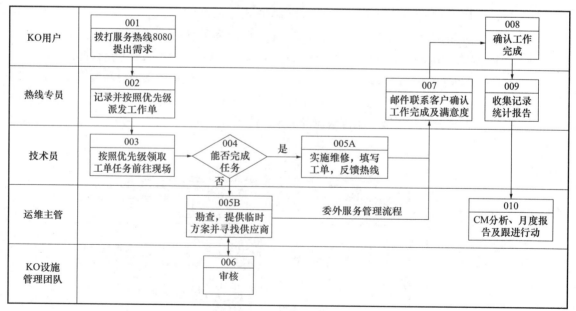

图3-29 CM工作单管理流程

CM 工作单管理流程说明　　　　　　　表3-4

任务编号	任务名称	执行角色	任务内容	输出文件
001	提出需求	用户	• 用户发现建筑或设备出现问题，拨打服务热线进行报修； • 维修人员工作时发现的其他需维修问题，报送服务热线	CM工作单
002	热线接收，发送报修	热线专员	• 服务热线专员收到用户或维修人员的报修，详细询问并记录相关信息； • 判断报修的优先级，并按照优先级向技术员反馈报修信息	CM工作单信息汇总表
003	接到报修，前往现场	技术员	• 按照优先级执行工作单任务，在规定时间内赶往现场并判断	CM工作单
004	判断完成任务	技术员	• 现场勘查，判断是否能完成工作； • 若能完成维修任务，实施维修； • 若不能完成维修任务，上报运营主管	CM工作单
005A	实施维修	技术员	• 实施维修工作，完成维修，并填写工作单，向热线反馈问题	CM工作单
005B	勘查并寻找供应商	运维主管	• 运营主管接到技术员上报的工作，进行现场勘查，若能自行维修，安排人员维修； • 若不能自行维修，报项目经理，并寻找供应商报价，走委外服务管理流程； • 若需寻找供应商报价，运维主管应将经项目经理审核后的方案及报价报送设施管理部审核	供应商方案及报价
006	审核	设施管理团队	• 设施管理部审核运营主管提交的方案及报告，并提出审核建议	供应商方案及报价
007	邮件确认	热线专员	• 热线专员接到工程团队人员反馈的维修完成信息，跟报修客户反馈工作完成情况，并记录满意度，关闭工作单	工作单记录
008	确认工作完成	用户	• 用户确认工作完成，反馈满意度	工作单记录、工作单
009	收集记录、统计报告	热线专员	• 热线专员实时收集、记录工作单报修报告，并向运维主管汇报	
010	CM分析报告及跟进	维护主管	• 维护主管收集热线专员递交的工作单报告，进行CM分析、月度报告及跟进行动	

关键术语

利益相关方　利益相关方管理　组织模式　外包　服务供应商　整合设施管理　组织变革　职能整合　团队文化　团队建设　组织认同感　岗位责任　管理制度　组织流程

> **复习思考题**
>
> 1. 设施管理利益相关方可以分为哪些部分？它们具体包含哪些组织和部门？
> 2. 根据设施管理利益相关方模型，利益相关方之间主要存在哪几种关系？并分析其地位和作用。
> 3. 根据组织规模，设施管理组织模式可分为哪几种？它们的组织结构各有什么特点？
> 4. 整合外包管理策略下的设施管理组织模式有哪几种？
> 5. 设施管理组织如何进行职能整合？
> 6. 设施管理团队培训的内容有哪些？
> 7. 为提高设施管理员工培训的有效性，应考虑哪些方面的问题？
> 8. 什么是企业认同感？如何提高员工的企业认同感？
> 9. 什么是组织流程？设施管理的业务流程主要有哪些方面？

第4章

工作空间管理

本章导读

　　工作空间是企业生产或经营活动的物质条件。伴随着现代经济和社会高速发展，企业面临的任务形态也正发生重大变化。由于企业发展、工作空间搬迁以及新工作类型的出现等因素，工作空间管理是一项持续性的管理过程。相对于企业资产，人的工作价值更加凸显。现代企业更加注重人本身的感受，从而促进员工高效工作。从某种程度上讲，夺人眼球的工作空间和配套环境已经成为企业吸引人才的重要手段。本章分析工作空间需求，提出工作空间面积分类和配置标准，阐述工作空间变化历程和特点，介绍工作空间搬迁工作步骤。

主要内容

❖ 工作空间需求分析；
❖ 工作空间面积计算；
❖ 工作空间配置相关标准；
❖ 工作空间关系分析方法和步骤；
❖ 工作空间标识分类与功能；
❖ 工作空间标识系统设计；
❖ 工作空间发生的变革以及促进因素；
❖ 现代工作空间类型及特点；
❖ 搬迁的类型和评价指标、管理流程等。

4.1 工作空间需求分析

工作空间需求分析是工作空间管理中的一项基础性工作。研究表明，空间使用费通常是企业运作第二大成本，以上海市某中心商业区办公楼的标准工位为例，每年成本约在60000～80000元人民币。因此，合理分析企业工作空间需求，是寻求"成本控制"和"员工工作满意度"两者平衡的重要措施。

4.1.1 工作空间需求因素

凯索利斯·凯（Fassoulis K）等人基于希腊雅典大学（University of Athens）工作空间案例分析的研究表明，工作空间对员工工作满意度具有关键影响作用。工作空间环境因素（如热、声、光环境和空气质量等），能够影响员工的生理反应和主观情绪，从而影响员工在工作中的信息认知加工过程，进一步对工作行为、能力和效率造成影响。工作环境对员工的影响，如图4-1所示。

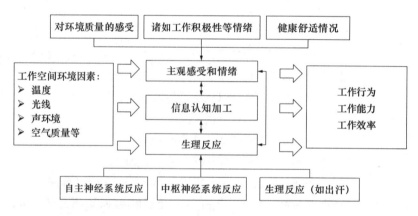

图4-1 工作环境对员工的影响

员工渴求的工作空间要素，归纳起来包括光照、色彩、声环境、热环境、空气质量五个方面：自然充分的光线；舒适的色彩感受；安静的声音环境；适宜的温度、湿度和气流速度；良好的空气质量。工作空间要素，如图4-2所示。

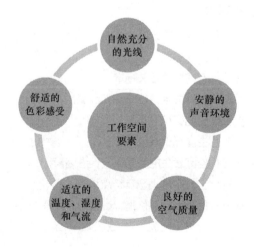

图4-2 工作空间要素

根据一项员工调查发现，工作空间要素中，绿植、声音环境、空气质量等因素在员工期望改善的所有工作空间要素中被提及较多。员工对工作空间的期望，如图4-3所示。

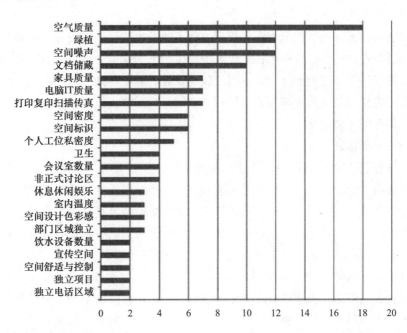

图4-3 员工对工作空间的期望

高效的工作空间管理可以为企业中的人提供舒适、安全和高效的工作环境。企业未来发展、工作空间搬迁以及新工作类型的出现等因素表明，工作空间管理是一项持续性的管理过程。工作空间需求驱动因素，如图4-4所示。

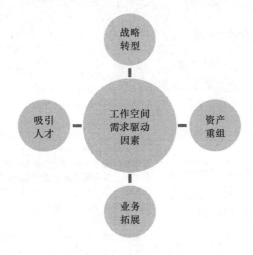

图4-4 工作空间需求驱动因素

（1）战略转型

战略转型是企业发展过程中不可避免的一个环节，尤其是随着外部环境的日益复杂化和动态化，企业面临越来越多的生存挑战，为了应对环境的威胁，保障自身的可持续发展，很多企业需要作出战略转型决策。战略转型与一般的战略变化不同，更加强调形成战略的多个组织要素的系统性变化，这些系统要素包含组织架构、人力需求和工作内容等多个方面，这些方面反映到工作空间上，势必造成工作空间需求变化。

（2）资产重组

伴随着外部环境、内部组织和管理方面不断发生变化，以及外部市场需求变化、同行企业的竞争、客户个性化服务所衍生的不同要求，企业需要不断地改变自己以适应外部环境的变化。企业通过收购兼并、股权转让、资产剥离和股权出售、资产置换、公司分拆等方式进行资产重组，带来的人员变动和业务变化往往导致工作空间需求变化。

（3）市场拓展

全球经济一体化进程中，企业面临越来越多的经营压力。无论是对于制造业，还是服务行业，人力成本上升、汇率变化、产品同质性趋势增强等因素时常令企业盈利能力陷入低谷。在这种背景下，业务拓展常常是企业摆脱困境、增强盈利能力的有效方式之一。企业业务拓展过程中会增加人力和业务流程，分流原有主营业务人员和资源，常常会引起工作空间重新配置。

（4）人才吸引

在企业竞争中，人才战略处于企业战略的核心地位。在新的经济形态下，企业越来越重视员工工作体验以吸引人才。尤其是在很多研发、创意部门，工作空间体验是员工重视的因素之一。根据某招聘网站研究报告，大部分都市白领都不满意自己的工作环境，尤其是那些年轻的员工，仅有18.9%的90后员工对工作环境表示满意。随着知识型员工工作变得越来越重要，通过工作空间改造来实现吸引高素质人才、提升员工工作效率，已经成为企业设施管理部门的核心战略之一。

4.1.2 工作空间需求预测

（1）工作空间需求预测步骤

工作空间需求预测的目的是基于科学合理的方法对企业工作空间的配置面积、工位数量等指标进行预测，从而为相关资产配置、财务决策提供依据。工作空间需求预测步骤，如图4-5所示。

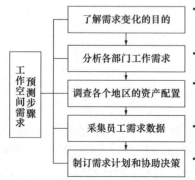

图4-5 工作空间需求预测步骤

（2）工作空间需求信息

工作空间需求信息包含位置、物理、功能、状态、管理、用户六大方面，它们也可称作空间信息要素。工作空间信息要素，如图4-6所示。

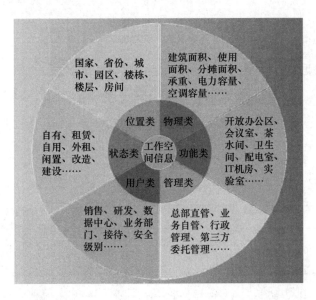

图4-6 工作空间信息要素

（3）工作空间需求预测

在工作空间管理中，空间重置和配置需求的预测是一项重要基础工作。传统工作空间需求预测方法主要有分类加总法、对比分析法、指标换算法等，如图4-7所示。

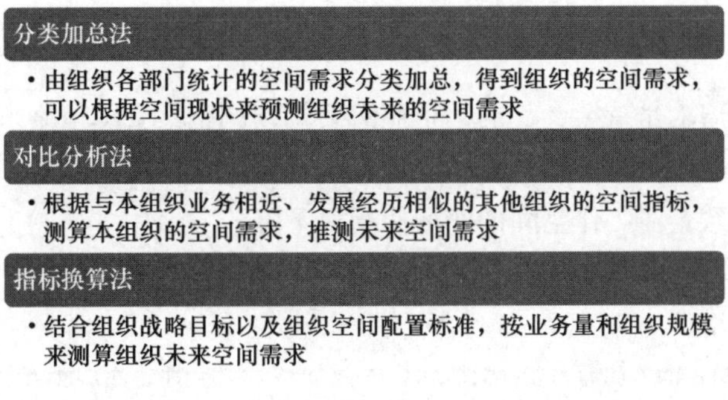

分类加总法
- 由组织各部门统计的空间需求分类加总，得到组织的空间需求，可以根据空间现状来预测组织未来的空间需求

对比分析法
- 根据与本组织业务相近、发展经历相似的其他组织的空间指标，测算本组织的空间需求，推测未来空间需求

指标换算法
- 结合组织战略目标以及组织空间配置标准，按业务量和组织规模来测算组织未来空间需求

图4-7 传统工作空间需求预测方法

工作空间需求预测应该本着科学严谨的态度去调查研究，注重一手数据的采集。当代信息化手段高速发展，数据来源更加多样，除了传统现场勘验等方式确定工作空间使用需求外，还出现了一些工作空间预测的新手段。例如，门禁人脸识别、WIFI使用记录等。工作空间需求预测手段，如图4-8所示。

例如，某企业为了记录员工工作空间使用需求，开发了App，对App使用记录的后台数据进行分析，通过扫码门禁、在线预订会议室等功能记录员工出勤情况，并基于工作空间记录对功能房间的需求（如会议室）等进行测算。基于App的工作空间记录，如图4-9所示。

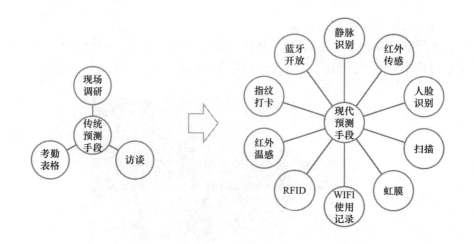

图4-8 工作空间需求预测手段

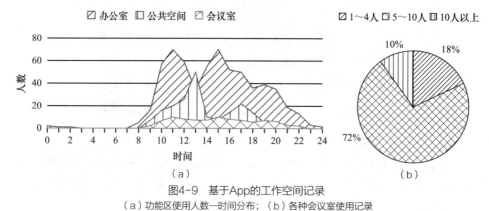

图4-9 基于App的工作空间记录
（a）功能区使用人数—时间分布；（b）各种会议室使用记录

4.1.3 工作空间需求案例

工作空间需求是持续变化的，企业需要持续调整其空间策略来满足由于市场或经济环境变化而带来的工作空间需求变化。由于现代灵活办公和远程办公等方式的出现，导致企业工作空间的实际使用率下降。

【案例4-1】

某企业租用一幢6层的办公楼，员工750人，租期为18个月。由于业务变化，需要重新调整空间策略。在决定空间调整方案前，必须对企业员工的空间面积需求进行深入的分析和调研，首先明确现有空间实际使用现状，然后制订可行方案，进行科学分析和决策。

经调查，企业为每个办公座位花费的空间费用大概为每年56000～98000元人民币，工作空间每天实际使用情况低于50%。因此，该企业每年将为每个座位浪费28000～49000元人民币。如果企业安排1000个办公座位，则每年将浪费约2800万～4900万元。工作空间实际使用情况，如图4-10所示。

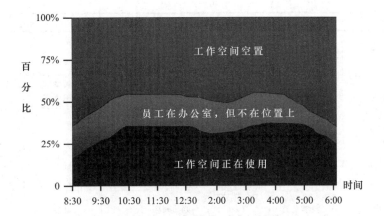

图4-10 工作空间实际使用情况

现企业面临三种空间策略选择：① 续约租赁整栋办公楼；② 通过合并，仅租赁5个楼层作为办公场所；③ 通过搬迁重新租赁一栋新办公楼。空间需求分析与方案选择，如图4-11所示。

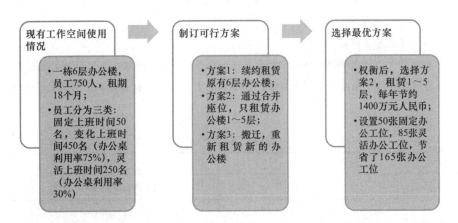

图4-11 空间需求分析与方案选择

根据对过去12月员工安保卡出入的数据研究，可以把员工上班时间分为三类：固定上班时间、变化上班时间、灵活办公时间。50名固定上班时间员工可采用固定办公方式，因此需要配置固定的办公位置；450名变化上班时间员工使用办公桌的时间超过了50%；但250名灵活上班时间员工使用办公桌仅为30%。因此，每天都有很多办公桌空置。

通过空间需求分析，企业决定配置一个集中的办公区域，为250名灵活上班时间员工设置85张共享办公桌，可节省165张办公桌的空间面积。最后决定租赁办公楼1～5层。这个措施每年可节约1400万元人民币。

研究发现，变化上班时间员工的办公桌使用率大概为75%，这意味平均每天有112张办公桌是闲置的，可供灵活上班时间员工临时使用。

【案例4-2】

以某高等院校为例，房屋面积需求分为教学、办公和辅助面积三类。房屋面积需求分析模型，如图4-12所示。

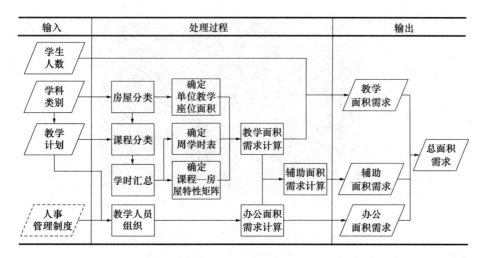

图4-12 房屋面积需求分析模型

本案例以某电子信息工程学院为例，阐述工作空间需求预测分析过程。该学院共有本科生约2400人，其中：一、二年级约1200人，主要学习专业基础课；三、四年级约1200人，分为7个专业学习专业课程。

（1）确定房屋分类

按房屋使用特点和学科特性，教学类房屋有公共教室、网络实验室和教学实验室等，如公共教室进一步细分，有语音教室、多媒体教室和综合研讨教室等。学院教学房屋分类，见表4-1。

学院教学房屋分类　　　　　　　　　　　表4-1

房屋类型		用途
教学用房	公共教室	用于所有课程的课堂教学
	网络实验室	学生课时和自由时间计算机练习
	教学实验室　基础实验室	电子、电路、电工的基础实验教学
	教学实验室　专业实验室	各专业的专业实验教学

（2）确定单位教学面积

采用调研的方式对数据进行统计，用平均值作为单位教学座位面积指标。在条件不允许的情况下也可以采用经验估计的方法；亦可直接采用相关行业机构的面积标准指标。例如，德国高校的教室每个座位需要$0.9 \sim 1.1 m^2$，网络实验室每个机位需要$3.5 m^2$，加上外围设备需要$3.85 m^2$，多媒体教学实验室每个机位需要$4.0 \sim 4.5 m^2$。

（3）确定课程分类和学时汇总

课程分类是根据教学计划中各门课程的房屋使用情况进行的分类，其建立在房屋使用的基础上，使课程类别与房屋类型结合得更紧密。

（4）确定课程—房屋特性矩阵

根据周学时计划，将课程性质和房屋特性结合起来，以得到课程—房屋特性矩阵。专业的课程—房屋特性矩阵，见表4-2。

专业的课程—房屋特性矩阵　　　　　　　表4-2

课程	公共教室	网络实验室		基础实验课	专业实验课
		课内	课外		
讲课	1	—	—	—	—
计算机基础	0.5	0.5	0.25	—	—
基础实验	—	—	—	1	—
专业实验/带机时	0.6	0.25	—	—	0.15
专业实验/无机时	0.85	—	—	—	0.15
小学期实践	—	0.75	—	0.25	—
毕业设计/论文	—	—	—	—	0.15

（5）教学面积需求计算

根据专业周学时表、课程—房屋特性矩阵和各房屋单位教学座位面积，计算生均面积需求。根据各专业生均面积需求计算结果和学生人数，可得学院教学面积总需求为4504m²。学院教学面积需求数据，见表4-3。

学院教学面积需求数据　　　　　　　表4-3

专业	生均面积需求（m²）					学生人数（人）		教学面积需求（m²）	
	公共教室	网络实验室	基础实验课	专业实验课	总计	一、二年级	三、四年级	一、二年级	三、四年级
电气工程	1.10	0.16	0.36	0.31	1.93		128		247
电子技术	1.00	0.23	0.32	0.26	1.81		93		168
信息工程	1.03	0.18	0.36	0.28	1.85	768	165	1491	305
通信工程	1.08	0.20	0.36	0.34	1.98		205		406
自动化	1.06	0.14	0.36	0.33	1.89		181		342
计算机科学	0.89	0.68	0.04	0.21	1.82	424	279	767	508
信息安全	0.89	0.62	0.15	0.15	1.80		150		270
小计	2180	674	599	591		1212	1201	2258	2246
合计								4504	

高等院校教学办公面积需求分析的步骤如下：① 根据教学计划和人事管理制度，确定教学人员；② 根据教学人员进行办公面积需求计算，确定办公面积需求；③ 在教学面积和办公面积需求计算的基础上，进行辅助面积需求计算，确定辅助面积需求；④ 根据教学面积、办公面积和辅助面积之和，确定高等院校教学和科研总面积需求。

4.2　工作空间配置

空间管理中较为复杂、专业的工作就是对工作空间进行配置，包括确定工作空间面积分类、配置标准和标识等。发达国家和地区都有各自的空间标准，也有一套逐渐成熟的空间关系分析方法值得借鉴。

4.2.1 工作空间面积分类

空间面积分类与计算是计算各部门空间成本的基础工作。国际上很多在专业领域内影响较大的机构，例如国际建筑业主与管理者协会（BOMA）、美国建筑师联合会（AIA）等，都发布过空间面积分类标准。

目前用于描述办公楼建筑面积的术语（例如出租面积、使用面积、租赁面积、净内部面积、净出租面积、室内面积）在不同国家有不同的含义，这样会造成跨国业主和租用者的困扰。例如，某企业在某国家需要50000m^2的建筑，但在另一个国家可能要将其需求提高为60000m^2才能获得同等面积。为了统一现有的全球不同的测量标准，国际房产测量标准联盟（IPMSC）推出的办公楼国际测量标准（IPMS）主要有三个测量指标。

（1）IPMS1指标

在许多市场（但并非全部市场），IPMS1被称为"外部总面积"，包含：在计算地下层的外部面积时，通过将地面层围墙的外部平面向下延伸进行计算。在大部分国家，各方可以将IPMS1作为规划阶段的重要指标，也可用于计算开发方案的总成本。

IPMS1的测量不包含以下区域：

1）采光井或中庭的上层中空空间；

2）非建筑结构组成部分的开放式阶梯，例如开放式消防梯；

3）地面层的天井和平台、外部停车场、设备修理厂、降温设备和垃圾区域，以及其他没有完全封闭的地面层区域。

（2）IPMS2指标

IPMS2指标指办公楼每个楼层的面积总和，测量至内部主墙面，并在每个楼层分组件进行报告。该指标用于测量建筑物的内部面积，并对空间的使用进行分类。资产经理、经纪人、造价咨询师、设施经理、租用者、业主、房产经理、研究人员和估价师等人士可以使用这一指标获得关于空间使用效率的数据并用于标杆管理。

IPMS2的面积测量，可以将办公楼分为八个部分。IPMS2面积分类，见表4-4。

IPMS2 面积分类　　　　　　　　　　　表 4-4

编号	名称	内容
组件区域A	垂直穿洞	垂直穿洞的例子包括楼梯、电梯井道和管道，但是面积低于0.25m^2的穿洞被忽略
组件区域B	结构元素	包括内部主要墙中的所有承重墙和承重柱
组件区域C	技术服务	技术服务的例子包括机房、电梯主电室和维修间
组件区域D	卫生区域	卫生区域的例子包括卫生间设施、清洁柜、淋浴室和更衣室

续表

编号	名称	内容
组件区域E	通道区域	包括所有的水平通道区域
组件区域F	便利设施	包括咖啡馆、日托、健身区域和祈祷室
组件区域G	工作空间	人员、家具和设备处于办公用途所占用的区域
组件区域H	其他区域	其他区域的例子包括阳台、带顶走廊、内部停车场和储物间

IPMS2指标计算样表，见表4-5。

IPMS2 指标计算样表　　表4-5

楼层	−2	−1	1	2	3	4	5	合计
组件面积A：垂直穿洞								
楼梯、电梯井道和管道								
IPMS合计								
组件面积B：结构元素								
结构墙、柱子								
限制使用面积								
IPMS合计								
组件面积C：技术服务								
机房、电梯主电室和维修间								
限制使用面积								
IPMS合计								
组件面积D：卫生区域								
卫生间、清洁柜、淋浴室和更衣室								
限制使用面积								
IPMS合计								
……								
组件面积H：其他区域								
阳台、带顶走廊、内部停车场和储物间								
限制使用面积								
IPMS合计								
办公楼测算合计面积								
无限制使用组件面积合计								
限制使用面积								
IPMS办公楼标准合计								
IPMS2-办公楼标准之外的附加面积								
外部停车位								
不属于建筑结构的平台和天井								
任何其他区域（例如设备修理场、冷却设备、垃圾区域）								

（3）IPMS3指标

IPMS3指标用于测量因特定用途而占用的建筑面积，可供中介、居住者、资产经理、设施经理、房产经理、研究人员和估价师等人员使用。IPMS3是基于特定用途独立测量的，与建筑物的属性、IPMS1或IPMS2面积并不直接相关。

IPMS3办公楼标准面积包含：使用者独占区域的所有内墙和柱子；建筑面积计算至内部主墙面，如果与相邻居住者共用墙壁，应当计算至共用墙壁的中线。

4.2.2 工作空间配置标准

工作空间配置标准为企业工作空间配置提供了一个计算各部门空间面积需求以及评价空间布局的基准，可以用来确定新空间的设计规模、判断是否重置、调整空间用途等。

（1）工位配置

基于员工的工作行为（在企业的活动时间和有效工作区域）和职位为员工配置不同规格的工位。根据空间形式分类，办公空间的形式分为开放式和封闭式。其中开放式办公空间根据工位的固定性，又分为固定工位、非固定工位和混合工位等。办公空间形式分类，如图4-13所示。

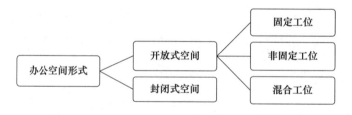

图4-13 办公空间形式分类

世界各地政府和专业组织基于对员工权益的保护、建筑设计的指导等原因，都颁布了企业空间配置标准。例如，英国不同级别员工空间配置标准，见表4-6。

英国不同级别员工空间配置标准　　　　表4-6

功能	空间类型	面积（m²）
高级经理/主管	私人	20～30
经理/部门领导	私人	15～20
经理/专业人员	私人	10～15
专业人员	集体/开放	9
秘书/行政人员	开放	9
职员	开放	7～9
销售人员	集体/开放	6～9

一般而言，企业可以根据自身所处的行业特点、发展战略、业务形态、历史数据、内部调研等信息确定本企业内部的合理空间面积标准。例如，某IT企业的工作空间配置标准，见表4-7。

某IT企业的工作空间配置标准　　　　表4-7

	类型	面积（m²）	尺寸（mm）
长排式工作台	业务型（有文件柜）	1.8	1370
	业务型（无文件柜）	1.6	1220
	呼叫中心（无文件柜）	1.3	1000
	临时型（无文件柜）	1.2	915
	L形工作台		
	业务型（有文件柜）	2.32	1525×1525
	其他要求		
	笔记本或显示屏宽度：		660
	CRT显示器宽度：		760
	两排座位之间的距离		1930
	座位与文件储物柜之间的距离		1930
	座位到墙边的距离		1420
	类型	面积（m²）	尺寸（mm）
座位式工作台	业务型（有文件柜）	1.8	750×1372
	业务型（无文件柜）	1.6	750×1000
	折叠式（有文件柜）	1.2	750×914

（2）支持区域

在办公工位配置之外，还应为员工工作提供工作支持区域，以辅助员工在工位之外所必要的工作。工作支持区域主要包括会议区、创意思考区和电话间等。

根据我国《办公建筑设计标准》JGJ/T 67—2019的规定，普通办公室每人使用面积不应小于6m²，单间办公室使用面积不宜小于10m²。小会议室使用面积不宜小于30m²，中会议室使用面积不宜小于60m²；中、小会议室每人使用面积：有会议桌的不应小于2.00m²/人，无会议桌的不应小于1.00m²/人。大会议室应根据使用人数和桌椅设置情况确定使用面积。

例如，国际知名企业为了更好地为员工提供合理工作空间，在企业空间管理手册中规定办公室支持区域标准。企业总部支持区域空间配置标准，见表4-8。

企业总部支持区域空间配置标准　　　　表4-8

空间类别	面积（m²）	座位数（个）	电话	电视	投影仪	投影幕布	备注
电话间PB	3	2	固定电话	否	否	否	
创意思考区	7	3	—	—	—	—	依据客户个性需求
小型会议室	12	6	会议电话	是	否	否	
中型会议室	25	12	会议电话	否	是	是	
大型会议室	40	20	会议电话	否	是	是	

（3）通信设施

办公区域的网络部署默认是无线网络和即时通信应用软件。如果有特殊的需求，例如，特殊的话机或者办公室视频电话等，就需要部署有线端口。由于不同的运营商在不同区域的服务水平有所差异，在选择新办公楼的时候，在条件允许的情况下一般选两家及以上运营商入驻。关于网络带宽的配备，一般是每百人配置100M以上带宽，有特殊需求则需要专项评定。

（4）环境设计

办公室的整体环境不仅对员工工作状态有重要激励作用，还能将企业的文化面貌传达给访客和外来用户。工作空间的整体设计应该是简单干净和富有创造性的。所有的空间环境设计应该围绕企业文化打造。如果是一家创新型科技企业，应该选用最大限度地突出工作空间环境科技感的创意方案；如果是一家传统制造业企业，则宜适度地突出质量意识和对客户的尊重。

所有的工作空间应表现出对员工业务需求提供功能配套的优先级，并提供适当的符合人体工程学的休息空间，同时保证工作空间在声音、照明、温度、湿度、色彩等方面的舒适性。

（5）其他标准

企业工作空间须按照当地消防部门的标准、要求、法律法规设计和配置消防系统。在文化创意方面，还可以设置一些创意小品、科技元素、企业愿景等标识，提升工作空间整体品位和员工凝聚力。

4.2.3 工作空间标识设计

空间标识（Signage或Signage System）是以系统化设计为导向，具有信息传递、识别、辨别和形象传递等功能，在一些复杂的建筑空间中用来确认、指示和通知某些信息的工具。标识研究协会（Institute of Signage Research）称它们是"一种沟通用的媒介，用来传达一种视觉信息，其本身具有相当的感受性和对环境气氛的制造性"。

（1）标识的分类

标识的分类方法有很多种，例如，根据建造方式，标示又可划分为立式、卧式、悬挂式、立面镶嵌、立面半挑、移动立牌、桌面立牌等。本小节主要介绍各标识的功能分类。标识系统的功能分类，如图4-14所示。

图4-14 标识系统的功能分类

(2) 标识分级

在建筑物各个空间位置上,来访者对于标识的信息需求量和各个位置所需的信息量是有差异的。因此,需对空间的标识系统进行信息分级,分为一~四级标识信息,以保障寻路过程的逻辑连贯性。

初访者进入工作空间的主要流程为:门厅→电梯、楼梯→走廊→办公地点。依据寻路空间顺序以及空间所需信息含量的逐级差异,对工作空间内的标识信息进行分级。工作空间标识系统信息分级,见表4-9。

工作空间标识系统信息分级   表4-9

构成	一级标识	二级标识	三级标识	四级标识
设置位置	入口、大厅到电梯、楼梯或功能室等	电梯、楼梯等垂直交通空间	走廊	办公区域
标识牌类型	分流标识牌、宣传栏、楼层平面图标识牌、迎宾牌	楼层牌、楼层索引牌、温馨提示标语牌、公共安全标识牌、火灾/危险警告标识、出入口	楼层平面图标识牌、开水间、洗手间指示牌、温馨提示标语牌、公共安全标识牌、火灾/危险警告标识	形象标识、桌面台牌、科室牌

(3) 标识设计

标识是寻路设计中的重要内容。空间标识的对象定为初次来访者,利用标识来满足这类人群的寻路需求。

人在不同的位置有不同的信息需求,必须设置不同内容的标识。例如,某办公楼动线概括起来主要为:确定主入口→经过门厅→进入电梯厅→找到办公室。由此,可制定该工作空间内人的行为模式的细分图,作为标识设计的参考依据。人的行为模式与标识关系,如图4-15所示。

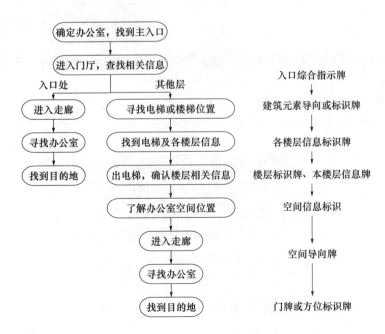

图4-15 人的行为模式与标识关系

良好的标识系统为工作空间中的人员提供便利。目前，标识设计在国内并无统一的规范，通常标识系统设计都因个案不同需求而定。

4.3 工作空间变化

工作空间是企业从事生产或经营活动的场所，是企业存在的物质空间。其本质是为员工提供一个通过劳动进行信息处理、交换，从而创造价值的群体工作场所。随着社会与经济的发展，工作空间也随之变化，出现了现代灵活、多变的工作空间形式。

4.3.1 工作空间变化历程

自20世纪80年代至今，工作空间发生了很大变化。从传统的方格式布局到"复合型"办公室、"酒店式"灵活办公再到现代以工作效率为中心的"工作空间网络"。工作空间变革历程，如图4-16所示。

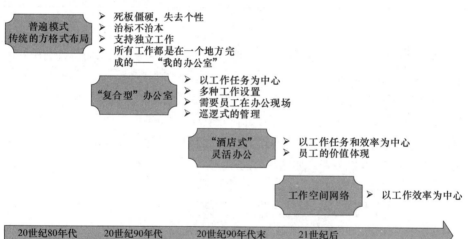

图4-16 工作空间变革历程

企业工作空间变化受到社会、经济、文化、环境的影响，还包括新冠肺炎疫情等的影响。影响工作空间变化的因素，如图4-17所示。

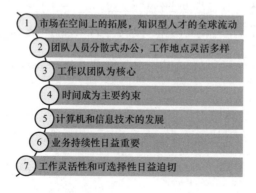

图4-17 影响工作空间变化的因素

随着科学技术的发展，工作、家庭以及休闲之间的界限越来越模糊，出现了许多新型的办公模式。工作空间从固定的工作场所转移到其他各类场所，如家、餐厅、地铁、候车厅或者咖啡店等，并且员工之间的合作越来越频繁，从而导致空间规划倾向于配置更多的共享空间，比如团队空间、会议室、俱乐部等，减少私人工作空间的配置。在现代办公方式的演变下，出现了如下形式的现代工作空间。

（1）宾馆式工作空间（Hotel Space）

员工没有永久固定的桌子或者办公室，可打电话或者使用企业提供的软件预约临时工作空间中的一间办公室，并在其中工作。员工可以在临时工作空间工作几个小时到几天，员工私人物品放置于专用的储藏空间。宾馆式工作空间的特点是加快了办公室的轮换速度。当员工的工作性质需要经常出差或外出时，利用该方式可以节约很多空间。

（2）咖啡厅式工作空间（Cafe Areas）

这类工作空间给员工提供了一个非正式聚集的地方，可以是一个咖啡厅、咖啡吧。其必备的要素是中心式的吧台、就座的区域以及其他工作设施，可以放置工具用来辅助工作，如公告牌、复印机、传真机、邮政区域、书柜和储藏柜。咖啡厅式的工作空间可以培养员工的沟通能力，拉近彼此之间的距离，并使员工在交流中产生更多的创意。咖啡厅式的空间布局灵活多变，可供多种用途使用，整个空间可以作为展示的空间，可以配备带书架的阅览桌作为学习的空间，甚至可以供聚会和非正式的会议使用。

（3）自由式工作空间（Free Space）

自由式工作空间是指在工作空间内配备非专用的办公桌和设施，一个办公桌可能被几个员工在不同时间使用，可以在没有事先预定的情况下由任何人在任何时间使用。自由式工作空间最大限度地使用了工作空间和设施，有利于员工的互动和交流，可以在较小的空间内完成较多的办公任务。但是需要给员工提供个人存储空间和阅览空间。自由式工作空间适用于所有员工不会同时需要工作空间的企业。其最原始的动机是通过减少空间而节约成本，在有些实践案例中可节省30%的工作空间。

（4）电子办公系统（Electronic Office System）

20世纪90年代，以信息技术为代表的高科技的突飞猛进、互联网的广泛应用、移动通信的发展，使人类的办公效率不断提高，办公自动化程度继续加深，新型的电子办公模式不断涌现出来。国际电子办公协会和委员会（The International Telework Association and Council，ITAC）的一份研究报告显示，2016年，在美国已有超过3000万人在家中远程办公，占美国工作人口的16%～19%。随着个人电脑和互联网应用技术的普及，居家办公呈快速增长之势。相对于非电子办公人员，电子办公人员一般拥有更高的教育背景和收入，多为专业或管理人士。

某企业提供的iWork电子办公服务系统，不受时间和空间的限制，随时可提供工作资源（空间、数据和文件、应用程序、信息、协作、培训、电话），并且费用低廉。iWork系统体现了提高空间利用率、降低空间总成本、提高安全性、可"随时随地"提供服务等优势。iWork电子办公系统构架，如图4-18所示；iWork工作网示例，如图4-19所示。

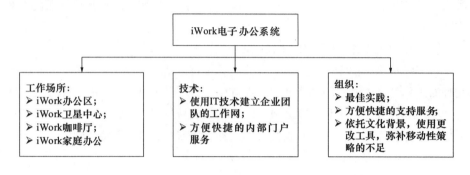

图4-18 iWork电子办公系统构架

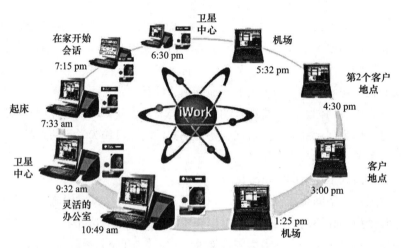

图4-19 iWork工作网示例

iWork的实现是通过建立电子社区、个性化的信息中心、虚拟工作台以及灵活的办公室等把企业团队的工作网联系起来，最终实现办公的数字化、自助化、社区化以及移动化。

（5）共用工作空间（Co-working Space）

共用工作空间（Co-working Space）也称为联合工作空间，即提供共同工作的空间，广义的说法为"共同工作"。近年来，很多企业内管理层与外勤作业层更多的时间是在不同国家和城市，而共用工作空间具有移动式、拎包入驻、短租的特性，恰恰满足了市场需求。

共用工作空间主要针对高科技起步企业、自由职业者和经常到其他城市办公的人群打造，为其提供一系列服务与帮助，包括各种设备的租用，如办公桌椅、沙发、会议室、WIFI、会客室、打印室，甚至零食和休闲设备等。由于"共同工作"是一种工作型态，其四个共同价值为合作、开放、社区和持续，但是这种工作型态也存在很多不便之处。

4.3.2 工作空间变化特点

根据目标、业务范围和人员构成等方面的特点，不同企业对工作空间的设计和安排也会遵循不同的风格，如教育机构、制造企业、金融机构、研究机构和电子商务企业等均具有不同特点。现代工作空间特点，如图4-20所示。

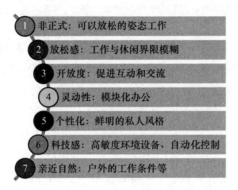

图4-20 现代工作空间特点

不同类型企业的工作空间特点，见表4-10。

不同类型企业的工作空间特点　　　　表4-10

企业类型	工作空间特点
学术机构	➢ 每一个人要有自己的独立空间 ➢ 等级非常重要 ➢ 空间的控制重要 ➢ 网络通信要求高 ➢ 公共档案柜不能太多 ➢ 永远不能实行"清洁办公桌"的制度
大型零售企业	➢ 较大的来客接待区域 ➢ 高层管理人员的宽大办公室 ➢ 采购部门开放式小办公桌 ➢ 办公区内分散的空间用于放置各种小物品
新型技术、电子商务企业	➢ 企业相当年轻化，很少显示出管理高层和绝大多数初级员工之间的差别 ➢ 在企业内部使用新技术很普遍 ➢ 大都倾向于留出工作空间的一部分作为客户展示区和培训区 ➢ 销售团队的流动性相当普遍 ➢ 资料储存采用电子方式 ➢ 材料、颜色、各种效果使人轻松愉悦，并具有探索性 ➢ 空间经常是充满活力的，包括一些针对个人团队的休闲空间，外加一些娱乐空间
银行、保险及其他金融机构	➢ 地理位置要求非常高，往往位于城市的中央商务区或繁华地区 ➢ 要依赖计算机，许多工作空间为信息技术部门占有 ➢ 有大量文员级的初级员工 ➢ 呼叫中心一般远离昂贵的市中心，或外包 ➢ 办公环境的设计让人联想到"可靠""财富"和"历史" ➢ 会议室豪华典雅，挂有众多艺术品
大型会计师事务所或咨询企业	➢ 初级员工共享办公桌 ➢ 在合伙人的空间需求（理想的大区域办公室）与空间效率（合用式的办公室）之间确定平衡 ➢ 传统惯例是伴随着个人职业升迁，工作空间会有明显的增加

续表

企业类型	工作空间特点
大型制造企业	➤ 这些企业办公室往往是企业整个建筑中的一小部门,大部分是由厂房、研发实验室和物流仓库等组成 ➤ 总部和销售中心通常位于城市的中央金融区 ➤ 频繁的收购或兼并迫使企业花费很大的努力来整合原本位于不同建筑物内的两种不同的企业形象和工作流程 ➤ 企业的历史特别值得骄傲,因而需要一定的空间展示其历史的实物和照片资料

从国外的谷歌、领英、微软到国内的华为、腾讯、联想等,越来越多的企业依据新的办公需求对其工作空间进行了新建或改造。例如,荷兰国际策略(Interpolis)保险公司拥有3500名员工,摒弃按区域划分的工作空间布局方式,全部是灵活机动的员工,以开放而透明的观念,通过高度灵活设施(无线上网、笔记本电脑、家庭办公)对工作空间进行转型。企业员工不再拥有自己固定的工作空间,采用10个员工会所代替了传统意义上的餐厅。原本需要80000m²容纳所有员工的办公区域,现在只需要45000m²,节省了9000万美元的项目支出,每年还可以节省800万美元的运营成本。另外,办公用具、相关清洁人员的劳务费用也都大规模减少。

4.3.3 工作空间变化管理

工作空间变化管理(Workspaee Change Management)是一种与工作场所战略、设计和施工进度相协调的结构化的方法,其目的是帮助员工尽快适应工作空间转变过程,在新的工作空间中实现统一的企业文化过渡。

(1)把握变化时机

心理学的研究认为,当人们面对外界变化时,本能上会出现一系列的"战斗或者逃跑反应"(Fight-or-flight Response)。变化反应曲线模型,如图4-21所示。

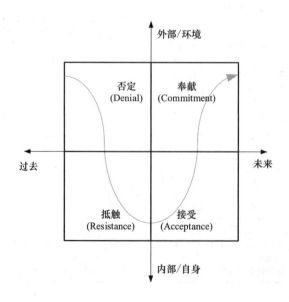

图4-21 变化反应曲线模型

变化反应曲线模型演示了人们对变化反应的不同阶段：否认（Denial）、抵触（Resistance）、接受（Acceptance）和奉献（Commitment）。工作空间变化管理有助于员工顺利通过这个过程，并帮助他们从思想和实际行动两个不同方面，完成从抵制工作空间变化到奉献的转变。

这个过程需要评估企业执行变更的能力，需要对企业的态度和进行变更所需资源进行全面检查。工作空间变化预备度调查问卷（示例），见表4-11。

工作空间变化预备度调查问卷（示例）　　　表4-11

序号	问卷（1—非常不同意，5—非常同意，2、3、4依次递增）	得分
1	一般而言，我个人在面对工作空间变化时很坦然	
2	和我共事的团队同时面对工作空间变化时很坦然	
3	我个人有成功适应变化所必备的技能和知识	
4	我很清楚工作空间变化的原因和动机	
5	我知道这一过程在工作中将会出现的最明显的变化是什么	
6	我现在很了解这次工作空间变化的流程	
7	我感到新工作空间会促进员工们在将来更高效地工作	
……	……	

在工作空间变化过程中，很多企业会利用这一契机进行推进技术、流程、文化、体验、展示和营销等相关活动。因此，需要成立协调委员会协调各方面的利益，促进企业进行硬件和软件方面的全面更新和提升。

（2）构建商业计划

工作空间变化管理的成功源自于对企业变更动机的深刻理解和企业适应变化的能力。企业高层管理人员能够清晰坦诚地阐述工作空间变化的动机十分重要。通常来讲，工作空间变化的动机可能有市场竞争、技术发展、兼并收购重组、吸引人才、降低成本、政策法规、领导换届、业务拓展、租赁期满等方面。工作空间变化带来的好处，如图4-22所示。

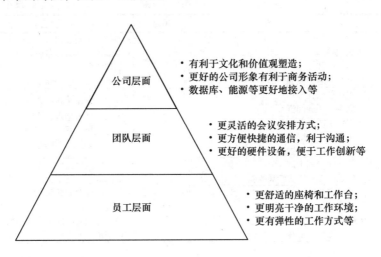

图4-22 工作空间变化带来的好处

成功的商业计划是建立共同愿景、采购沟通等后续步骤的基础，其合理与否对整个工作空间变化管理有重要影响。构建商业计划时应该用数据说话，避免经验直觉。工作空间变化商业计划评价指标和输出成果，如图4-23所示。

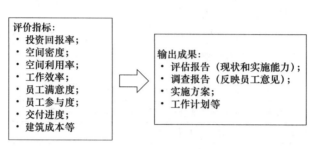

图4-23 工作空间变化商业计划评价指标和输出成果

（3）建立共同愿景

很多企业在新工作空间设计中忽视了员工的参与，对员工需求分析不足，从而导致大量的麻烦和风险。因此，员工工作团队的参与，有利于阐明未来与现状的不同，建立共同愿景。

相关研究可以促进企业和员工在工作空间设计决策方面更好地沟通，以减少员工的不满。例如，当企业将全员从封闭式工作空间向开放式工作空间搬迁时，员工很容易担心噪声会使工作分心。在工作空间变化过程中，让包括执行发起人和部门领导在内的员工参与到他们未来工作空间的相关决策具有重要意义，能够减少工作空间变化的阻力。

（4）采购沟通

沟通能够使员工理解工作空间的变化并做好准备。已构建的商业计划和建立愿景是沟通的前提，项目实施团队应向员工充分阐释新工作空间带来的价值提升。

有效的沟通是全面兼顾的，并聚焦于特定的受众，在整个项目周期持续进行。员工在不同方面有很多需要关注的问题。不同领域员工关注点，见表4-12。

不同领域员工关注点　　表4-12

领域	关注点	领域	关注点
资产和空间方面	·新办公楼的位置在哪里？ ·如何停车？ ·周边有什么？ ·公共交通情况如何？	技术方面	·如何使用新技术？ ·可以使用自有设备吗？ ·如何打印？ ·如何使用自己的新电话？
建筑设计方面	·工作位置在哪？ ·周围是哪些同事？ ·工作空间看起来怎么样？ ·个人有多大空间？ ·有哪些新的配置？	人力资源方面	·可以在家里工作吗？ ·可以在任意地点工作吗？ ·如何获得远程工作资格？ ·可以带小孩工作吗？
施工方面	·什么时候完工？ ·搬迁之前可以去参观吗？	设施和搬迁管理方面	·什么时候搬迁？ ·如何取工作行李？
家具方面	·什么家具换了？ ·椅子换新了吗？ ·个人空间变大了还是变小了？ ·家具都包含哪些？		·什么时候拿到钥匙？ ·有食品供应吗？ ·健身房运营时间是什么时候？ ·在哪里放文件？

沟通方式多种多样，并应该对不同的人员具有针对性，旨在减少谣言和抵触行为，包括对话、会议、讨论、培训、图纸、说明书、专栏、网页、3D/虚拟展示、视频、实体模型、体验、考察、样品、投票等。采用何种沟通方式更多地取决于企业要求。

（5）管理变化

管理变化的理想方法是任命一个变化管理工作团队，并借助他们的力量在新的工作空间中寻求提升。这个工作团队是变化管理过程的重要组成，将作为一个中介桥梁，推进工作空间变化过程，并消除谣言，将真实的情况反馈给项目团队。

采取一些仪式类活动，如实景模拟、新空间参观、房间命名比赛、大扫除活动、家具购买、食品和咖啡品类选择等，都是获得员工支持的重要组成部分，有助于降低员工焦虑水平。员工参与变化管理方式，见表4-13。

员工参与变化管理方式　　　　表4-13

面对面交流	一般沟通	活动	数码沟通	家具	便利设施
·焦点小组； ·圆桌会议； ·午餐会议； ·培训	·提问； ·工作空间礼仪指导	·趣味竞赛； ·大扫除； ·提前参观； ·时光留影	·网站介绍； ·虚拟参观； ·视频	·家具议选； ·使用指导视频	·餐饮议选； ·问卷调查； ·样品试用； ·设备测试
搬迁庆祝！					

（6）接纳和适应变化

为了使新工作空间真正发挥作用，领导者应该力求全员的行为方式固化下来，使其符合建立的共同愿景中的新企业文化。只有在管理层领导下，员工才更愿意展现出新的工作方式和行为模式。

4.4　工作空间搬迁

工作空间搬迁是企业将业务活动所在地从一个地方搬移到另一个地方的行动。在高速发展的经济环境中，工作空间搬迁日益普遍。每一次工作空间搬迁活动，都需要按照一定的流程和规则进行。为了避免这些不可预见的风险，常常需要给全部物品投保综合险。

4.4.1　工作空间搬迁类别

（1）工作空间搬迁类型

按照工作空间搬迁强度的大小划分，有公文包（盒子）搬迁、家具搬迁和结构搬迁三种类型，其搬迁费用和搬迁频率存在较大的差异。工作空间搬迁类型，见表4-14。

工作空间搬迁类型　　　　　　　　　表 4-14

序号	类型	特点
1	公文包搬迁	只涉及办公资料、辅助物品的搬迁，不需要搬迁家具、电源、数据电缆或者移动隔断和建筑物，费用较低，频率较高
2	家具搬迁	一个比较复杂的搬迁活动，是在电缆结构最小变动下，对现有家具的重新布局，或者增加新的家具，搬迁费用较高，频率一般
3	结构搬迁	搬迁中最复杂、最昂贵的一类，包括墙体的变动，电源线和电缆线的调整以及家具的重新布局等，费用昂贵，频率较低

国际设施管理协会（IFMA）报告显示，所有行业企业平均搬迁率为41%。历史数据显示，某些行业由于其业务特性，很难发生搬迁，如教育、政府、宗教等组织的平均搬迁率为25%；相比之下，金融、能源、电信等服务行业平均搬迁率为44%。搬迁率也随着空间的用途而改变，如总部办公室的搬迁率为45%，而教育和培训场所的搬迁率为11%。

在搬迁管理中，设施经理最关注的是降低搬迁活动对企业业务的破坏性以及搬迁费用。IFMA的相关报告显示公文包搬迁的平均费用大概为160美元，而家具搬迁（包括电源和电缆的变动）则要729美元。一个早期的研究发现，移动独立家具最频繁，独立家具的搬迁也比整体家具的搬迁简单，费用也低。而整体家具的变动平均为4~5次/年。然而，整体隔断的变动则大概为1~2次/年。更重要的是一些搬迁"软成本"，这些"软成本"可能包括停工造成的损失或者加班造成的额外成本。

（2）工作空间搬迁指标

工作空间搬迁管理目标是在一定的成本效益下，安全、高效、细心以及最小中断业务地实现客户搬迁需求，并超出其期望值。调查显示，工作空间搬迁被越来越多企业列为考核绩效的重要因素。有55%的企业把工作空间搬迁活动作为业务活动之一，而43%的企业认为工作空间搬迁活动的重要性被严重低估。

评价企业工作空间搬迁的指标包括：人员搬迁率、资产搬迁率、搬迁成本、搬迁费用率等。

1）人员搬迁率。它是指企业在一个年度内，涉及搬迁的员工的人次占整个企业员工人数的百分比。搬迁率计算公式为：

$$人员搬迁率 = \frac{某个特定企业在某个特定时期内涉及搬迁的人次}{某个特定企业在某个特定时期内的总人数} \times 100\%$$

(4-1)

例如，某企业有1000名员工，其中有150名员工在一年内搬迁过一次，那么其人员搬迁率为15%；如果有100名员工在一年内搬迁一次，50名员工在一年内搬迁过两次，则其人员搬迁率为20%。

2）资产搬迁率

资产搬迁率表明企业在一个年度内，涉及搬迁的资产额占总资产额的百分比，计算公式为：

$$资产搬迁率=\frac{某个特定企业在某个特定时期内涉及搬迁的资产额}{某个特定企业在某个特定时期内的资产总额}\times100\%$$

（4-2）

另外，搬迁成本是指企业在一个年度内，平均每人分摊的搬迁费用或者平均每平方米建筑面积的搬迁费用；而搬迁费用率是指企业在一个年度内，搬迁的总成本占设施管理总预算费用的百分比。

搬迁率对一个灵活的、成长性的企业来说是一个积极的信号。事实上，有效的搬迁管理可以节约成本，并为企业增值。

4.4.2 工作空间搬迁准备

工作空间搬迁前的准备工作主要有搬迁新址决策、搬迁团队组建、服务供应商确定、搬迁计划制订等环节。

（1）搬迁新址决策

成功的搬迁能够提升企业的竞争力。据穆马（Mumma）调查，70%的企业能够通过搬迁得到收益。但是，搬迁成本高昂，而搬迁决策失误带来的损失则更难以预料。企业搬迁新址可能使得交通更加便利，吸引更多的人才，或者能够与同行业聚集，形成行业规模，有益于企业的长远发展。但是，搬迁也会带来企业成本的增加。在搬迁过程中，企业业务收入将缩减，正常的开支仍需支付。除此以外，还增加了搬迁成本。因此，搬迁前，企业需根据自身的财务状况、行业特点，对搬迁的新址进行评估，确定是否有必要搬迁。

（2）搬迁团队组建

搬迁过程的具体协调、管理是由企业设施管理团队负责，搬迁的具体实施则可外包给专业的搬迁团队。例如，某企业搬迁团队主要的工作组分为驻厂小组、运作组和后勤组。搬迁团队组织结构及其工作职责，如图4-24所示。

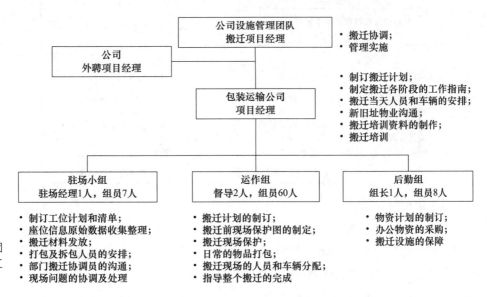

图4-24 搬迁团队组织结构及其工作职责

(3) 服务供应商确定

搬迁项目的服务供应商通过招标投标的方式进行确定。在审核过程中，企业招标小组应对搬迁服务供应商进行实地调查，并建立一个系统的评价体系，包括搬迁服务全过程的选择与评价标准。通过对各个服务供应商进行综合审核评价后，最终确定中标的服务供应商。服务供应商招标程序，如图4-25所示；服务供应商评价指标，如图4-26所示。

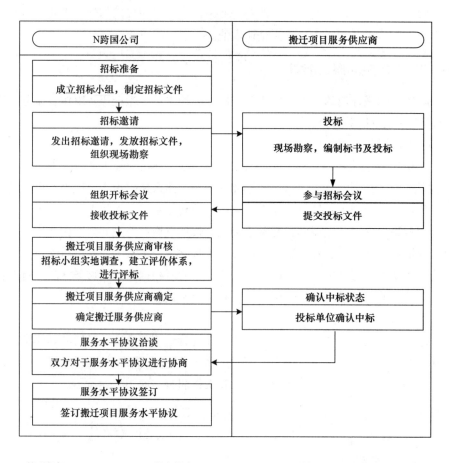

图4-25 服务供应商招标程序

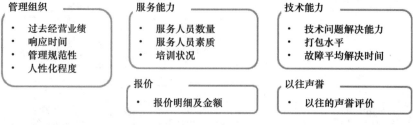

图4-26 服务供应商评价指标

(4) 搬迁计划制订

为保证搬迁工作高效、有序地完成，项目搬迁团队可以时间为标准对搬迁工作进行具体划分和安排。搬迁计划制订应注重全面有序，根据不同工作间的逻辑次序合理安排。搬迁进度计划示例，见表4-15。

搬迁进度计划示例　　　　　　　　表4-15

时间	工作安排	跨国公司					服务供应商
		设施管理	IT	安保	协调员	员工	包装运输公司
8:00	检查需要保护的区域并拍摄现场照片	√					√
09:00–17:30	A公司员工协助原地址的部门打包	√			√	√	√
9:00	设施管理搬迁团队协调打包事宜	√					√
13:30–15:00	查看电梯是否可用并进入原地址	√					√
12:00–16:00	IT部门核对设备数量、最终使用者并打包		√				√
16:00–21:00	原工作空间使用保护材料并采取保护措施	√					√
13:00–16:00	公司员工打包个人物品					√	√
13:30–16:00	搬迁协调员检查公司员工箱子编号				√		√
16:00	员工关闭电脑并离开公司					√	√
16:00–20:00	搬迁协调员、A公司团队及设施管理团队清点箱子数目并签署清单	√			√		√
16:00–20:00	IT部门打包主机、显示器等		√				√
21:00	IT部门打包完成		√				√
21:00–21:30	A公司和IT部门签署记录IT部门箱子的清单		√				√
17:30	开始在原址1座和2座装箱子及物品						√
18:30	第一辆运输车离开原址1座和2座						√
20:00	第一辆运输车到达新公司总部						√

注：字体加粗部分为关键时间点。

4.4.3　工作空间搬迁后评估

专业的搬迁后评估是根据对员工使用者的结构调查、访谈或焦点小组意见，对实际工作空间有效性的系统和结构性分析。搬迁后评估可以有多种方式，但是必须建立在确定的工作空间搬迁愿景和目标的基础上，这些愿景和目标应该是早在工作空间设计阶段就被确立下来的。工作空间搬迁后评估实施要点，如图4-27所示。

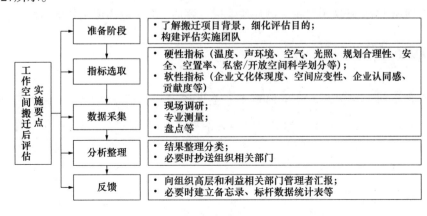

图4-27　工作空间搬迁后评估实施要点

搬迁结束之后，设施管理团队应该进行搬迁核查，清点物品数量，查看建筑运行情况，帮助和处理如钥匙的重新排列、家具的维修以及错放盒子等搬迁之后所产生的问题，完成搬迁后核查表，并更新设施管理信息系统中有关家具布局和位置设计的信息。搬迁后核查表，见表4-16。

搬迁后核查表　　　　　　　　　　表4-16

建筑地址			核查人			
核查日期			搬迁项目编号			
编号	核查内容	是	否	标注	完成时间	
1	箱子搬到正确的位置					
2	柜子搬到正确的位置					
3	电脑和电话安装完毕					
4	电脑连线正确					
5	桌子整洁、干净					
6	每一个位置是否有座椅					
7	会议室椅子数目正确					
8	工作区的使用人姓名					
9	办公桌的编号和使用人姓名					
10	会议室的标识					
11	门闩已安装，可以使用					
12	柜子的钥匙					
13	壁橱是否正确的安装					
14	柜子钥匙是否已更换（如需要）					
15	空的箱子是否已全部搬走					
16	是否更新位置布局和CAD平面图					
……	……					

在搬迁结束后，还应采取措施帮助员工适应新的工作环境，并对新工作空间进行经济性、环境舒适性、安全风险等方面的评估。必要的话，可聘请第三方中介机构协助对搬迁实施过程、搬迁效果进行评估，向企业高层领导提出报告。

> **关键术语**
>
> 工作空间　空间成本　空间需求　空间配置　空间空置率　空间使用率　空间面积　空间变革　标识系统　灵活办公　共享空间　搬迁指标　搬迁成本　后评估

复习思考题

1. 工作空间环境对员工有哪些影响？
2. 工作空间需求预测的步骤有哪些？
3. 工作空间需求信息可以包含哪些内容？
4. 有哪些工作空间需求预测的方法，如何应用？
5. 工作空间面积如何进行分类？
6. 根据空间形式不同，办公空间有哪些代表性形式？
7. 工作空间配置包括的内容有哪些？
8. 标识系统的作用是什么？标识的分类有哪几种？
9. 举例说明现代工作空间类型以及特点。
10. 工作空间搬迁的评价指标有哪些？
11. 简述工作空间搬迁后评估实施要点。

第 5 章

设施管理商务

本章导读

　　设施管理商务主要包括投资、财务和成本管理等。财务指企业设施管理过程中的资金运动,体现了设施管理资金和企业各方面经营活动的经济关系;而设施管理投资、运营和处置等各个环节都要消耗一定的资源,其所消耗资源的货币表现及其对象化表现为成本。设施管理不仅需要具备全面的工程技术知识,还要求具备设施管理投资策划、财务与成本管理能力。本章主要介绍项目经济评价参数和指标,阐述投资项目的经济评价,讲解项目不确定性分析,梳理设施管理预算编制、分析和调整,运用生命周期的理念进行成本分析与控制,以达到成本管理的目的。

主要内容

- ❖ 经济评价参数,包括资金时间价值、折现率、成本和价格;
- ❖ 经济评价指标,如投资回收期、收益率、利润率等方面;
- ❖ 项目敏感性分析;
- ❖ 设施管理预算分类及其与战略、总体规划的联系;
- ❖ 设施管理预算编制流程与方法;
- ❖ 设施管理预算分析与调整;
- ❖ 生命周期成本构成、分析和控制。

5.1 资本项目经济评价

资本项目经济评价(以下简称"项目经济评价")是根据国民经济与社会发展规划、行业地区发展规划、企业战略规划的要求,采用科学的分析方法,对项目的财务可行性和经济合理性进行分析论证,为科学决策提供经济方面的依据。

5.1.1 项目经济评价参数

(1)资金时间价值

资金时间价值是指一定量资金在不同时点上的价值量的差额。在实际的企业经营活动中,不仅要着眼于资金量的大小,还要考虑资金发生的时点。例如,有一笔可以用于投资的资金,即使不考虑通货膨胀的因素,也会比将来的资金有价值,因为这笔资金可以立即投入使用,为企业产生价值。由此可得,资金会随着时间的推移而增值,价值量的差额就是资金的时间价值。

【案例5-1】

某企业的电梯投资成本为600000元,假设电梯使用寿命为15年。电梯前五年每年的运营成本为150000元,从第六年开始以后每年成本增长10%,年利率为15%。项目方案现金流量,如图5-1所示。

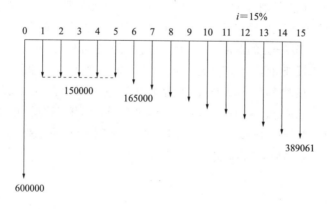

图5-1 项目方案现金流量

(2)基准折现率

基准折现率(Benchmark Discount Rate,BDR)又称基准收益率,是行业或企业投资者依据所在行业的历史投资绩效,以动态的观点所确定的、可以接受的投资收益的最低标准水平,即可接受的最小收益率(Minimum Attractive Rate of Return,MARR)。

基准折现率是项目经济评价的重要基础参数,表明投资决策者对项目资金时间价值的估价,是投资资金应当获得的最低盈利率水平,是评价和判断投资方案在经济上是否可行的依据。在项目经济评价过程中,会使用相同的基准折现率来评价不同的方案。基准折现率影响因素,如图5-2所示。

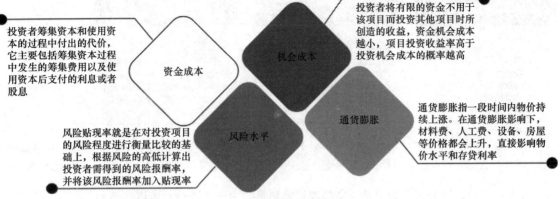

图5-2 基准折现率影响因素

上述内容介绍了影响基准折现率的四个因素，根据以上分析，如果按照时价计算项目的支出和收入，基准折现率的计算公式如下：

$$i_c = (1+i_1)(1+i_2)(1+i_3) - 1 \tag{5-1}$$

式中　i_c——基准折现率；

　　　i_1——资金成本和机会成本中的较大成本率；

　　　i_2——风险贴现率；

　　　i_3——通货膨胀率。

（3）机会成本

机会成本（Opportunity Cost）是指当影响决策的成本是为某一目的使用生产要素时，所放弃的最为重要的其他选择机会，这是潜在利益的减少，而非实际发生的支出。

机会成本虽然不是支出或费用，但它是因选择了一个项目而放弃其他项目所失去的预期收益，所以应作为项目的现金流量予以考虑。但在计算机会成本时，不是所放弃预计未来的收益都作为机会成本，而要扣除所得税因素的影响，具体计算公式为：

$$机会成本 = 预期收入 - (预期收入 - 该资源历史成本) \times 所得税率 \tag{5-2}$$

例如，某企业由于收购了其他企业，需要安排新员工办公的地方，计划直接使用企业最近新建的办公楼，该办公楼的历史成本为1200万元。现分三种情况对新员工启用办公楼这一资源的机会成本进行分析。启用办公楼机会成本分析，如图5-3所示。

（4）沉没成本

沉没成本（Sunk Cost）是指已发生或承诺、无法回收的成本支出及费用，或因失误造成的不可收回的投资成本支出及费用。例如，设备一经购置而不管使用与否，都要发生折旧成本，因此在该设备上的投资就是一种沉没成本。

例如，某企业计划投资新建厂房，便聘请咨询机构测算投资回报率，过程中由于企业战略变化，终止了咨询需求。根据合同，企业需支付相关费用100万元，其中已经支付60万元，尚有40万元未付。

只用于新员工使用	用于新员工使用，也可对外出售，可得收入1000万元	用于新员工使用，也可对外出售，可得收入1300万元
• 用途单一 • 新员工占用办公楼资源就不存在机会成本 • 对新员工使用办公空间进行投资分析时，不管该办公楼的账面价值有多少，也不管能变现多少收入，都不考虑其机会成本	• 用途不单一 • 资源被新员工占用，而放弃了出售带来的收益1000万元，所放弃的未来收益即构成新员工办公的机会成本 • 如该企业适用所得税率为25%，此时的机会成本等于1000－(1000－1200)×25%＝1050万元	• 用途不单一 • 有机会成本 • 如该企业适用所得税率为25%，此时的机会成本等于1300－(1300－1200)×25%＝1275万元

图5-3 启用办公楼机会成本分析

若干年之后，该公司重新启动投资新建厂房项目，由于之前进行咨询的活动与是否重新投资这个项目没有关联性，所以之前的100万元就属于沉没成本。不论这100万元是否全部支付或何时支付，即使原尚未支付的40万元是在准备重新投资这个项目后支付，在重新建设工厂进行决策时，也不能将其纳入项目的现金流量。

（5）影子价格

影子价格（Shadow Price）是为解决资源最优利用问题而提出的客观制约估价理论，也称为"最优计划价格"。以资源的有限性为出发点，以资源最佳配置作为价格形成的基础，即最优价格不取决于部门的平均消耗，而是由最劣等生产条件下的个别消耗的边际消耗决定的。影子价格是对资源使用价值的定量分析，为最优计划价格。

广义的影子价格还包括资金的影子价格（即社会折现率）、外汇的影子价格（即影子汇率）、土地的影子价格、工资的影子价格等。从定价原则上看，影子价格能更好地反映产品的价值，反映市场的供求情况及资源的稀缺程度。因为影子价格不是市场价格，它是根据企业本身的资源情况、消耗系数和产品的利润计算出来的一种价格，是新增资源所创造的价值，是边际价格。

5.1.2 项目经济评价指标

经济评价是在计算期内，对项目方案的各种技术经济因素、方案投入与产出的相关财务和经济资料数据进行调查、分析和预测，对项目方案的经济效益进行计算和评价。

基于资金的时间价值，在对项目方案进行经济效益评价时，以动态评价指标为主，全面反映整个计算期的经济效果。动态评价指标将发生在不同时间的收益和费用经过现金流量的等值化处理后进行评价。项目经济评价指标体系，如图5-4所示。

在设施管理投资项目中，经济评价指标充当了决策工具的角色。对项目经济指标的计算，可以直观地对比不同的方案，通过指标数据说服企业高层领导，采取成本最低效益较好的方案。项目经济评价指标含义、计算公式和判断标准，见表5-1。

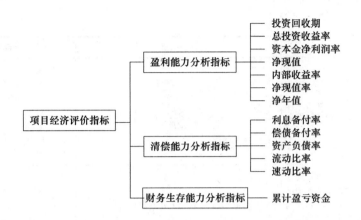

图5-4 项目经济评价指标体系

项目经济评价指标含义、计算公式和判断标准　　　　表5-1

名称	含义	计算公式	判断标准
动态投资回收期 (P'_t)	把项目各年的净现金流量按基准收益率折现后，再推算投资回收期	$\sum_{t=0}^{P'_t}(CI-CO)_t(1+i'_e)^{-t}=0$ $P'_t=$（累计净现金流量现值开始出现正值的年份数-1）+上一年累计净现金流量现值的绝对值÷出现正值年份的净现金流量的现值	$P'_t \leqslant P_e$ 方案可以接受； $P'_t > P_e$ 方案不接受； 当 $i_e >$ FIRR 时，动态投资回收期等于项目寿命周期，$P'_t=n$； 一般情况下 $P'_t < n$，则必有 $i_e <$ FIRR
总投资收益率（ROI）	项目达到设计能力后正常年份的年息税前利润或运营期内年平均息税前利润与总投资的比率	$ROI=\dfrac{EBIT}{TI}\times 100\%$ 总投资收益率＝（正常年份的年息税前利润或运营期内年平均息税前利润÷总投资）×100%（总投资＝建设投资＋建设期贷款利息＋全部流动资金），表示总投资的盈利水平	总投资收益率高于同行业的收益率参考值，表明用总投资收益率表示的盈利能力满足要求
资本金净利润率（ROE）	项目达到设计能力后正常年份的年净利润或运营期内年平均净利润与资本金的比率	$ROI=\dfrac{NP}{EC}\times 100\%$ 资本金净利润率＝（正常年份的年净利润或运营期内年平均净利润÷资本金）×100%，表示资本金的盈利水平	资本金净利润率高于同行业的净利润率参考值，表明用资本金利润率表示的盈利能力满足要求
净现值（NPV）	用一个预定的基准收益率（或预定的折现率）i_e 分别把整个计算期内各年发生的净现金流量折现到项目开始实施时的现值之和	$NPV(i_e)=\sum_{t=0}^{N}(CI-CO)_t(1+i'_e)^{-t}$ 盈利能力的绝对指标： i_e 确定比较难； 不能反映单位投资的使用效率； 寿命应该相同，寿命不等时选取相同的分析期限	NPV>0 方案经济上可行； NPV<0 方案经济不可行
内部收益率（IRR）	使项目在计算期内各年净现金流量的现值累计等于零时的折现率	$NPV(IRR)=\sum_{t=0}^{N}(CI-CO)_t(1+IRR)^{-t}$	在常规投资情况下： IRR ≥ i_e，经济上可以接受； IRR < i_e，经济上拒绝； IRR 计算比较麻烦，有的情况 IRR 不存在或有多个盈利能力的相对指标

续表

名称	含义	计算公式	判断标准
净现值率（NPVR）	项目净现值与总投资现值之比（单位投资现值所能带来的净现值）	$NPVR = \dfrac{NPV(i_c)}{i_P}$ $i_P = \sum\limits_{t=0}^{K} i_c \left(\dfrac{P}{F}, i_c, t\right)$ K：建设期年数	独立方案： $NPVR \geq 0$可以接受； $NPVR < 0$不能接受； 多个项目方案评价时，先淘汰$NPVR < 0$的方案，在余下方案中，用互斥方案组合比较方法来选择方案
净年度等值（年值）（NAV）	指用一个预定的基准收益率（或预定的折现率）i_c分别把整个计算期内各年所发生的净现金流量折算成与其等值的项目各年年末为等额净现金流量值	$NAV(i_c) = NPV(i_c)\left(\dfrac{A}{P}, i_c, N\right)$	与净现值在项目评价时等价
费用年值（AC）	指用一个预定的基准收益率（或预定的折现率）i_c分别把整个计算期内各年所发生的所有费用支出折算成与其等值的等额支付序列年费用	$AC(i_c) = \left[\sum\limits_{t=0}^{N} CO_t\left(\dfrac{P}{F}, i_c, t\right)\right]\left(\dfrac{A}{P}, i_c, N\right)$	费用年值越小，其项目的经济效益越好； 费用年值只能反映费用的大小，不能反映净收益情况，所以不能单独用于判断方案是否可行
利息备付率（ICR）	项目在借款偿还期内各年可用于支付利息的息税前利润与当期应付利息费用的比值	$ICR = \dfrac{EBIT}{PI}$ $EBIT$——息税前利润； PI——计入总成本费用的应付利息	一般情况下，利息备付率不宜低于2，并满足债权人的要求
偿债备付率（DSCR）	指项目在借款偿还期内，各年可用于还本付息的资金与当期应当付息金额的比值	$DSCR = \dfrac{EBITDA - Tax}{FD}$ $EBITDA$——息税前利润加折旧和摊销； Tax——企业所得税； $EBITDA - Tax$——可用于还本付息资金； FD——当期应还本付息金额	正常情况应当不低于1.3，并满足债权人的要求
资产负债率（LOAR）	指各期末负债总额同资产总额的比率	$LOAR = \dfrac{TL}{TA} \times 100\%$ $LOAR$——资产负债率； TL——期末负债总额； TA——期末资产总额	应结合国家宏观经济状况、行业发展趋势、企业所处竞争环境等具体条件判定

5.1.3 项目不确定性分析

项目经济评价数据多数来源于预测和估计，而任何预测和估计都是建立在某种假设、判断和数据统计基础上的。这些数据往往会由于条件变化而发生变化，如经济关系和经济结构的变化、未预见到的政治经济因素、价格的调整与浮动、技术改革与进步、生产能力测算不准确、预计的建设期与达产期不符合实际等。

不确定因素的存在是不可避免的，而项目经济分析的任务就在于力求把风险降到最低程度。在最理想和最不理想的情况下，减少分析误差，提高分析的可靠性，要借助于敏感性分析（Sensitivity Analysis）。

敏感性分析是指从众多不确定因素中，针对对项目经济效益指标有重要影响的敏感性因素，进行分析、测算，进而判断项目承受风险能力的一种不确定性分析方法。项目敏感性分析步骤，如图5-5所示。

图5-5 项目敏感性分析步骤

假设$y=f(x_1, x_2, \cdots\cdots, x_n)$（$x_i$为第$i$个属性值），令每个属性在可能的取值范围内变动，研究和预测这些属性的变动对模型输出值的影响程度。将影响程度的大小称为该属性的敏感性系数。敏感性系数越大，说明该属性对模型输出的影响越大。

敏感性因素一般可选择主要参数进行分析，若某参数的小幅度变化能导致经济指标的较大变化，则称此参数为敏感性因素，反之则称为非敏感因素。通常采用的指标是内部收益率，必要时也可以选择净现值等经济指标，选择时应考虑分析目的及计算的复杂程度。

【案例5-2】

某公司的设施管理部门需要更新公司的空调系统，经过功能需求分析之后，发现有三个可选的方案：变风量系统（Variable Air Volume System，VAV）、双通道组合式系统（Dual Conduit System）和双风道变风量系统（Dual Duct VAV）。空调系统方案初始投资和后期运营费用，见表5-2。

空调系统方案初始投资和后期运营费用　　　　　表5-2

费用（万元）	方案	变风量系统（方案一）	双通道组合式系统（方案二）	双风道变风量系统（方案三）
初始投资		560	630	700
年度维修费用		49	56	70
年度能源费用		280	350	370
每年自适控制带来的能源节约		35	35	24
每年变速驱动控制带来的能源节约		70	49	35

假设运营年限为15年，期末残值为初始投资的10%，基准收益率为12%。因为三个方案的功能均能满足要求，所以通过比较经济评价指标的费用年值来选择最经济的方案。

（1）三种空调系统方案费用年值

$AC1=(49+280-35-70)+560\times(A/P, 12\%, 15)-560\times10\%\times(A/F, 12\%, 15)$

=307.72万元

$AC2 = (56+350-350-49) + 630 \times (A/P, 12\%, 15) - 630 \times 10\% \times (A/F, 12\%, 15)$
=416.19万元

$AC3 = (70+370-24-35) + 700 \times (A/P, 12\%, 15) - 700 \times 10\% \times (A/F, 12\%, 15)$
=485.65万元

通过计算，发现方案一的年费用最低，故方案一为最经济方案。

（2）方案一敏感性分析

选择方案一之后，需要对其风险水平进行敏感性分析，找到最敏感的费用因素。初始投资、年度维修费用、年度能源费用在初始值的基础上按照±10%、±20%的幅度变动，分别计算出其对应的费用年值。

初始投资在+10%范围内变动：

$AC(1+10\%) = (49+280-35-70) + 560 \times (1+10\%) \times (A/P, 12\%, 15) - 560 \times (1+10\%) \times 10\% \times (A/F, 12\%, 15)$
=316.10万元

重复此计算公式，可以得到这三个不确定性因素对费用年值的影响情况。不确定性因素引起费用年值的变化率，见表5-3。

不确定性因素引起费用年值的变化率　　　　表5-3

费用类型	因素变化幅度 %					费用年值变化 %	
	-20	-10	0	10	20	平均增加10%成本	平均降低10%成本
初始投资	290.98	299.35	307.72	316.10	324.47	2.7%	-2.7%
年度维修费用	397.35	406.77	416.19	425.61	435.03	2.3%	-2.3%
年度能源费用	464.72	475.19	485.65	496.12	506.59	2.2%	-2.2%

表5-3中的费用年值变化表示，当其他因素均不发生变化时，该因素成本每变化10%，对净现值百分比的变化。为了直观展示不确定性因素对费用年值的影响程度，一般会将计算的数据用坐标图表示，来反映各个敏感性因素发生变化对费用年值的影响情况，每条直线的斜率越大，意味着敏感程度越高。不确定性因素对费用年值的影响程度，如图5-6所示。

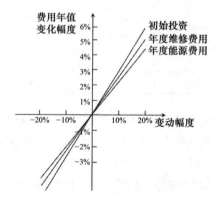

图5-6　不确定性因素对费用年值的影响程度

因此，净现值对各个因素敏感程度的排序为：初始投资、年度维修费用、年度能源费用。最敏感的因素是初始投资。因此，从投资决策角度来说，应该对初始投资进行更准确的测算。减少费用年值发生变化的可能性，以降低投资项目的风险。

5.2　设施管理预算

预算是企业运营和控制的工具，它用来确定在一段时间内为实现企业目标所需要的资源和投入。设施管理预算是为落实设施管理战略和实现长短期目标而制订的详细计划。设施管理目标是通过战略的形式表现出来的，而财务预算主要解决设施管理战略实现所需要的资金来源、资金投向及资金分配等问题，财务预算为损益、现金流量和财务状况设定了具体的目标。

5.2.1　预算的作用与分类

（1）预算及其分类

在设施管理过程中，一方面，在投资方向的选择上，要评价投资项目的可行性和经济效益，为决策提供依据；另一方面，从资金流的角度对战略规划进行落实，形成总体规划和年度计划。

预算就是在这两者的基础上，对已选定的投资方案和日常财务计划统一以货币的形式进行综合和概括，以总括反映设施管理部门在一定时期内所应实现的目标和任务，并通过预算目标和实际的比较和差异分析，评定各管理者、各部门的业绩，实施激励制度，从而实现战略目标、经营计划和日常业务的紧密结合。预算编制的前提是战略分析。战略、总体规划与年度计划之间的关系，如图5-7所示。

图5-7　战略、总体规划与年度计划之间的关系

"战略"是将企业优势与市场机会相结合的计划，以期实现企业长短期目标；"规划"是详细筹划企业未来方向以实现企业既定目标的过程；"预算"是"规划"的基础，因为成功的预算需要很好地协调企业资源与战略。

战略、总体规划和年度计划（包括年度工作计划和预算）编制周期，如图5-8所示。

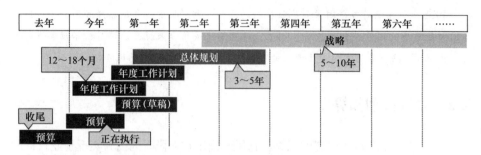

图5-8 战略、总体规划与年度计划编制周期

设施管理部门的预算应直接从年度工作计划中得出，按计划安排工作量，以期望在该年内完成计划。设施管理部门按年度工作计划将工作分解，对应各个项目工作量编制预算。很多时候，与战略规划关联的只有资本预算，而不是年度预算。这就像计划购买一辆新车，只考虑能否承受起始价格，而忽略了后期的费用。所以往往会发生以下两种情况：① 工作计划是在预算被批准后开始的；② 在预算过程中，工作计划没有及时更新，所以批准预算和批准工作计划不同步。

为了解决这些问题，必须管理规划和预算过程。所以在有的部门，每年编制工作计划需要12个月，但是也有一些部门希望是15甚至18个月的时长，原因如下：

1）确保跨年度计划目标的连续性。

2）最大限度地利用财政年度最后几天出现的任何超额资金。

设施管理经理可能在任何一个财政年度参与三个预算：预算结算、执行当前预算以及制定后续预算。而且往往会承担很多个同时进行的项目，所以预算内容在同一个时间段，包括不同项目在不同阶段的内容。某一时期的预算内容示例，如图5-9所示。

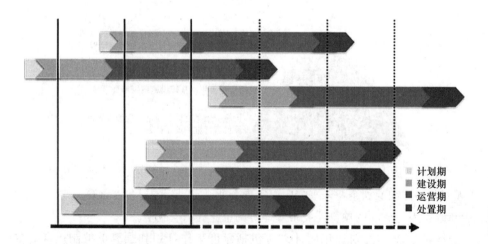

图5-9 某一时期的预算内容示例

（2）预算分类

1）按编制部门分类

设施管理预算按照不同编制部门分类，可分为自上而下的预算、自下而上的预算和混合型预算。预算按照不同编制部门分类，见表5-4。

预算按照不同编制部门分类　　　　　　　　表5-4

预算方法	自上而下的预算	自下而上的预算	混合型预算
编制流程	最高管理层自上而下将战略整合到预算中	自下而上沟通，在预算流程中不优先考虑战略目标	自上而下沟通战略目标，并自下而上实施该目标
决策特点	能更好地控制决策	来自较低企业层级的专业信息使预算决策更为可靠	保留了对预算编制的控制权，同时能获得各个组织层级的专业信息，但预算编制流程会比较长
沟通方式	用指令代替沟通	较低组织层级与管理层的全面沟通（产品/服务视角或市场视角）	双向沟通：最高管理层理解预算流程参与者的困难与需要；预算参与者理解管理层的意图
员工满意度	员工不满，不受激励	员工参与，受激励	较低组织层级的参与使他们能更好地接受预算，从而对实现预算目标做出更大努力
执行情况	较低组织层级可能不会严格遵循预算	高层管理者过松或过严的审批会导致预算松弛	员工对预算具有责任感，加上高级管理层的全面审查，使严格的预算能得到遵循
适用范围	比较适用于小型企业或环境相对稳定的企业	适用于高度波动环境中的各个责任中心，各个领域自身有最为完善的营运数据	适用于大多数公司，能实现战略与战术之间的平衡
模式示意	（首席执行官→生产领域、销售领域……设施管理领域→部门、部门……部门）	（首席执行官→生产领域、销售领域……设施管理领域→部门、部门……部门）	（首席执行官↔生产领域、销售领域……设施管理领域↔部门、部门……部门）
举例	高层管理者规定设施管理的某一项工作的总预算，如外墙改造，那设施管理部门只能在预算价格下工作	设施管理经理自行编制预算，考虑购买、人力、资源和行政等，再交给高层领导批准，最后执行预算	高层领导让设施管理部门明确企业战略目标，部门根据此目标编制预算

2）按编制对象分类

按照编制的对象分类，设施管理预算分为资本预算、运营预算和空间预算三种。

① 资本预算

资本预算是一项新的建筑物或设备的项目清单，该预算显示了每一个项目的预期成本及相应的支出时间。通常用于有长远意义的重大项目投资，对其提供资源支持，包括采购和投资等。

② 运营预算

运营预算确定运营所需资源以及如何通过购买或自行获得这些资源。设施管理运营预算显示未来一年的运营计划，包括收入、费用、存货变动及其他经营项目。运营预算始于总体规划第一年的期初，以便于运营部门按计划完成。由于运营预算与实际业绩相比可以提供一个评估的基础,因而运营预算可以成为一种非常有用的控制手段。

③空间预算

空间预算必须首先评估总的空间需求,企业确定通过更新租赁、建造或更有效地利用现有空间,满足企业的最佳利益。如果企业决定更新或建造,通常使用资本基金。这时就需要运用资本预算的规则,适当分配成本,特别是在那些操作和维护资金经常不足的时候。

不同类型预算随时间跨度的重要性,如图5-10所示。

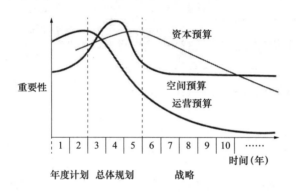

图5-10　不同类型预算随时间跨度的重要性

5.2.2　预算编制

预算编制是预算能否有效发挥作用的关键所在。预算编制是否科学、准确,将直接决定预算是否能够真正发挥控制功能。编制设施管理预算的过程需要和其他部门协作,以确保企业中的每一个部门与其他部门的成本保持相对平衡。

（1）预算编制流程

预算编制流程,如图5-11所示。

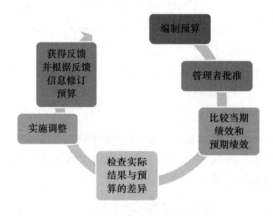

图5-11　预算编制流程

企业每年制定一次预算,涵盖即将来临的财政年度。在实施过程中,采用滚动预算的方法进行调整,通常对一年当中每个月、每个季度编制单独的预算,或每个季度编制一次新的预算。

由于大多数重要的项目已经在战略计划中了,如本年度计划建设建筑物或购置新设备等决策通常在一年前甚至更早就已确定下来。因此,预算并不是一项崭新的创造,它是建立在已经进行的业务及新批准的项目基础上的一项工作。预算编制流程,如图5-12所示。

针对单个项目的预算管理流程,主要指固定资产的预算申请管理,通过对项目前期的预算计划实时监控,及时关注支出是否超过预算的控制界限。如果超过,就需要向上级汇报,申请更多的资金。项目完成之后,采用统一的资产管理方式进行管理。固定资产预算管理流程,如图5-13所示。

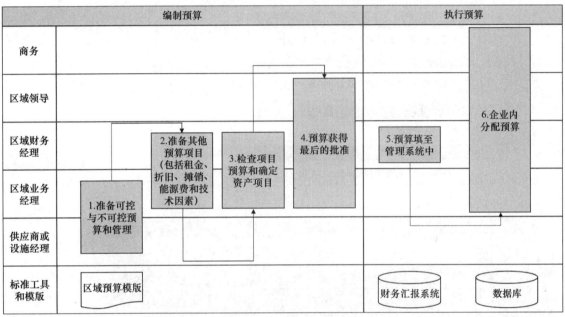

图5-12　预算编制流程

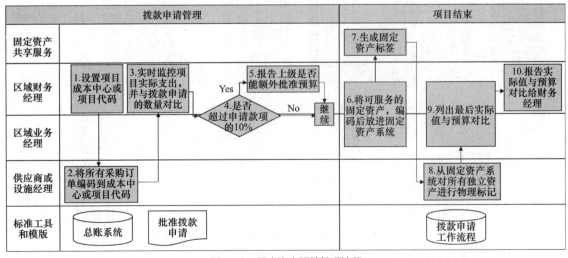

图5-13　固定资产预算管理流程

（2）预算编制方法

根据业务类型、组织结构、营运责任以及管理理念不同，企业可以选择预算编制方法，这些方法并非相互排斥。预算编制方法，如图5-14所示。

例如，某公司设施管理年度预算表内容，如图5-15所示。

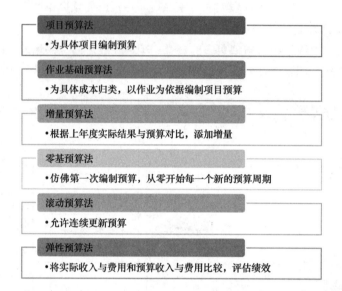

图5-14　预算编制方法

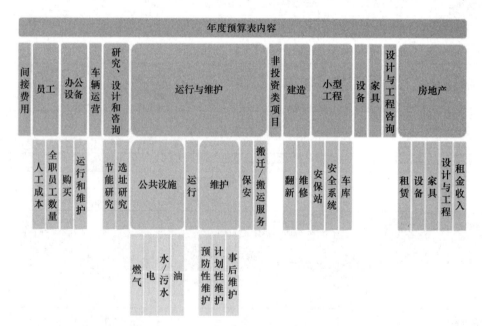

图5-15　某公司设施管理年度预算表内容

【案例5-3】

某企业办公楼约4万m²，设施管理部门基于上一年度预算和实际情况，编制了新一年度设施管理预算。年度设施管理预算，见表5-5。

年度设施管理预算　　　　　　　　　　　　表5-5

序号	项目	去年	今年	差额	增长率	备注
1	营业收入					
1-1	办公部分管理费	14031509	14831347	799838	6%	按实预估收入
1-2	商业部分管理费	55800	55800		0%	
	收入合计	14087309	14887147	799838	6%	
2	其他业务收入					
2-1	冷却水费	770880	855936	85056	11%	按实预估收入
	……	……	……	……	……	
	其他收入合计	5724696	6289440	564744	10%	
	总计收入（1+2）	19812005	21176587	1364582	7%	
3	营运费用					
3-1	清洁费用	1180512	1324861	144349	12%	因去年10月续签外包清洁服务合同涨价的原因，今年预算外包清洁服务费比去年多13万元
3-2	安保费用					
3-2-1	保安耗材	3000	56700	53700	1790%	新增监控设备的维修更换费用，去年没有预算这部分费用。去年发生相关费用约2万元，预计明年的维修更换费用将会更多，所以预估5.4万元
3-2-2	消防设备年检	55000	30000	-25000	-45%	该项年检费用实际为1.96万元，因价格浮动较大，所以今年预算3万元
	……	……	……	……	……	
	安保费用合计：	64500	89600	25100	39%	
3-3	绿化费用	104008	110008	6000	6%	新增绿化整改费0.6万元，去年没有预算这部分费用，所以按去年发生额预估费用
3-4	工程消耗品支出					
3-4-1	工具	21000	21000	—	0%	
3-4-2	工程消耗品	988500	787500	-201000	-20%	1.去年预计了柴油发电机相关滤器更换等维成本2.1万元，实际发生1.9万元。所以减少该项维成本的预算0.2万元；2.去年预计了感应龙头更换费用17.6万元，目前决定暂不更换。所以今年比去年减少该项更换费用17.6万元
	其他营运支出合计：	1009500	808500	-201000	-20%	
3-5	工程维护保养合同	1312406	1569976	257570	20%	新增零星工程24万元，没预算这部分费用，所以按实际发生额预估费用
3-6	专业设备强制性年检及改进费用	127478	133968	6490	5%	新增燃气管路及锅炉房燃气报警器检测费0.44万元
3-7	能源（水费、电费、天然气费等）	7410000	7455000	45000	1%	按去年发生额预估费用（租户增多）

续表

序号	项目	去年	今年	差额	增长率	备注
3-8	常规管理费（员工开支）					
3-8-1	员工工资	3510004	3800000	289996	8%	去年7月涨薪，由于薪酬增长的原因，今年预算薪酬比去年多29万元
3-8-2	员工餐费	225000	225000		0%	
3-8-3	增值税及附加		292743	292743		去年没有预算这部分费用
3-8-4	福利费	13480	13880	400	3%	
3-8-5	制服清洗费	30600	30600		0%	
	常规管理费合计：	3779084	4362223	583139	15%	
3-9	行政费用	95914.20	100714	4800	5%	新增复印机租赁费，没有预算这部分费用，按发生额预估费用
	保险费	141684.00	130000	-11684	-8%	
3-10	业主费用					
3-10-1	物业管理酬金	480000	480000	—	0%	
3-10-2	营业税及附加	846486	932057	85571	10%	收入增长，税金增长
3-10-3	印花税	1746	1100	-646	-37%	去年预算并购买了2年合同的印花税，从去年开始每年购买一次印花税，所以预算降低
	税收合计：	1328232	1413157	84925	6%	
3-11	不可预见费	387261	377786	-9476	-2%	因去年基本满租，税金不会有大变动，所以2012年仅按"能源、行政"二项费用的5%计提不可预见费
	总计支出	16940580	17875793	935213	6%	
	净现金	2871425	3300794	429369	15%	

5.2.3 预算分析

预算分析是通过比较实际执行结果与预算目标，确定差异额及差异原因。如实际执行结果与预算目标的差异很大，就需要审慎调查，并判定其发生的原因，以采取适当的矫正措施。预算分析有利于及时发现预算管理中存在的问题，是控制和评价职能作用赖以发挥的最重要手段。预算分析方法和流程，如图5-16和图5-17所示。

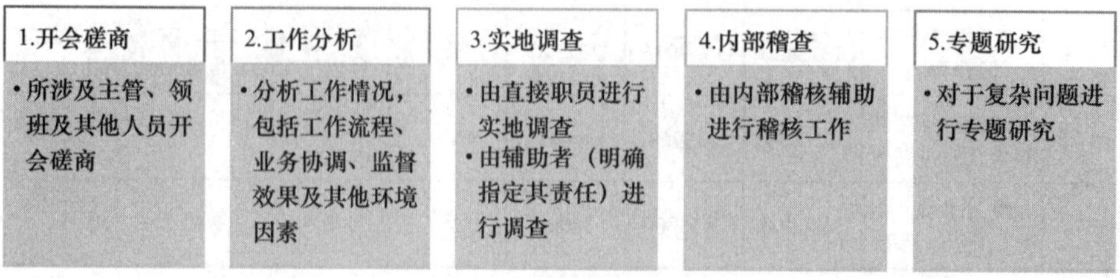

1.开会磋商	2.工作分析	3.实地调查	4.内部稽查	5.专题研究
·所涉及主管、领班及其他人员开会磋商	·分析工作情况，包括工作流程、业务协调、监督效果及其他环境因素	·由直接职员进行实地调查 ·由辅助者（明确指定其责任）进行调查	·由内部稽核辅助进行稽核工作	·对于复杂问题进行专题研究

图5-16 预算分析方法

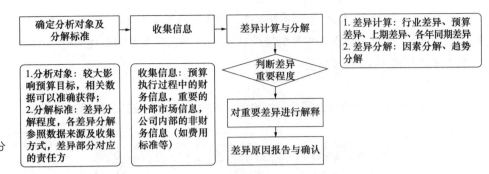

图5-17 预算分析流程

（1）数量分析

数量分析应根据不同情况分别采用比例分析法、比较分析法、因素分析法、本量利分析法等方法，从定量上充分反映预算执行单位的现状、发展趋势及存在的问题和潜力，对产品或服务的结构、价格、变动成本、边际效益、费用等因素进行分析。

从盈亏的过程来看，差异的形成归为两大类：收入差异和成本差异；从收入和成本构成来看，差异包括：价格差异和数量差异。价格差异指由于价格因素变动而导致的差异额；数量差异指由于数量变动而导致的差异额。

本量利分析（Cost-Volume-Profit Analysis，CVP）是对成本、产量、利润之间相互关系进行分析的一种简称。本量利分析内在因素，如图5-18所示。

图5-18 本量利分析内在因素

在成本分解为固定成本和变动成本之后，将收入和利润加进来，成本、数量和利润的关系就可以统一在一个数学模型中。本量利关系图，如图5-19所示。

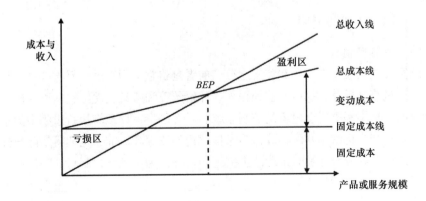

图5-19 本量利关系图

图5-19中总收入线与总成本线的交点，称为盈亏平衡点（Break Even Point，BEP），此时处于收入和成本相等的经营状态，只有总收入大于总成本时，产品或服务才能获得相应的利润。

（2）成因分析

预算分析的主要目的是找到差异的原因。预算差异五大因素，如图5-20所示。

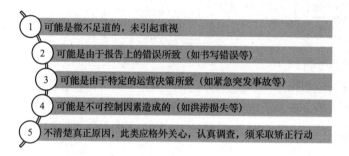

图5-20 预算差异五大因素

例如，某世界500强企业将其设施管理成本按照固定成本和变动成本分类，提出相应的减少预算成本的方法。设施管理预算分析及其措施，如图5-21所示。

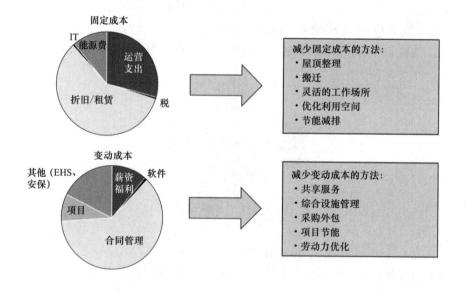

图5-21 设施管理预算分析及其措施

5.2.4 预算控制与调整

（1）预算控制

预算控制的概念有广义和狭义之分，前者是将整个预算过程看作是一个控制系统，通过编制预算、执行并监控预算、评价预算和考核奖惩等，从而形成一个包括事前、事中和事后全过程的控制系统。后者是指一种预算执行过程中的事中监控行为，即是将编制好的预算作为考核评价的依据和标准，定期将实际与预算相比，进行差异分析并及时采取改进措施的一种行为。预算控制目的和流程，分别如图5-22和图5-23所示。

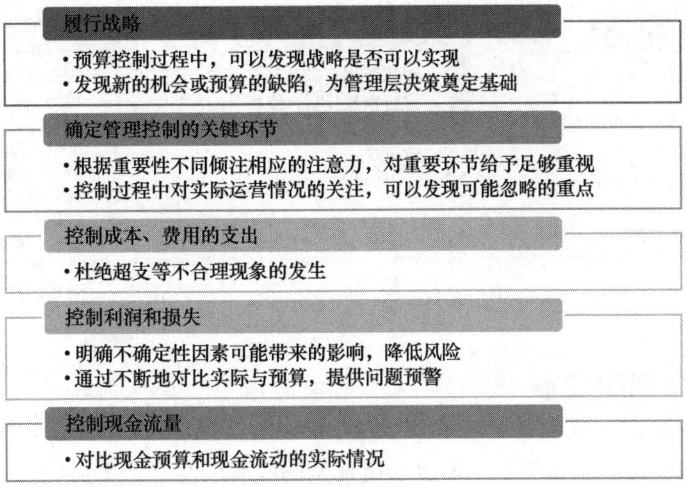

图5-22 预算控制目的

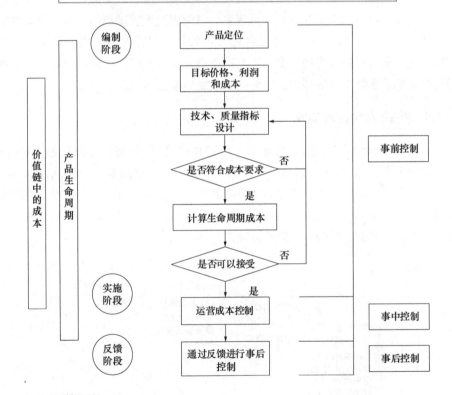

图5-23 预算控制流程

（2）预算调整

按照规定程序对预算进行调整，这是一个修改、完善预算的过程。但是应注意，预算正式批准下达之后，一般不予调整。因为如果调整过于频繁就会对预算的权威性构成很大的威胁，不能给实施预算的人一种"计划不如变化快"的感觉，这样预算就失去了意义，这是预算调整的特殊性。预算调整流程，如图5-24所示。

预算调整的频率一般是一年2～3次。调整时间一般在每年的4月初、7月初或10月初，选择这些时间的主要原因是便于总结、分析过去一个季度、半年及三个季度的预算执行情况。

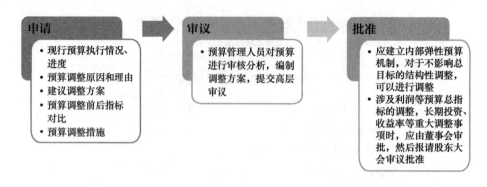

图5-24 预算调整流程

5.3 生命周期成本

生命周期成本是指整个生命过程所发生的成本的总和。生命周期成本理论可以直观地反映出项目投资和运营的总成本,以便于设施管理部门在繁杂的信息中作出正确的决策。企业应当追求整体的投资效益,对建筑生命周期成本进行管理,不仅要满足投资自身的需要,更要提高项目投入使用后的运行效率,为节省运行与维护成本打下良好基础,以此达到生命周期成本最低的目标。

5.3.1 生命周期成本构成

国际标准化组织(ISO)公布的《房屋和建筑资产-使用寿命计划 第5部分:生命周期成本》(ISO 15686—5:2017)为生命周期成本(Life Cycle Cost,LCC)制定出相应的标准,并统一了分析方法。该标准的内容还包括生命周期成本与"全生命成本"(Whole Life Cost,WLC)之间的区别与联系,为开展LCC的研究奠定了基础。生命周期阶段,如图5-25所示。

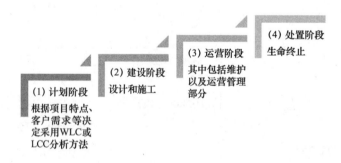

图5-25 生命周期阶段

与LCC相比,WLC在计算和分析过程中覆盖范围更广。WLC所覆盖的范围当中包含了LCC。WLC相当于LCC与其他外部成本的合计。

外部成本包括:外部性成本或收益(Externalities)、非施工成本(Non-construction Costs)、收入(Income)。其中外部性成本或收益定义如下:"当组织和个人的行为对其他人产生影响时所发生的可以计量的成本或收益",该外部因素可以包括诸如社会因素所产生的成本或收益、环境因素所产生的成本等。

LCC往往与建设和运营某建筑物直接相关,而WLC包括了诸如从该建筑物所得到的收益以及支持建筑物内活动的成本等方面的内容。从这个意义上讲，LCC在很多情形下更适合建筑商以及建筑师使用，而投资人可以根据自身的因素和目标来考虑采用WLC或者LCC分析方法来评估其投资决策。WLC和LCC成本范围，如图5-26所示。

图5-26 WLC和LCC成本范围

5.3.2 生命周期成本分析

生命周期成本分析（Life Cycle Costing Analysis，LCCA）是一种投资评估和经济分析技术，有着十分重要的应用价值和广泛的应用范围。它从建筑物和建筑物中设备的生命周期出发，综合考虑建筑、运营、维护、处置等各项成本，还包括货币的时间价值、项目特定折现率，以及各种产品和服务的成本升级。

（1）生命期界定

首先，需要预估建筑物和设备的生命期长短。例如，斯坦福大学建筑物各系统寿命长度规定，见表5-6。

斯坦福大学建筑物各系统寿命长度规定　　　表5-6

系统	编号	类别	平均经济寿命长度（年）
子系统	1	屋顶——砖瓦	80
	2	屋顶——金属、混凝土	50
	3	屋顶——膜、组合材料、木瓦板、沥青、泡沫材料	20
	4	建筑外门窗（硬）	80
	5	建筑外墙（软）	20
	6	电梯和运输系统	25
	7	空气系统——设备和控制系统	20
	8	空气系统——配电系统	40
	9	电气设备	30
	10	卫生洁具	30
	11	管道布线	50
	12	防火系统	40
	13	火灾探测系统	20
	14	内置专业设备	25
	15	内部装修	15
其他类别	16	基础	自然寿命
	17	路基排水和防水	按需求
	18	垂直元素	自然寿命
	19	水平元素	自然寿命
	20	电气布线	按需求
	21	现场准备	自然寿命
基础设施类别	22	现场开发——软景观	自然寿命
	23	现场开发——硬景观	基础设施
	24	现场能源消耗	基础设施

(2)生命期成本构成

另外,项目生命周期每个阶段的成本在进行具体估算时需要进一步分解。

1)初始化建设成本(C_0)

初始化建设成本按照费用发生的时间可分为前期工程成本和建设期工程成本。

① 前期工程成本(C_1)

前期工程成本包括决策立项、土地购置、工程咨询、城市道路占用、现场"七通一平"等内容。一般来说,前期工程成本中各项具体费用值,套用国家标准取费系数便可计算。

② 建设期工程费用(C_2)

建设期工程费用的计算,根据不同阶段,分别采用估算、概算、预算和结算等费用计算方法。在投资决策阶段(包括机会研究和可行性研究阶段),可采用投资估算的方法;在初步设计阶段或扩大初步设计阶段,可采用设计概算方法;在施工图设计阶段,可采用施工图预算方法;在建设期间或建设完成后,可按照实际建设费用结算价格采用。

初始化建设成本计算公式为:

$$C_0 = C_1 + C_2 \tag{5-3}$$

2)运营成本(O)

运行成本主要包括以下内容:

① 能源消耗和净化成本,具体可以分为加热、冷却、动力和照明能源费、水消耗费、污水处理费等(O_1);

② 日常管理费,如物业管理费、洁净费、保安费、废物管理费等(O_2);

③ 年度监管费,如防火检查等(O_3)。

运营成本计算公式为:

$$O = O_1 + O_2 + O_3 \tag{5-4}$$

一般能耗费用的估算是由设施管理团队的机械工程或者电气工程师负责的,可以利用计算机软件对建筑运行状态进行预算,然后确定建筑的能耗。

3)维护成本(M)

维护成本是指为了使建筑系统正常运行所发生的费用,它主要包括预防性维护费用、响应性维修费用、计划性维护费用以及递延维护费用。

① 预防性维护费用(M_1)。预防性维护是常规的计划性的维护行为,不管系统是否出现问题,预防性维护都需要进行。例如,替换过滤器、给轴承添加润滑剂等都属于预防性维护的活动。设备和系统的预防性维护费用都应计入生命周期成本。

② 响应性维修费用(M_2)。响应性维修是在问题发生时,才进行的维修活动。例如,风机皮带断裂,技术人员需要签发替换皮带的工单,并对相关损坏进行修复,从而使系统重新运行。设备和系统的响应性维护所发生的费用都应计入

生命周期成本。

由于预防性维护成本发生的频率相对较高，而响应性维修成本的发生是不可预见的，所以预见它什么时候发生是不可能的。因此，预防性维护和响应性维修成本均应当作为年度成本。

③ 计划性维护费用（M_3）。计划性维护是指不包含在预防性维护范围之内的大型维护活动。计划性维护主要指对于接近使用寿命终点的子系统和设备的替换。例如，如果一个机械系统（热泵）的一个部件在研究期内（例如30年），需要每10年替换一次，那么这些费用应当计入生命周期成本。

④ 递延维护费用（M_4）。递延维护是指在计划性维护中由于资金等问题，而被积压延后的维护。一般来说，应当将该类维护活动的发生减少至最低水平，但是在实际中，递延维护往往是存在的。递延维护发生的费用也应计入生命周期成本。

综上所述，维护成本计算表达式为：

$$M = M_1 + M_2 + M_3 + M_4 \tag{5-5}$$

4）处置期费用（S）

在研究周期末，需要对建筑物或设备进行处置，这时就产生了项目的残值，其可以为正值，也可以为负值。对建筑物或设备的生命周期成本进行估算时的残值，实际为预计净残值，其是指假定固定资产预计使用寿命已满，并处于使用寿命终了时的预期状态，企业从该项资产处置中获得的扣除预计处置费用后的金额。

（3）LCC计算

计算生命周期成本时，通常需要先把每种成本（分为一次性和经常性）转化为净现值进行运算，然后减去研究期结束时残值的现值。生命周期成本可用以下公式表示：

$$LCC = C_0 + \sum_{n=0}^{N} O \times PV^n + \sum_{n=0}^{N} M \times PV^n - S \times PV^n \tag{5-6}$$

式中　LCC——生命周期成本；

　　　C_0——初始化建设成本，如建设投资、设计及前期运行成本等；

　　　O——运营成本，如日常管理和能源消耗、空气净化等；

　　　M——维护成本，如日常维修和替换、大修等；

　　　S——残值；

　　　N——生命期；

　　　n——时间变量；

　　　PV^n——折现系数，$PV^n = \dfrac{1}{(1+i)^n}$，$i$为折现率（%）。

在生命周期成本中，各类成本按发生时间可以分为初始化成本和未来成本。初始化成本是在获得建筑物或设备之前将要发生的成本，包括资本投资成本、购买和安装成本。未来成本是指从建筑开始运营到拆除这一期间所发生的成本，包括运营成本、维护和修理成本、剩余值（任何转售、抢救或处置成本）。

【案例5-4】[①]

某项目生命周期成本影响因素及其优先级分析。在项目的方案设计、初步设计和施工图设计阶段，项目团队对建筑物的机械、电气、结构、电信和管道系统等的设计，作出越来越详细的规定，进行一系列分析并比较各种建筑系统选项的总成本。以下将可能影响项目生命周期成本评估的因素分为14种，合并为六大系统。六大系统生命周期成本影响因素，见表5-7。

六大系统生命周期成本影响因素　　　　表5-7

系统类别	影响因素
能源系统	中央工厂连接与独立系统（蒸汽和冷冻水）
	替代能源系统（如太阳能光伏、太阳能热、燃料电池）
	独立的系统设备选择（如风冷冷水机组与制冷剂直接膨胀式机组）
机械系统	空气分配系统（如可变体积对恒定体积，顶部对地板下）
	配水系统（如各种管道系统和泵的选择）
电气系统	室内照明光源与控制
	户外照明光源与控制
	分配（如变压器、总线管道、电缆托架等）
建筑围护	皮肤和绝缘选项
	屋面系统（各种材料和绝缘方法）
	玻璃、采光和阴影选项
选址/集结	朝向、地板至楼板高度及整体建筑高度
	景观、灌溉和硬景观选项
结构系统	系统/材料的选择（如木材、钢材与混凝土，现浇与预制）

LCCA决策矩阵，如图5-27所示。

LCCA决策矩阵从对潜在成本的影响程度和分析过程的复杂性两个维度进行决策分析，将影响因素分为4级优先级。在象限Ⅰ中的是对潜在成本的影响比较高且只要进行简单分析的影响因素，具有最高的优先级；在象限Ⅱ中的是对潜在成本影响比较高但需要进行复杂分析的影响因素，应是下一个优先考虑的因素；在象限Ⅲ中的是对潜在成本影响比较低且只要进行简单分析的影响因素；在象限Ⅳ中的是对潜在成本影响比较低且需要进行复杂分析的影响因素，优先级最低。通过确定LCC影响因素的优先级，项目团队可以专注于对高优先级进行影响因素进行研究。

---

① 引自Stanford University Land and Buildings,"GUIDELINES FOR LIFE CYCLE COST ANALYSIS" [OL]. Stanford University,(2005).

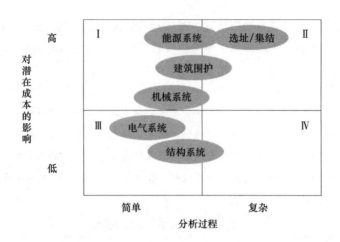

图5-27 LCCA 决策矩阵

5.3.3 生命周期成本控制

（1）成本控制目标与任务

由于建筑物后期运营成本占总成本的比例很高，所以需要考虑生命周期成本，从而降低总成本。斯坦福大学将项目生命周期流程分为九个阶段。生命周期成本控制流程，如图5-28所示。

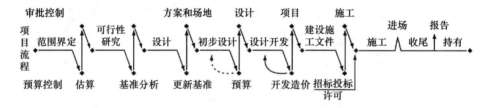

图5-28 生命周期成本控制流程

在这九个阶段中，LCC成本控制目标和任务，见表5-8。

LCC 成本控制目标和任务　　　　表 5-8

阶段	LCCA 目标	任务	交付物	负责人
范围界定	• 确定运维成本基准	• 估算运维成本	—	投资计划者
可行性研究和设计	• 除项目基准之外，还开展运维成本基准 • 举行LCCA工作会议 • 制定LCCA决策矩阵	• 对运维基准进行验证	• 运维假设的记录基准（例如，基于历史类似建筑物，确定运维清单及维护费用）	项目经理
初步设计	• 检查LCCA决策矩阵 • 确定执行LCCA研究的范围 • 根据LCCA研究选择具有成本效益的替代方案 • 报告LCCA的结果	• 项目组将创建项目具体的LCCA决策矩阵，以确定LCCA研究可能为项目带来的最大成本效益 • 记录成本和分析LCCA研究的影响	• 完成项目特定决策矩阵 • 完成项目进度和预算，并列出LCCA要素细目	项目经理
设计开发	• 审查LCCA研究以确定/验证给定项目开发的结果	• 项目组审查设计开发文件，以确保设计规范符合LCCA研究假设	• LCCA要素的文件审查，包括在设计开发阶段进行的设计变更或LCCA修改	项目经理

续表

阶段	LCCA目标	任务	交付物	负责人
施工准备和许可	• 从LCCA结果的早期设计阶段确认价值工程决策	• 在50%的施工文件上,项目经理将确保合同文件(计划、细节规格)与原始LCCA研究中评估的设计一致 • 在招标期间,项目经理将确保任何价值工程选项可以解决项目中LCCA要素的影响	• 对LCCA所做的更改形成价值工程评估的结果	项目经理
施工	• 向承包商提出LCCA要素 • 讨论调试和测试要求	—	—	项目经理
收尾	• 举办培训课程 • 进行评估	• 确保设施管理部门了解建筑物中与LCCA功能相关的特定用户需求(例如,用户因特殊的灯光要求,需要日光照明控制系统在一天某些时间手动关闭) • 确认运维手册完整,包括与建筑物中LCCA元素相关的所有具体信息 • 确保调试和培训系统突出LCCA对性能的期望,从而确定和调查与这些期望的重大差异 • 评估执行LCCA指南和程序	• 为建筑用户和设施管理部门提供适当的文件和培训,涉及其建筑中的LCCA功能 • 将LCCA"经验教训"的文件列入评估	项目经理
持有	• 验证LCCA研究结果和假设	• 监测能源消耗的运维成本 • 设施管理部门进行评估,以评估LCCA要素的绩效	• 对LCCA要素进行评估,记录会议和调查结果等	设施管理者

(2)成本控制计费手段

设施管理部门如果是独立的成本中心和利润中心,需要通过内部计费(Chargeback)的方式来实现成本的控制和净利润的最大化。内部计费,也称作设施成本分配(Facility Cost Allocation,FCA),就是指各个部门需要为其所使用的空间、服务等资源计费的设施管理策略,目的是通过计算和协调部门成本,从而减少低效率的空间使用和服务供给。

内部计费能使设施管理人员通过对空间、设施服务等成本的计算和分配,为企业和建筑资产增值。这种"成本意识"可以帮助企业降低开支,帮助设施管理部门识别和减少资源浪费和无效服务,从而最有效率、有计划地分配和使用资源,最大化公司利润,提升核心业务价值。

内部转移价格(Internal Transfer Price,ITP)的设定是内部计费的核心,即如何进行内部计费。其通过采取合适的整合工作场所管理系统(IWMS)等工具来获取成本信息和计算内部计费标准。企业内部转移价格形成过程与制定原则,如图5-29所示。

内部转移价格定价方法,见表5-9。

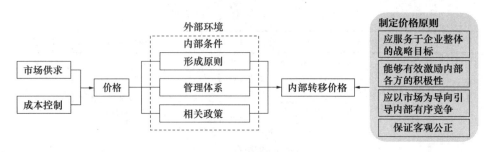

图5-29 企业内部转移价格形成过程与制定原则

内部转移价格定价方法　　　　　表5-9

编号	定价方法	定义	特点
1	市场价格	中间服务或产品存在完全竞争市场的情况下，市场价格减去对外的销售费用	理想的转移价格，在经济分析无明显差别时，采用公司内部的产品或服务可能更有保证，并容易根据客户需要改进和调整
2	以市场为基础的协商价格	如果中间服务或产品存在非完全竞争市场，可以采用协商的办法确定转移价格	协商往往浪费时间和精力，但结果具有一定的弹性，可以照顾双方利益并得到双方认可
3	变动成本加固定费的转移价格	中间服务或产品的转移，用单位变动成本来定价，还应向购买部门收取固定费用，作为长期以低价获得中间产品的一种补偿	在供小于求时，变动成本不再需要追加的边际成本；反之，购买部门需求减少，但还需要支付固定费
4	全部成本转移价格	以全部成本或全部成本加上一定百分比的利润	优点是简单，但可能是最差的选择。首先，一定百分比作为利润，在理论上缺乏说服力；其次，使用相同成本加成率会使后续部门使用成本明显大于前序部门

在设施管理实践中，采用内部计费已经比较常见。由于设施管理部门提供的服务很多是对应的承包商提供的，所以成本相对比较清楚。

设施管理中内部转移价格的计算，更多地采用全部成本转移价格的模式，按具体情况分为以下三种计算方法：① 直接收取实际服务成本加附加费用；② 根据诸如占用空间或员工人数等因素对实际服务成本进行分配；③ 前两者的组合使用。在采用第二种计费方式的时候，分配规则是很难确定的，必须在确定提供服务的实际成本的基础上进行合理的分配，并且需注意自持物业和租赁物业成本的不同。

内部租赁费用作为内部计费的一部分，常被用来介绍企业治理的概念。因为企业空间需求在不断变化中需要得到实时解决，一般会采用管理指导、市场导向等计费模式。市场导向的内部计费体系，如图5-30所示。

研究发现，引入内部租赁模式之后，设施管理在企业中的作用变得更加清晰，设施经理与服务合作伙伴的关系更平等。

内部租赁模式是更大的内部计费体系的一部分，所有产品和服务都是"销售"的，而不是免费提供给单独的利润中心。在这个系统中可以纳入设施管理的接待、户外、清洁、后勤、商务支持和健康、安全、环境等服务。

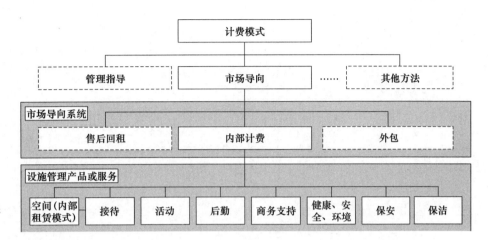

图5-30 市场导向的内部计费体系

> **关键术语**
>
> 资金时间价值　基准折现率　机会成本　沉没成本　影子价格　敏感性分析　资本预算　运营预算　项目预算法　零基预算法　滚动预算法　预算分析　本量利分析　预算控制　成本中心　利润中心　内部计费　生命周期成本　内部转移价格

> **复习思考题**
>
> 1. 项目经济评价主要的参数有哪些?
> 2. 简述项目经济评价指标体系。
> 3. 阐述净现值(NPV)、内部收益率(IRR)的定义、公式与判断标准。
> 4. 如何应用不确定性或敏感性分析方法。
> 5. 简述设施管理预算的分类。
> 6. 简述预算编制流程和方法。
> 7. 简述预算分析的流程和方法。
> 8. 如何使用本量利分析(CVP)方法?
> 9. 生命周期成本(LCC)的构成有哪些?如何计算?
> 10. 什么是成本中心?什么是利润中心?二者有什么区别?
> 11. 什么是设施管理内部计费?

第 6 章

设施管理外包

本章导读

外包是分工整合模式下的一种有效组织方式。设施管理外包是将设施管理非核心业务转移给外部企业,利用外部优秀的专业化资源,实现降低成本、提高服务质量的目的。21世纪以来,更多企业热衷于采用基于更高层次、跨区域合作的设施管理外包新模式,即整合设施管理外包。本章主要介绍设施管理外包流程,分析设施管理外包决策,阐述设施管理外包模式选择,比较设施管理外包合同计费方式,梳理合同管理和风险防范与管控等。

主要内容

- ❖ 设施管理外包的概念与发展;
- ❖ 整合设施管理外包;
- ❖ 设施管理外包采购策略;
- ❖ 设施管理外包关系定位和价值;
- ❖ 设施管理供应商采购;
- ❖ 设施管理外包合同计费模式;
- ❖ 设施管理外包风险评估及应对;
- ❖ 设施管理外包合同管理。

6.1 设施管理外包概述

随着社会分工和专业化程度提升，企业为实现总成本节约、增强核心能力，将非核心业务外包已逐渐成为一种趋势。由于设施管理业务的多样化特性，存在大量的业务外包，设施管理外包已成为重要的发展战略。

6.1.1 认知设施管理外包

（1）外包概念

外包（Outsourcing）最初产生于制造业行业。20世纪80年代以来，随着国际分工的日益发展，一些发达国家大型制造业企业不再包揽生产的所有阶段，而是逐渐把产业链中劳动密集型、技术含量低、附加值低的部分转移到发展中国家和地区。目前外包的范围已经从传统的劳动密集型产品扩大到技术密集型产品，从最终产品发展到中间产品。

服务外包（Service Outsourcing）是外包的一种，既包括传统的服务领域，如餐饮和保安服务等，也包括新兴的服务领域，如IT服务和呼叫服务等。所谓服务外包是指企业将一些非核心支持性服务活动转移给外部企业，利用外部最优秀的专业化资源，实现降低成本、提高服务质量，增强企业对复杂环境的应变能力。美国外包协会（Outsourcing Institute）对广告业、医疗保健业、制造业、公共事业及政府部门等行业的在线调查表明服务外包的三大领域是信息技术、运作和物流。其中，运作包括行政管理、财务、人力资源、房地产及固定资产、销售和市场，物流包括分销和运输。

设施管理外包是服务外包的一个重要方面，将设施管理非核心业务或服务转移给外部企业，利用外部优秀的专业化资源，实现降低成本、提高设施管理服务质量的目的。服务供应商负责管理和监督移交的服务，发包方负责管理与服务供应商的关系。

（2）外包动因

由于行业的技术特征和市场结构不同，不同行业的企业开展外包的动因存在差异。对于非核心业务来说，如果追求成本效率则应采用基于成本削减的外包策略；如果为获取能力则采用基于能力的外包策略；对于核心业务来说，为提高生产率应采用劳务外包策略；为保持核心能力则应采用内包的策略。

某公司企业不动产和设施管理外包动因调研中显示对外包供需双方服务外包的首要驱动力是降低运营成本。外包驱动力排序，如图6-1所示。

在人口增长、科技进步、管理流程松散化和商业环境日益复杂等大趋势下，设施管理外包动因显示了一些变化趋势。设施管理外包发展趋势，见表6-1。

（3）外包历程

20世纪80年代以前，设施管理一般都是自有人员来完成。随着专业服务供应商的出现与兴起，部分企业开始思考如何将低技术含量的任务外包给相应的专业公司。最初的设施管理外包模式是任务型外包，将企业内部技术要求不高、与企业整体业务发展没有密切联系的、操作层面的具体事务性工作分包给相关的专业公司。

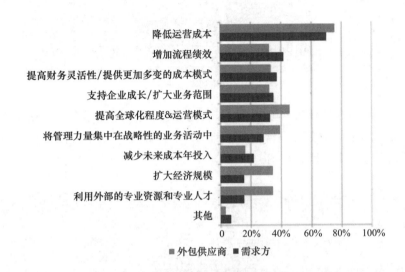

图6-1 外包驱动力排序

设施管理外包发展趋势　　　　表6-1

传统外包	当前外包	未来外包
增加价值	转移风险	共享风险与价值
资本可用性	提高价值	价值创造
企业专业度	增加终端用户价值	增加企业灵活性
高附加值领域的专业技术	获得专家技术	建立价值网络
功能专业化	市场反应度	市场领导力
维持活动	管理运营	改善流程
费用缩减	成本要求	在战略性价值领域投资
工作效率	优化流程	组织变革

20世纪90年代中期，企业根据自身的发展壮大与主营业务扩增，一系列非核心业务在整体规划中占据举足轻重的地位，企业将设施管理相关资源以及相关服务人员全部外包出去，只留用少数负责对企业内外部沟通协调的员工。供应商作为企业的合作伙伴，在企业整体规划中承担了一系列定制工作。一旦企业需求发生变化，外包商可以真正站在企业角度及时响应、满足企业的需求。

21世纪以来，更多企业热衷于采用基于更高层次、跨区域合作的外包新模式，以实现外包业务的目标和期望。新兴外包模式—整合设施管理（Integrated Facility Management, IFM）应运而生，供应商作为企业的全球战略合作伙伴，以服务支持企业核心业务，为企业带来了相对较高的整体附加值。这种模式在未来还有进一步提升的空间。设施管理外包模式演变，如图6-2所示。

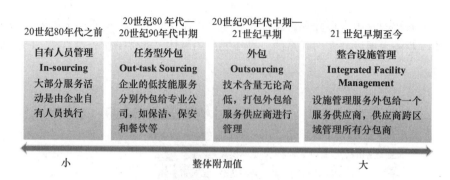

图6-2 设施管理外包模式演变

设施管理外包所涵盖的范围可以是设施管理中的某一项业务、几项业务甚至是所有的设施管理业务，包含企业不动产、项目管理、现场管理、企业服务等。设施管理外包业务范围，如图6-3所示。

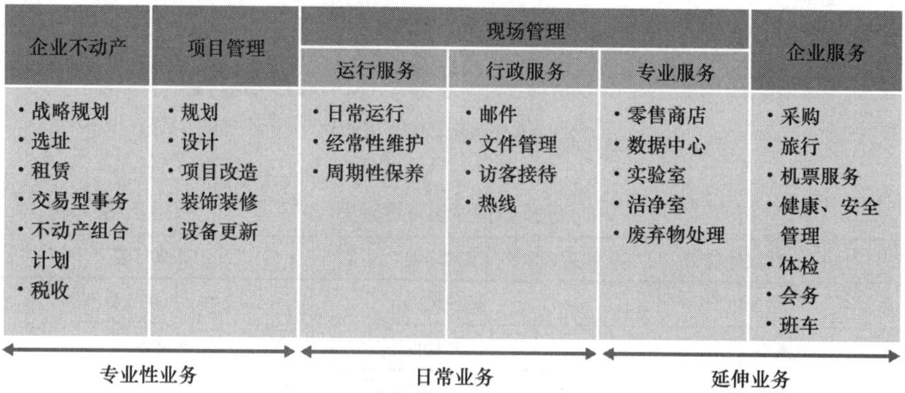

企业不动产	项目管理	现场管理			企业服务
		运行服务	行政服务	专业服务	
·战略规划 ·选址 ·租赁 ·交易型事务 ·不动产组合计划 ·税收	·规划 ·设计 ·项目改造 ·装饰装修 ·设备更新	·日常运行 ·经常性维护 ·周期性保养	·邮件 ·文件管理 ·访客接待 ·热线	·零售商店 ·数据中心 ·实验室 ·洁净室 ·废弃物处理	·采购 ·旅行 ·机票服务 ·健康、安全管理 ·体检 ·会务 ·班车
专业性业务		日常业务		延伸业务	

图6-3 设施管理外包业务范围

6.1.2 设施管理外包流程

设施管理外包流程通常包括业务评估、外包决策、合同准备与协议制定、业务交付和合同管理五个过程，每个过程又包括若干个支持性环节。设施管理外包流程，如图6-4所示。它描述了业务流程中的各个活动，定义了需要执行的任务以及在各任务间的信息交流。

（1）业务评估

这个过程（节点P）包含分析企业内的所有设施管理业务，可通过审核战略业务、设施管理运行计划和采访主要负责人来实现。执行这一进程所需的条件是对现有商业流程和类似设施管理系统的基准研究，输出是建议外包的设施管理业务。业务评估流程，如图6-5所示。

（2）外包决策

这个过程（节点O）需要评估企业内所有适用于外包的业务。这一过程主要有风险分析、成本/收益分析、利益干系人分析等问题，以前一个过程（节点P）得出的外包可行性结论作为前提，输出的是业务外包决策。外包决策流程，如图6-6所示。

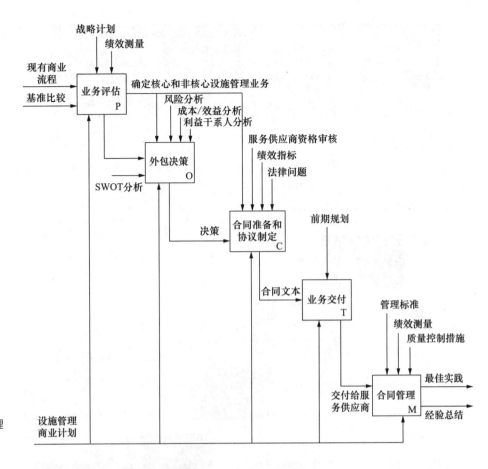

图6-4 设施管理外包流程

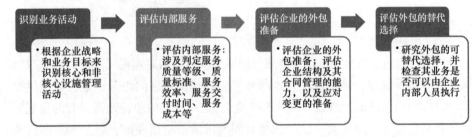

图6-5 业务评估流程

图6-6 外包决策流程

（3）合同准备与协议制定

这个过程（节点C）包括外包合同准备和服务协议制定。执行这一过程的基础是设施管理服务供应商应遵循全面合同战略，包括对设施管理服务供应商的资格预审、设定绩效指标和相关法律问题，输出的是为选定的设施管理服务供应商提供的合同文本。合同准备与服务协议制定流程，如图6-7所示。

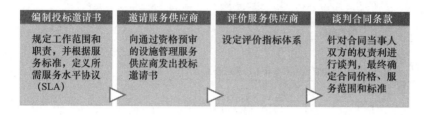

图6-7 合同准备与服务协议制定流程

（4）业务交付

这个过程（节点T）涉及设施管理服务供应商业务交付的准备工作，其基础是确定的合同协议和条款，输出的是将所有设施管理外包业务交付给服务供应商。业务交付流程，如图6-8所示。

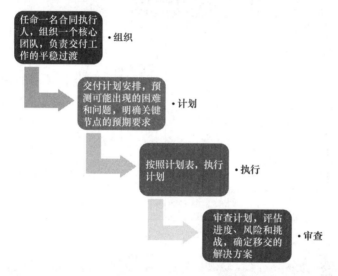

图6-8 业务交付流程

（5）合同管理

这个过程（节点M）包括对设施管理服务质量、响应速度以及所有已达成协议的条款进行管理，确保设施管理服务供应商根据议定的服务水平协议提供服务，并采用适当的奖惩措施（罚款或奖金）。这一进程的前提是将所有的设施管理业务交付给服务供应商，输出的是合同期满后的全面评价，以及为后期设施管理外包合同制定所提供的学习要点和最佳实践。外包合同管理流程，如图6-9所示。

图6-9 外包合同管理流程

6.1.3 设施管理外包风险

设施管理外包风险是企业在将设施管理业务的部分或全部外包的过程中，由于环境的不确定性和企业对设施管理外包的管控能力不足，产生实际外包结果与预期目标的差距，甚至导致整个设施管理外包失败。

设施管理外包成功与否在很大程度上取决于合同准备、签订、实施和评价等全过程管理,其中存在很大的不确定性风险。设施管理外包管理环节,如图6-10所示。

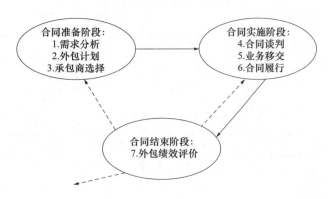

图6-10 设施管理外包管理环节

(1)外包风险因素识别

1)外包合同准备阶段

外包合同准备阶段风险因素,见表6-2。

外包合同准备阶段风险因素 表6-2

环节	风险因素	风险描述
需求分析	外包管理团队组建	在开展外包活动前,企业将组建外包管理团队,外包管理团队的整体水平会对外包活动产生很大的影响
	市场信息收集	市场信息收集与判断对外包决策和设施管理服务供应商的选择影响
	核心业务判断	判断设施管理的核心业务或非核心业务,会对企业的资产专用性产生影响
	法律因素	最新的劳动法会直接或间接地影响对劳动力的雇佣、解雇等
外包计划	外包目标	不现实的外包目标会导致不合理的外包计划,以致外包活动失败
	外包目标与组织模式目标一致性	设施管理外包目标与组织模式目标一致,是外包活动的出发点
	工作计划制订	缺少制订外包工作计划的经验和专家,会忽视一些选择合适的设施管理服务供应商的限定条款
设施管理服务供应商选择	参与投标的企业很少	在RFP中,一些条款不合理,导致有潜力的设施管理服务供应商没有参与投标,只有很少的供应商参与投标
	潜在设施管理服务供应商的信息	由于信息不对称,潜在服务供应商向企业提供一些虚假信息。例如,设施管理服务供应商的资质、工作经验;同时,设施管理服务供应商的创新能力难以评价
	评价潜在设施管理服务供应商的方法	评价潜在设施管理服务供应商选取工具和方法不同,会产生不同的结果
	选择设施管理服务供应商的标准	缺乏整体管理外包合同的成熟经验或者对于招标价格没有内部低价限额,可能会造成选择失误

2）外包合同实施阶段

外包合同实施阶段风险因素，见表6-3。

外包合同实施阶段风险因素　　　　　表6-3

环节	风险因素	风险描述
外包合同谈判	合同谈判能力	企业的合同谈判能力是外包合同优劣的关键影响因素
	合同条款	一些关键合同条款模糊或缺失，会在合同履行与评价时产生纠纷
	合同类型	选取的外包合同类型不同，会对设施管理外包活动产生不同的影响
	服务水平协议（SLA）	SLA的完整性与准确性需要慎重考虑
外包业务移交	业务移交计划	实施过程中可能会出现漏洞，可能对客户的正常业务造成影响
	业务移交中的沟通问题	由于业务移交是滞后于合同的，所以移交工作需要在合同中规定，外包业务的信任情况仍然是个问题
外包合同履行	设施管理服务供应商控制	对设施管理服务供应商缺乏有效的控制，会影响合同目标的实现
	隐性成本	在合同履行中，会有一些隐性成本存在，难以计算
	设施管理服务供应商道德	设施管理服务供应商可能不按照合同提供服务，甚至中途撕毁合同
	供应商与企业的沟通问题	因供应商不一定能提供最优服务方案，甚至有时虽然费用增加了，但不一定达到企业期望，因此不适宜的沟通可能会双方的关系维护带来困扰
	市场变动	面对变幻莫测的商业环境，提出合适的解决方案很困难
	合作关系	由于相关责任被归咎于供应商，因此长久的合作关系难以为继

3）外包合同结束阶段

外包合同结束阶段风险因素，见表6-4。

外包合同结束阶段风险因素　　　　　表6-4

环节	风险因素	风险描述
外包合同评估	评价中的问题	目前还没有完整的关键绩效指标
	对过程和技术管理缺乏自主性	在选择服务供应商上很难将服务真正与企业内部业务完美结合
	服务供应商选择的封闭性	由于变更服务供应商会带来更大的成本，企业需要长期与同一个供应商合作
	企业在改变服务供应方式上能力有限	难以改正服务供应商不符合期望的工作表现
	选址信息缺失	公司可能会失去对与位置相关的商业信息的控制

（2）外包风险评估

设施管理外包的风险评估是指应用各种技术，采用定性和定量相结合的方式，最终估计设施管理外包风险的大小，找出主要风险，并评价风险发生的可能影响，以便采用相应的对策；也即是测定其风险事故发生的概率及其损失程度的过程。

- 风险通常是根据概率和影响两个因素来评估的。
- 概率是指假定的风险事故发生的可能性大小。

影响是指风险事故造成的后果或者影响程度,它涉及风险的量级。譬如,潜在的物质或金钱损失、潜在的名誉或品牌受损、与之相关的服务重要性等。

根据概率和影响程度对风险事件进行评级。概率和风险评定等级表,见表6-5。

概率和风险评定等级表　　　　　　　　表6-5

概率等级		影响等级	
可能性	等级	损失程度	等级
常常会发生	5	灾难性的	5
较多情况下发生	4	重大的	4
某些情况下发生	3	中等的	3
极少情况下才发生	2	轻微的	2
一般情况下不会发生	1	极轻微的	1

(3)外包风险应对

风险识别和确定优先级后,下一个步骤就是制定最佳的风险应对模式。风险响应(或者风险迁移)意味着企业需要采取合适的行动避免、减少或者控制风险带来的影响。风险响应方式,见表6-6。

风险响应方式　　　　　　　　表6-6

序号	响应方式	定义
1	自留	通过建立业务可持续性计划来接受和吸收风险
2	抑制	减少风险潜在的负面影响及发生的可能性
3	转移	共享或者转移风险给保险公司或第三方(比如通过合约管理将风险转移给服务供应商)
4	避免	确定避免风险暴露或者停止可能产生该风险的活动

设施管理的外包风险防范与控制,是针对企业设施管理外包过程中存在的风险因素,积极采取措施,以消除风险因素或减少风险因素的危害性。即在风险发生前,降低风险的发生概率;在风险发生后,将损失减少到最低,从而达到控制设施管理外包风险的目的。

6.2 设施管理外包决策

设施管理外包成功的前提是选择正确的外包战略。从总体上看,设施管理外包决策可以分为两个层次——战略层次和业务层次。在战略层,业务外包决策的核心问题是决定是否外包;在业务层,业务外包决策的核心问题是确定怎样外包。本节通过引入设施管理外包关系模型和对企业与供应商的角色定位，阐述设施管理外包模式。

6.2.1 设施管理外包影响因素

设施管理外包决策受到一些特定因素的影响。从企业的角度来看，外包决策影响因素可以分为内部因素和外部因素。影响外包决策的内部因素主要有外包业务的战略重要性和外包业务量；外部因素主要有外包业务的复杂性和外包业务的市场特性。设施管理外包影响因素，如图6-11所示。

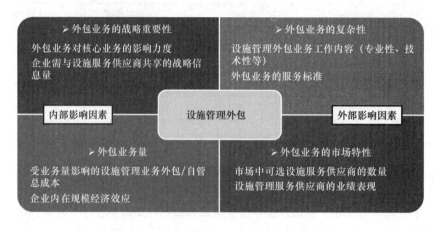

图6-11 设施管理外包影响因素

外包业务量是影响外包决策制定的一项重要因素。在外包和自管两种模式中，设施管理业务量影响其总成本。根据规模经济原理，业务规模扩大能促进企业内部专业化分工和技术投入，并能更充分地提高资源投入产出效率，从而使业务成本随着规模扩大而降低。设施管理业务量与总成本关系曲线，如图6-12所示。在图6-12中，当业务量超过a_0时，企业自管设施管理业务可以实现内在规模经济效应，使管理总成本逐渐低于外包总成本，设施管理外包模式将被自管模式取代。

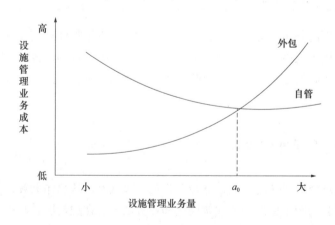

图6-12 设施管理业务量与总成本关系曲线

从企业内部来说，除了要考虑外包业务的战略重要性和外包业务量，一般还要更多地考虑以下几个问题：

（1）外包战略是否对企业的运营成果有可衡量的积极影响？

（2）是否能够在财务、人力资源、工作环境、信息沟通、技术资源等方面对增进企业生产率有促进作用？

（3）所在的企业、团队是否在过去成功地运用了外包的概念？

（4）所在的企业、团队是否在过去外包了部分业务，但是结果未能达到预期？

（5）所在的企业、团队的文化是否容许外包的概念？

上述这些问题对有效的设施管理外包非常有必要。在很多情况下，问题的答案不仅需要设施管理部门的努力，其他相关部门（如人力资源、采购、财务、IT等）的介入和支持至关重要。

6.2.2 设施管理外包关系

无论采取何种设施管理外包方式，无论企业希望最大化利用外包的价值，还是将外包作为一种效用管理工具，都必须重视外包关系管理。企业为了与信赖的服务供应商建立强大、稳固的关系，企业内外部管理者应当在双方期待的方向上建立正式和非正式的沟通机制，以驱动服务绩效。

（1）角色扮演

在设施管理外包的不同阶段，企业内部团队与服务供应商扮演的角色不同。企业内部团队与服务供应商的角色，见表6-7。

企业内部团队与服务供应商的角色　　　　表6-7

过程	企业内部团队	服务供应商
外包分析	研究确定设施管理外包业务的风险	判断设施管理外包业务是否是一个商业机会
准备	计划服务外包，评估和选择服务供应商，建立外包协议和移交自有资源、人力	为服务交接工作做好准备，接管服务需求方的资源、人力，保证业务持续性
服务交付	管理服务供应商的协议执行和问题争端，应对协议签订后出现的挑战与变化，更新对服务供应商的绩效考核指标	定义和同意服务需求，谈判合同、计划、设计、配置的服务和执行服务交付
持续改进	制订外包策略管理方案，管理与服务供应商的关系，执行知识管理、风险管理	执行知识管理、人员管理，实施绩效管理、风险管理及与业主、分包商的关系管理
完成	计划服务外包的工作收尾，接管移交的外包企业资源、人力，确保服务持续性	为服务移交工作做好准备，移交甲方资源、人力，保证业务持续性

（2）合作关系

根据外包服务特性、供应商选择原则、设施管理服务供应商数量等因素，可以将设施管理外包关系划分为三类：相对独立关系（Arm's Length Relation）、业务伙伴关系（Operational Partnering）和战略伙伴关系（Strategic Partnering）。设施管理外包关系及特点，见表6-8。

设施管理外包关系及特点　　　　　　　表6-8

序号	关系特点＼关系类型	相对独立关系	业务伙伴关系	战略伙伴关系
1	外包业务特性	针对非战略地位且目标准化的业务	针对战略地位适中的业务（包括一定量的技术性服务）	针对具有较高战略地位的业务
2	服务供应商选择原则	低价中标原则	多种定标准则	通过密切的商谈确定服务供应商
3	合同中服务供应商数量	多个设施管理服务供应商	3~5个服务供应商	1~2个服务供应商
4	服务水平要求	服务要求简单明确	服务要求具有一定专业化水平	制定书面服务管理规范，其中包括服务水平协议（SLA）、关键绩效指标（KPI）等
5	双方目标关联度	无共同的企业目标	具有共同的企业目标	具有共同的远见及战略目标
6	信息沟通	仅在出现问题的业务层面进行交流	在不同的企业层面均存在沟通	共享大量的信息（包括战略信息）
7	合同周期	较短（通常1年）	持续性发展	长期稳定的诚信合作
8	服务供应市场状况	大量可选服务供应商	几个可选服务供应商	少量可选服务供应商

基于设施管理外包决策影响因素、关系分类及其特点的分析，可以构建设施管理外包关系模式与内部、外部影响因素的二维梯度曲线模型，并根据内部、外部影响因素的高低，划定与设施管理三类关系相对应的Ⅰ~Ⅳ四个区域。设施管理外包关系模型，如图6-13所示。

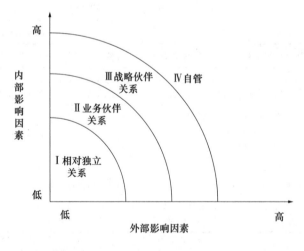

图6-13 设施管理外包关系模型

在图6-13的设施管理外包关系模型中，随着各项因素的影响程度由低到高，企业可以依此选择外包或自营模式。外包关系模型可以为企业确定设施管理模式提供依据，指导企业按照不同的业务属性划分其设施管理业务，最终选择合适的伙伴关系。当企业选择将设施管理业务外包时，外包关系模式的选择是外包策略成功的关键。

（3）价值分析

设施管理业主与供应商价值关系包括利益和贡献两个方面，主要体现为增加双方利益或者减少双方贡献。利益主要体现为服务支持、服务交付绩效；贡献主要体现为直接费用和过程费用节省。设施管理外包价值关系，见表6-9。

设施管理外包价值关系　　　　　　　　　表6-9

价值关系	价值维度	驱动因素
利益	服务质量	①服务绩效；②服务可信度；③服务一致性
	服务交付	①解决问题的意愿；②服务交付的及时性；③服务交付灵活性；④服务交付的准确性
	供应商的知识水平	①设施管理知识的可获得性；②现有服务的改善；③新增服务的发展；④工作流程的简捷性
	对核心业务的支持	①改善现有生产率；②改善现有用户的满意度；③对业务流程创新的支持
	对运维的支持	①出现故障时的应急支持；②体现客户的愿景；③有责任心；④提供解决方案；⑤及时告知问题解决进度
	可持续性	①支持可持续发展的核心目标；②供应链上的可持续活动；③拥有共同的目标来改善可持续绩效
	人际关系	①容易开展工作；②良好的工作关系；③良好的人际关系；④将业主视为最重要的客户来对待
贡献	直接费用	①具有竞争性的价格；②年度费用缩减；③费用减少计划
	过程费用	①采购环节；②服务交付费用；③协调与沟通费用；④绩效监督；⑤解决问题

成功的外包关系包括双方机制高度透明、企业间知识共享、开放式沟通和清晰定义期望的输出服务，制定支持企业目标和策略性持续性运营交付服务的管理章程。设施管理外包关系主要体现在一致的合作关系、高效的服务和聚焦于策略重点等方面。成功外包合作关系特征，见表6-10。

成功外包合作关系特征　　　　　　　　　表6-10

一致的合作关系	高效的服务	聚焦于策略重点
·极少摩擦 ·相互尊重 ·信任和客观性 ·一致的利益 ·公开和诚实的沟通	·有效顺利的服务交付 ·不断地完善和创新 ·有力的工具/报告/标杆	·专注于合作伙伴关系 ·开展策略层面的讨论 ·新的机遇和服务范围扩展

6.2.3　设施管理外包模式选择

设施管理的服务交付取决于很多限制条件，譬如自有团队的能力、所需服务的独特性、对紧急事件的响应速度、整体服务质量控制、交付服务的直接和间接成本等。外包模式选择是企业的一项重要战略决策，应当充分考虑各种相关因素，需要基于对服务需求、自有人员专业素质、特殊需求和成本的客观评估。外包模式一旦确定,也就意味着相应的长达3年或5年合同期。如果合同期更长,企业会不间断地对合同及外包模式进行审核。设施管理外包模式,见表6-11。

设施管理外包模式 表6-11

序号	外包模式	描述
1	平行外包	由于企业内部设施管理团队资源有限,只能提供部分服务。因此,会与外部服务供应商签订若干个外包合同,以涵盖所有缺乏的专业技能或资源
2	管理代理	在没有足够经验或合格的设施管理团队或经理的情况下,聘请专业设施管理团队担任顾问,专业团队参与选择和管理外部供应商
3	总包管理	企业内部设施管理团队与服务外包商只签一个合同,总包商对企业内部设施管理团队承担全部管理责任
4	整合设施管理	与单一供应商签署区域性设施管理服务合同,供应商负责提供所有必要的服务

（1）平行外包

在平行外包模式下,重要的业务由企业内部团队自己经营,而将其他业务进行分解细化,分别外包给专业服务供应商。企业内部团队直接接受高层领导的指令,依靠内部力量进行所有的管理活动,外包商被认为仅仅是承担操作层面的业务。企业内部团队需要做大量的外包计划、管理控制和协调工作。该模式通常适合企业内部对服务控制程度较高,自身管理能力比较强或者涉及的外包服务供应商数量不多的情况。

（2）管理代理

在管理代理模式下,企业内部团队寻找一个专业管理水平高的代理机构签订合同。代理机构仅仅提供管理咨询服务,不直接提供相关的设施管理服务,管理角色相对中立,能够提供足够灵活且具有针对性的外包方案。代理机构提供的服务范围可以包括财务规划、空间管理、资产项目组合规划、绩效考核和服务评估等。同时,企业内部团队能够保证对服务的控制,但可能会产生对代理机构无法有效控制和约束的问题。

（3）总包管理

总包管理模式是指企业内部团队通过选择一个合格的外包服务供应商承担所有的设施管理外包业务。该服务供应商可以把部分服务或劳务再外包给分包商,分包商与总包商直接签订合同,但与企业内部没有合同关系。该模式下,企业内部团队直接面对的供应商数量少,事务性管理工作量比较小,一般不干涉外包服务供应商的具体管理工作。只需要提出服务总体要求,进行宏观控制。但企业过多地依赖单一外包服务供应商,面临风险很大。因此,选择一个信誉良好、管理能力较强的服务供应商尤为重要。

（4）整合设施管理

在整合设施管理模式下,企业内部团队将设施管理大部分业务打包给一家综合性、专业化、水平高的设施管理服务供应商,提供企业运营所需要的相关设施管理服务。该模式对外部资源依存度很高,企业内部团队与外包商需要建立密切的合作伙伴关系，否则一旦关系恶化将给企业的正常运转带来巨大风险，同时，还可能因为沟通问题，外包服务供应商无法及时响应企业需求。

近些年来，设施管理外包专业服务规模日益庞大，面对越来越多的跨国业务和复杂多变的环境，企业将不同区域现场运营、维护、员工服务整合在单一的服务管理合同中，外包给唯——家整合设施管理服务供应商，供应方为需求方提供"一站式"服务。其核心目标是提供高效的工作场所解决方案、控制服务复杂性、支持企业核心业务的经营目标和持续增长，并建立长期互惠互利的战略合作伙伴关系。整合设施管理（IFM）模式，如图6-14所示。

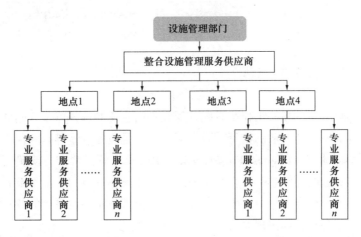

图6-14 IFM模式

IFM模式的优势主要体现在流程、风险、效益和费用四个方面。

① 管理标准化。依据设施管理行业先进案例与行业标准制定管理方案，将企业不同地区的设施管理服务标准化，更方便对设施管理服务供应商的服务表现进行评估与跟踪。

② 风险规避。设施管理整合后，通过具体详细的服务水平协议和绩效考核指标，决策者们承担比自有管理更低的风险，因为绩效风险转移给了服务供应商。

③ 效益提升。尽量采取外包的方式，减少供应商的数量和复杂性，裁减企业内部业务部门人员，让企业高层管理人员的关注焦点凝聚在长期运营和长远战略发展上。同时，采购规模的增加可以最大程度上争取到优质的服务供应商。

④ 费用缩减。在合同生命周期内保证每年花费在预算范围内，利用服务供应商的规模经济、资源杠杆和先进技术，有可能节省运营费用。IFM模式下费用优化，如图6-15所示。

IFM外包也面临着一些挑战。将不同区域的设施管理外包后，企业不再直接控制设施管理相关的花费，服务要求改变时需要与设施管理服务供应商进行谈判，谈判过程会比较漫长和充满不确定性。某种情况下，限于设施管理服务范围之广与服务量之大，企业如果想要更换服务供应商变得"难以想象的困难"。此外，企业也需要提高对设施管理服务供应商的管控能力，包括合同法规、SLA、复杂的票证管理、合同之外的增值服务等。

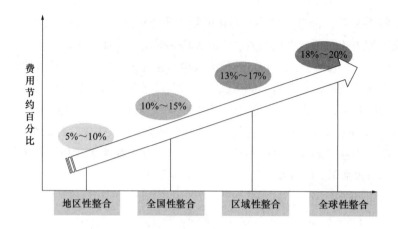

图6-15 IFM模式下费用优化

6.3 设施管理外包合同

设施管理外包的核心工作是设施管理服务供应商的选择以及合同谈判。设施管理外包合同不同于一般的物资采购合同，关键是服务质量等问题很难定义，要在需求方案说明书（Request For Proposal，RFP）中详细界定，明确所提供服务的范围、质量、时间和频率，以及服务的收费和服务的时间等。本节介绍了需求方案说明书及外包合同的主要内容，分析了设施管理服务供应商的评价指标与方法，并说明了外包合同出现争议情况下的解决方案。

6.3.1 外包需求方案说明书

需求方案说明书（Request For Proposal，RFP）也称为提案企划书或意见请求书、方案征求建议书、建议书邀请函，是由发包方提供的服务外包需求说明文件。它提供外包服务的各种要求和标准，是设施管理外包合同的组成部分，也是服务供应商提供投标方案和评定外包服务供应商的依据。

RFP要明确企业设施管理外包的技术要求、质量标准和经济指标，同时要求服务供应商在投标文件中阐明满足这些需求的服务能力和保证措施。需求方案说明书是设施管理外包合同的组成部分，是外包合同管理成功的基本保证。

需求方案说明书一般包括如下内容：

（1）服务需求描述

RFP中应该对所需服务进行一个简短而中肯的说明，以说明企业要外包哪些服务。企业的需求是复杂的，会导致在需求方案说明中，大多数需求可能难以详细描述。然而，对所需服务进行简短而中肯的描述说明，将大大有助于设施管理服务供应商在投标文件中提出有高度针对性的建议。

（2）业务范围的全面界定

除了服务需求描述外，大多数RFP有详细的业务要求，这些业务要求包括一些支持性的要求，还包括提供指导方针、技术规格及质量指标等内容。设施管理服务供应商可以根据业务要求，提出相应的建议。如果业务要求的表述不准确，不能反映企业对于设施管理的需求，设施管理服务供应商将无法提出解决关键问题的建议。因此，对业务范围的界定要详细。

（3）外包服务供应商要求

RFP中大多详尽列明对设施管理服务供应商的要求，其主要是针对供应商提供的人力、物质等支持性资源的强制性要求，比如供应商须遵守的相关法律、购买相关保险、专业分包、人员配置、人员素质、上岗资质、考勤要求、特殊工种持证和着装规范等要求。

（4）外包服务供应商评价标准

这是一个非常重要的部分，并包含必要的外包供应商的信息。企业应该建立合理的评价标准和评价模型，对于服务供应商的要求应明确提出。如果可能的话，在RFP中可以给出对服务供应商的评价指标，以及相应评价指标所占的权重。

（5）时间轴信息

在RFP中，应对RFP的发送日期、投标文件递交、答疑及现场考察时间、开标时间等各种时间作出安排，另外对中标通知书的发送日期等重要时间，也应详细写明。

（6）费用明细表

为了进行设施管理外包成本比较，可以要求外包服务供应商提交详细的费用明细表，并提供费用项目的划分标准和计算口径，以确保进行成本比较。

（7）服务费用说明

为避免后期双方费用纠纷，根据服务范围、类型，RFP中要详细阐述设施管理服务供应商的包干费用支付说明、向供应商提出的超出费用包干范围的服务需求、支付说明、费用调整说明、费用审计、支付及扣款约定等。

（8）关键绩效指标（KPI）

关键绩效指标（Key Performance Indicator，KPI）是通过对设施管理服务的关键参数进行设置、取样、计算、分析，来衡量设施管理绩效的一种目标式量化管理指标。KPI可以形象地表述设施管理服务质量，从而使企业合理地评价服务供应商的绩效，同时也可以使服务供应商通过对KPI的分析，找到自身不足之处，实现持续改进。因此，RFP中应制定详细的关键绩效指标。

（9）投标书及各种保证文件格式

RFP要对外包服务供应商提供的投标书及各种保证文件规定统一的格式和篇幅。一个标准、规范的文本格式，有利于企业的评标。对于篇幅的限制，有利于反映关键内容，突出重点，减少评标所需的审查时间，也体现出公平、公正原则。

（10）报告制度

RFP中要列明不同管理层级的报告时间、报告方式、报告原因及报告要求等。

6.3.2 外包合同条款

设施管理外包合同是一份由交易各方达成的具有法律效力的文件。其中，外包服务供应商承诺在一定的条件（如数量、质量、价格、响应时间、采购时间等）下向企业提供服务，企业则根据合同规定（包括合同的激励因素和惩罚因素）向设施管理服务供应商支付一定数量的报酬或其他商品、服务。通常设施管理外包合同可以分为一般合同条款和特殊合同条款。

（1）一般合同条款

一般合同条款主要包括：

1）签订合同的各方；

2）合同价格；

3）服务范围和内容；

4）付款方式；

5）合同期限；

6）合同的生效和终止；

7）合同适用的法律；

8）与合同相关的争议解决途径，如指定仲裁庭等。

（2）特殊合同条款

特殊合同条款主要包括下列内容：

1）服务价格协议

该协议分别列出基于外包服务范围的合同总价以及组成总价的各项价格，包括：①服务明细单价；②人工费；③服务范围外服务费用计费标准；④其他支付的相关条款。

2）服务采购条款

该条款会阐明及规定在服务采购过程中涉及的问题，包括违约的责任分配及处理、设施管理财产的划分、环境、质量及安全的相关要求、补偿的程序以及相关准则、保险费用的确定、保密信息或专有信息的相关规定、合同相关方知识产权的相关规定、合同争议处理、适用的相关法律等。

3）诚信协议

外包服务供应商根据企业的诚信政策所作出的诚信声明，包括保证遵守一切适用的法律法规，如禁止行贿，有关环境保护、健康和安全的法律、法规，保证不会在服务和管理过程中使用童工、强制劳动或禁锢劳动等，体现对服务供应商社会责任的要求。

4）保密协议

由于在设施管理外包时，企业也许会向服务供应商提供一些生产工艺文件，涉及与工艺技术、设备和质量标准等有关的专用的、秘密的技术信息；有关部门管理文件的一些细节很可能就包括了与各种产品相关的商业机密和财务信息。这些信息和资料应作为企业的"专有信息",具有重要的商业价值,服务供应商一定要遵守保密规定。保密协议主要就是针对上述保密行为而进行的相关规定。

5)服务水平协议

设施管理服务水平协议(Service Level Agreement,SLA)是服务供应商和业主共同协商后达成的对区域总体服务要求的正式约定,包括合同相关方对服务品质、优先权和责任的共同理解,以及对服务质量等级的协定、违约的处罚、争议处理仲裁机构、合同相关方的义务等,其根本目的是让合同相关方在合同执行之前达成一个清晰的共同愿景,同时建立一定的机制限制各方的违规行为,鼓励双方努力达到或超过事先约定的目标。一个主SLA协议为特定的服务供应商专门制定,包括服务质量衡量指标、权重、衡量说明、服务质量标准和扣分标准、考核与奖惩标准等。

对全球化公司而言,设施管理服务合同根据公司总部要求,即全球标准与公司所在国标准,确定服务合同模式中的基本协议、SLA和绩效衡量指数。另外。根据公司所在不同区域情况设计地区服务合同时,还要考虑地区具体模式、适合的服务标准和合同价格。某跨国公司外包合同框架结构,如图6-16所示。

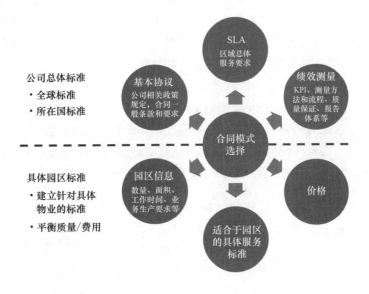

图6-16 某跨国公司外包合同框架结构

6.3.3 外包合同计费方式

根据企业介入程度、风险大小和工作范围成熟度,采用合适的设施管理外包合同计价方式。外包合同计费方式,见表6-12。

外包合同计费方式　　　　表6-12

序号	计费方式	定义
1	固定价格	根据合同规定的服务范围和有关条件,给定一个明确的总价
2	成本加管理费	按照实际服务成本支出,加上管理费(即酬金)来支付合同款

续表

序号	计费方式	定义
3	服务费用封顶	根据实际服务成本支出,加上管理费来付款,但完成全部合同所要求工作的费用按双方约定的总额封顶,全部付款不得超过该总额
4	基于绩效的管理费	根据KPI绩效评价情况和合同约定,调整管理费中可变部分费用。如果服务供应商创造了额外收益,则与发包企业共享收益
5	雇用费和/或意外(成功)费	通常表示为资产售价或者服务节省费用的一定百分比

（1）固定价格

固定价格（Fixed Price）计费方式是指根据合同规定的服务范围和有关条件，发包企业应付给服务供应商的款额是一个规定的金额，即明确的总价。当外包服务环境发生变化时，价款总额不会发生改变。这种情况下，服务供应商要承担由于外部、内部环境变化引起的价格变动风险，当风险超过供应商承受范围时，服务管理绩效下降，可能因此引起服务终止情形。

（2）成本加管理费

在成本加管理费（Cost Plus Management Fee）计费方式下，按照实际服务成本支出加上约定的管理费来付款，实际成本支出可包括多项固定价格的工作或材料，或者是多项基于时间、材料定价的工作。管理费用可以是一个固定的额度，也可以是基于实际服务成本支出的百分比来收取。

（3）服务费用封顶

服务费用封顶（Guaranteed Maximum Price, GMP）方式对外包企业和供应商的风险管理能力提出了挑战，因为限定了向服务供应商可支付的最高限价，即GMP价格，需要外包企业和主要服务供应商评估整个项目潜在的风险。基于GMP合同的服务供应商实际成本和利润关系，如图6-17所示。

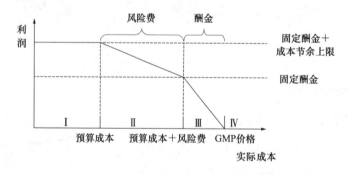

图6-17 基于GMP合同的服务供应商实际成本和利润关系

在图6-17中，区间Ⅰ——表示当实际成本低于预算成本时，供应商利润是一笔固定的酬金加上最高限额的风险费节余；

区间Ⅱ——表示当实际成本高于预算成本而项目风险费尚有节余时，供应商利润是固定的酬金加上按比例分摊的风险费节余；

区间Ⅲ——表示当实际成本超出预算成本与项目风险费之和时，即风险费耗尽时，供应商利润是酬金扣除实际成本超支部分；

区间Ⅳ——表示实际成本超过GMP价格时，供应商将发生亏损。通过采用GMP合同，外包企业与供应商之间的对立关系转化为"风险共担，利益共享"的合作关系，使双方在目标上达成一致。

（4）基于绩效的管理费

在这种计费方式中，供应商利润与外包企业预设的绩效目标绑定在一起，包括外包企业设定的成本削减目标。这就保证了双方目标的一致，避免出现合同中的酬金、工作范围与实际不一致产生的分歧与争端。管理费分为固定部分、可变部分和共享效益部分。当服务供应商的服务费用超出预算，则从固定管理费用中扣除超额费用。根据KPI绩效评价情况和合同约定，调整管理费中可变部分的费用。如果服务供应商创造了额外收益，则与业主共享收益。基于绩效的管理费形成机制，如图6-18所示。

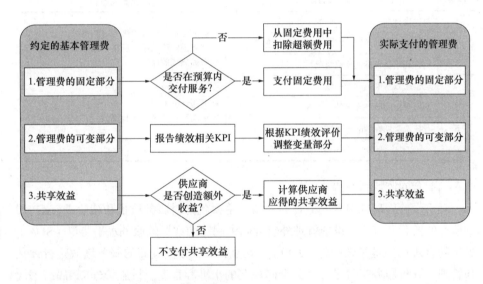

图6-18 基于绩效的管理费形成机制

（5）雇用费和/或意外（成功）费

在这种计费方式下，服务供应商通常扮演"咨询人"的角色。对咨询人的酬金包括雇用费和成功费，成功费通常表示为资产售价或者服务节省费用的一定百分比。

6.3.4 外包合同管理

设施管理外包合同管理是合同双方履行合同要求的义务，实现设施管理外包目标的过程。设施管理外包的关键是外包合同管理，设施管理外包合同管理贯穿于外包合同整个生命周期，包括合同履行、合同监督与管理及合同争议等核心环节。

（1）合同履行

外包合同履行管理对于合同目标的实现以及企业和设施管理服务供应商关系

的重要性不容低估。清晰的合同履行程序保证合同各参与方都清楚自己要做什么、什么时候做以及怎么做。合同履行管理包括合同维护和变更控制、收费和成本监测、订购和付款程序、管理报告等任务。合同文件条款本身必须准确反映合同履行的安排，严格控制合同变更。不同类型的合同变更责任由不同的人负责，并记录需要反映的内部程序。

对于外包合同履行情况的评估，常用的指标有：① 费用和成本监控中的人工费用效率、物资耗费效率；② 采购、付款及预算程序的合理性；③ 资产管理情况；④ 合同变更控制情况等。

合同履行管理过程中，企业还需要对合同的合规性进行评估。合规性评估表，见表6-13。

合规性评估表　　　　　　　　　表6-13

序号	评估内容	信息来源
1	与进度计划表相比，实际的工作进度	➤ 单一反馈，如客户满意度调查等 ➤ 多渠道的终端用户反馈，如投诉或建议 ➤ 服务热线的反馈 ➤ 第三方审计 ➤ 日报、周报、月报、季报 ➤ 平衡计分卡 ➤ 定期举行的供应商会议
2	时间框架范围的完成情况和关键节点进度	
3	定性和定量目标的完成情况	
4	运营绩效基准量度的一致性	
5	合同规定的服务水平的一致性	
6	考核及奖惩标准的一致性	
……	……	……

（2）合同监督和评估

对于设施管理外包合同监督和评估，主要就是对服务质量和绩效进行KPI履行情况的监管及审核。设施管理外包合同中制定的详尽的服务水平协议（SLA），提出的合理的关键绩效指标（KPI），是为了对服务供应商的服务绩效进行评估和管理，评价服务交付是否达到合同规定的水准和程度。设施管理KPI履行情况监管及审核系统，如图6-19所示。

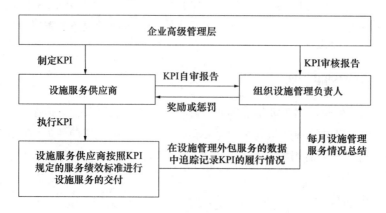

图6-19　设施管理KPI履行情况监管及审核系统

设施管理外包服务供应商评价指标，如图6-20所示。

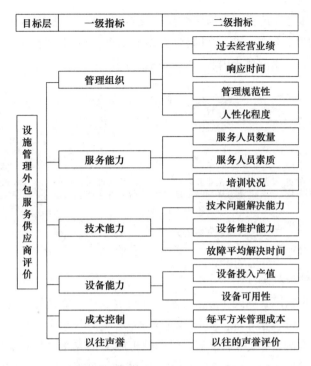

图6-20 设施管理外包服务供应商评价指标

针对三家服务供应商各项评价指标的得分，可采用雷达图直观地表示，便于共同进行比较。设施管理服务供应商评价示例，如图6-21所示。

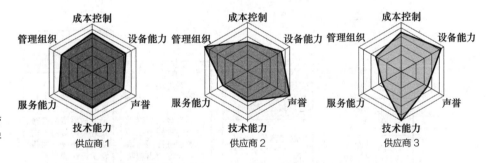

图6-21 设施管理服务供应商评价示例

健康度评估（Health Check）作为一个新兴的、来自于实践的评估机制，类比人体健康体检的思想，通过更结构化的评价指标模型，来评判外包合作过程中供应商的各方面表现，辅助后续外包管理模式的制定与调整。服务供应商健康度定义及其范围，见表6-14。

服务供应商健康度定义及其范围　　　　表6-14

企业名称	健康度定义	健康度考查范围
IBM	外包在宏观层面上的发展趋势及最终成功达到模式目标的概率	干系人、业务范围控制、进度可控、目标清晰、风险认知、团队及利益等
Alliance Bernstein	能够完成合同约定并为企业创造新的价值	持续进步及创新等
普华永道	外包供应商的阶段性表现良好且能够最大程度完成企业模式目标	价值、质量、范围、关系

设施管理服务供应商的健康度体现在成本控制程度、服务表现、成长能力及与企业合作的适应性等方面，可划分为以下四个维度来构建评价模型的基本框架。服务供应商健康度评价内容，如图6-22所示。

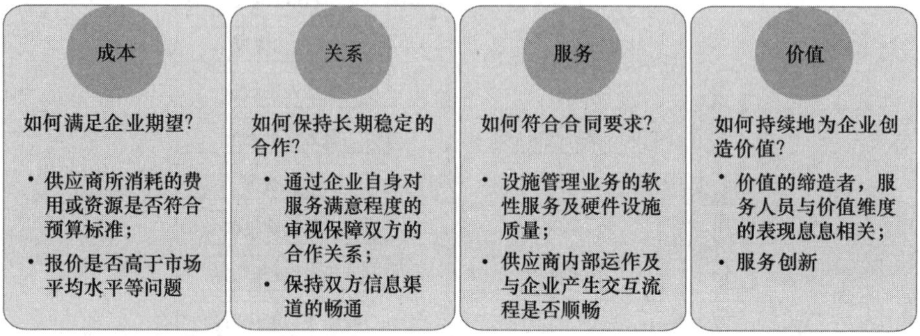

成本	关系	服务	价值
如何满足企业期望？	如何保持长期稳定的合作？	如何符合合同要求？	如何持续地为企业创造价值？
·供应商所消耗的费用或资源是否符合预算标准； ·报价是否高于市场平均水平等问题	·通过企业自身对服务满意程度的审视保障双方的合作关系； ·保持双方信息渠道的畅通	·设施管理业务的软性服务及硬件设施质量； ·供应商内部运作及与企业产生交互流程是否顺畅	·价值的缔造者，服务人员与价值维度的表现息息相关； ·服务创新

图6-22 服务供应商健康度评价内容

（3）合同争议处理

合同争议是指因合同的生效、解释、履行、变更、终止等行为而引起的合同当事人的所有纠纷。在外包合同履约过程中双方会因外包合同范围的界定、保险费用、劳务、合同价格、KPI定义、设施管理服务供应商的服务水平、服务范围的变更等问题发生矛盾，会牵涉各个参与方的利益。因此，各方应积极合作，防止分歧和争议进一步恶化，并尽早解决这些问题。外包合同争议处理等级，如图6-23所示。

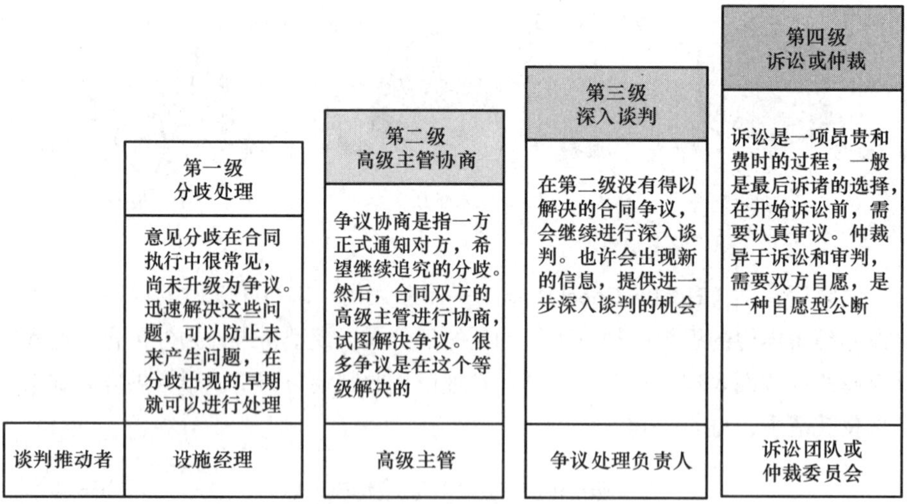

	第一级 分歧处理	第二级 高级主管协商	第三级 深入谈判	第四级 诉讼或仲裁
	意见分歧在合同执行中很常见，尚未升级为争议。迅速解决这些问题，可以防止未来产生问题，在分歧出现的早期就可以进行处理	争议协商是指一方正式通知对方，希望继续追究的分歧。然后，合同双方的高级主管进行协商，试图解决争议。很多争议是在这个等级解决的	在第二级没有得以解决的合同争议，会继续进行深入谈判。也许会出现新的信息，提供进一步深入谈判的机会	诉讼是一项昂贵和费时的过程，一般是最后诉诸的选择，在开始诉讼前，需要认真审议。仲裁异于诉讼和审判，需要双方自愿，是一种自愿型公断
谈判推动者	设施经理	高级主管	争议处理负责人	诉讼团队或仲裁委员会

图6-23 外包合同争议处理等级

常见的外包合同争议处理情形是双方当事人在设施管理外包合同中已制定了相关解决条款，希望用约定的方式来解决双方之间的争议。这些条款的效力是独立于合同效力的，合同的有效与否、变更与否或者终止与否都不影响解决争议条款的效力。

关键术语

设施管理外包　外包业务评估　外包决策　外包风险　外包关系　平行外包　整合设施管理（IFM）　服务水平协议（SLA）　合同管理　需求方案说明书（RFP）　关键绩效指标（KPI）　服务费用封顶（GMP）　健康度评估

复习思考题

1. 设施管理外包模式经历过哪些演变历程？
2. 设施管理外包的流程包括哪几个环节？
3. 设施管理业务评估主要包括哪些内容？
4. 设施管理外包决策的过程包括哪些内容？
5. 设施管理外包关系可划分为哪几类？各有什么特点？
6. 影响设施管理服务外包的因素有哪些？
7. 设施管理外包需求方案说明书包含哪些内容？
8. 设施管理服务水平协议（SLA）包括哪些内容？
9. 设施管理服务费用封顶（GMP）模式具有什么特点？
10. 试以某外包服务项目为例，设计一套比较完整的KPI指标。

第7章 建筑运维管理

本章导读

建筑运维管理是设施管理最核心的职能之一。实践表明，运维管理不单纯是一项技术性工作，同时也包含了大量的管理、服务和经济活动。随着建筑运维复杂程度和技术含量不断增加，传统的管理方法和手段已不能完全适应新的管理环境。现代设施管理的运维应该从设施全生命周期角度，以系统化管理思路分析问题，以科学手段和方法解决问题，以智能化系统平台助力提升效益，最终实现建筑安全、高效与经济运行。本章讨论了建筑运维的组织、管理体系，介绍了建筑运维手册和质量管理，阐述了运维项目交接、维护策略、运营评价等。

主要内容

- ❖ 建筑运维发展历程；
- ❖ 建筑运维功能、对象和目标；
- ❖ 建筑运维组织；
- ❖ 建筑运维需求分析；
- ❖ 建筑运维质量管理；
- ❖ 建筑运维手册；
- ❖ 建筑项目交接；
- ❖ 建筑故障分类、特点及检查；
- ❖ 建筑维护策略及选择；
- ❖ 建筑运维评价。

7.1 建筑运维概述

建筑运维是设施管理的基础性工作。建筑运维为建筑功能的正常发挥提供了广泛的支持性活动，确保了建筑系统正常运作和持续优化。有效的建筑运维可以保证建筑可靠性、安全性和能源效率，并最大限度地节省运行成本。

7.1.1 建筑运维及其发展

（1）建筑运维概念

建筑运维（Operation and Maintenance，O&M）管理是针对建筑物、设备及其附属设施所进行的一系列与控制和检修有关的决策与活动，主要集中于计划、程序、工作或系统的控制与最优化等方面，通过执行日常的、预防性的、预测性的、计划的和非计划的活动以维持建筑正常使用，防止设备失效或减缓设备使用寿命缩短，从而提高设备运行效率、增加设备的可靠性和安全性。

建筑运维是为建筑能履行其期望功能或是恢复其期望功能所进行的所有活动。建筑维护是延缓劣化和避免故障的关键技术手段，它能够从建筑质量、采购及使用成本、响应速度和服务四个方面对客户满意度产生重要影响。因而，建筑运维是企业竞争力的构成要素之一，也是企业经营过程中的重要增值手段，而不是传统运维价值观所认为的"不可避免的损失（Necessary Evil）"。

以往人们比较关注建筑设计和建造过程，对于运维的投入是非常有限的。一般来说，建筑设计和建造需要1～2年或者3～5年的时间，但建筑使用阶段运维时间可能会持续10～20年，甚至50～100年。

统计资料表明，在建筑全生命周期费用（Life Cycle Cost, LCC）中，建设费用仅占总费用的42%，而运行与维护费用等占总费用的58%。建筑全生命周期费用组成，如图7-1所示。

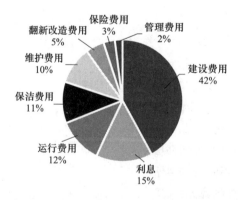

图7-1 建筑全生命周期费用组成

因此，根据全生命周期费用管理的理念，对于运维进行有效和高质量的管理将成为节约成本和能源、提高建筑使用效率、延长建筑使用年限的关键。

事实上，在不同运维状态下有不同的建筑性能变化规律。不同运维状态下建筑性能曲线，如图7-2所示。最佳性能曲线为建筑使用过程中能达到的最好的效用,而建筑性能低于可运行的最低值将不能继续使用。

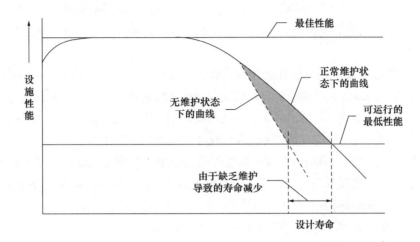

图7-2 不同运维状态下建筑性能曲线

因此,有效的运维策略十分必要。为了节约建筑生命周期成本、实现有效和高效的运维,做到拥有准确性、强关联性、时效性和用户友好性的运行和维护管理变得更为重要。

（2）建筑运维发展

伴随着现代工业和科学技术的发展,建筑运维如同工业设备及系统运维一样,经历了一个从"被动管理"到"主动管理"的发展历程。建筑运维管理理论和方法正是从工业维护管理（Industrial Maintenance Management）的基础上发展起来的。工业维护管理历程,见表7-1。

工业维护管理历程　　　　　　表7-1

项目	20世纪50年代以前	20世纪50年代—20世纪60年代	20世纪60年代—20世纪70年代	20世纪70年代以后
阶段	事后维修阶段	预防维修阶段	生产维修阶段	工业维护阶段
概念	出现故障再进行维修,不坏不修	维修强调预防为主	对重点设备进行预防维修,一般设备进行事后维修	多种维修制度并行阶段
特点	认为使用中的故障不可预知	减少非计划停产次数,把事故隐患消灭在萌芽状态	开始考虑设备生产、设计等环节的可靠性	多种维修制度并行阶段
代表方法	—	●以固定保养期为特征的计划预防维修制（苏联） ●以定期检查为特征的预防维修制（英美）	●可靠性思想 ●无维修性设计思想	●设备综合工程学（英）（Terotechnology） ●全员生产维修（日）（Total Productive Maintenance, TPM） ●后勤学（美）（Logistics）
管理模式	被动管理 ──────────────────▶ 主动管理			

目前建筑运维正不断朝着智能化、网络化的方向发展,信息正在成为维护资源的主体,也更注重环境保护和可持续发展。其主要表现在以下几个方面:

1）绿色环保。在建筑运维管理中，人们注意到很多故障不仅危及生产安全、影响使用，还可能污染环境、破坏生态平衡、违反公认的环境标准。1988年，J·莫布雷在故障后果的新分类法中加入了环境性后果，这是运维指导思想的一次飞跃。

2）智能运维。随着现代化建筑设备的广泛使用以及运行过程不断复杂化，将智能技术与运维技术相融合，以辅助专家解决纷繁复杂的运维问题已成为研究热点。智能运维的高效性、可靠性及其解决复杂运维问题的能力不仅能提高运维质量和效率，而且还能有效地降低现代化生产系统的运维成本。

3）网络协同。网络技术与运维过程结合产生了新型运维模式。建筑运维过程通过网络实现资源的整合，采用计算机支持的协同工作（Computer Supported Cooperative Working）方式达到高效率、高质量的建筑运维。

4）数据驱动。基于数据驱动的运维是信息技术、基于状态的运维（Condition Based Maintenance）与运维资源调度相结合的产物。通过对监测系统所获信息的分析，预测并安排运维计划可以有效地提高建筑可用度。基于数据驱动的运维是未来建筑运维管理的发展方向。

7.1.2 建筑运维功能、对象与目标

（1）建筑运维功能

建筑运维是设施管理的重要组成部分，它需要将不同部分组合成有机的整体。根据经验研究，高效的运维管理由五个重要的功能模块组成：运行（Operations）、维护（Maintenance）、工程支持（Engineering Support）、培训（Training）和管理（Administration），简称OMETA。建筑运维管理功能模块（OMETA），见表7-2。

建筑运维管理功能模块（OMETA） 表7-2

模块	具体职能与内容
运行 （Operations）	• 运行管理：有效管理和控制建筑运行工作； • 运行指挥：通过高效、有效、可靠的方式开展建筑运行工作； • 状态控制：掌握所有建筑的工作状态； • 专业知识：提升人员的知识技能和业绩，以支持建筑安全可靠的运行工作
维护 （Maintenance）	• 维护管理：有效管理和控制建筑维护工作； • 维护工作考核：保证维护工作有效和安全地进行，从而保证建筑运行工作能经济、安全、可靠的进行； • 维护指挥：确保使用安全、有效的方式开展维护工作； • 预防性维护：通过预防性维护，促使建筑系统达到最佳的工作状态，确保其工作的可靠性； • 文档管理：进行维护工作的程序和文档管理，为维护工作提供依据，确保维护工作； • 高效和安全地进行
工程支持 （Engineering Support）	• 工程支持管理：确保技术支持活动的有效控制和执行； • 建筑改造：确保设计变更时，能及时适当地完成建筑的设计、审查、控制、实施和文档管理工作； • 数据监控：实时监控建筑功能，优化建筑的可靠性和高效率； • 程序和文档管理：为工程支持工作提供依据，能有效支持建筑高效和安全地运行

续表

模块	具体职能与内容
培训 （Training）	• 员工基本培训：确保所有员工了解自己的职责和安全工作要求，有足够的知识和技能来保证建筑有效运行； • 培训材料保证：确保培训的材料能够有效支持培训活动； • 运维人员培训：为保证完成运维工作，需制定有效和完善的知识技能培训
管理 （Administration）	• 管理规划：建立和确保建筑政策、计划和控制的有效实施及执行； • 管理目标：制定正式的管理目标，有效实施，以提高建筑性能和效率； • 管理评估：建立监测和评估体系，提高建筑各方面的表现和性能； • 人事计划和资质考核：保证所有岗位拥有合适和高资质的员工； • 建筑安全：有严格保证人员安全和公共安全的措施

除了上述管理模块之外，运维管理人员还需要与其他部门的管理人员相协调，协助他们缩减预算开支，其他职能还包括保证项目的正常执行、维持项目的持续运行和促使项目目标的达成。

（2）建筑运维对象

本章节中所涉及的建筑运维对象主要包括建筑物本体、设备系统、办公设备及家具、外部配套系统等。建筑运维对象，见表7-3。

建筑运维对象　　　　表7-3

序号	对象分类	分类描述	分类内容
1	建筑物本体	建筑物本体是形成空间主要载体，一般分为主要系统与次要系统两部分	主要系统包括地基、结构系统、外墙及屋顶系统；次要系统主要指内部工程，如天花板、地板、内墙、隔板和专用件等
2	设备系统	设备系统主要是指一系列提供功能服务的机械、电子设备系统	包括HAVC（采暖、通风及空调系统）、管道系统、电力系统、照明系统、安保系统、网络系统及传送系统等
3	办公设备及家具	办公设备及家具是支持企业核心业务开展的物质保障，也是建筑运维的对象之一	包括计算机设备、网络、打印设备、复印设备、传真设备及各类办公家具等
4	外部配套系统	支持空间运营的建筑外部配套系统	包括公用工程系统、排水供水系统、道路、停车区、绿化等场所

（3）建筑运维目标

建筑运维目标是确保提供安全、可靠、经济的建筑系统运维服务，能按预期使用建筑，甚至延长建筑的使用寿命、提升建筑价值。具体表述如下：

1）保证建筑正常运行，满足用户的使用需求；

2）实施恰当的运维措施，保障运行，防止建筑及其系统和部件过早出现问题；

3）在提供必要的可靠度的基础上，按最经济的方式维护和使用建筑；

4）合理安排维护周期和流程，缩减总运维费用；

5）预测和指派所需人员，满足正常运行和突发事件需要；

6）采用可行的工程解决方案来处理维修问题；

7）通过建筑运维，为整个建筑资产保值与增值提供支持；

8）通过精益运维，整体消除浪费，降低运维成本。

为达到上述建筑运维目标，需要提升设施管理综合水平。现代建筑运维发展趋势主要表现为"六化"，即专业化、精细化、集约化、智能化、信息化和定制化。现代建筑运维发展趋势，如图7-3所示。

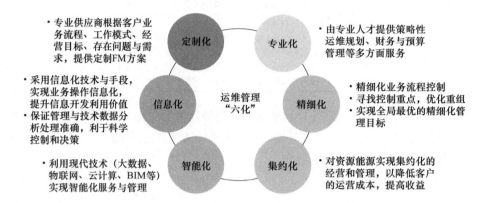

图7-3 现代建筑运维发展趋势

7.1.3 建筑运维团队组织

建筑运维过程中，精简高效的运维团队能够更好地完成日常运维工作，减少开支，提高效率。在传统设施管理团队中，运维工作主要通过作业工种进行分组。传统作业分组设置，如图7-4所示。

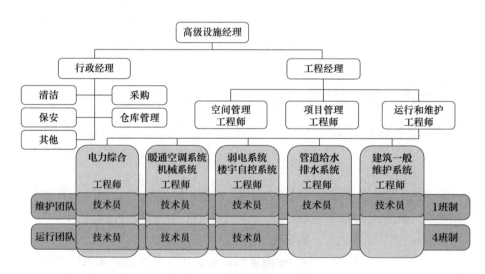

图7-4 传统作业分组设置

图7-4中，高级设施经理下设行政经理和工程经理。工程经理分管空间管理、项目管理和运维管理。运维工程师负责管理电力综合系统、暖通空调系统、机械系统、弱电系统、楼宇自控系统、管道给水排水系统和建筑一般维护系统，每个系统下设运行或维护团队。这样的设置会导致整个组织体系太过庞大，职能被分散到各个子系统，从而导致各个系统间的沟通不够顺畅，也导致团队内部员工个人职业发展受阻。

为解决传统作业带来的诸多问题，可以采用以职能进行分组的组织架构。工作职能分组设置，如图7-5所示。设施经理直接分管行政、空间管理/EHS、设施运行、维护计划和管理、项目管理五个部分，各部分工程师各司其职，有效划分职能范围。运行和维护工程师分别下设运行/维护班组，各班组设有领导或专职工程师。

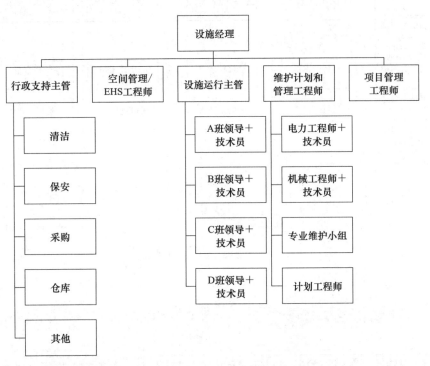

图7-5 工作职能分组设置

此种组织架构的设计，由设施经理直接分管各职能部门，更好地加强各部分的有效沟通和协作，并通过分班组加强团队和员工的持续学习，做到各运维班组的"一专多能"，即能负责专项技术工作，同时又具有处理多方面紧急事故的能力。

【案例7-1】

某大型企业建筑物占地面积约30万m²，功能区建筑面积（含公摊）约22万m²，食堂建筑面积（含操作间、餐厅）约2万m²；车库建筑面积5万m²，车位1647个，绿化面积19万m²，服务的员工总人数9000人。传统运维团队组织架构，如图7-6（a）所示。设施管理团队人数约为96人，分为工程师、运行班、维修班、弱电班、数据中心和小型整改六个团队。现在，通过对原架构进行优化设计，形成以工作职能为导向的组织架构。以工作职能为导向的运维团队组织架构，如图7-6（b）所示。

设施经理领导专业技术支持项目、设施运行保障项目和设施维修保障项目等团队，通过重新设置设施运行和维修保障项目组，对内部人员进行调整，总团队人数减少至78人，内部职能更为明确，工作更为高效。

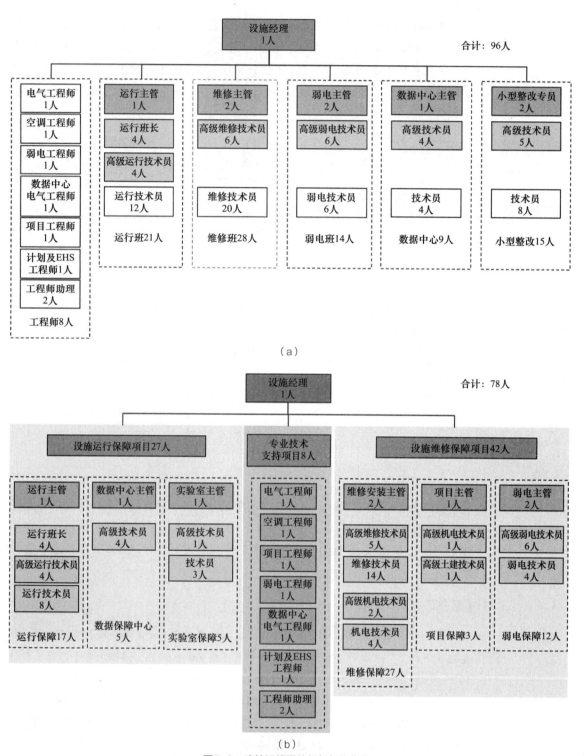

图7-6 建筑运维团队组织架构优化
(a)传统运维团队组织架构;(b)以工作职能为导向的运维团队组织架构

7.2 建筑运维管理体系

7.2.1 建筑运维需求

传统运维管理，通常关注"物"的运行状态，认为只要建筑系统无故障、能运转便是运行管理的全部工作内容；而现代设施管理是一种提供服务的活动，其服务对象是人，以为用户提供各种高效率的服务，为用户营造一个健康、舒适、高效的工作和生活环境为目标。因此，在建筑运行管理的过程中，不仅要重视"物"的运行状态，更要重视"人"的使用需求。

建筑运行需求分析主要包括三方面的内容，即物的运行状态、人的使用需求和事的管理需求。建筑运行需求分析的内容及其相互关系，如图7-7所示。

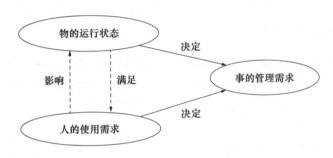

图7-7 建筑运行需求分析的内容及其相互关系

（1）物的运行状态

建筑运行过程中，物的运行状态是指各类建筑系统的功能实现程度，通常以建筑系统的设计指标来反映。物的运行状态满足人的使用需求，决定着事的管理需求。例如，建筑给水系统提供生活、生产和消防用水，必须满足一定的水质、水量和水压要求。

（2）人的使用需求

在建筑运行过程中，人的使用需求既包括自然人的使用需求，也包括企业的使用需求。人的使用需求影响着物的运行状态，同时决定着事的管理需求。

（3）事的管理需求

根据物的运行状态和人的使用需求而决定的事的管理需求是建筑运行需求分析的最终目标。通过形成正确的管理需求，以指导具体的建筑运维工作。

根据4M1E法对建筑运行需求进行分析，并给出建筑运行需求分析相关项目和具体的调查内容。建筑运行需求分析表，见表7-4。

建筑运行需求分析表　　　　　　　表7-4

方面	序号	分析项目	调查内容
人	1	建筑使用者	使用人数、使用水平、使用时间、使用频率、使用要求
人	2	运维人员	操作、技术和管理人员的类型、数量及能力要求
机	3	建筑系统	设计指标、构成状况、技术标准、分布地点及安装位置等

续表

方面	序号	分析项目	调查内容
材料	4	能源供应	能源供应的类型、数量、采购方式、供应商等
	5	备品配件	备品配件的类型、数量、采购方式、供应商、库存周期等
方法	6	操作规程	操作人员必须遵守执行的各类规章制度
	7	使用须知	使用者必须遵守执行的各类规章制度
	8	管理制度	建筑运维人员必须遵守执行的各类管理方法和管理规章
环境	9	法律环境	相关政策、法规、条例、规程、标准等强制性文件
	10	工作环境	建筑运行的自然环境，如照明、通风、温度、湿度及清洁状况等条件
	11	经济环境	建筑运维的财务预算数额及要求
	12	外包管理	外包工作的范围、类型、模式、数量和外包标准等

7.2.2 建筑运维质量

质量管理的目标是确保服务满足要求、流程得到优化、质量不断得到提高。质量管理体系（Quality Management System，QMS）指的是企业内部建立的、为保证产品质量或质量目标所必需的、系统的质量活动。

（1）建筑运维质量体系

建筑运维的质量是至关重要的，需要有必要的方法（如知识、流程、工具等）来定义运维质量，并且确保所提供的服务能满足需求，达到企业对设施管理方面的要求。建筑运维质量评价指标，见表7-5。

建筑运维质量评价指标　　表7-5

指标	定义
有形性	有形的建筑物、设备、人员等。有形的环境条件是运维人员对客户细致的照顾和关心的有形表现
响应性	帮助客户并能迅速提供服务的能力。出现运维方面的问题时，迅速解决问题，减少客户无意义的等待
经济性	能在保证满足运维需求的情况下，尽量节省开支，为客户提供经济的服务
可靠性	可靠、准确地履行服务承诺的能力。可靠的服务行动是客户所希望的，意味着服务以相同的方式、无差别、准确的完成
移情性	设身处地为客户着想，给予客户特别的关注。要求运维人员拥有接近客户的能力、敏感性并努力理解客户的需求
保证性	运维人员表达出的自信和可信的知识、礼节和能力。其中包括完成工作的能力、对客户的礼貌和尊重、与客户有效沟通、将客户的要求放在心上

这些指标被分为硬性指标和软性指标，硬性指标通常可以通过测量得到，不需要人主观判断；软性指标则是调查的结果，是对客户意见、感知和感官的度量，两类指标相互作用从而得到对质量的评估。建筑运维质量评价程序，如图7-8所示。

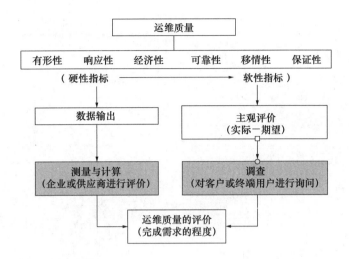

图7-8 建筑运维质量评价程序

(2) 建筑运维质量保证

质量管理进程所遵循的科学程序,称为PDCA循环,即计划—实施—检查—调整循环,目标是为了达到规定的质量体系标准及客户和企业的需求,在相互关联的进程中不断提升服务的质量。PDCA循环操作,如图7-9所示。

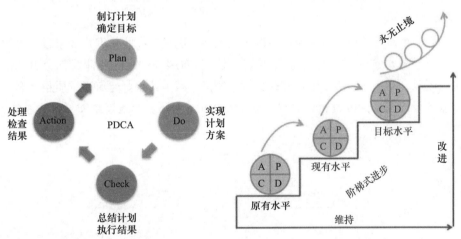

图7-9 PDCA循环

建筑运维质量管理系统的整个运行过程以客户需求为导向,通过服务提供与实施流程、监督和衡量、数据和行为评估、质量管理计划几个部分,实现设施管理的不断优化。建筑运维PDCA循环,如图7-10所示。

(3) 建筑运维质量改进

建筑运维质量还需要保证持续改进,改进的目的是保证建筑运维能时刻达到供应与需求的匹配,确保客户与服务供应商目标的一致性,达到资源的优化节约等。通过定期评估和实施优化措施,使得建筑质量能够得到改进和提升(如最大化效率、最大化灵活性、避免重复工作等)。持续改进是十分重要的过程,尤其是持续改进能通过向战略层面就主要流程、决策准备和变更管理等方面提供反馈,影响企业需求和生产过程。

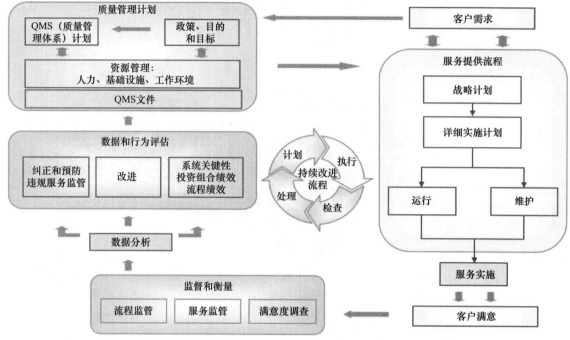

图7-10 建筑运维PDCA循环

另一个需要进行建筑运维质量改进的重要原因是，在收集客户需求过程中的沟通、服务水平的确定、交付的过程以及人员对服务的感知和体验都会出现偏差，因此，需要通过不断改进和改善运维质量，减少偏差。建筑运维质量在客户和服务供应商中的改进过程同样需要进行PDCA循环。建筑运维质量改进系统，如图7-11所示。

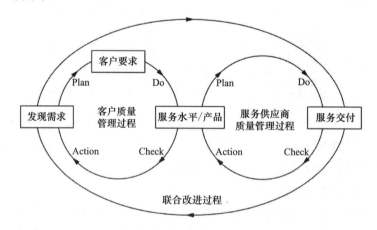

图7-11 建筑运维质量改进系统

7.2.3 建筑运维手册

建筑运维手册是指导建筑运维管理的重要工作文件。设计良好的运维手册应该是结构清晰、易于阅读的，有助于工作的标准化和规范化，对于减少设施管理者和操作者的工作失误、提高工作效率具有重要作用。

不同类型的建筑系统的运维手册各不相同，但一些基本内容是一样的。建筑运维手册的基本内容，如图7-12所示。

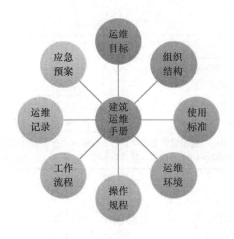

图7-12 建筑运维手册的基本内容

（1）运维目标

建筑运维目标通常包括安全、可靠、舒适、经济、节能和绿色六个方面。建筑运维目标，见表7-6。

建筑运维目标 表7-6

方面		要求及内容
运维目标	安全	·建筑系统运维安全 ·用户使用安全 ·操作、维护人员生产安全
	可靠	·建筑运维对企业需求的保障能力 ·建筑运维过程中应对突发事件的及时性
	舒适	·指标满足性（功能满足程度） ·感官满足性（感觉满足程度）
	经济	从全生命周期成本的角度考虑建筑运维过程的经济目标
	节能	避免无间断工作，充分利用能源，调节设备至最佳状态，达到容量的优化组合
	绿色	控制噪声，控制有害物质（废气、废水、废渣）排放，达到绿色运维

（2）组织结构

在建筑运维手册中必须构建运维组织结构，明确相应岗位的操作、技术和管理人员，其内容包括类型、数量和职责要求等。完善的组织结构和合理的人员配备是确保建筑系统正常运维的组织措施。

（3）使用标准

针对不同的建筑系统，应根据建筑的实际需求状况制定合理的使用标准。这些标准应包括开关时间、维护保养时间、使用的条件和要求等方面的内容。这些内容根据实际情况有所区别。

（4）运维环境

在建筑运维手册中，必须对系统的运维环境作出具体规定。良好的运维环境不仅有利于建筑系统的正常运维，也有利于运维人员的健康和安全。建筑系统运维环境，见表7-7。

建筑系统运维环境　　　　　　　　　　表7-7

要求	内容
工作环境整洁有序	根据不同建筑系统的工作环境要求，制定相应的工作环境标准，并定期进行工作环境的检查、清扫和整洁工作
系统标识清楚明白	建筑系统标识对于建筑的操作者和使用者有极大帮助，它是可视化管理方法的重要应用，在建筑运维手册中应对建筑系统标识的相关内容作出具体规定
设备保养状况良好	建筑系统中的关键设备必须进行日常保养工作，常见的保养包括清洁、紧固、润滑、调整、防腐、防冻及外观表面检查

（5）操作规程

操作规程是规范建筑操作的规定和标准，确保操作人员正确、安全地操作建筑。对建筑系统中的关键设备，应当制定科学、严密且切实可行的操作规程。

标准作业程序（Standard Operating Procedure，SOP）作为指导和规范日常工作的标准，将建筑的标准操作步骤、操作规程、注意事项在建筑运维手册中体现。SOP是一种过程管理，主要以规章制度、标准规范、操作手册、表格单据作为支撑，通过对过程的标准化管理，减少和预防差错，避免产生不良后果。建筑运维SOP的基本内容，如图7-13所示。

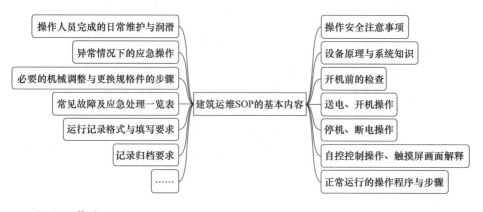

图7-13　建筑运维SOP的基本内容

（6）工作流程

工作流程设计是确保运维管理标准化的重要措施，应根据企业实际情况对各项工作的具体流程作出明确要求。在建筑运维手册中，工作流程通常以流程图的形式表现。

（7）运维记录

运维记录是反映建筑运行状况的第一手资料，在建筑运维手册中必须对建筑系统运维记录的内容和要求作出明确规定。建筑系统的运维记录包括运维技术参数记录、运维状态记录、巡检记录、点检记录、维修记录、运维数据统计和交接班记录等，这些记录一般会以表格的形式呈现。

（8）应急预案

建筑系统在运维过程中会出现一些突发的异常情况，必须有相应的应急预案，这在建筑运维手册中应该予以明确。

7.3 建筑运维实施

7.3.1 建筑项目交接

运维管理团队介入建筑运维之前，需要与项目管理团队进行交接，在建设项目结束之后，接收所有需要进行运维的建筑和设备，开始进行运维管理工作。

（1）项目交接管理流程

整个运维管理团队和项目管理团队的交接流程分为四个阶段：前期准备阶段、检查验收与共同管理阶段、项目交接管理阶段和运维阶段。各个阶段需要运维管理团队与项目管理团队相配合，沟通协作，才能保证建筑和资料的顺利移交，实现后期的正常高效运维。交接管理工作流程，如图7-14所示。

（2）项目交接管理内容

在项目建设阶段结束后，运维管理团队需要与项目管理团队就许多具体事项进行交接，直至最终确认后，运维管理团队才能发布最终接收证明，完成交接管理。项目交接管理内容，如图7-15所示。

（3）项目交接团队

作为设施管理方，需要为交接工作成立专门的工作小组。其中，除管理人员外，需要包括硬件设施工程师、整改项目工程师、行政资料人员等。项目交接组织结构及分工，如图7-16所示。

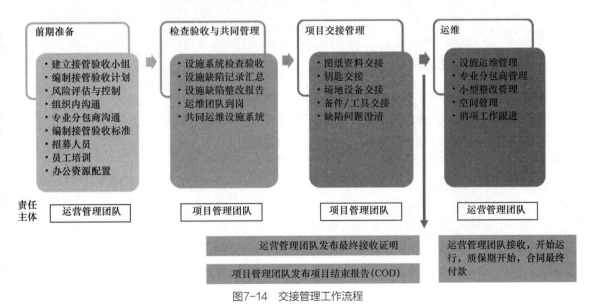

图7-14 交接管理工作流程

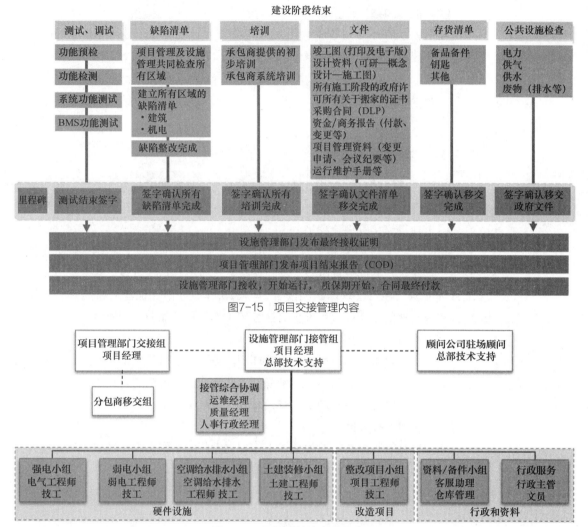

图7-15 项目交接管理内容

图7-16 项目交接组织结构及分工

7.3.2 建筑故障及其检查

建筑系统在使用过程中，因某种原因丧失了规定功能或降低了效能，或出现危害安全的状态，称为故障。故障的产生受多种因素的影响，如设计制造的质量、安装调试水平、使用的环境条件、维护保养水平、操作人员的素质以及建筑的老化、腐蚀和磨损等。根据多种划分方式可以对故障进行分类。建筑故障分类，如图7-17所示。

建筑随着时间的增长，逐渐发生磨损、腐蚀、疲劳等，故障急剧增多。建筑使用时间与故障率的关系由三条曲线叠加形成一条"浴盆"形曲线。"浴盆"形曲线，如图7-18所示。

"浴盆"形曲线是典型的故障曲线，曲线划分成早期故障期、偶发故障期和耗损故障期三个阶段。不同阶段产生的故障将对建筑的性能产生影响，从而导致运维策略的变化。

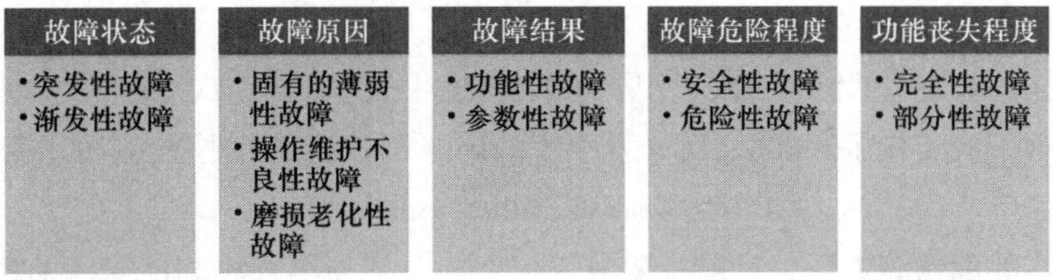

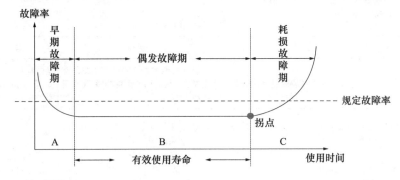

图7-17 建筑故障分类

图7-18 "浴盆"形曲线

（1）故障概率

由概率理论可知，发生概率的分布是其密度函数$f(t)$的积累函数，即故障发生的时间比率，或单位时间内发生故障的概率。它是单调增函数，故障概率公式表示为：

$$F(t) = \int_0^t f(t)dt \qquad (7\text{-}1)$$

式中 $F(t)$——故障概率；
$f(t)$——故障概率分布密度函数；
t——时间。

建筑在规定的条件下和规定的时间内不发生故障的概率称为无故障率，用$R(t)$表示。显然，故障概率与无故障概率构成一个完整事件组，即$F(t)+R(t)=1$。

（2）故障率

故障率是指在每一个时间增量里产生故障的次数，或在时间t之前尚未发生故障，而在随后的dt时间内可能发生故障的条件概率，用$\lambda(t)$表示，其数学关系式为：

$$\lambda(t) = \frac{f(t)}{R(t)} \qquad (7\text{-}2)$$

（3）平均故障间隔时间（MTBF）。

它是指可修复的建筑在相邻两次故障间隔内正常工作时的平均时间。平均故障间隔时间计算公式为：

$$MTBF = \theta = \frac{\sum_{i=1}^{n} \Delta t_i}{n} \qquad (7\text{-}3)$$

式中 θ——平均故障间隔时间；
Δt_i——第i次故障前的无故障工作时间，也可用两次大修间的正常工作时间t_i代替；

n——发生故障的总次数。

例如,某建筑部位第一次工作了1000h后发生故障,第二次工作了2000h后发生故障,第三次工作了2400h之后又发生了故障,则该建筑的平均故障间隔时间为:

$$(1000+2000+2400)\div 3=1800h$$

关于故障预测方法,目前主要分为三类。三类预测方法的比较,见表7-8。

三类预测方法的比较　　　　　表7-8

	适用条件	优点	缺点
基于模型的预测方法	能够建立模拟系统物理特性的模型	能很好地理解系统的物理特性,能更精确地预测出潜在的故障,误差小	实际应用中很难建立精确的数学模型,适用范围较小
数据驱动的预测方法	能够获取大量的反映系统运维状态的数据	能对复杂的动态系统进行故障预测,适用范围广	需要大量的数据去训练模型,误差较其他方法大
混合预测方法	既能较好地用模型模拟系统的物理特性,又能获取到系统运维状态的数据	综合了基于模型的预测方法和数据驱动的预测方法的优点,误差小	方法难度更高,工作量大

故障检查是设备运维过程中故障预测诊断的重要环节,检查分为点检和巡检。

点检是一种科学的设施管理方法,它利用人的感官或用仪表、工具,按照标准、定点、定人、定期地对建筑进行检查。点检主要用来发现建筑的异常、隐患,掌握建筑故障的前兆信息,及时采取对策,是将故障消灭在发生之前的一种管理方法,是预防性维护工作的基础。

巡检是指系统检查人员在规定的区域,按照规定的路线、规定的时间,使用规定的工具进行预先确定好内容的检查。巡检主要巡查系统是否正常运行,检查有无异常现象,主要以观察为主。点检与巡检的对比,见表7-9。

点检与巡检的对比　　　　　表7-9

序号	项目	点检	巡检
1	实施目的	定量把握建筑状态,测定劣化,制订有效的、经济的维修计划	将了解的设备运行信息提供给设施管理部门,作为编制维修计划的参考
2	职能性质	现场建筑基层管理者	巡检人员无管理职能
3	实施人员	三种人(操作人员、专职点检人员和技术人员)	值班维修工当班检查
4	检查方法	按计划、工作规范、标准化作业	无具体计划和工作规范,实行定性检查
5	标准体系	以维修标准为依据开展点检管理	主要依靠值班维修工的经验,并不规定标准
6	设定部位(点)	以工作机件的全部劣化因素为对象	以设备、装置或运转部为对象
7	检查周期	部位(点)的周期规定明细化和对应化	以建筑为对象的班检查
8	体制结构	点检作业区与检修部门分开的管理体制	以维修工为主巡视、检查、修检合一的体制

某建筑设备点检记录表(示例),见表7-10。

某建筑设备点检记录表（示例）

表7-10
年　月　日

频率	设备名称	点检项目	点检方法	判断标准	固定资产号		填表单位								存放位置																	
	堆垛机					1	2	3	4	5	6	7	8	9	10	11	12	13	14	15	16	17	18	19	20	21	22	23	24	25	26	27	28	29	30	31
日常点检		电源线及电源连接	目视	电源线完好无裸露，电源联接紧闭无松动，设备接地可靠，工作电压正常																																
		液压油	目视	确认邮箱内液压油量在规定值内，液压油的颜色正常																																
		各按钮、旋钮开关	目视/操作	各按钮、旋钮无损坏、灵活、开关可靠																																
		光电开关	目视/操作	光电开关无损坏、感应灵敏、控制可靠																																
		各指示灯	目视/操作	指示灯的亮灭正常																																
		液压传动	目视/操作	点动上升、下降按钮观察设备是否有爬行、跳动等现象出现																																
		夹具	目视	无损坏、锈蚀、压头无松动																																
		压力表	目视	液压表压力值为3.5～4MPa																																
		电机、液压油泵	目视/听	联结紧固无松动，电机液压油泵无异声和漏油现象																																

说明：1. 操作者点检后记录、签名；记录符号——正常划"√"、异常划"×"，停用则在日期上划"△"。
2. 点检发现异常，立刻通知维修人员处理。
3. 负责主管（或保全员）签名。

操作者签名

						第1周		第2周		第3周		第4周		第5周	
						□	签名：	□	签名：	□	签名：	□	签名：	□	签名：

负责主管（或保全员）签名

| | | | | | | □ | 签名： | □ | 签名： | □ | 签名： | □ | 签名： | □ | 签名： |

周检		维护项目	维护方法	维护标准												
		加注润滑脂	操作	每周向夹具上的加油嘴中注入润滑脂												
		夹具弹簧	目视	检查各夹具弹簧是否有疲劳损伤、裂纹等												
		刷防锈油	操作	每周在所有夹具上刷一次防锈油												

故障记录	序号	故障现象	故障原因及维修记录		停用日期	修复日				零件更换记录			维修人
	1												
	2												
	3												
	4												
	5												

7.3.3 建筑维护策略

不同企业需求、不同建筑类型决定了不同的维护策略。常见的建筑维护策略分为反应性维护、预防性维护、预测性维护和可靠性导向维护四种类型。不同建筑维护策略比较，见表7-11。

不同建筑维护策略比较　　　　　　　表 7-11

维护策略	优点	缺点
反应性维护	·维护投入成本低 ·维护投入人员少	·停机导致成本增加 ·增加人力成本 ·修理和置换成本高 ·建筑故障可能造成附属设施或程序损坏 ·人力资源的低效利用
预防性维护	·维护周期可灵活调整 ·延长组件生命周期 ·节省能源 ·减少建筑故障	·仍然可能发生灾难性故障 ·劳动力集中 ·可能进行不必要的维护 ·在进行不必要的维护时可能造成组件意外损坏
预测性维护	·延长组件运行时间 ·考虑优先纠正措施 ·减少建筑故障 ·减少零件和人力成本 ·提高生产质量 ·提高工作和环境安全 ·提高工作人员士气 ·节省能源	·增加诊断建筑投入 ·增加人员培训投入 ·管理层不易看到其节约潜力
可靠性导向维护	·最有效的维护规划 ·较少不必要的维护和检查，从而降低成本 ·最小化检查频率 ·减小突发建筑故障可能性 ·将维护集中于关键组件 ·增加组件可靠性 ·集成故障根源分析	·启动成本大：培训、设备、工具等 ·管理层不易看到其节约潜力

在技术、经济等条件允许的范围内，分析事后维护策略的利弊，还需要确定在建筑损坏后，采取紧急维护还是一般维护；如果判断事后维护策略不可行，考虑定期维护策略的可行性，定期维护的基本内容就是"日常维护、定期检查、清洗换油、计划护理"；如果定期维护策略造成"维护过剩"或"维护不足"的现象比较严重，则状态维护策略可以将故障和重大事故消灭在萌芽状态，也可控制维护费用，即可实施状态维护策略。状态维护通过建筑劣化分析、状态预测后，可采取例行维护、计划性矫正或紧急性抢护等措施。

（1）反应性维护（Reactive Maintenance）

反应性维护是一种被动的维护方式，其基本思想是"故障修理"，即当建筑出现故障时才进行检查和修理。作为最基本的一种维护方式，目前仍在大多数企业中广泛应用。

反应性维护大多为故障性维修,一般通过客户报修或者巡检报修产生,小部分是由于客户的个性化需求产生的临时维护,如客户需要临时进行家具挪动、温度控制等。建筑运维团队可以利用直觉感受并判断电动机、风机、水泵及其联轴器是否缺少润滑油、轴承磨损是否异常、电动机是否存在不正常振动,或运用示波器、分贝计、电桥、振动仪、触点式温度仪、测风仪、压力表、气压计等仪器来测试建筑运行状态。

由于维护作业突发,在事前难以制订维护计划,难以高效地配备人员、材料和维修器具,因此事后维护多用于准备简捷、平均故障间隔时间不固定、平均修复时间短、定期更换部件费用高昂的场所。

(2)预防性维护(Preventive Maintenance)

预防性维护是指为了防止建筑的功能、精度降低到规定的临界值或降低故障率,按事先制订的计划和技术要求所进行的维护活动。预防性维护的基本思想是以"预防为主",通过有计划的预防修理制来保障建筑的正常运行,其理论依据是建筑组成单元的磨损规律,就好像中医学中的"治未病"。

在建筑维护管理中,预防性维护占有重要地位。预防性维护比故障后修复的维护模式更可以优化资产,降低非计划的停机时间,减少故障影响范围。预防性维护的类型,见表7-12。

预防性维护的类型   表7-12

类型	占比	说明
基于时间的维护	80%	在特定周期中执行基于时间的维护计划的维护,例如,每隔两个月或每隔六个月(根据法规、行业标准或制造商的建议)
基于性能的维护	10%	根据各设备和功能位置测量点的状态监测。可通过在设备上安装计时器,达到一定运行时间后进行维护。如空调风柜、新风机过滤器通过压差对比,评判是否更换或清洗(目前基本根据运行记录和现场判断)
基于环境的维护	10%	创建计量点来对设备运作环境进行实时评估。若参数不在许可范围内,系统将收集数据,创建维护申请,如冷却塔填料更换

在定期预防维护中,维护周期是一个重要的工作指标。实际维护周期的确定与建筑结构性能、使用状况、故障规律、经济效果等多因素有关。为了制定一个合理频次的维护周期,除了参考理论数据以外,更要结合建筑自身状况和实际经验数据,从技术、经济和管理等方面予以综合考虑。建筑维护周期表(示例),见表7-13。

建筑维护周期表(示例)   表7-13

序号	设备名称	每日	每周	半月	每月	两月	季度	半年	每年
1	低压配电室	否	否	否	是	否	否	是	是
2	发电机	否	否	否	是	否	否	是	是
3	电梯	否	是	否	是	否	否	是	是
4	热水系统	否	否	否	是	否	是	是	是

续表

序号	设备名称	每日	每周	半月	每月	两月	季度	半年	每年
5	给水排水系统	否	否	否	是	否	是	否	是
6	供暖系统（非/供暖期）	否/否	否	否	否/是	否	否	否	是
7	防雷接地	否	否	否	否	否	否	否	是
……	……	……	……	……	……	……	……	……	……

（3）预测性维护（Predictive Maintenance）

预测性维护又称基于状态的维护，是通过定期监测设备的振动、温度、润滑钝化等各种运行参数，或观察不良趋势的发生，预测故障可能出现的情况和出现的时间而进行的维护。

预测性维护利用红外热像仪、振动分析仪等检测设备，通过检测建筑的温度和振动等运行参数，并将测得的参数与建筑标准运行状态参数进行比较，从而判断是否需要进行维护，并有针对性地安排维护工作。预测性维护诊断技术，见表7-14。

预测性维护诊断技术　　　　表 7-14

技术	水泵	电动马达	柴油发电机	冷凝器	重型设备/起重机	断路器	阀门	热交换器	电气系统	变压器
振动监控/分析	√	√	√		√					
润滑剂、燃料分析	√	√	√		√					√
磨损颗粒分析	√		√		√					
轴承温度/分析	√		√		√					
性能监控	√	√	√	√				√		√
超声波噪声检测						√	√			
超声波流量	√	√	√				√			
红外温度记录	√	√	√	√	√	√		√	√	√
非破坏性测试（厚度）				√				√		
可视化检查	√	√	√	√	√	√	√	√	√	√
绝缘电阻		√				√			√	√
电机电流特征分析		√								
电机电路分析		√				√			√	

注："√"表示采用相应预测性维护诊断技术。

（4）可靠性导向维护（Reliability Centered Maintenance）

可靠性导向维护是用以确定资产预防性维修需求、优化维修制度的一种系统工程方法。它的基本思路是对系统进行功能与故障分析，明确系统内各故障发生的后果，用规范化的逻辑决断方法，确定各故障后果的预防性对策，通过现场故障统计、专家评估、定量化建模等手段，在保证安全性和完好性的前提下，以维修停机损失最小为目标，优化系统的维修策略。

根据故障后果的重要性，可靠性导向维护将故障后果分为安全性和环境性后果、隐蔽性故障后果、使用性后果和非使用性后果四种。可靠性导向维护技术认为故障后果的严重程度影响采取预防性维修工作的决策。即如果故障有严重的安全性和环境性后果，就应尽全力设法防止其发生。

可靠性导向维护的内容包括：① 需要进行预防性维修的产品或项目（What）；② 实施的维修工作类型或"方式"（How）；③ 维修工作的时机即维修期（When）；④ 实施维修工作的维修级别（Where）。如果正确地将可靠性导向维护技术应用到维修工作中，在保证生产安全性和设备可靠性的前提下，可使日常的维修工作量降到40%～70%。

7.3.4 建筑运维评价

结合建筑运维详细情况，开展建筑运维评价是评价建筑运维可靠性及进行后续改进优化的一个重要参考依据。建筑运维评价是一个周期性的活动，不同建筑的评价周期和评价指标各不相同，建筑管理者应根据具体情况予以确定。

（1）建筑运维情况分析报告

建筑运维情况分析报告是由各专业系统工程师根据建筑系统的运维情况定期提交的技术经济分析文件，它是评价建筑系统运维状况的重要依据。建筑运维情况分析报告，如图7-19所示。

图7-19 建筑运维情况分析报告

【案例7-2】

某中央空调系统运维情况分析报告内容如下：

（1）能源统计分析。对空调主机（条件许可时，按空调系统进行统计）的日、月、年的用电、用水情况进行统计并与往年同期（含气温、使用率等约束条件）进行比较；

（2）运维指标分析。其主要对单位的能耗成本进行计算，为成本核算提供基本数据；

（3）系统故障、事故统计分析。对系统运行故障的类别、次数进行统计，为后续运维管理提供指导和依据；

（4）温度、湿度统计（室内、室外）。对本年度的日、月、年的温度、湿度进行统计，为能源统计分析、运维指标分析提供基础依据；

（5）负荷运行统计与预测分析。根据各年度的能源统计、运维指标、温湿度统计、使用率等基础数据，提出今后空调系统的运维方式和运维曲线；

（6）系统运维综合评价。

(2) 关键部件运行可靠性分析

在建筑系统构成中,关键部件运行状况起着举足轻重的作用,应该做出具体的可靠性评价。关键部件运行可靠性评价包括如下内容:

1) 建筑基本概况。其包括建筑的名称、型号、规格、编号以及安装地点、安装日期、投入使用日期等基本信息。

2) 周期总时间。其为日历显示的整个运行周期内的总时间,其单位一般为"h"。

3) 建筑运行时间。根据建筑运行记录,统计整个周期内建筑的正常运行时间,其单位一般为"h"。

4) 建筑运转率。建筑运转率是体现建筑利用程度的指标。一般来讲,该指标越高,表明建筑的利用效率越高。从建筑折旧的角度考虑,应尽可能提高运转率。建筑运转率的计算公式为:

$$建筑运转率 = \frac{建筑运行时间}{周期总时间} \times 100\% \qquad (7-4)$$

5) 总停机时间。其是指整个周期内建筑的停机时间,这种停机包括计划停机和非计划停机。

6) 计划停机时间。它是指建筑按计划执行的停机时间。

7) 故障停机时间。它是指建筑因故障而导致的停机时间。

8) 故障停机频次。它是指整个周期内建筑因故障原因而产生的停机次数。

9) 平均停机时间。平均停机时间是衡量建筑维修效率的指标。其计算公式为:

$$平均停机时间 = \frac{故障停机时间}{故障停机频次} \qquad (7-5)$$

10) 平均无故障时间。它是衡量建筑可靠性的指标,单位为"h"。它反映了建筑在规定时间内保持功能的一种能力。具体来说,它是指相邻两次故障之间的平均工作时间,也称为平均故障间隔。其计算公式为:

$$平均无故障时间 = \frac{建筑运行时间}{故障停机频次} \qquad (7-6)$$

11) 建筑运行可靠性。它是反映建筑运行可靠程度的指标,其计算公式为:

$$建筑运行可靠性 = \frac{建筑运行时间}{(建筑运行时间 + 故障停机时间)} \times 100\% \qquad (7-7)$$

(3) 建筑运维综合评价

过去人们认为,通过可靠性来判断运维效果就足够了。但现在,除可靠性之外,运维管理者还需要进行控制成本、评估和引进新技术、追踪和报告健康安全状况等工作,这要求运维管理人员能够掌握多种途径来对运维有效性和质量进行评价。如建筑利用率、工单产生/关闭情况、维修工单积压、EHS记录、能源消耗情况、库存管理、加班情况、员工流失率等。美国国家航空航天局(NASA)

的运维评价指标，见表7-15。

美国国家航空航天局（NASA）的运维评价指标　　　表7-15

序号	评价指标	变量和公式	标准
1	设备可用性	$\dfrac{某设备可运行的时间}{总时间}$	>95%
2	计划完成率	$\dfrac{用于计划工作的总时间}{计划的总时间}$	>90%
3	应急维修百分比	$\dfrac{用于应急工作的时间}{工作总时间}$	<10%
4	维修超时百分比	$\dfrac{用于超时维护工作的总时间}{用于维护工作的总时间}$	<5%
5	预防性维护完成率	$\dfrac{完成的预防性维护}{计划的预防性维护}$	>90%
6	预防性维护成本	$\dfrac{预防性维护的花费}{维护工作总花费}$	15%～18%
7	预测性维护成本	$\dfrac{预测性维护的花费}{维护工作总花费}$	10%～12%

关键术语

建筑运维　硬性服务　软性服务　建筑运维需求分析　建筑运维手册　标准作业程序（SOP）　平均故障间隔时间　巡检　"浴盆"形曲线　故障特征量　反应性维护　预防性维护　预测性维护　可靠性导向维护　平均停机时间　建筑运行可靠性　维护周期

复习思考题

1. 建筑运维功能有哪些？
2. 建筑运维发展方向体现在哪几个方面？
3. 简述建筑运维的目标。
4. 如何组建精干高效的建筑运维团队？
5. 建筑运维需求分析包含哪些方面的内容，它们是怎样相互联系的？
6. 为什么要在运行工作开始之前进行需求分析？
7. 4M1E指的是什么方法？如何使用该方法对建筑运行需求进行分析？

8. 建筑运维质量评价指标有哪些？
9. 简述建筑运维手册的基本内容。
10. 简述项目交接的管理流程。
11. 项目交接管理包含哪些内容？
12. 建筑故障如何进行分类？
13. 什么是"浴盆"形曲线？它分为哪几个阶段？
14. 建筑维护策略一般分为哪几种，各自有何特点？

第 8 章

环境、健康和安全管理

本章导读

环境、健康和安全（EHS）管理是企业为维护内外部环境的可持续发展，保障工作人员的健康和安全所要承担的重要任务。它通过事前预防和持续改进，采取有效的防范手段和控制措施，全面排除污染、噪声等外在威胁和泄漏事故、职业病等内部隐患。在现代企业规模持续扩大、工作不断复杂的情况下，这种以人为本的一体化管理模式是企业发展的必然趋势。本章回顾了EHS管理的发展，概述了EHS管理体系，阐述了各个层面的建筑环境及其评价、多个角度健康和安全管理原理，并介绍了国内外绿色建筑和健康建筑的评价体系。

主要内容

❖ 环境、健康和安全管理概念及发展；
❖ 环境、健康和安全的管理体系和管理流程；
❖ 建筑环境管理的目标体系与任务；
❖ 建筑环境控制与评价；
❖ 职业卫生检测与健康检查；
❖ 工作安全分析；
❖ 应急响应和事故分析；
❖ 绿色建筑与健康建筑评价体系。

8.1 环境、健康和安全管理概述

环境、健康和安全（Environment, Health, and Safety, EHS）管理，是一种通过事前预防和持续改进，采取有效的防范手段和控制措施，防止生产过程中的各项事故，减少可能引起的人身伤害、财产损失和环境污染的过程。

8.1.1 环境、健康和安全管理发展

EHS管理起源于20世纪欧美化工企业，一些重大化工事故的发生给化工行业带来了很多负面影响，EHS管理逐渐成为公司避免事故发生、重塑企业形象的重要手段。中国的EHS管理起源于石油、石化等高危行业。

由于EHS管理的概念引入中国不久，所以目前国内存在管理人员专业背景混杂、行业管理水平的衡量标准缺失、企业EHS文化建设急需改善等问题，但是政府的监管力度、法律法规要求开始加强，员工的EHS意识也开始提升，中国的EHS管理正向着一体化、多元化和精益化的方向发展。

（1）环境管理

伴随着人们对环境问题认识的发展，环境管理的概念也有一个不断发展的过程。在20世纪70年代，环境管理只是狭义地指环境保护部门采取各种措施控制污染的行为。这种理解把环境管理的主体局限于环境保护部门，把环境管理的对象局限为污染，治标不治本，不能从根本上解决环境问题。到了20世纪90年代，随着环境问题的恶化和人们认识的提高，人们发现想要解决环境问题必须通过一个科学的概念来刻画环境管理的本质。

目前，环境管理有全面的含义，即依据国家的环境政策、法律法规和其他标准，运用各种科学的管理手段，协调经济发展与环境保护之间的关系，限制人们损害环境的活动以保护环境进而保护人们自身，实现可持续发展。

（2）健康与安全管理

工业革命后，健康与安全管理方面的相关问题开始逐渐受到重视。国际劳工组织（International Labour Organization）于1919年成立之初就宣布了："避免劳动者因工作遭受职业疾病与职业灾害是组织的重要任务之一。"职业安全与职业健康两个概念相结合就形成了职业安全与健康这一概念。

狭义上的职业安全与健康（Occupational Safety and Health）通常是指在劳动生产过程中，通过采取一定的措施来保护劳动者的生命安全与身心健康。例如，改善劳动环境、采取预防工伤事故发生的相关措施。

广义上，职业安全与健康的定义则是以劳动者的工作环境为对象，为了防止其对劳动者的健康造成损害，通过识别不良工作环境中存在的对劳动者有害的相关因素，并评价及预测其对劳动者安全和健康的影响，进而改变和创造出一个安全、健康和高效的工作环境，达到保护劳动者身体健康、提高劳动者生命健康的目的。

（3）一体化管理

EHS管理是环境管理和健康与安全管理的有机结合。随着科技水平的提高，社会生产力在飞速发展，由于管理失误、流程漏洞所造成的事故对于环境和人类自身的危害也随之增大。化工行业正是容易酿成重大事故的高危行业，如1976年6月意大利的塞韦索化工厂爆炸和1984年12月印度的博帕尔农药厂氰化物泄露事件。在经历了数次重大事故后，化工行业基于经验和教训最早提出了EHS管理的理念。

EHS这一带有社会责任性质的理念最早被称为"责任关怀管理"，由加拿大化学品制造商协会（Canadian Chemical Producer's Association）提出，应用于全球五十多个国家和地区。1995年，壳牌石油公司采用与ISO 9000和英国标准BS 5750质量保证体系相一致的原则，充实了健康、安全、环境三项内容，形成了完整的、一体化的EHS管理体系HSEMS（EP95-0000）。

环境、安全与健康管理在实际工作中有密不可分的联系，三者相互联系又相互统一。EHS管理三者相互关系，如图8-1所示。

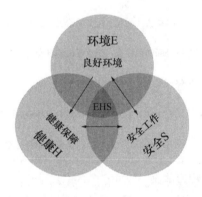

图8-1 EHS管理三者相互关系

8.1.2 环境、健康和安全管理体系

EHS管理体系是环境管理体系（Environment Management System）和职业健康安全管理体系（Occupational Health and Safety Management System）两个体系的整合。

（1）环境管理体系

环境管理体系是全面管理体系的一个组成部分，旨在帮助企业实现自身设定的环境表现水平，并不断地改进环境行为。企业在应用环境管理体系时，首先对自己的环境现状进行评价，并且通过文件化的体系进行培训、运行控制和改进，实现全过程控制和有效的管理。

ISO 14000系列标准是国际标准化组织TC 207技术委员会制定的关于环境管理方面的系列标准，它通过一套环境管理的框架文件来加强企业的环境意识、管理能力和保障措施，从而达到改善环境质量的目的。它规定了企业建立、实施并保持环境管理体系的基本模式和要求。环境管理体系的运行模式，如图8-2所示。

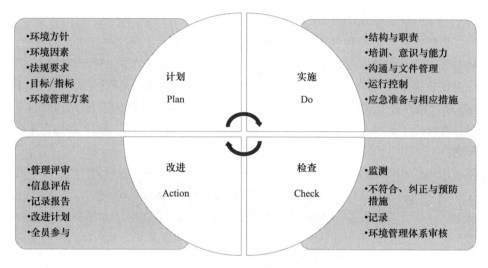

图8-2 环境管理体系的运行模式

环境管理体系的运行模式与其他管理的运行模式相似，即PDCA的运行模式，但是它还有自身的特点。环境管理体系特点，如图8-3所示。

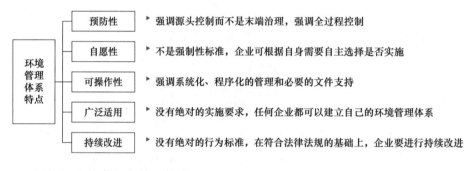

图8-3 环境管理体系特点

（2）职业健康安全管理体系

职业健康安全管理体系科学、系统地全面规范和改进企业的职业健康安全状况，旨在改善员工的劳动条件、消除或降低生产过程中的风险、预防事故的发生、减少伤亡和财产损失、保障员工职业健康与生命安全。同时，也会提高企业的综合经济效益，改善企业的社会形象。

职业健康安全认证标准（Occupational Health and Safety Assessment Series 18000，OHSAS 18000标准）是继ISO 9000质量管理体系标准和ISO 14000环境管理体系标准后，在国际上普遍引起关注和重视的国际标准。以OHSAS 18000标准的要求建立起来的职业健康安全管理体系有效地克服了旧安全管理模式的弊端，使企业的安全管理从被动状态转变为主动状态。OHSAS运行模式，如图8-4所示。

OHSAS运行模式也遵循PDCA循环模式，在运行过程中时刻注意内部审核，强调预防为主、持续改进及动态管理。

（3）一体化管理体系

环境与职业健康安全都是企业安全工作的重要组成部分，两个体系的标准互相关联，内容互有交叉，体系的理论基础、运行模式和基本框架相同，所以EHS一体化管理逐渐成为企业的发展方向。

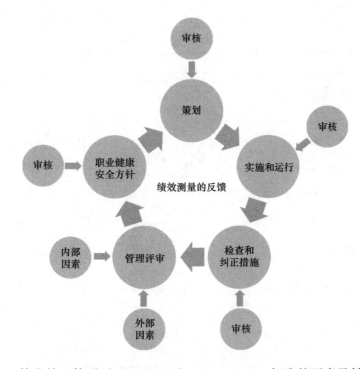

图8-4 OHSAS运行模式

EHS一体化管理体系对ISO 14000和OHSAS 18000标准的要素及结构进行了有机融合。对于通用要素如方针、目标、组织机构及职责、文件控制、记录管理、信息沟通、内部审核、管理评审、不符合和纠正措施等相应的要素进行整合，对于个性要素进行补充。EHS一体化管理模式，如图8-5所示。

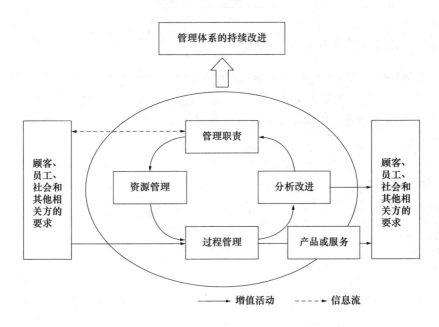

图8-5 EHS一体化管理模式

EHS管理体系与质量管理体系具有相似的运行模式，为有效实施EHS一体化管理体系，企业的领导者可以遵循质量管理的八项管理原则。EHS一体化管理体系内容，见表8-1。

EHS一体化管理体系内容　　　　　　　　表8-1

序号	原则	内容
1	以顾客、员工、社会为关注焦点	·企业需要提供满足顾客要求或期望的产品或服务 ·职工健康和安全直接影响企业凝聚力和社会形象 ·解决环境问题，实现可持续发展是企业社会责任
2	领导作用	·领导者需要为企业EHS管理制定统一的方针和目标 ·应规定职责，建立体系，并实施策划、控制和改进 ·创造员工充分参与实现企业目标的环境
3	全员参与	·员工应了解自身能力、知识和经验 ·员工应了解企业目标并评估自身绩效 ·员工应主动解决问题
4	过程方法	·清楚产品或服务实现的全部过程及其内在关系 ·合理安排资源、降低成本、缩短周期 ·通过控制活动获得可预测的、具有一致性的改进结果
5	管理的系统方法	·以最佳效果和最高效率实现企业目标 ·了解企业能力，明确职责和责任 ·通过测量和评估，持续改进体系
6	持续改进	·对象可以是管理体系、过程、产品或服务、绩效 ·为员工提供持续改进的方法和培训 ·建立目标以指导、测量和追踪持续改进
7	基于事实的决策方法	·确保数据和信息的可靠性 ·使用正确的方法分析数据 ·基于事实作出决策并采取措施
8	与供方互利的关系	·识别和选择关键供方 ·实现开放及有效地沟通 ·短期收益和长期利益综合平衡

8.1.3　环境、健康和安全管理流程

根据ISO 14000和OHSAS 18000标准的要求，结合企业自身的特点，EHS管理流程主要是基于策划—实施—检查—改进的PDCA模型，同时需要明确EHS管理组织机构和职责，以确保整套体系有效运行和持续改进。EHS管理流程，如图8-6所示。

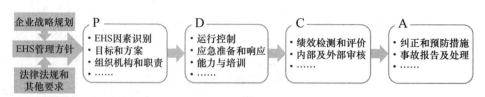

图8-6　EHS管理流程

（1）EHS策划

首先，企业应明确EHS管理组织机构和职责，明确EHS管理的控制和实施部

门。一般情况下，由企业质量管理部门牵头组织，企业安全主管部门负责具体实施。涉及的EHS管理范围主要包括声光电系统管理、危险废弃物管理、消防安全管理、员工健康管理等方面。

其次，企业应对EHS管理因素进行识别，主要包括环境因素和危险源。企业各部门识别和评价其活动、产品或服务中能够控制和施加影响的EHS因素时，应考虑三种时态、三种状态及其管理要素。设施管理EHS管理因素，如图8-7所示。

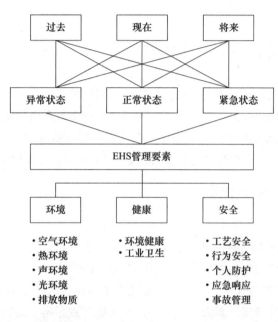

图8-7 设施管理EHS管理因素

最后，根据识别出的EHS管理因素，制定EHS管理目标和管理方案。制定EHS管理目标应考虑的因素包括：EHS管理方针、法律法规及其他要求、企业的环境和职业健康安全风险、可选的技术方案、企业经营及发展要求等实际情况、相关方的期望和要求、可测量性等。

管理方案是为实现EHS管理目标制定的，主要包括：为实现EHS管理目标对本企业相关职能和各层次职责和权限的规定；规定实现目标的方法和时间要求。管理方案需要定期进行评审，必要时进行调整，以确保环境和职业健康安全目标的实现。

（2）EHS实施

EHS管理体系的顺利实施需要具备一定的前提条件。首先，领导者应为建立、实施、保持和持续改进EHS管理体系提供所需的资源，包括人力资源、基础设施、工作环境、技术技能和财力资源等。其次，企业应确保所有为它或代表它从事EHS管理的工作人员具备相应的能力。企业应采取各种方法，进行定期和不定期的内外部沟通、协商和信息交流，使EHS管理的信息得到及时、准确地传递和处理，以提高管理体系过程的有效性。

(3) EHS审核和改进

EHS的审核分为内部审核和管理评审。通常每年应进行至少一次内部审核，形成审核记录。管理评审由企业更高层按照规定的时间进行，评审内容包括EHS管理体系改进的机会和变更的需求、方针和目标的适宜性和修改需求等。

若在审核中发现不合规的现象，应及时采取纠正和预防措施。如果在纠正和预防措施中识别出新的或变化的环境因素或危险源，或者对新的或变化的控制措施的需求，则需要进行风险评价。因纠正和预防措施引起的任何必要变化均应体现在EHS管理体系文件中。

8.2 建筑环境管理

新时代为解决人民日益增长的美好生活的需要和不平衡、不充分的发展之间的矛盾，对环境保护提出许多新要求。同时，坚持用最严格制度、最严密法治保护环境，推动生态文明建设和环境保护，从实践到认识发生了历史性、转折性、全局性变化。建筑是美好生活建设指标的重要构成部分和影响因素。

8.2.1 建筑环境管理概述

我国环境保护也面临着不少困难和挑战，存在许多不足。表现在对环境保护认识不到位，责任落实不到位；环境风险凸显，重污染天气、黑臭水体、垃圾围城、生态破坏等问题时有发生。建筑物高能耗、高排放的特点也使可持续建筑成为可持续发展的必要内容。人们越来越注重生活质量，而室内装修污染、光环境、声环境、热湿环境、雾霾天气等一系列问题严重影响了人们的生活，甚至威胁到人们的健康安全。影响人类健康的因素，如图8-8所示。

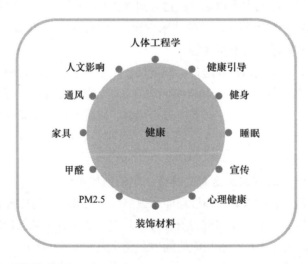

图8-8 影响人类健康的因素

（1）病态建筑综合征

20世纪70年代以后，在发达国家的某些办公室工作人员中出现了一些非特异的人体病态症状，主要表现为眼、鼻、咽喉干燥，全身无力、不适，容易疲劳，经常发生神经性头疼、记忆力减退等。由于这些症状大多与建筑物或写字楼有关，世界卫生组织将此种现象称为病态建筑综合征（Sick Building Syndrome，SBS）。病态建筑综合征是建筑物内人群长期接触纤维、细菌、真菌、烟雾气体和其他室内空气污染物（积攒于某一结构内）而产生反应的综合症状。病态建筑综合征产生机理，如图8-9所示。

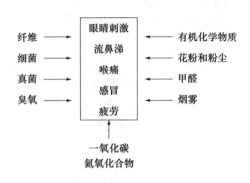

图8-9 病态建筑综合征产生机理

（2）室内空气污染

室内空气污染被公认为是人类健康最危险的杀手之一，已经成为全世界各国共同关注的问题。美国专家研究表明，室内空气的污染程度要比室外空气严重2~5倍，在特殊情况下可达到100倍。据北京市化学物质检测中心报道，北京市每年发生有毒建筑装饰材料引起的急性中毒事件为400多起，中毒人数达10000人以上，死亡约350人，慢性中毒的范围更加广泛。全球每年因室内空气污染死亡的人数达280万。

从美国国家职业安全卫生研究所（NIOSH）和加拿大卫生和福利机构（HWC）发布的近2000栋办公建筑物室内空气污染原因的调查结果显示，新风量不足占据首位。室内空气污染原因，如图8-10所示。

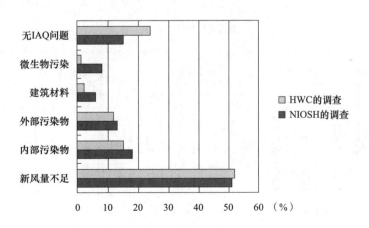

图8-10 室内空气污染原因

（3）雾霾天气

雾霾天气是一种大气严重污染状态，是对大气中各种悬浮颗粒物含量超标的笼统表述，PM2.5（细颗粒物）即空气动力学当量直径小于等于2.5μm的颗粒物被认为是造成雾霾天气的"元凶"。各种工业、生活用燃料燃烧，汽车尾气和土壤扬尘都是造成PM2.5含量增长，加重雾霾天气的原因。

室内PM2.5的主要来源一般包括室外污染源、室内污染源以及室内活动引起的粒子再悬浮。室内PM2.5污染的影响因素，如图8-11所示。

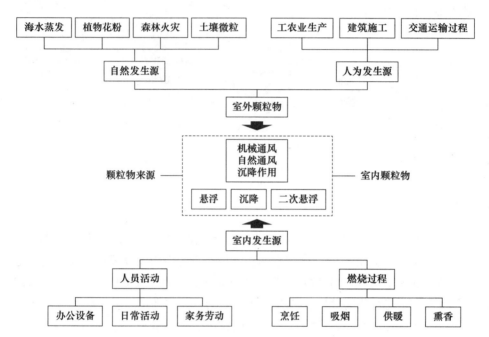

图8-11 室内PM2.5污染的影响因素

建筑环境管理目标是指在建筑全生命周期内，通过与设施管理所有相关者的共同努力，采取各种管理措施及技术措施，减少建筑全生命周期内的能源消耗、原材料消耗，减少污染，减少对自然生态环境的影响，提供舒适的环境。建筑环境管理目标体系，如图8-12所示。

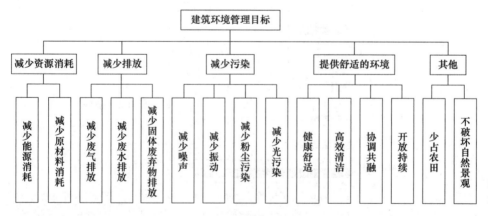

图8-12 建筑环境管理目标体系

在建筑环境管理目标指导下可规定建筑环境管理的各项任务，明确具体工作内容和实施方案。建筑环境管理任务，如图8-13所示。

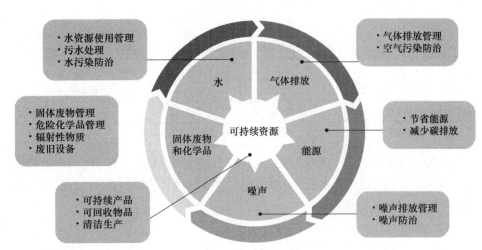

图8-13 建筑环境管理任务

8.2.2 建筑环境控制

建筑环境中影响身心（生理、心理）的因素有光、热、声、空气质量等。在建筑装修和设备安装完成后会出现各种各样的问题，如装修污染、自然通风差、自然采光差、冷热不均、环境舒适性差等，可以通过现场测试发现不足之处，并采取相应手段。建筑环境设计也需要一个新的工作流程，合理确定物理环境与艺术环境的关系，用一个标准体系衡量设计和施工，使建筑环境同步达到最高指标。

（1）光环境

对建筑物来说，光环境是由光照射于其内外空间所形成的环境，包括天然采光和人工照明两方面。它的功能是要满足物理、生理（视觉）、心理、人体工效学及美学等方面的要求。

调查表明，在阳光充足的办公室工作的人员心情舒畅，工作效率要高于无阳光房间的同类人员。这是因为阳光能刺激大脑释放出大量可以产生愉悦感的化学物质，调节情绪，使精神振奋、心情舒畅，人的行为也变得积极而充满活力。对于企业来说，应该通过使用各种天然采光装置来加大办公室的天然采光，同时调整人工照明使其达到最佳效果。办公建筑照明标准值，见表8-2。

办公建筑照明标准值　　表8-2

房间或场所	参考平面及其高度	照度标准值（Lx）	UGR	U_0	Ra
普通办公室	0.75m 水平面	300	19	0.6	80
高档办公室	0.75m 水平面	500	19	0.6	80
会议室	0.75m 水平面	300	19	0.6	80
视频会议室	0.75m 水平面	750	19	0.6	80
接待室、前台	0.75m 水平面	200	—	0.4	80
服务大厅、营业厅	0.75m 水平面	300	22	0.4	80

续表

房间或场所	参考平面及其高度	照度标准值（Lx）	UGR	U_0	Ra
设计室	实际工作面	500	19	0.6	80
文件整理、复印、发行室	0.75m 水平面	300	—	0.4	80
资料、档案存放室	0.75m 水平面	200	—	0.4	80

注：UGR——眩光值；U_0——照度均匀度；Ra——显色指数。

健康的建筑房间内应该有足够的阳光使上述作用得到充分发挥。另外，在建筑空间内能看到自然风景也会对人的幸福、主观健康、环境满意度、情绪、睡眠质量和其他方面有正面影响。

（2）热环境

由于室外热湿作用经常变化，建筑围护结构本身及由其围成的内部空间的热环境也随之产生相应的变化。进入室内的阳光、空气温湿度、生产和生活散发的热量和水分等这些因素所起的作用统称为室内热湿作用。室内外热湿作用的各种参数是建筑设计的重要依据，它不仅直接影响建筑热环境，而且在一定程度上影响建筑物的耐久性。

选择合理的建筑围护结构形式（热工）和被动调节装置（遮阳帘、通风等），并进行优化设计，确定在达到健康、舒适环境的基础上，使用最小能耗的机电系统解决方案。例如，在夏季只有白天使用的办公建筑，可以通过增加建筑结构的蓄热能力和热惰性的方法，使建筑最大负荷出现的时间延迟到下班后，这样就可以安装容量比较小的空调系统，减少空调消耗的能量。热环境主要控制措施，见表8-3。

热环境主要控制措施　　　　　表 8-3

控制措施	具体内容
围护结构保温	墙体：将保温材料贴在墙内或墙外 窗：通常从构造上采取措施加以改进。例如，设置双层窗、双层密封玻璃、软百叶帘，设置防止空气渗透的密封条，改善窗框构造等
遮阳	通过窗口遮阳、屋面遮阳、墙面遮阳等方式，减少太阳辐射透过窗户、屋面和墙面直接进入建筑的热量
建筑表面绿化	主要有绿色屋顶和垂直绿化两种形式。绿化后的建筑表面依靠绿色植物本身的蒸腾作用和光合作用的消耗转化以及绿化介质的蓄水功能，可以实现对环境温度的调节作用 绿色屋顶可以通过直接在屋顶种植绿色植物或埋放盆栽实现；建筑表面垂直绿化一般通过在地面种植有攀爬能力的植物实现，如爬山虎等

（3）声环境

噪声污染已属于当前世界四大污染之一，解决噪声干扰问题应该从规划设计、建筑平面布置、选择建筑围护结构以及减小、控制建筑设备的振动、噪声等方面采取措施，并且应该在设计阶段就加以考虑。由于许多减振降噪措施需要占用一定的空间或满足相应建筑结构荷载的要求，如设计时没有预先考虑，则这些措施将难以实施。

要达到建筑内噪声控制的要求，要在如下几个层次开展工作：一是室外环境噪声符合国家环保部门的要求；二是建筑结构的空气声隔声和撞击声隔声符合建筑设计标准；三是根据使用者反映的问题和声学实测结果改进建筑空间声学性能指标（达到或高于国家标准要求）。噪声控制的措施，见表8-4。

噪声控制的措施　　　　　　　　　　　表8-4

序号	分类	做法
1	室外噪声	将地理位置选在远离噪声源密集的地方；建立隔声屏障或利用隔声材料和隔声结构来阻挡噪声的传播；选择隔声门、隔声窗等
2	室内噪声	降低声源噪声辐射；采取吸声、隔声、减振等技术措施；安装消声器等

例如，针对办公室声环境，宜采取以下措施：将高声噪的空调机房、冷热源机房和卫生间、厨房等产生排水噪声的房间尽量与办公室、会议室保持一定的距离，减少噪声对办公用房的影响；产生噪声的设备尽可能集中布置，便于采取局部隔离措施；针对办公用房自身围护结构，可采取具有一定隔声量的墙体作为办公室的隔墙，门窗宜采用隔声门窗；对于穿过办公室的管道、空调进出风口应采用隔振、消声措施；还应注意的是门窗、管道及其周围的缝隙和孔洞应密封。

（4）空气质量

建筑空气质量与身体健康密切相关。解决建筑空气质量的三个核心因素是：空气质量（或身心健康）评价；减少和消除污染源；对空气中的污染进行排除和消除。对建筑环境控制而言，最好的措施是对污染源做消除和减少释放处理，而通风和净化只是次要的处理措施，因为污染源可能会离人们的呼吸器官很近，远离人体的通风和净化根本不能消除这种损害。建筑空气质量标准，见表8-5。

建筑空气质量标准　　　　　　　　　　表8-5

序号	参数	单位	标准值	备注
1	温度	℃	22~28	夏季空调
			16~24	冬季采暖
2	相对湿度	%	40~80	夏季空调
			30~60	冬季采暖
3	空气流速	m/s	0.3	夏季空调
			0.2	冬季采暖
4	新风量	$m^3/h \cdot 人$	30	

随着生态文明时代的到来，人类在觉醒，其环境意识在增强，对自身健康的关注也逐渐增强。许多国家已经初步建立了空气质量标准、检测标准和分析标准，发明了一些专用的气体检测器和分析仪器。环境健康咨询、环境监测等相关产业也悄然兴起，建筑环境污染已经得到了一定程度的控制。

8.2.3 建筑环境评价

建筑环境评价指标从单个物理量转变成效果评价,以空间占用者的体验、感受、健康收益作为评测项,包括卫生性评价、舒适性评价、工效性评价和心理学评价。

(1) 卫生性评价

环境中有很多因素与某个疾病的发生有关,卫生性评价就是面对这种情况,从疾病预防的角度控制空气和水的质量、材料中有害物质的限量、室内用品副作用和环境维护过程中的不良效果,以减少疾病发生的概率。卫生性评价的主要内容,见表8-6。

卫生性评价的主要内容 表8-6

类别	评价项	问题来源	对策
空气	甲醛等污染	装修材料、家具、室内用品	低释放材料、承载率
	CO_2	人呼吸和燃气设备	新风或通风
	局部污染源	厨房、卫生间、设备间	排风机
	PM2.5等	室外污染源	进风过滤或净化
	潮湿	室内潮湿源或表面温度过低	具体对应
	二次污染	空调、净化器内部污染	按计划清洁
	杀虫剂	蚊香中含环境激素	慎重使用
	臭氧等	使用电器设备	正确选用设备
细菌	灰尘	细菌源、适合条件	抗菌材料、消除根源、杀菌设备
	清洁计划	清洁设备潜在风险	正确选择、定期清洁
	清洁用品	污染物会扩散	正确选择
水	饮水污染	自来水原水、管道等污染	水处理设备和功能阀
激素	环境激素	相关材料中析出	正确选用材料
光源	照明灯具	频闪、蓝光和紫外线	正确选用光源、及时更换

(2) 舒适性评价

环境舒适性有两层含义:一是可以用生理感官感觉到的,如眼睛视觉、鼻子嗅觉、耳朵听觉、皮肤冷热等;二是环境空间审美带来的愉快轻松。生理感官感受的舒适程度是可以用心理感受(满意度)来表示的,这就是舒适性的概念。建筑环境舒适性包括:热舒适、光舒适、声舒适和空气质量舒适。

研究显示,建筑最适宜的温度是20~24℃。在人工环境下,冬季温度控制在16~22℃,夏季温度控制在26~28℃,能耗比较经济,也能保证舒适。最合适的相对湿度范围是50%~60%。实验研究发现,脑力工作的工作效率在标准有效温度33℃(空气温度33℃、相对湿度50%、穿薄衣服)以上时开始下降。在偏离热舒适区域的环境温度下从事体力劳动,小事故和缺勤的发生概率增加,产量下降。

舒适性描述是一套整体的满意度指标而不是单独的物理参数,在实现各项舒适的过程中,主要工作有三项:一是整体满足各舒适性指标要求;二是消除局部不舒适现象;三是选择合适的建筑室内环境系统方案和优质的设备。

在舒适性设计和实施时,要考虑个体在舒适性方面有一定的差异性,因此系统要有一定的舒适调节能力。在达到舒适性指标的同时,也要考虑所消耗的能量,可以制定不同的系统方案,选择性价比最好的系统和设备。

(3)工效性评价

建筑环境工效性评价是以建立无障碍设施、提高环境的工作、学习和生活效率、确定合理作业尺寸和实现以人为本设计理念为目标进行的评价。

从人体角度出发,如何确保生活、学习和工作过程中人的便利、轻松是建筑环境工效性评价的重要内容之一。建筑环境工效性评价项目,见表8-7。

建筑环境工效性评价项目 表8-7

评价项目	评价原则	说明
无障碍设施	按相应国家标准	
建筑空间布局	适用使用要求	卧室应布置在适合睡眠条件的朝向
空间尺寸	人体测量尺寸	隔离、隐私、相应尺寸适合工作、学习和生活
家具用品	人体测量尺寸	特别是床、桌椅、沙发要适合人体力学
避免疲劳	避免职业病	肌肉骨骼系统疾病
环境条件	温湿度、照度、声环境等	编写软件等办公要求和日常办公要求不同
人机关系	便利控制	

研究表明,建筑环境质量改善会使人们的认知功能双倍提高,人们在良好的绿色环境中认知功能表现比在常规环境中平均高出101%。研究人员测量了包括基本活动、应用活动、集中活动、任务导向、危机反应、信息搜寻、信息使用、解决问题和决策九个功能结构的认知能力,其中最有效的改善是危机反应、信息使用和解决问题。不同环境中认知功能对比,如图8-14所示。

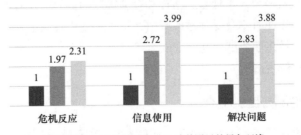

图8-14 不同环境中认知功能对比

注:图中以常规环境下的数据为基准,所有数值均表示比例。

最新研究结果发现，绿色建筑环境可以提高人们的工作效率、学习和安全的认知能力，且可成为重要的人力资源工具；改善建筑环境质量的回报远超过初始投资；一旦建筑完工，超过90%与建筑相关的成本都会与室内人员相关。

（4）心理学评价

心理学评价是对人的健康认知和行为、身体检查和环境监测情况、亲近自然情况、避免职业伤病情况、工作压力管理情况等进行评价。当设计建筑环境时，需要考虑的与心理健康因素有关的内容包括：正确认知健康和多做健康行为、尽可能多地亲近自然、对自己进行定期体检和对环境进行连续监测、工作压力管理等。

调查显示，"90后"白领最看重工作环境，且对目前的工作环境满意度最低，仅为2.59分（满分5分）。白领渴望自然光、空气清新、无噪声的工作环境，但现代办公大楼多采用中央空调，空气和温度统一管理，空气状况整体较差。同时，工作环境中偶尔有人打电话或大声讨论及其他噪声会影响工作效率。

在现代高科技办公环境下，帮助员工实现压力管理，消除不利的、有伤害性和损伤性的压力因素，保护有积极性的、有益的因素，可以提高员工工作积极性，产生更高的工作效率。健康的工作环境应根据需要针对工作、注意力、合作和休息进行充分调整，以满足不同的心理需求。建筑环境心理学评价的主要内容，见表8-8。

建筑环境心理学评价的主要内容　　　　表8-8

评价项目	评价原则	说明
阳光和自然	阳光量和视野风景	对生物激素产生影响
健康认知	认知决定态度，态度决定行动	认知好有助于促进健康目标实现
健康行为	促进健康	增加健康行为，减少不健康行为
压力管理	适当压力	适当的压力使工作效率提高
检查和监测	体检和自查	定期体检和连续监测

8.3 职业健康与安全管理

职业健康是指一个人在身体、精神和社会等方面都处于良好的状态。职业安全则是指员工在工作时不会受到健康威胁，工作环境中没有危险、危害，不会面临损失的状态。员工职业健康和职业安全不仅关系到个人的生命安全，更关系到企业生存和可持续发展。

8.3.1 卫生检测与健康检查

传统的健康观是"无病即健康"，即人体各系统及脏器具有良好的生理功能。世界卫生组织提出："健康不仅是躯体没有疾病，还要具备心理健康、社会适应良好和有道德"。

(1) 职业卫生检测

工作场所的卫生状况直接影响工作人员的健康。卫生状况往往是看不见、摸不着的，特别是空气状况，需要专业的方法和设备进行检测。常见的需要进行卫生检测的情况有：工厂开工验收、新建项目或新开展的操作中发现职业病、相关法律法规变更、有关部门要求等。

《工作场所有害因素职业接触限值　第1部分：化学有害因素》GBZ 2.1—2019和《工作场所有害因素职业接触限值　第2部分：物理因素》GBZ 2.2—2007中规定了工作人员在工作中长期反复接触可能对身体健康造成危害的各种影响因素容许接触水平，包括358项化学因素、49项粉尘、3项生物因素和12项物理因素，同时对检测方法作出了指导。工作场所空气中化学因素检测、粉尘含量检测、生物因素检测和物理因素检测，分别见表8-9~表8-12。

空气中化学因素检测　　　　　　　　　　　　　　　表8-9

类型	常用方法	优点	缺点
现场检测	检气管法、测定仪器检测法、试纸法、溶液检测法	能够快速得到检测结果，操作相对方便	尚未有正式的国家标准，通常不能用于正式的职业卫生状况评价
实验室检测	原子吸收法、光度法、色谱法、电化学法	适用范围广，测定灵敏度高，检测结果准度、精密度好，有明确规定的国家标准	检测所需时间较长，技术要求较高，费用较高

空气中粉尘含量检测　　　　　　　　　　　　　　　表8-10

指标	检测对象	检测方法
总粉尘浓度	每立方米空气中所有粉尘的中体含量（mg）	滤膜质量测尘法
呼吸性粉尘浓度	粒径在5μm以下的能进入人体肺泡区的颗粒物，它是引起尘肺的主要病因之一	预分离—滤膜质量测尘法
粉尘分散度	粉尘中不同粒径颗粒的数量或质量分布的百分比	滤膜溶剂涂片法、自然沉降法
游离二氧化硅含量	生产性粉尘中含有结晶型游离二氧化硅的质量百分比，其含量高低对矽肺的发病率起重要影响	焦磷酸质量法、X线衍射法、红外光谱测定法
石棉纤维浓度	空气中石棉纤维的含量，石棉纤维能引起石棉肺、胸膜间皮瘤等疾病	滤膜或相差显微镜法
超细颗粒和细颗粒总数量浓度	当量粒径小于100nm的颗粒；当量粒径小于2500nm，大于100nm的颗粒	冷凝颗粒计数仪法

注：引自GBZ/T 192《工作场所空气中粉尘的测定》系列标准。

空气中生物因素检测　　　　　　　　　　表 8-11

检测对象	最高容许浓度	时间加权平均容许浓度	短时间接触容许浓度	检测方法
白僵蚕孢子	6×10^7（孢子数$/m^3$）	—	—	实验室检测
枯草杆菌蛋白酶	—	$15ng/m^3$	$30ng/m^3$	实验室检测

注：最高容许浓度——一个工作日内、任何时间均不应超过的浓度水平；
　　时间加权平均容许浓度——以时间为权数规定的 8 小时工作日、40 小时工作周的平均容许接触水平；
　　短时间接触容许浓度——一个工作日内、所有不得超过 15 分钟的接触的时间加权平均容许接触水平。

空气中物理因素检测　　　　　　　　　　表 8-12

物理因素	检测仪器	检测方法参考标准
超高频辐射	量程和频率适合于检测对象的超高频辐射测量仪	GBZ/T 189.1—2007
高频电磁场	量程和频率适合于检测对象的高频电磁场测量仪	GBZ/T 189.2—2007
工频电场	高灵敏度球形（球直径为12cm）偶极子场强仪	GBZ/T 189.3—2018
激光辐射	适合于激光器的输出波长和输出功率的激光测量仪	GBZ/T 189.4—2007
微波辐射	量程和频率适合于检测对象的微波测量仪	GBZ/T 189.5—2007
紫外辐射	紫外照度计	GBZ/T 189.6—2007
高温	WBGT指数测定仪；干球温度计、自然湿球温度计、黑球温度计；辅助设备：三脚架、线缆、校正模块	GBZ/T 189.7—2007
噪声	声级计；积分声级计或个人噪声剂量计	GBZ/T 189.8—2007
手传振动	设有计权网络的手传振动专用测量仪	GBZ/T 189.9—2007
体力劳动强度分级	—	GBZ/T 189.10—2007
体力劳动时的心率	应用心率遥测计	GBZ/T 189.11—2007

（2）职业健康检查

职业健康检查是指通过医学手段和方法，针对工作人员所接触的职业病危害因素可能产生的健康影响和健康损害进行临床医学检查，了解受检者健康状况，早期发现职业病、职业禁忌征及可能的其他疾病和健康损害的医疗行为。职业健康检查包括上岗前、在岗期间、离岗时、离岗后和应急健康检查。职业健康检查内容，见表8-13。

职业健康检查内容　　　　　　　　　　表 8-13

类型	目的	检查对象	检查时间
上岗前健康检查	调查有无职业禁忌征，为工作人员建立健康档案	新录用，并可能从事接触职业病危害因素作业的工作人员；拟从事有特殊健康要求作业的工作人员	工作人员开始从事风险作业之前
在岗期间定期健康检查	早期发现职业病、疑似职业病或其他异常；及时发现有职业禁忌征的工作人员；持续观察群体健康变化，评价工作场所职业病危害因素的控制效果	从事规定需要进行健康监护作业的工作人员	综合分析工作人员接触的职业病危害因素的性质、工作场所有害因素的浓度或强度、目标疾病的潜伏期和防护措施等

续表

类型	目的	检查对象	检查时间
离岗时健康检查	确定工作人员在停止接触职业病危害因素时的健康状况	准备停止所从事的职业病危害作业的工作人员	在工作人员准备调离或脱离有害作业或岗位之前
离岗后医学随访检查	跟踪观察工作人员离岗后发生慢性健康损害或原有职业病进一步发展的情况	接触具有慢性健康影响的职业病危害因素，或发病有较长潜伏期，或所患职业病在脱离接触后仍有可能继续发展的工作人员	离岗后的随访时间长短需在工作人员准备离开岗位前，就根据有害因素致病的流行病学及临床特点、工作人员从事该作业的时间长短、工作场所有害因素的浓度等确定
应急健康检查	依据健康检查结果和现场劳动卫生学调查确定危害因素，为控制职业病危害的继续蔓延和发展，对遭受急性职业病危害的工作人员进行急救和治疗提供依据	遭受或者可能遭受急性职业病危害的工作人员	急性职业病危害事故发生后及时组织健康检查；从事可能产生职业性传染病作业的工作人员，在疫情流行期或近期密切接触传染源者

职业健康监护档案是劳动者健康变化与职业病危害因素关系的客观记录，是职业病诊断鉴定以及明确相关责任时的重要依据。用人单位应当为劳动者建立连续的、动态的健康监护档案，其内容应包括：

1）劳动者职业史、既往史和职业病危害接触史；

2）相应作业场所职业病危害因素检测结果；

3）健康检查结果及处理情况、职业病诊疗等劳动者的健康资料。

8.3.2 工作安全分析

事前以及定期对工作任务或流程进行安全分析，可以以最低的成本最大限度地控制工作中的健康与安全危害。工作安全分析（Job Safety Analysis，JSA）是一种用于评估与工作有关的基本危害的分析工具。

（1）分析场景和流程

在工作安全分析之前应先对工作任务进行初审，以确定分析对象。工作安全分析场景和流程，如图8-15和图8-16所示。

（2）安全危害识别

美国著名安全工程师海因里希（Herbert William Heinrich）根据55万余件机械事故统计得出了重要的"海因里希事故法则"，该法则认为重大事故、轻伤事故、无伤害事故发生的比例大约为1：29：300。海因里希事故法则，如图8-17所示。

根据海因里希事故法则，在一件重大事故背后必有29件轻伤事故，还有300个潜在的危害。这个统计规律说明了工作中的无数次意外事件，必然会导致重大伤亡事故的发生。因此，健康和安全危害的识别也就变得尤为重要。

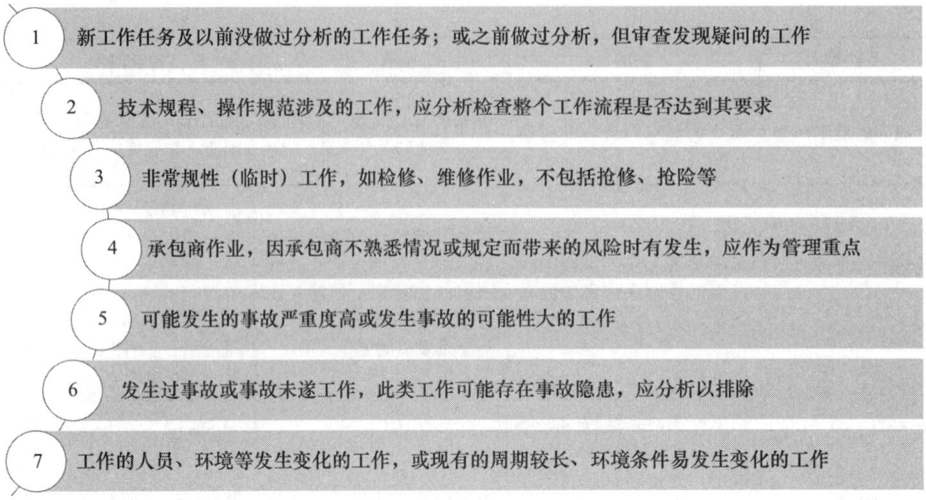

1
新工作任务及以前没做过分析的工作任务；或之前做过分析，但审查发现疑问的工作
2
技术规程、操作规范涉及的工作，应分析检查整个工作流程是否达到其要求
3
非常规性（临时）工作，如检修、维修作业，不包括抢修、抢险等
4
承包商作业，因承包商不熟悉情况或规定而带来的风险时有发生，应作为管理重点
5
可能发生的事故严重度高或发生事故的可能性大的工作
6
发生过事故或事故未遂工作，此类工作可能存在事故隐患，应分析以排除
7
工作的人员、环境等发生变化的工作，或现有的周期较长、环境条件易发生变化的工作

图8-15 工作安全分析场景

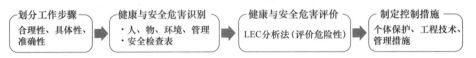

划分工作步骤
合理性、具体性、准确性
健康与安全危害识别
·人、物、环境、管理
·安全检查表
健康与安全危害评价
LEC分析法（评价危险性）
制定控制措施
个体保护、工程技术、管理措施

图8-16 工作安全分析流程

1次重大事故
29次轻伤事故
300次无伤害事故

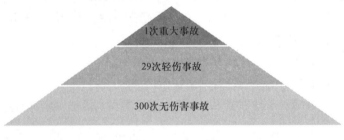

图8-17 海因里希事故法则

根据《生产过程危险和有害因素分类与代码》GB/T 13861—2022，将工作安全危害分为四大类。工作安全危害分类，见表8-14。

工作安全危害分类 表8-14

大类	说明
人	•生理性因素：负荷超限，健康状况异常，从事禁忌作业等 •心理因素：心理异常，辨识功能缺陷等 •行为性因素：指挥错误，操作错误，监护失误等
物	•物理性因素：设备缺陷、防护缺陷，电伤害，噪声，振动危害，电离辐射，非电离辐射，运动物危害，明火，高温物质，低温物质，信号缺陷，标志标识缺陷，有害光照，信息系统缺陷等 •化学性因素：爆炸品，易燃物，有毒品，放射性物品，腐蚀性物质等 •生物性因素：致病微生物，传染病媒介物，致害动物，致害植物等
环境	•室内作业场所环境不良：地面湿滑，作业场所狭窄、杂乱，安全通道缺陷，室内温度、湿度、气压不适等 •室外工作环境不良：恶劣气候与环境，建筑物和其他结构缺陷，门和围栏缺陷，作业场地地基下沉，其他室外作业场地环境不良等 •地下（含水下）作业环境不良：隧道/矿井作业面缺陷，地下作业面空气不良，地下水等 •其他工作环境不良：强迫体位，综合性作业环境不良等

续表

大类	说明
管理	• 职业安全卫生管理机构设置和人员配备不健全 • 职业安全卫生责任制不完善或未落实 • 职业安全卫生管理制度不完善或未落实：建设项目"三同时"制度，安全风险分级管控，事故隐患排查治理，培训教育制度，操作规程，职业卫生管理制度等 • 职业安全卫生投入不足 • 应急管理缺陷：应急资源调查不充分，应急能力、风险评估不全面，事故应急预案缺陷，应急预案培训不到位，应急预案演练不规范，应急演练评估不到位等

安全危害识别可以采用安全检查表（Safety Check List，SCL）、危险及可操作性分析（Hazard and Operability Study，HAZOP）、事故树分析法（Fault Tree Analysis，FTA）等，下面具体介绍安全检查表。

安全检查表是事先以工作步骤和作业情况为分析对象，经过熟悉并富有安全技术和管理经验的人员的详尽分析和充分讨论编制的一个清单，列出检查部位、检查要求、检查结果、安全等级分值等内容。对系统进行评价时，对照安全检查表逐项检查、赋分，从而评价得出工作步骤的安全等级。电器安全检查表（示例），见表8-15。

电器安全检查表（示例）　　　　表8-15

序号	检查部位	检查要求	检查结果	安全等级分值
1	电气控制箱	附近1m内无杂物		
2	所有电器设备	无超负荷运作现象		
3	所用用电设备	下班后需将电源关闭		
4	饮水机	无烧干现象		
……	……	……	……	……

安全检查表中的检查部位应列举需查明的所有可能会导致事故的健康和安全危害，检查要求的制定则需依据相关的法律法规、有害物信息、工作场所卫生检测结果等。

（3）安全危害评价

对健康与安全危害因素的重大程度进行分类，可以帮助确定危害控制措施。健康与安全危害的重大程度可以使用LEC法进行定量评价。

LEC法是由美国安全专家K.J.格雷厄姆和K.F.金尼提出的，是对具有潜在危险工作的危险等级进行半定量的安全评价方法。该方法用与危害因素有关的三种指标值的乘积来评价工作危险等级。LEC分析表，见表8-16。

LEC分析表　　　　表8-16

作业活动	危险因素	可能后果及影响人员	风险评价（LEC）				等级
			可能性（L）	暴露频率（E）	损失后果（C）	危险性（D）	

续表

作业活动	危险因素	可能后果及影响人员	风险评价（LEC）				等级
			可能性（L）	暴露频率（E）	损失后果（C）	危险性（D）	

注：$D=L\times E\times C$。

在使用LEC法时，应以现场工作环境为基础，由熟悉工作条件的人员组成专家组，按标准给L、E、C分别打分，用计算的危险性分值D来评价工作的危险等级。L、E、C取值和危险等级标准，见表8-17和表8-18。

L、E、C取值　　　　表8-17

事故发生的可能性（L）	分数值	暴露于危险环境的频繁程度（E）	分数值	事故造成的后果（C）	分数值
完全会被预料到	10	连续暴露	10	10人以上死亡	100
相当可能	6	每天工作时间内暴露	6	数人死亡	40
可能，但不经常	3	每周一次或偶然暴露	3	1人死亡	15
完全意外，很少可能	1	每月暴露一次	2	严重伤残	7
可以设想，很不可能	0.5	每年几次暴露	1	有伤残	3
极不可能	0.2	非常罕见的暴露	0.5	轻伤，需救护	1
实际上不可能	0.1	不可能暴露	0	—	0

危险等级标准　　　　表8-18

危险性分值	危险程度	危险源分级
≥320	极度危险，不能继续作业	一级
160~320	高度危险，需要立即整改	二级
70~160	显著危险，需要整改	三级
20~70	比较危险，需要注意	四级
<20	稍有危险，可以接受	五级

（4）安全危害控制

危险等级越高，越需要重视安全措施，或改变发生事故的可能性，或减少人体暴露于危险环境中的频繁程度，或减轻可能产生的事故损失，直至调整到允许范围内。

危害控制的基本原则：一是消除能量的散逸，如消除烫伤、烧伤隐患中的热能，高空坠落隐患中的势能；二是使承受因素不与破坏因素接触。安全控制流程和措施，如图8-18和图8-19所示。

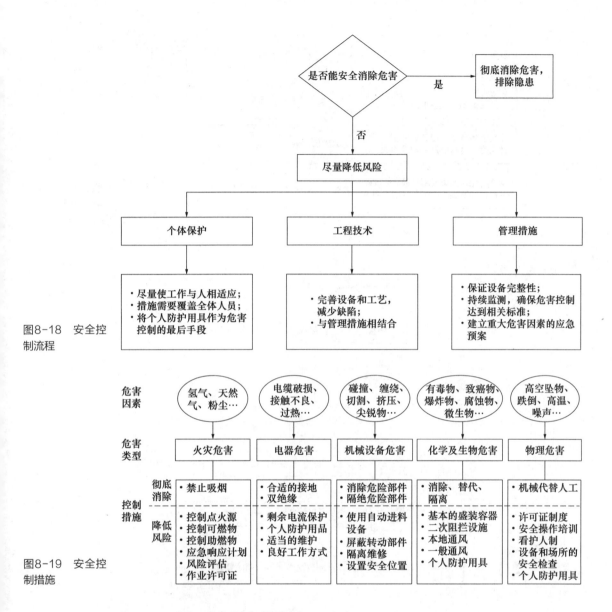

图8-18 安全控制流程

图8-19 安全控制措施

8.3.3 应急响应和事故分析

在建立EHS日常管理制度并步入正轨后，企业还需从应急响应、事故调查和分析等方面针对意外事故进行有效管理。

（1）应急响应

尽管有种种预防措施，但事故的发生往往还是不能完全避免的。一旦事故发生，往往触发紧急事件，需要企业快速做出响应，充分调动人员和资源，在最短的时间内处理妥当，最大限度地降低事故对人员健康、环境和财产带来的损伤。紧急事件类型和等级，如图8-20所示。

从应急救援的角度来看，紧急事件应急响应过程可以归纳为三个核心过程：救人、救物和防御次生灾害。应急响应流程，如图8-21所示。

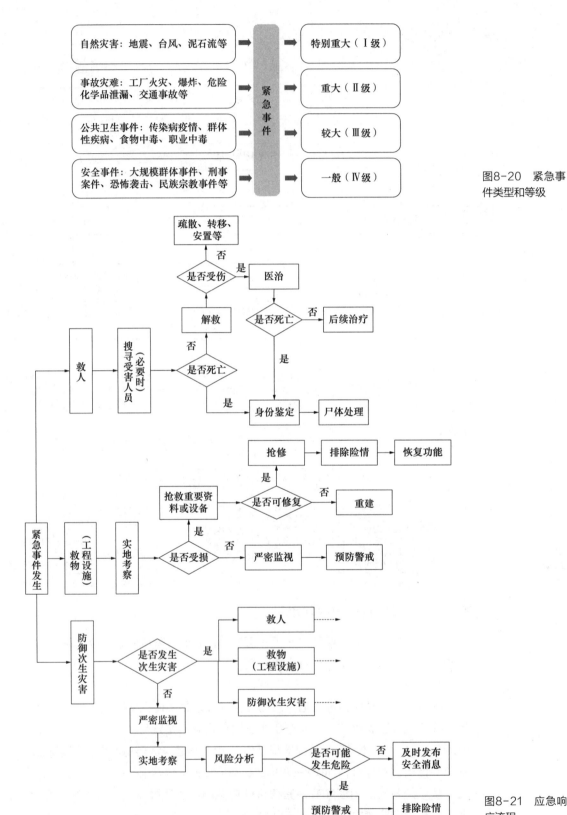

图8-20 紧急事件类型和等级

图8-21 应急响应流程

（2）事故分析

事故发生后应进行分析，查明事故原因、经济损失和人员伤亡情况，从而确定事故责任者，提出对事故的处理意见及相关的防范措施和建议。事故调查工作程序，如图8-22所示。

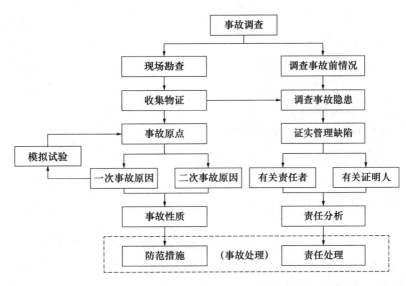

图8-22 事故调查工作程序

其中，财产损失包括直接经济损失和间接经济损失。直接经济损失包括：人员伤亡救治所支出的费用、善后处理费用、固定资产损失和流动资产损失；间接经济损失包括：停产、减产损失的价值、工作损失价值、资源损失价值、治理环境污染的费用、补充新员工的培训费用和其他损失费用等。

为了杜绝事故的再次发生，需要从事故的根本原因上进行预防，因此要对事故进行详细的原因分析。事故原因，见表8-19。

事故原因　　　　　　　　　　　　　　　表8-19

原因分类		举例
直接原因	物的原因	事故发生的不安全物体条件或物质条件
	人的原因	违反安全规则和安全操作原则，使事故有可能或有机会发生的行为
间接原因	技术原因	包括主要装置、机械、建筑的设计，建筑物竣工后的检查保养，机械装备的布置，工厂地面、室内照明以及通风、机械工具的设计和保养，危险场所的防护设备及警报设备，防护用具的维护和配备等所存在的技术缺陷等
	教育原因	包括与安全有关的知识和经验不足，对作业过程中的危险性及其安全运行方法无知、轻视不理解、训练不足，坏习惯及没有经验等
	身体原因	包括身体有缺陷或由于睡眠不足而疲劳、醉酒等
	精神原因	包括急慢、反抗、不满等不良态度，紧张、恐惧、不和等精神状况，固执等性格缺陷
	管理原因	包括主要负责人对安全的责任心不强，作业标准不明确，缺乏检查保养制度，劳动组织不合理等

事故分析的常用方法有事故树分析（FTA）、事件树分析（Event Tree Analysis，ETA）、故障假设分析（What…If Analysis）、失效模式与影响分析（Failure Mode and Effect Analysis，FMEA）等。高处坠落事故树，如图8-23所示。

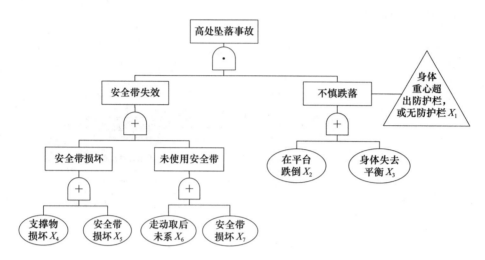

图8-23 高处坠落事故树

在对事故进行充分分析后，事故调查小组需要对导致事故的主要原因进行简明的总结和说明。根据事故的原因可以确定控制方法，从系统、技术、管理控制等方面根本上预防事故的再次发生。

8.4 绿色建筑评价标准

绿色建筑是指在全生命周期内最大限度地节约资源（节能、节地、节水、节材）、保护环境、减少污染，为人们提供健康、适用和高效的使用空间，与自然和谐共生的建筑。绿色建筑重点在建筑本身，强调环境保护和可持续发展；而健康建筑强调以人为本，围绕建筑中人的需求，更注重建筑中人的健康。绿色和健康建筑评价体系提出了一系列评判指标，适用于新建筑设计过程、既有建筑运行和改造的性能评价。

8.4.1 LEED评价标准

能源与环境设计先锋（Leadership in Energy and Environmental Design，LEED）评价标准是由美国绿色建筑委员会（U.S. Green Building Council，USGBC）编制的建筑生态评估体系。USGBC在1998年发布了第一版LEED 1.0试行版；2000年，LEED 2.0版本正式发布，2009年，推出了LEED v2009版本；2013年，LEED v4 版本推出；2019年，LEED v4.1体系正式推出。目前，最新发布的标准为LEED v4.1。

（1）LEED v4.1 评价标准分类

LEED v4.1 评价标准分为五大类，每类下又分2~8个小类。五大类覆盖了不同的建筑类型及建筑物生命周期的不同阶段,从而满足建筑市场细分的不同需求;每项细分的小类则是考虑到不同建筑使用功能的技术特点,需要予以特别的对待和处理。LEED v4.1 评价标准分类,如图8-24所示。

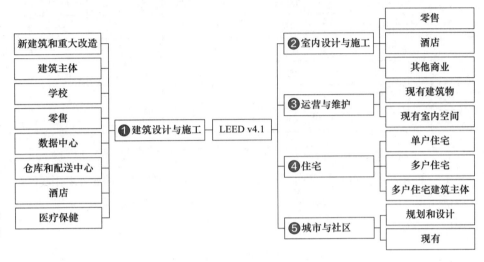

图8-24 LEED v4.1 评价标准分类

(2) LEED v4.1评价指标

LEED v4.1 评价指标有9个方面,每个方面包括了1~20项评价子项。评价子项分为必要项和打分项,所有子项的分数累加即得到总分,满分110分。LEED v4.1评价分类及评分条款数目所占分值,见表8-20。根据分值大小比较,LEED评价体系更加注重能源与大气和建筑环境质量。

LEED v4.1评价分类及评分条款数目所占分值   表8-20

指标		整合过程	位置与交通	可持续场地	用水效率	能源与大气	材料与资源	室内环境质量	创新	区域优先
建筑设计与施工	新建筑和重大改造	1	16	10	11	33	13	16	6	4
	建筑主体	1	20	11	11	33	14	10	6	4
	学校	1	15	12	12	31	13	16	6	4
	零售	1	16	10	12	33	13	15	6	4
	数据中心	1	16	10	11	33	13	16	6	4
	仓储和配送中心	1	16	10	11	33	13	16	6	4
	宾馆接待	1	16	10	11	33	13	16	6	4
	医疗保健	1	9	9	11	35	19	16	6	4
室内设计与施工	其他商业	2	18	—	12	38	13	17	6	4
	零售	2	18	—	12	38	14	16	6	4
	酒店	2	18	—	12	38	13	17	6	4

续表

指标		整合过程	位置与交通	可持续场地	用水效率	能源与大气	材料与资源	室内环境质量	创新	区域优先
运营与维护	现有建筑物	—	14	4	15	35	9	22	1	—
	现有室内空间	—	14	—	15	34	12	24	1	—
住宅	单户住宅	2	10	5	15	40	12	16	6	4
	多户住宅	1	15	9	12	34	13	16	6	4
城市与社区	规划和设计	5	13	18	12	31	11	10	6	4
	现有	5	9	15	11	30	10	20	6	4

（3）评估方式及认证级别

LEED未采用权重系统，而使用了直接累加的评分方式，简化了操作过程。评估后根据得分高低，分为合格、银质、金质、白金四个评估等级。LEED认证级别与所需的分数，见表8-21。

LEED 认证级别与所需的分数　　表 8-21

合格	银质	金质	白金
40~49	50~59	60~79	80+

根据USGBC统计，相比于普通建筑物，取得LEED认证的建筑物在能源、成本和效率等方面具有显著优点。LEED认证建筑的优点，如图8-25所示。

图8-25 LEED认证建筑的优点

8.4.2　WELL健康建筑标准

根据世界卫生组织关于人的健康科学概念，建筑的健康性能应该涵盖生理、心理和社会三个方面的要素。研究结果表明，人们有90%以上的时间是在建筑内度过的，这使得人们对建筑的关注点不再仅停留在建筑的节能环保，而是对建筑舒适度和健康度提出了新的要求。健康建筑是对绿色建筑发展的深层次需求。

WELL健康建筑标准（WELL Building Standard）是国际WELL建筑研究所推出的用于计量、验证和监控影响人类健康和福祉的建筑环境特征，包括空气、水、食物、光照、健身、舒适和心理健康，可用于商业、多户住宅等的新建工程和大型重建工程。

WELL体系是与一流的医生、科学家和专业人士合作，经过7年严谨研究的成果，重点关注物理建造环境如何支持人类健康、生产效率、幸福与舒适，将设计建造中的最佳实践与有理有据的卫生和健康措施相结合。

WELL v2建立在WELL健康建筑标准第一版（WELL v1）基础之上，由10个概念、24项先决条件和94项优化条件（不包含创新优化条件）组成。各个概念条款分布情况，如图8-26所示。

图8-26 各个概念条款分布情况

进行WELL认证的项目分别要通过文档审核及现场验证，根据现场检测到的实际结果对项目进行认证。当项目符合全部先决条件，得分满足50分、60分、80分时，认定为银级、金级及铂金级。

2020年国际WELL建筑研究所为应对疫情，从WELL健康建筑标准中提炼并汇总了IWBI COVID-19特别工作组600多名来自全球相关领域专家的集体建议，形成了WELL HSR（Health-Safety Rated）健康—安全评价准则。该准则将评价建筑内是否已经采取了有力措施保护人们的健康与安全，是否满足国际标准的要求并经过第三方独立客观的核准。准则关注运营管理政策、运维制度、章程及紧急应变计划，包括22项条款供使用单位选择，如保持空间清洁卫生、提供基础的健康服务及福利、向空间使用人群宣传健康安全措施、帮助每个人做好应急准备、对空气和水质进行评估等。

通过将WELL体系引入建筑空间，从长远来看可以大幅度降低工作人员成本——缩减医疗费用、提高健康水平、提升工作效率。

8.4.3 中国健康建筑评价标准

中国建筑学会于2021年9月发布了新版的《健康建筑评价标准》T/ASC 02—2021（以下简称《标准》）。《标准》对健康建筑的定义是：在满足建筑功能的基础上，提供更加健康的环境、建筑和服务，促进使用者的生理健康、心理健康和社会健康，实现健康性能提升的建筑。

《标准》遵循多学科融合的原则，建立了涵盖生理、心理和社会三方面要素的评价指标作为一级评价指标，具体包括空气、水、舒适、健身、人文、服务六类指标，每类指标均包括控制项和评分项，各类指标下又细分多项二级指标。《标准》评价指标，如图8-27所示。为鼓励健康建筑的性能提高和技术创新，统一设置了"提高与创新"的加分项。

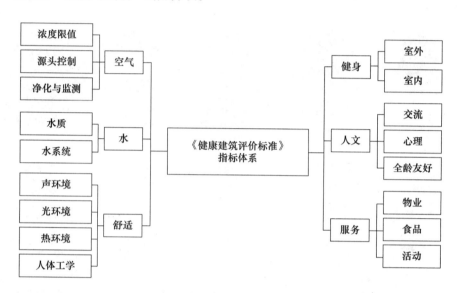

图8-27 《标准》评价指标

《标准》在各指标权重研究中，以"抓主因、顾次因"的原则充分考虑了不同类型的民用建筑健康影响因素，并按照民用建筑的分类建立了居住建筑和公共建筑指标权重调研问卷，采用问卷调查、层次分析、专家咨询、项目试评等多途径结合的方式确定了健康建筑各评价指标的权重。评价指标权重，见表8-22。

评价指标权重　　　　　表8-22

指标		空气	水	舒适	健身	人文	服务
设计评价	居住建筑	0.23	0.21	0.26	0.13	0.17	—
	公共建筑	0.27	0.19	0.24	0.12	0.18	—
运行评价	居住建筑	0.20	0.18	0.24	0.11	0.15	0.12
	公共建筑	0.24	0.16	0.22	0.10	0.16	0.12

注：① 表中"—"表示服务指标不参与设计评价；
② 对于同时具有居住和公共功能的单体建筑，各评价指标权重取居住建筑和公共建筑所对应权重的平均值。

评价指标体系六类指标评分项的满分值均为100分。总得分为各类指标得分经加权计算后与加分项的附加得分之和。《标准》的评分过程与星级，如图8-28所示。

"提高与创新"中的加分项，见表8-23。加分项的附加得分应为各加分项得分之和且不应超过10分，当附加得分大于10分时，应取为10分。

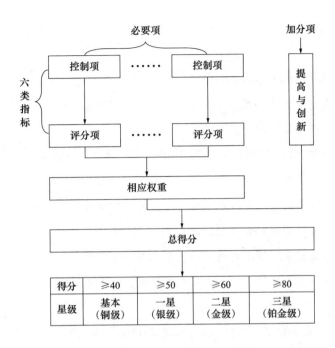

图8-28 《标准》的评分过程与星级

"提高与创新"中的加分项　　　　表8-23

序号	内容	分值
1	室内空气质量进一步提升	4
2	结合景观设有社区农场并运转正常，面积大于等于总用地面积的0.5%且大于等于200m²	1
3	采用健康建筑产品	2
4	设置主动健康建筑基础设施	6
5	设置健康建筑智能化集成管理系统，具备多参数实时查询、风险提示与智能联动功能	3
6	采用智能坐便器，符合现行国家标准《卫生洁具 智能坐便器》GB/T 34549—2017的规定	1
7	采取符合健康理念、促进公众身心健康、实现建筑健康性能提升的其他创新，并有明显效益	4

关键术语

环境管理体系　健康与安全　病态建筑综合征　室内空气污染　光环境　热环境　声环境　空气质量　卫生性评价　舒适性评价　工效性评价　心理学评价　职业卫生检测　职业健康检查　工作安全分析应急响应　事故分析　绿色建筑　健康建筑

> **复习思考题**

1. 环境管理的主体和目标是什么?
2. 环境管理面临的难题有哪些,你还能想到哪些?
3. 环境管理体系的特点有哪些?
4. 企业建立环境管理体系分为哪几个阶段,每个阶段的主要任务是什么?
5. 建筑环境管理的目标和任务是什么?
6. 产生噪声的建筑设备主要有哪些,有什么具体控制措施?
7. 建筑环境评价包含哪些内容?
8. 什么是建筑环境工效性评价,其主要内容有哪些?
9. 职业卫生监测包含哪些内容?涉及哪些标准体系?
10. 简述工作安全分析的流程。
11. 工作安全危害有哪些?怎么识别和评价安全危害?
12. 简述应急响应的流程。
13. 事故分析常用的方法有哪些?
14. 国内外与建筑环境相关的评价体系主要有哪些?

第 9 章

建筑能源管理

本章导读

面对能源供应短缺或是价格上涨的情况，越来越多的企业意识到能源管理对于可持续发展的重要意义。通过有效的建筑能源管理不仅能够降低建筑运行成本，还能减轻生态环境的负担，实现可持续发展。建筑能源管理是一项投资活动而不是简单的消费，可产生明显的资产溢价，其投资回报率可能会高于企业核心业务的回报。本章将从建筑能耗结构及指标入手，分析建筑能耗的特点，阐述建筑能源管理体系的目标、规划和运行管理，介绍建筑能源审核以及合同能源管理等方法。

主要内容

❖ 建筑能耗的结构及其特点；
❖ 建筑能耗基准指标；
❖ 民用建筑能耗标准；
❖ 建筑能源管理体系目标、规划和调试；
❖ 建筑能源优化策略；
❖ 建筑能源矩阵概念及应用；
❖ 合同能源管理运作模式和流程；
❖ 建筑能源审核的形式及其报告；
❖ 能源管理机会分析。

9.1 建筑能耗结构及其指标

建筑能耗（Energy Consumption of Building）一般指建筑物及其设备和系统的运行能耗，如为居住者或使用者提供采暖、通风、空调、照明、炊事、生活热水以及其他为了实现建筑的各项服务功能所产生的能源消耗，它一直伴随着建筑物的使用过程而发生。

从建筑全生命周期的角度来看，在50～70年的使用寿命中由于建筑建造所导致的从原材料开采、建材生产、运输以及现场施工所产生的能源消耗一般只占其全生命周期能源消耗的20%左右，而约80%的能源消耗则是发生在建筑运行过程中。因此，建筑运行能耗应是设施管理节能任务中最主要的关注对象。

9.1.1 建筑能耗构成

建筑能耗数据是节能工作的基础，本节主要引用了清华大学建筑节能研究中心《中国建筑节能年度发展研究报告（2022）》中的相关数据，对建筑能耗的发展状况以及不同类型建筑的能耗结构进行简单分析，从而得出我国建筑能耗的基本特点。

（1）建筑能耗总体发展趋势

2020年我国总建筑面积660亿m^2，总建筑能耗10.6亿tce（吨标准煤），约占全国能源消耗总量的21%。我国北方城镇采暖的能耗为2.14亿tce，除采暖之外的能耗占建筑总能耗的79.73%。2020我国各类建筑能耗比例，如图9-1所示。

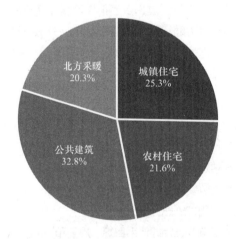

图9-1 2020年我国各类建筑能耗比例

近年来，我国的建筑能耗随着城市化率的提高、经济的发展、人民生活水平的改善而不断增长。建筑总能耗和能耗强度变化，如图9-2所示。

图9-2表明：

1）城镇住宅户均能耗强度增长，这是由于生活热水、空调、家电等用能需求增加，夏热冬冷地区冬季供暖问题也引起了广泛的讨论；由于节能灯具的推广，住宅中照明能耗没有明显增长，炊事能耗强度也基本维持不变。

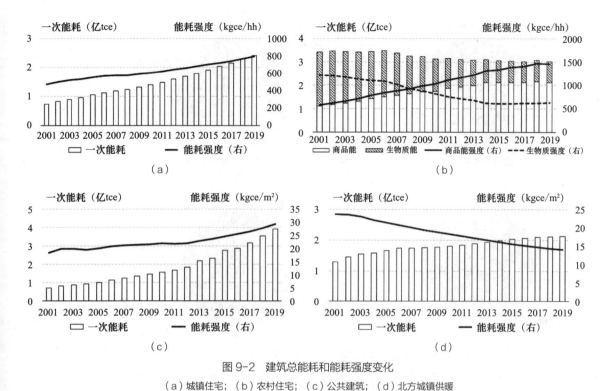

图 9-2 建筑总能耗和能耗强度变化
(a) 城镇住宅；(b) 农村住宅；(c) 公共建筑；(d) 北方城镇供暖

2）农村住宅的户均商品能耗缓慢增加，在农村人口和户数缓慢减小的情况下，农村商品能耗基本稳定，其中由于农村各类家用电器普及程度增加和北方清洁取暖"煤改电"等原因，用电量近年来提升显著。同时，生物质能使用量持续减少，因此农村住宅总用能近年来呈缓慢下降趋势。

3）公共建筑单位面积能耗强度持续增长，各类公共建筑终端用能需求（如空调、照明等）的增长是建筑能耗强度增长的主要原因，尤其是近年来许多城市新建的一些大体量并应用大规模集中系统的建筑，能耗强度大大高出同类建筑。

4）北方城镇供暖能耗强度较大，近年来持续下降，显示了节能工作的成效。

（2）建筑能耗构成及其特点

公共建筑除采暖外的能耗构成主要包括：照明、办公电器设备、电热开水器、电梯、空调系统，以及厨房和信息中心等特定功能设备系统能耗等几个方面。公共建筑（除采暖外）各项能耗构成，如图9-3所示。

工业建筑能耗主要由照明、空调、通风换气等几大部分组成。影响工业建筑能耗的因素除了建筑物围护结构的室内外温差传热形成的能耗外，还包括室内照明设备、运行机械设备和操作工人的发热量形成的能耗，其受到生产工艺流程和操作特点等的影响，与厂房性质、设备特性、运行时间及工作班次等因素有密切关系。某地区工业建筑能耗构成，见表9-1。

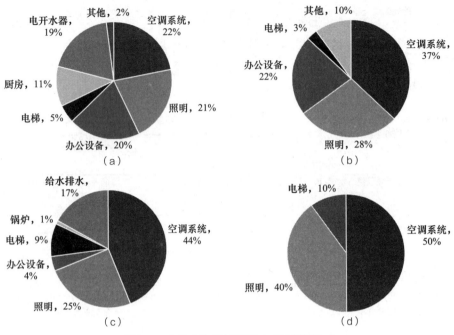

图9-3 公共建筑（除采暖外）各项能耗构成
（a）政府办公楼；（b）商业写字楼；（c）星级酒店；（d）大型商场

某地区工业建筑能耗构成　　　　　　　表9-1

类别	建筑物	空调	照明	通风换气	其他	备注
Ⅰ	A	88.3%	11.4%	0.3%	—	主要生产加工光学镜头等精密部件，对热湿环境要求很高
Ⅰ	B	79.7%	11.8%	8.5%	—	主要从事镁合金压铸、涂装，要求具有全封闭精密无尘涂装生产线
Ⅰ	C	56.8%	13.7%	29.5%	—	主要负责模具喷涂工艺，对生产环境要求较高
Ⅱ	D	43.0%	1.0%	27.0%	29.0%	主要生产毛织产品
Ⅱ	E	38.9%	12.5%	47.1%	1.5%	主要生产针织、针纺产品
Ⅱ	F	37.0%	33.7%	29.3%	—	主要生产针织产品
Ⅲ	G	3.5%	31.4%	60.3%	4.8%	主要负责产品组装。考虑运输和通风，建筑开口很大

9.1.2 建筑能耗基准指标

能耗基准（Energy Consumption Baseline）反映用能单位或用能设备、环节在特定时间段内的能源消耗状况。

（1）中国香港地区不同建筑能耗基准指标

中国香港机电工程署2022年8月3日发布了最新的建筑能耗指标，包含办公楼、商铺、酒店旅社、学校及医院诊所等多种业态的建筑类型。我国香港地区建筑能耗基准指标，见表9-2～表9-6。

办公楼建筑能耗基准指标　　　　　　　　　表9-2

主要分类	次要分类	每年每平方米能源消耗量（MJ/m²/年）
私人写字楼	甲级写字楼	398
	乙级写字楼	424
	丙级写字楼	402
	工贸大厦写字楼	388
	分层工厂大厦内的写字楼物业	372
政府写字大厦	—	669
大厦公用地方	甲级写字楼大厦公用地方	2724
	乙级写字楼大厦公用地方	2912
	丙级写字楼大厦公用地方	1194
	工贸大厦公用地方	956
	分层工厂大厦公用地方	412
	商业楼宇/商场公用地方	2983
	住宅楼宇公用地方	544

餐饮及零售能耗基准指标　　　　　　　　　表9-3

主要分类	次要分类	每年每平方米能源消耗量（MJ/m²/年）
餐饮服务	中式餐厅及酒楼	9679
	非中式餐馆及酒楼	6798
	快餐店	7941
	酒吧	4343
	其他餐饮场所	7999
零售	需要烹调、冷藏、供水供氧予其所出售的货品零售	4887
	燃料零售	1137
	资讯及通信设备、电脑设备及电器零售	1673
	其他货品零售	1207

酒店及住宿能耗基准指标　　　　　　　　　表9-4

主要分类	次要分类	每年每平方米能源消耗量（MJ/m²/年）
酒店及住宿	酒店	1793
	宾馆	1230
	养老院	1367

续表

主要分类	次要分类	每年每平方米能源消耗量（MJ/m²/年）
酒店及住宿	住宿照顾服务（残疾人士）	1232
	住宿照顾服务（其他）	953

学校能源基准指标　　　　表9-5

主要分类	次要分类	每年每平方米能源消耗量（MJ/m²/年）
教育服务	大学/大专院校	993
	成人教育学院/补习社/职业训练学校	446
	中学	501
	小学	468
	幼儿园	5332
	特殊教育学校	291
	表演艺术学校	613

医院及诊所能耗基准指标　　　　表9-6

主要分类	次要分类	每年每平方米能源消耗量（MJ/m²/年）
医院及诊所	医院	2611
	公营诊所	1147
	私营诊所	800
	私人牙科诊所	945
	中医诊所	776
	化验所	948

（2）中国内地建筑能耗基准指标

中国内地不同区域建筑能耗基准指标也存在一定差异。A地区和B地区建筑能耗基准指标参考值，见表9-7。

北京地区和西安地区建筑能耗基准指标参考值　　　　表9-7

序号	系统	单位	北京地区				西安地区			
			普通办公楼	商务办公楼	大型商场	宾馆酒店	普通办公楼	商务办公楼	大型商场	宾馆酒店
1	空调系统全年耗电量	kW·h/(m²·a)	18	30	110	46	20	31	112	47
2	照明系统全年耗电量	kW·h/(m²·a)	14	22	65	18	14	22	65	18

续表

序号	系统	单位	北京地区				西安地区			
			普通办公楼	商务办公楼	大型商场	宾馆酒店	普通办公楼	商务办公楼	大型商场	宾馆酒店
3	室内设备系统全年耗电量	kW·h/(m²·a)	20	32	10	14	20	32	10	14
4	电梯系统全年耗电量	kW·h/(m²·a)	—	3	14	3	—	3	14	3
5	给水排水系统全年耗电量	kW·h/(m²·a)	1.00	1.00	0.20	5.80	1.00	1.00	0.20	5.80
(1~5)总和	常规系统全年耗电量	kW·h/(m²·a)	53	88	200	87	55	89	201	88
6	空调系统全年耗冷量	GJ/(m²·a)	0.15	0.28	0.48	0.32	0.16	0.29	0.49	0.33
7	供暖系统全年耗热量	GJ/(m²·a)	0.20	0.18	0.12	0.30	0.19	0.17	0.11	0.29
8	生活热水系统全年耗热量	GJ/(m²·a)	—	—	—	12	—	—	—	12

9.1.3 民用建筑能耗指标

为贯彻国家节约能源、保护环境的有关法律法规和方针政策，促进建筑节能工作，控制建筑能耗总量，规范管理建筑运行能耗，住房和城乡建设部经广泛调查研究，依据建筑物实际运行能耗，参考有关国际标准和国外先进标准，并在广泛征求意见的基础上，编制了《民用建筑能耗标准》GB/T 51161—2016（下文简称《标准》），自2016年12月1日起实施。《标准》中能耗指标约束值和引导值含义，如图9-4所示。

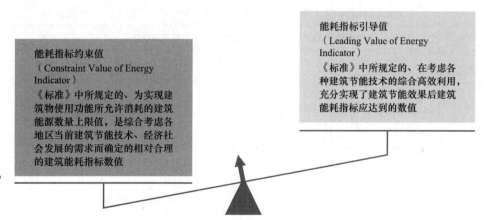

图9-4 《标准》中能耗指标约束值和引导值含义

（1）建筑非供暖能耗指标

建筑非供暖能耗指标应以单位建筑面积年能耗量作为能耗指标的表达形式。

《标准》中公共建筑分类，如图9-5所示。

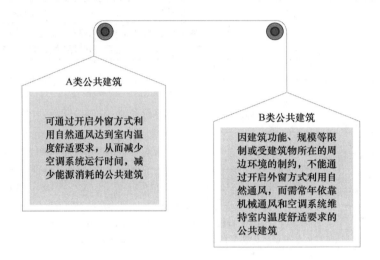

图9-5 《标准》中公共建筑分类

办公建筑、旅馆建筑、商场建筑和机动车停车库非供暖能耗指标的约束值和引导值，见表9-8～表9-11。

办公建筑非供暖能耗指标约束值和引导值 [kW·h/(m²·a)]　表9-8

建筑分类		严寒和寒冷地区		夏热冬冷地区		夏热冬暖地区		温和地区	
		约束值	引导值	约束值	引导值	约束值	引导值	约束值	引导值
A类	党政机关	55	45	70	55	65	50	50	40
	商业	65	55	85	70	80	65	65	50
B类	党政机关	70	50	90	65	80	60	60	45
	商业	80	60	110	80	100	75	70	55

注：表中非严寒寒冷地区办公建筑非供暖能耗指标包括冬季供暖的能耗在内。

旅馆建筑非供暖能耗指标约束值和引导值 [kW·h/(m²·a)]　表9-9

建筑分类		严寒和寒冷地区		夏热冬冷地区		夏热冬暖地区		温和地区	
		约束值	引导值	约束值	引导值	约束值	引导值	约束值	引导值
A类	三星级及以下	70	50	110	90	100	80	55	45
	四星级	85	65	135	115	120	100	65	55
	五星级	100	80	160	135	130	110	80	60
B类	三星级及以下	100	70	160	120	150	110	60	50
	四星级	120	85	200	150	190	140	75	60
	五星级	150	110	240	180	220	160	95	75

注：表中非严寒寒冷地区旅馆建筑非供暖能耗指标包括冬季供暖的能耗在内。

商场建筑非供暖能耗指标约束值和引导值 [kW·h/(m²·a)]　表9-10

建筑分类		严寒和寒冷地区		夏热冬冷地区		夏热冬暖地区		温和地区	
		约束值	引导值	约束值	引导值	约束值	引导值	约束值	引导值
A类	一般百货店	80	60	130	110	120	100	80	65
	一般购物中心	80	60	130	110	120	100	80	65
	一般超市	110	90	150	120	135	105	85	70
	餐饮店	60	45	90	70	85	65	55	40
	一般商铺	55	40	90	70	85	65	55	40
B类	大型百货店	140	100	200	170	245	190	90	70
	大型购物中心	175	135	260	210	300	245	90	70
	大型超市	170	120	225	180	290	240	100	80

注：表中非严寒寒冷地区商场建筑非供暖能耗指标包括冬季供暖的能耗在内。

机动车停车库非供暖能耗指标约束值和引导值 [kW·h/(m²·a)]　表9-11

功能分类	约束值	引导值
办公建筑	9	6
旅馆建筑	15	11
商场建筑	12	8

（2）建筑供暖能耗指标

部分城市建筑供暖能耗指标约束值和引导值分为以燃煤为主和以燃气为主两种，分别见表9-12和表9-13。

部分城市建筑供暖能耗指标约束值和引导值（以燃煤为主）　表9-12

城市	建筑供暖能耗指标 [kgce/(m²·a)]			
	约束值		引导值	
	区域集中供暖	小区集中供暖	区域集中供暖	小区集中供暖
北京	7.6	13.7	4.5	8.7
天津	7.3	13.2	4.7	9.1
石家庄	6.8	12.1	3.6	6.9
太原	8.6	15.3	5.0	9.7
呼和浩特	10.6	19.0	6.4	12.4
沈阳	9.7	17.3	6.4	12.3
长春	10.7	19.3	7.9	15.4
哈尔滨	11.4	20.5	8.0	15.5
济南	6.3	11.1	3.4	6.5

部分城市建筑供暖能耗指标约束值和引导值（以燃气为主）　　表 9-13

城市	建筑供暖能耗指标 [Nm^3/(m^2·a)]					
	约束值			引导值		
	区域集中供暖	小区集中供暖	分栋分户供暖	区域集中供暖	小区集中供暖	分栋分户供暖
北京	9.0	10.1	8.7	4.9	6.6	6.1
天津	8.7	9.7	8.4	5.1	6.9	6.4
石家庄	8.0	9.0	7.7	3.9	5.3	4.8
太原	10.0	11.2	9.7	5.3	7.3	6.7
呼和浩特	12.4	13.9	12.1	6.8	9.3	8.6
沈阳	11.4	12.7	11.1	6.8	9.3	8.6
长春	12.7	14.2	12.4	8.5	11.7	10.9
哈尔滨	13.4	15.0	13.1	8.5	11.7	10.9
济南	7.4	8.2	7.1	3.6	4.9	4.5

建筑供暖系统能耗管理应在建筑供暖能耗指标实测值满足指标约束值或引导值的基础上，按下列规定考核各环节能耗情况：① 测算建筑耗热量指标，考核建筑围护结构本身的能耗水平及楼内运行调节状况；② 测算管网热损失率指标和管网水泵电耗指标，考核供热管网运行能耗；③ 测算热源热量转换效率指标：考核各类供暖热源把化石能源和/或电力转换为热量的转换效率。

对于新建建筑，《标准》是建筑节能的目标，用来规范和约束设计、建造和运行管理的全过程；对于既有建筑，《标准》给出评价其用能水平的方法。当实际用能量高于《标准》给出的用能约束值时，说明该建筑用能偏高，需要进行节能改造；当实际用能量位于约束值和目标值之间时，说明该建筑用能状况处于正常水平；当实际用能量低于目标值时，说明该建筑真正属于节能建筑。

9.2 建筑能源管理体系

建筑能源管理贯穿建筑的全生命周期，需要一套全方位、全过程综合解决方案和管理体系。全生命周期建筑能源管理是一项投资活动而不是简单的消费，可产生明显的资产溢价，其投资回报率可能会高于企业某些核心业务的回报。

9.2.1 建筑能源管理目标

据统计，如果一个建筑能源管理项目产生300万元/年的收益，在房地产交易市场上将存在15~20倍的资产溢价，资产交易价格将增加4500~6000万元。我国某企业制定了建筑能源管理投资规划，获得了25%~50%的投资回报率，并取得了很好的经济回报和社会口碑。

但我国能源建设过程各环节脱节严重，"马路警察"各管一段已经成为建设过程的"习惯"。设计阶段缺乏以实际运行数据为基础的精算和计算能耗仿真模拟分析，普遍存在建筑主要用能设备容量选择偏大和用能系统选择不当等问题；在施工阶段的总承包管理和工作面多层切割的情况下，施工质量难以把控，遗留较多问题；调试阶段缺乏系统化、性能化的设备及系统调试，导致设备及系统无法高效运行；项目运行难度加大，难以承接设计、施工、调试遗留的缺陷，最终导致建筑能源管理不理想。

统计结果表明，建筑能源管理存在漏斗效应，即随着项目实施进程系统节能保障率逐步降低。以空调系统为例，项目设计阶段的节能保障率为90%，即假设方案设计为100分，实际落实到施工图纸只能做到90分；项目施工、调试、运行阶段的节能保障率分别为85%、90%、85%。整个项目过程串联下来最终的系统节能保障率为59%。建筑能源管理漏斗效应，如图9-6所示。

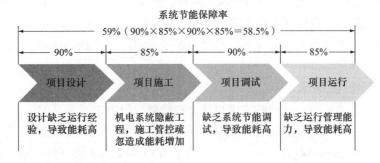

图9-6 建筑能源管理漏斗效应

因此，基于全生命周期建筑能源管理的目标应该包括以下三个方面：

（1）保障建筑功能和环境要求

保障建筑功能和环境要求是全生命周期建筑能源管理的基本目标，如电梯实现运载、空调提供冷气、灯具实现照明等。某些特定建筑，需要营造更为严苛的环境，如电子工厂生产车间通过制冷、加热、除湿、加湿、新风排风等系统，实现恒温恒湿、正压的生产工艺要求。如果不了解建筑环境的基本要求，就无法保证所消耗的能源是合理的。

（2）避免能源浪费

全生命周期建筑能源管理的更高目标是合理、高效地做好建筑能源使用阶段的管理，避免能源使用过程中的浪费，根据时间进行能源管理（如夜间写字楼无人办公时段，应关闭空调风机等）、根据空间进行能源管理（如冬季百货商场室内产热量较大，大空间中心区域可以关闭采暖设备等）。

（3）提高能源效率

从技术角度看，在同样的需求条件下，通过技术升级提高能源效率（能源效率＝使用需求量/能源消耗量），则能源消耗量将减少。技术升级的主要手段包括设备的更新（例如加入高效磁悬浮冷机、升级变频离心冷机等），IT、互联网技术的应用（如楼宇自动化、智能化），从而实现能源效率动态优化。

总之，全生命周期建筑能源管理要树立正确的目标意识，通过管理和技术手段实现功能和环境控制的基本要求，避免能源浪费，提升能源效率。

9.2.2 建筑能源系统规划

设计阶段规定了项目需求和功能，具有80%以上的投资节约可能性。设计阶段建筑能源规划的主要任务是：实施需因地制宜，结合气候条件、区域能源政策、区域能源资源、能源价格等确定总体规划方案；结合能源需求选择合理的能源类型及匹配相应的能源系统；做好容量选择，避免因设计偏差造成大量资产冗余。

（1）气候条件分析

气候条件可以影响建筑能源形式或者同一种能源形式下的配置差异、消耗能源的量比（即能源利用效率的差异），最终将影响用户使用需求和满意度。从供冷时间和强度角度考虑，地域性气候因素特征显得尤为重要。例如，集中供冷系统的优势是冷源设备容量大和效率高，供冷时间越长这种优势就越明显。部分夏热冬暖地区的大型商业综合体，供冷时间超过8个月，采用集中供冷系统优势更加明显。

（2）区域能源政策

区域能源政策不一定影响未来建筑运行能耗，但决定了未来能源费用支出。例如，夏热冬暖气候区的商业综合体，采用集中供冷结合蓄冷系统，利用夜间低谷电价将电制冷机制造的冷量存蓄起来，在白天峰值电价时将夜间存蓄的冷量释放，节约了供冷的总费用。峰谷电价比值大（峰谷电价比>3：1）、甚至有电价补贴的地区，采用冰蓄冷项目就更加适合。例如，深圳地区峰值电价是1.06元/kW·h，冰蓄冷特惠电价是0.27元/kW·h，峰谷电价比3.9：1。

（3）能源类型匹配

能源类型选择主要考虑区域能源结构、能源价格、能源品质等因素。能源类型和建筑用能项匹配情况，见表9-14。

能源类型和建筑用能项匹配情况　　　　表9-14

类型 用能项	市政用电	市政用燃气	市政蒸汽或热水	可再生能源
照明	√	—	—	√（太阳能照明）
空调	√	√（吸收制冷）	—	√（地源热泵）
采暖	√（电锅炉）	√（燃气锅炉）	√（市政热水）	√（地源热泵）
生活热水	√（电锅炉或小厨宝）	√（燃气锅炉）	√（市政热水）	√（太阳能热水）
餐饮	√（电气设备）	√（灶具）	—	—

每个建筑用能项均能匹配多个能源系统。例如，建筑空调可以采用市政用电的常规冷机、市政燃气的吸收制冷、可再生能源的电驱动地源热泵等。建筑用能

的选择需考虑现场条件、初始投资的影响，更重要的是结合未来的运行费用进行全面的分析和评估。

例如，北方某商业综合体（办公、商场、酒店等）项目可以采用电锅炉、燃气锅炉、市政采暖、地源热泵等多种采暖形式。设计阶段能源规划方案中，对上述采暖形式未来运行能耗费用进行了分析对比。某商业综合体不同采暖形式运行费用比较，如图9-7所示。

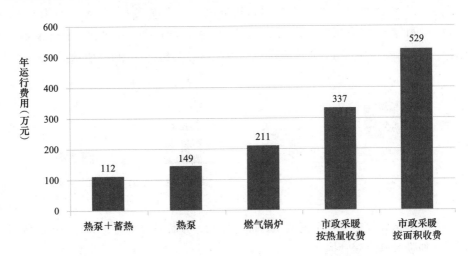

图9-7 某商业综合体不同采暖形式运行费用比较

从图9-7可以看出，热泵系统优于燃气锅炉和市政采暖的方式。若采用热泵+蓄热的方式，可在热泵方式的基础上节约20%的运行费用。

（4）用能设备容量选择

建筑主要用能设备容量选择及测算需参考同类型项目的实际运行数据作为新建建筑用能设备容量测算的依据。例如，某企业通过对新建筑用能设备进行容量选择及测算，设备容量值降低了20%以上，初始投资节省了20%以上。建筑集中供冷容量选择及实际指标对比，见表9-15。

建筑集中供冷容量选择及实际指标对比　　　　表9-15

项目名称	设计指标（W/m²）	实际指标（W/m²）
BJ-YDG	163.0	95.6
GZ-TKH	286.8	150.1
NN-WXC	168.2	76.8
HZ-WXC	219.5	106.2
SY-WXC	231.3	53.0

9.2.3 建筑能源系统调试

建筑能源系统调试是能源系统施工安装活动的系统化管理过程和技术体系。它包含功能调节（设备通电、点动等）、性能调节（设备性能曲线等）、系统优化调节（系统的综合性能）、自控实现（逻辑实现）、运行交接和培训五大环节，能够做到施工和运行保障性衔接，带来节能、舒适等建筑能源系统性价值，产生可观的直接和间接经济效益。

工程施工和系统调试本为一体，二者不可或缺。通过对近100栋各类大型公共建筑的调研发现，国内95%以上的项目没有开展系统完善的系统调试工作；其中，60%的建筑只进行安装检查和功能调试（设备调通），50%的建筑只进行联动调试（系统调通），15%的建筑进行过舒适和卫生调试（风平衡、热力平衡、PM2.5检测等），仅有不到5%的建筑做过良好的智能化和节能调试工作（有数据指标，能效高，智能化运行）。公共建筑调试统计数据，如图9-8所示。

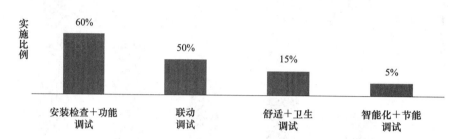

图9-8 公共建筑调试统计数据

系统调试以数据量化系统调试目标为导向，分解成五大流程和相应的分级目标，并加强实施过程管控。

（1）调试目标设定和分解

施工图是调试工作的依据。施工图设计完成后，调试团队需要设定建筑主要用能设备调试验收的具体目标，一是作为甲方进行项目验收的依据和调试标准，其可更明确地要求施工单位提高施工质量；二是通过不断地对标（现状和目标对比）实现高质量的调试，保障顺利开业和建筑高效节能运行。

（2）调试筹备和条件检查

施工安装阶段，按照施工图设定的调试目标，进行调试方案编制、组织架构落实、计划制订等一系列调试筹备工作，称为一级施工安装阶段的调试条件筹备。一级施工安装阶段的调试条件筹备内容，见表9-16。

一级施工安装阶段的调试条件筹备内容 表9-16

工作时间	整体权重	检查类别	序号	检查项	子项满分	检查标准（施工图、施工规范、项目调试指引）	检查区域范围	检查点数量
开业前7个月	8%	调试条件预设	1	施工图调试条件检查	24	调试阀门配置完备；预留测试点位；调试操作便捷	整个空调系统	主要单机设备和调节阀门
			2	调试方案	20	工作范围完整；调试方法可行；仪器配备符合要求；制定应急预案	整个空调系统	整个空调系统
			3	调试计划	20	工作计划可行；人员配备齐全	整个空调系统	整个空调系统

续表

工作时间	整体权重	检查类别	序号	检查项	子项满分	检查标准（施工图、施工规范、项目调试指引）	检查区域范围	检查点数量
开业前7个月	8%	调试条件预设	4	设备采购清单	16	冷站设备、空调末端设备、空调系统阀门及配件的设备参数与施工图、招标投标文件一致	整个空调系统	整个空调系统
			5	机房、管线预留预埋	10	与施工图一致；若有变更需提供依据且便于调试	主要机房和管线	主要机房和管线
			6	临水、临电供应	10	能够满足样板调试的需求	样板	样板层和样板设备
	2%	文件归档	7	上述文件归档，形成纸质和电子版	100	符合调试指引要求	—	—

其次，如调节阀门是否到位、风量测试孔等是否齐备等必要的调节测试手段属于具体技术条件，称为二级施工安装阶段的调试条件筹备。

（3）设备单机调试

设备单机调试包括设备性能调试和发现问题整改后的复查。

例如，某空调系统单机调试时发现多台空调系统中风机风量在设计值的80%以下。空调风机实测风量与设计值比较，如图9-9所示。经检查是风道施工不合理，导致机外阻力系数增大，影响空调舒适度，同时增加空调系统中风机的运行能耗。

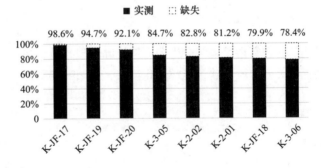

图9-9 空调风机实测风量与设计值比较

（4）系统联动调试

系统联动调试阶段不应只停留在调通阶段，而是要保障达到调优和系统化调试。例如，集中供冷结合冰蓄冷系统需要进行蓄冰、融冰、联合供冷、联合放冷等多种工况的运行和效果验证。结合气候条件引起的负荷条件变化，给出不同的运行策略。

调试阶段如遇冰蓄冷、VAV（全空气变风量系统）、复杂水系统等，需要调试团队给工程机电分包方提供调试示范，并进行调试培训。

（5）开业移交

开业移交包括开业前和开业初期的共管运行指导、培训和协助移交运行。调试团队提供系统运行管理指导和培训,保障复杂系统顺利地交接给运行团队。项目开业移交阶段工作分工,见表9-17。

项目开业移交阶段工作分工　　　　表9-17

工作专项	业主方	运行团队	调试顾问
联合运行前准备工作	・锅炉通气调试(需要厂家到场开机和培训) ・安排打开待开业商铺末端阀门 ・检查所有设备的电气、基础运行条件等 ・水系统补水、统一排气 ・做好漏水等应急预案	・了解调试过程,熟悉操作 ・协调打开商铺阀门等 ・配合做运行检查 ・提前准备应急预案 ・检查主要通道、门窗等,供暖前提前做好封闭 ・检查餐饮租户的补风、排风机是否能正常开启	・见证锅炉调试 ・监测数据 ・检查各项联动条件
热源+水系统联合运行	・运行:负责开关机、运行记录、阀门开关等 ・巡检及应急:水系统巡检	・配合运行:协调商铺开启水阀等 ・配合巡检及应急:协调检查并解决现场问题	・指导联合运行 ・监测分析运行数据(热量及分配等)
风系统	・运行:负责开关机、运行记录、阀门开关等 ・巡检及应急:风系统巡检	・配合运行:熟悉现场配合运行 ・配合巡检及应急:配合巡检	配合运行和检查
室内环境监测巡查	解决保冷区域的采暖问题	巡查公共区域、重点商铺区域,测试室内环境温度,做记录	测试公共区域、重点商铺区域,测试室内环境温度,做记录
现场巡查和应急	・爆管、漏水隐患等应急处理 ・停电等临时事件处理	配合处理各项紧急事件	配合运行和检查

9.2.4 建筑能源优化策略

使用阶段建筑能源管理是建筑全生命周期能源管理的最后一个阶段,也是控制长期能源消耗的关键阶段。建筑能源优化策略,如图9-10所示。

图9-10 建筑能源优化策略

(1)精细管理与深度运维

建筑能源管理的核心是保障系统持续健康。通过精细管理和深度运维,不仅可保障系统健康,还可实现基础能源管理的合理控制。

根据数据分析,精细管理可以减少3%~5%的建筑能源费用支出。例如,照明系统根据照度来调节亮度和开关;空调系统根据季节调控新风量,根据人员的数量进行动态的开关策略编制等。物联网技术的发展使传感器代替人实现更加精细化的检测和管理,真正达到精细管理。

深度运维区别于功能性运维工作,它应用长期持续数据化运维管理机制,通过大量的KPI指标进行系统健康管理。深度运维也可以减少3%~5%的建筑能源费用支出。某项目发现蒸发器及冷凝器趋近温度偏高，而后进行了深度运维（清洗和增加制冷剂），改善了建筑用能设备的运行状况，每年可以减少50万元的建筑能源费用支出。

（2）系统运行调试

系统运行调试是施工调试的延续，其不仅是真实需求下的调试，也常常是一个持续的过程。建筑能源系统会根据建筑空间布局的变化情况做调整。例如，某大型商业综合体在开业后持续3年对空调水系统平衡进行调试优化，冷冻水系统供、回水温差从3.1K提升至6.8K，水泵自动变频且实现了系统大温差运行，减少约80万元的建筑能源费用支出。

（3）持续改进

随着采用新技术和更换设备的成本不断降低，在确保经济性的前提下若要减少建筑能源管理费用，可按计划采用新技术或更换设备对既有建筑进行改造和升级。例如，对地下车库进行LED照明和雷达灯管改造，可节约50%以上的照明电费；如果将磁悬浮机组在大系统内进行优化配置，可以发挥其部分负荷高效率运行的特点，在没有大幅增加投入成本的前提下，达到最佳性价比，并可将静态投资回收期控制在3年之内。

（4）再调试与效果验证

再调试与效果验证形成了单一改进专项的闭环管控流程。在这个过程中需要不断测试、记录和分析数据，验证新投入改造设备、系统的有效性和舒适性。例如，某大型集中供冷系统实现持续的调试与效果验证，集中供冷系统能效逐年提升。集中供冷系统持续调试与效果验证数据，如图9-11所示。

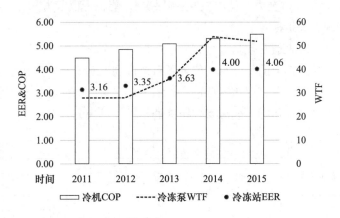

图9-11 集中供冷系统持续调试与效果验证数据

9.3 建筑能源管理工具与方法

9.3.1 能源管理矩阵

能源管理矩阵（Energy Management Matrix）是审视企业能源管理工作成效

的一种有效工具。借助能源管理矩阵,可以给能源管理现状把脉定位。

(1)能源管理层次

能源管理矩阵反映了企业能源管理水平的五个不同层次,层次越高说明所达到的能源管理水平越高。能源管理矩阵层次结构,如图9-12所示。

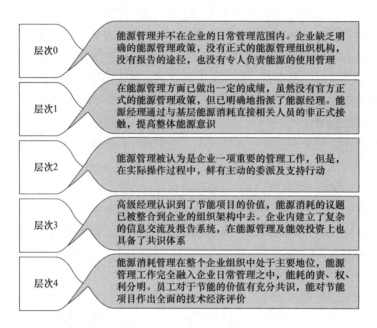

图9-12 能源管理矩阵层次结构

显而易见,对任何一个企业来讲,层次3和层次4是要努力达到的方向。根据节能统计数据显示,一个企业能源管理每提升一个层次,就可以使能耗节省8%~10%。如果经过努力,从层次0达到层次4,能耗可以节省30%~40%。

(2)能源管理指标

能源管理矩阵表通常包括五个方面的指标,每个指标根据执行情况从0到4分为五个层次。从下往上的每一行则代表了每个议题不断增高的层次水平。根据企业自己的能源管理情况,逐级逐项进行对照,标定自己的能源管理现状,从而根据测定的结果来制定目标。能源管理矩阵的指标,见表9-18。

能源管理矩阵的指标 表9-18

指标 层次	能源政策	组织	员工激励	跟踪、监控及汇报系统	宣传与培训	能源投资
4	能源管理政策、行动方案以及定期检查制度已成为企业战略中的最高管理制度之一	有明确的能源管理组织,能耗管理人员的权、责、利分明	建立了能源经理与员工之间正式与非正式的多层次沟通渠道	有复杂先进的系统为企业设定节能目标、监控能耗、诊断故障、量化节能成果并提供节能项目成本分析	在企业内外部大力宣传能源管理工作的性质以及节能所能带来的成效	对所有新建、改建项目及设备更新项目进行详细的经济评价,对那些绿色项目作出正面积极的评价与实际支持

续表

指标层次	能源政策	组织	员工激励	跟踪、监控及汇报系统	宣传与培训	能源投资
3	正式的能源管理政策已经形成,但并未得到最高管理层的行动支持	成立了代表全体客户的能源委员会,该委员会由一位最高管理层成员领导,并任命了能源经理	能源委员会作为主要的渠道,负责与主要客户联系	通过分户计量追踪并监控能源的用途,但节能成效并没有有效地报告给客户	举行员工节能意识培训,并定期开展公开活动	对新建、改建及设备更新项目采取与企业投资项目一样的投资回收期计算
2	能源经理或高级经理制定了相应的能源政策,但并未被正式认可	任命了能源经理,负责向特别委员会汇报,但职责权限不明确	通过一个由高级经理领导的特别委员会与主要客户联系	通过计量仪表的数据实现对能源使用的监控管理	某些特殊的员工接受节能意识培训	投资仅适用于回收期短的项目
1	能源政策未正式成文	只有有限能力和影响力的兼职人员从事能源管理工作	能源工程师与少部分客户之间建立了非正式的沟通渠道	根据收据和发票记录能耗成本,作为内部使用	通过非正式的接触与交流促进节能意识的传播	只采取一些低成本的节能措施
0	没有直接的能源政策	没有能源管理的责任人	与客户之间没有联系,也没有信息流通系统	没有关于能源消耗及使用的任何记录	没有节能方面的培训	没有用于提高能效方面的措施

根据经验,在一座大楼里大约40%的能源是被浪费掉的。这也就意味着能源管理水平每提高一个层次,就可以减少约10%的能源浪费。但是,并不是所有的节能管理事务都要达到最高一级(层次4)的水平,要根据企业的财力和节能所取得的效益决定。能源管理矩阵,如图9-13所示。

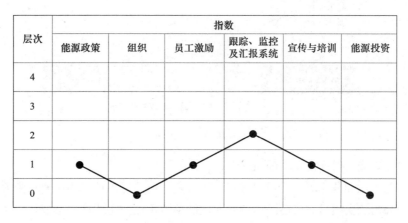

图9-13 能源管理矩阵

能源管理矩阵最重要的功能是指出企业在哪些方面需要采取进一步的行动,以确保能源管理工作快速有效地发展。通过观察连线的形状,可以看出企业能源管理是否处于整体平衡的水平。连线的峰顶表示企业能源管理中较为成熟的工作,而谷底则表示企业能源管理中做得不够的地方。

调查结果显示,如果能源政策方面落实得很好,企业有节能政策,达到层次

3的水平，但组织或者跟踪、监控及汇报系统方面只达到层次0或者层次1，因为组织结构混乱，职责不分明，也没有能耗数据收集和分析，那么就需要和有关部门、主管领导进行研究、商讨，制定策略和给出预算，或采取容易取得实际效果的优先措施，或改善层次最低的方面，在短、中期内力求能源管理的所有方面达到相对平衡，长期目标是达到所有方面的最佳化。

9.3.2 合同能源管理

合同能源管理（Energy Management Contracting）是节能服务公司与用能单位以契约形式约定节能项目的节能目标，节能服务公司为实现节能目标向用能单位提供必要的服务，用能单位以节能效益支付节能服务公司的投入及其合理利润的节能服务机制。

（1）节能效益分享模式（Shared Savings）

节能改造工程的投入和风险由节能服务公司承担，项目期内用能单位和节能服务公司双方共同确认节能率并分享节能效益。节能改造工程完成后，首先保证节能服务公司收回投资成本，然后双方按比例分享节能效益。项目合同结束后，节能设备无偿移交给用能单位，此后所产生的节能收益归用能单位。节能效益分享模式，如图9-14所示。

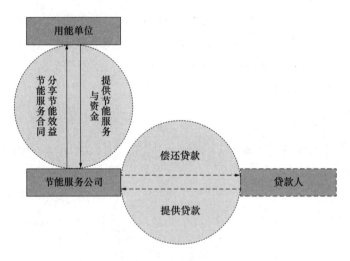

图9-14 节能效益分享模式

（2）节能量保证模式（Guaranteed Savings）

用能单位和节能服务公司双方都可以投资，但用能单位作为主要投资方，节能服务公司负责项目完成后的运营并向用能单位承诺一定比例的节能量，达不到承诺节能量的部分，由节能服务公司负担；超出承诺节能量的部分，双方分享；直至节能服务公司收回全部节能项目投资和约定的收益后，项目合同结束，节能设备移交给用能单位，此后所产生的节能收益全部归用能单位。节能量保证模式，如图9-15所示。

这种模式下的节能服务合同通常可能是介于设备投资方、客户及能源服务公司之间的"三方协议"。

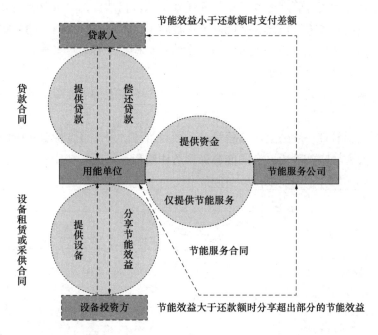

图9-15 节能量保证模式

（3）能源费用托管模式

用能单位委托节能服务公司进行能源系统的节能改造和运行管理，并按照双方约定支付能源托管费用；节能服务公司负责管理用能单位委托的能源系统的运行和维护工作。项目合同结束后，节能设备无偿移交给用能单位，此后所产生的节能收益全部归用能单位。能源费用托管模式，如图9-16所示。

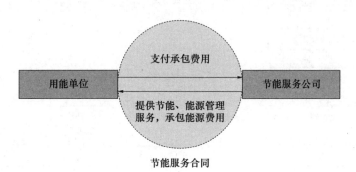

图9-16 能源费用托管模式

除了以上三种最为基本的合同能源管理运作模式外，实践过程中还出现了如下一些复合型的运作模式：

（1）能源服务公司优先受益模式

它是在节能效益分享模式的基础上形成的。这种模式中的节能服务合同规定由能源服务公司优先获得节约能耗所获得的收益，直至收回所有的项目费用为止。当能源服务公司收回其所有项目费用后，若节能量比预期高，则客户可以要求提前中止合同，此后的节能收益由客户享有。

（2）改造工程施工模式

它是将合同能源管理运作模式与普通施工承包相结合，由企业委托公司做能源审核、节能整体方案设计、节能改造工程施工，按普通工程施工的方式，支付工程施工前的预付款、工程施工中的进度款和工程完工后的竣工款。

（3）能源管理服务模式

它是基于能源费用托管模式而产生的，客户不仅能要求能源服务公司提供节能服务，还可将能源管理业务外包给能源服务公司。

合同能源管理一般的运作流程可分为项目洽谈阶段、可行性分析阶段、合同谈判阶段及方案实施阶段。合同能源管理运作流程，如图9-17所示。

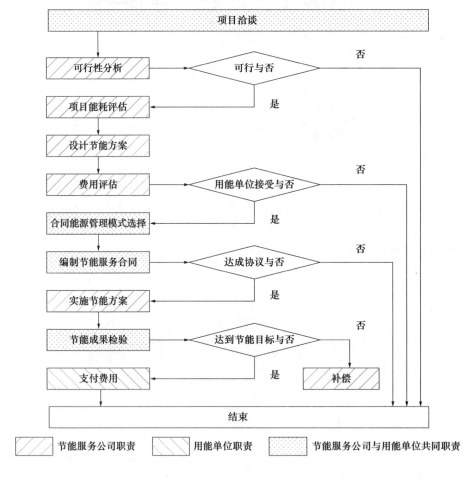

图9-17 合同能源管理运作流程

9.3.3 建筑能源审核

建筑能源审核是一个有效的能源管理工具，它是指由专业的能源审计人员受政府主管部门或业主的委托，根据国家有关节能法规和标准，对建筑的部分或全部能源活动进行检查、诊断、审核，对能源利用的合理性作出评价，并提出改进建议。

(1) 建筑能源审核形式

根据企业的要求不同,建筑能源审核的工作范围也有所不同。一般可将建筑能源审核分为以下三种形式:

1) 初步审核 (Preliminary Audit)

初步审核又称简单审核 (Simple Audit) 或初级审核 (Walk-through Audit),其特点是能源审核的对象比较简单,花费时间较短。在初步审核中,只与运行管理人员进行简单的交流,对主要用能建筑和基本情况进行调查,掌握用能建筑的总体情况,并简要审查建筑的能源账目,对节能改造成本、节能效益和节能项目的投资做出概算,数据准确度在±40%以内。

2) 目标审核 (Target Audit)

目标审核又称单一审核 (Single Purpose Audit)。如果在初步审核的基础上发现建筑的某一个系统有较大的节能潜力,需要进一步分析,则需要进行目标审核。目标审核一般只针对一两个系统展开,但审核的比较仔细。例如,照明系统单一审核,需要详细了解楼内所有照明建筑的种类、数量、性能和使用时间,并抽样测试室内照度水平,计算实际照明能耗,分析改造后的节能率、投资回报率和室内光环境改善程度等。

3) 全面审核 (General Audit)

全面审核要收集更多的建筑运行数据,对建筑节能措施进行比较深入的评价。因此,必须收集12~36个月的能源费用账单才能正确评价建筑的能源需求结构和能源利用状况。此外,还需进行一些现场实测,并与运行团队深入交流。全面审核可以进行节能措施的详细财务分析,数据准确度在±20%以内。

4) 高级审核 (Comprehensive Audit)

高级审核又称详细能源审核 (Detail Audit) 或投资级审核 (Investment-grade Audit),是全面审核的扩展。它要提供现有建筑和经节能改造后建筑能源特性的动态模型。一般运用数学模型或专业软件对节能项目的效益进行准确评估,计算其投资回报 (准确率在±10%以内),以支持具体投资决策。此外,还需充分估计节能项目的各种风险因素,如气候的变化、建筑功能的转变、能源费率的提高等,制定多个应变方案。

企业在选择究竟需要对建筑进行何种审核时,一般需要考虑一系列问题。建筑能源审核问题清单,见表9-19。

建筑能源审核问题清单　　　　　　　　　　表9-19

序号	问题	回答"是"	回答"否"
1	您是否仅需对建筑的能源项目做一次粗略的分析?	初步审核	全面审核或高级审核
2	您是否已经做过一次能源审核?	对已有的审核结果进一步完善	三种审核皆有可能
3	您是否已经采取了节能措施?	针对尚未分析过的特定项目进行目标审核	三种审核皆有可能

续表

序号	问题	回答"是"	回答"否"
4	您是否只有有限的经费用于能源审核？	初步审核或全面审核	高级审核
5	您是否知道您希望实施什么项目？	目标审核	初步审核或高级审核
6	您是否想得到一份建筑的能源规划文件？	高级审核	初步审核或全面审核
7	您是否很关心节能量和成本？	高级审核	目标审核

根据建筑规模的不同，选择不同形式的能源审核费用也有所不同。不同级别能源审核费用标准，见表9-20。

不同级别能源审核费用标准（单位：美元） 表9-20

组织规模	初步审核	一般审核	高级审核
小规模 （耗电量＜200MWh p.a.）	500～1000	1000～3000	3000～10000
中等规模 （200MWh p.a.＜耗电量＜3000MWh p.a.）	1000～2000	2000～5000	5000～25000
大规模 （耗电量＞3000MWh p.a.）	2000～5000	5000～25000	＞10000

注：MWh p.a. 表示 1000 千瓦时·每年。

（2）建筑能源审核报告

建筑能源审核报告是建筑能源审核的成果总结。对于高级审核，其建筑能源审核报告正文可包括五个部分。若是选择采用初级审核或全面审核的形式，审核员可以根据需要删略没有涉及的项目，以缩减报告的篇幅。建筑能源审核报告内容，见表9-21。

建筑能源审核报告内容 表9-21

序号	章/节目录	具体内容
1	引言	
1.1	经审核的建筑基本数据	楼层数目、楼面面积、用途、使用率、运作时间、建成年份等；同时，应以附件形式附上平面图和示意图
1.2	审核目标	研究建筑的能源消耗量以鉴定可实施的能源管理机会（EMO）、设定能源节约目标、考虑制订长远能源管理计划等
1.3	审核范围	包括准备检查的装置，如暖通空调装置、电力装置、升降机和自动梯系统、水管装置和排污系统，以及任何其他特别设备和系统；审核的深入程度；涉及的各方人士（使用者、设施管理部门、操作及维修人员等）
1.4	审核小组的成员	审核小组的成员，以及所聘用的审核顾问（如有）
2	经审核设备和系统的说明	
2.1	系统分区布局	根据设备/系统高度或用途而编制的系统分区布局

续表

序号	章/节目录	具体内容
2.2	各场地的暖通空调装置	系统类型,例如配备可变风量、恒定风量或盘管式风机等;控制器类型;冷却装置和泵数目;排热方式等;各项有关装置的位置
2.3	照明装置	不同场地所采用的照明类型、控制器类型及分区布局
2.4	电力装置	变压器和低压主配电盘数目,以及各项有关装置的位置、尺寸或主配电缆和总线的额定值
2.5	升降机及自动梯装置	功率、分区布局、数量、服务的楼层和场地、控制器类型及驱动器类型
2.6	水管装置和排污系统	系统类型、布局、数量、控制类型等
2.7	热水系统	系统类型、布局、数量、控制类型等
2.8	其他主要耗能设备和系统	系统类型、布局、数量、控制类型等
3	审核结果	
3.1	将审核结果进行系统的记录	例如,按系统类型排序(如先列示暖通空调装置,然后是照明装置等),或按楼层排序(如由最低层至顶层),或按用途排序(如一般办公室、私人办公室、公用走廊、升降机大堂等)
3.2	有特别需求的楼层和场地的相关说明	如需要24小时全日运作、必须设定低温的计算机房等
3.3	有关冷却装置负荷、热负荷、照明负荷、电负荷及每年耗能量的计算	应以附件形式提供详细计算
3.4	对操作和维修程序及相关实务的审核结果	—
3.5	根据相关结果初步鉴定的潜在EMO	—
4	能源管理机会分析	
4.1	差异分析	根据原设计(若可取得资料)及实际现场测量所得数据,对设备和系统的实际表现进行比较,以找出任何差异及导致此等差异的原因
4.2	潜在的EMO及相关的支持依据	应以附件形式提供可达到能源节约量的计算结果及详细说明
4.3	实施EMO的成本	应注明相关的参考编号,每个审核结果应给予一个参考编号、详细计算结果,同时应以附件形式提供平面图和设计原理图
4.4	分析不同方案	在适当情况下,比较同一EMO的不同解决方案
4.5	EMO分类	可将EMO分为Ⅰ类、Ⅱ类或Ⅲ类
4.6	系统地列示各项EMO	例如,按系统类型排序(如先列示暖通空调装置,然后是照明装置等),或按楼层排序(如由最低层至顶层),或按用途排序(如一般办公室、私人办公室、公用走廊、升降机大堂等)
4.7	EMO的实施	实施EMO的时间表;鉴定需要进一步研究的场地(如有);说明实施EMO需涉及的有关人士,以及可能遇到的困难和克服这些困难的方法
4.8	总结	列示每项EMO的初期投资金额及回收期

续表

序号	章/节目录	具体内容
5	建议相关项目归纳一起,或根据建筑的类型（Ⅰ类、Ⅱ类或Ⅲ类）分列	
5.1	每项EMO的初期投资金额及回收期	—
5.2	各项建议的一览表	—
……	……	……

（3）能源管理机会

在能源审核中,那些有效提高节能效果的措施可以被统称为能源管理机会（Energy Management Opportunities,EMO）。根据建筑能源管理成本费用和实施复杂程度,EMO可以分为Ⅰ类、Ⅱ类和Ⅲ类。EMO分类,见表9-22。

EMO 分类　　　　　　　表9-22

类别	成本费用、实施复杂程度
Ⅰ类	不需要任何投资。通常包括一般的内务管理措施,例如在房间闲置时关闭空调和照明、调整空调温度的设定值等
Ⅱ类	需要少量投资。例如,安装计时器来关闭设备,用T5荧光灯管代替T8荧光灯管等
Ⅲ类	需要较大投资。例如,安装可变速驱动器、安装功率因数校正设备、更换冷冻机等

通过能源审核,可以找出许多能源管理机会,有些能源管理机会可以即时推行,而且花费无几,有些能源管理机会则可能需要较大的投资。因此,在落实推行能源管理机会之前,应衡量能源管理机会的成效,以决定是否值得推行。空调系统、照明系统和电气系统EMO节能效果（示例）,分别见表9-23、表9-24和表9-25。

空调系统 EMO 节能效果（示例）　　　　　　　表9-23

序号	审核结果	EMO	节能效果
1	空调系统——能源管理机会Ⅰ类		
1.1	非办公时间空调仍开着	由走出房间的最后一人或者安装计时器来关掉空调设备	下班期间不必要的能源消耗
1.2	夏季时空调的温度太低。例如,房间温度为21℃	设定自动调温器为合适温度。例如,设定24℃,或者修理/更换损坏的自动调温器	10%～30%
1.3	空调运行时门窗仍然打开	关闭门和窗	5%～20%
1.4	隔尘网和空气处理机组的空气压力损失太大	清洗隔尘网	风扇功率的5%～20%
1.5	制冷机在非夏季情况下出水温度为6℃	重新设定出水温度为8℃	制冷机功率的3%～6%
2	空调系统——能源管理机会Ⅱ类		
2.1	阳光猛烈时,窗户没有百叶或者百叶没有关上	安装或者关上百叶	5%～30%的制冷量,并抵消从窗户进入的太阳热能

续表

序号	审核结果	EMO	节能效果
2.2	空气处理机组的检修门和风管系统漏风（约3%）	验明和维修检修门以及风管系统中漏风的垫圈	风扇功率的3%
2.3	冷冻水泵密封套渗水过多	检查和改善转轴的密封情况	1L/min的渗漏水意味着每年1000kW·h的能源消耗
2.4	空气压力不平衡造成部分区域过冷	添加适当的风闸，平衡送风系统	15%～25%
2.5	冷冻水压力不平衡造成部分区域的过冷	添加适当的阀门，平衡冷冻水系统	15%～25%
3	空调系统——能源管理机会Ⅲ类		
3.1	窗户暴露于猛烈的阳光中	采用太阳隔热膜	>20%
3.2	锅炉有25%的过量空气（燃烧时）	调整过量空气到10%	1.5%
3.3	空气处理机组的空气流量采用入口风叶控制	添加变压变频的变速驱动器	风扇功率的10%～30%
3.4	采用恒速马达驱动的二级冷冻水泵	添加变压变频的变速驱动器	水泵功率的10%～30%

照明系统 EMO 节能效果（示例） 表9-24

序号	审核结果	EMO	节能效果
1	照明系统——能源管理机会Ⅰ类		
1.1	走廊区域的亮度为500lux（亮度过高），但是没有翻新的资金	将一些灯管的供电中断，使亮度降低到一个合适的水平，如100lux	走廊照明用电量的15%～30%
1.2	靠近窗户的灯在白天仍然开着，使亮度超过700lux	通过以下措施使亮度维持在500lux：关闭靠近窗户的灯管；如果内部照明和靠近窗户的灯管共享一个控制开关，可重装电线，在两个区域分别设置独立的开关；如果适合的话，用感光器来光控开关，以替换靠近窗户的灯具的镇流器	窗旁照明用电量的20%～30%
2	照明系统——能源管理机会Ⅱ类		
2.1	现存照明系统（例如出口指示灯）中采用T12/T10荧光灯管	用T8荧光灯管代替（不适合用于快速启动型）	10%
2.2	使用T8荧光灯照明	用T5荧光灯代替	30%～40%
2.3	人手控制开关的照明系统	添加客户感应器	>20%
2.4	T8荧光灯管配合电磁镇流器使用	把电磁镇流器更换为电子镇流器	20%～40%
2.5	使用白炽灯泡	更换为紧凑型荧光灯，或者更换为荧光灯管照明	80%（如果房间有空调的话，还可抵消白炽灯泡所释放的热量）

电气系统 EMO 节能效果（示例）　　　　　表 9-25

序号	审核结果	EMO	节能效果
1	电气系统——能源管理机会Ⅲ类		
1.1	马达功率超出所需30%	用较小、合适功率的马达代替；添加变压变频的变速驱动器	5% 50%
1.2	整体功率因数为0.8	提高到最少为0.85	尽量降低配电网络的I^2R损失
1.3	总谐波失真率为30%	添加滤波器来降低额定负载情况下电路电流的谐波失真	尽量降低配电网络的I^2R损失

关键术语

能耗结构　能耗基准　能耗指标　能源管理体系　能源管理目标　能源系统规划　能源政策　能源系统调试　能源管理矩阵　合同能源管理　建筑能源审核　能源管理机会

复习思考题

1. 什么是能耗基准？能耗基准的作用是什么？
2. 建筑能源管理目标应该包含哪几个方面？
3. 简述能源矩阵的内涵及其应用方法。
4. 合同能源管理有哪些运行模式？不同模式有何特点？
5. 建筑能源审核形式有哪些？
6. 建筑能源审核报告主要包含哪些内容？
7. 能源管理机会有哪些分类？

第10章 客户关系管理

本章导读

客户关系管理（Customer Relationship Management，CRM）是一种新型的管理理念，它以客户为中心，以不断满足客户需求和为客户创造价值为目标，通过为客户提供个性化的设施管理服务，与客户建立长期稳定的关系，不断提高客户的满意度和忠诚度，从而获得和保留更多有价值的客户。设施管理面向每一个最终用户，必须倾心于客户并通过一系列的行动实施，获得准确的顾客反馈，为客户提供量身定制的产品或服务，建立优质的互相依存型客户关系。本章讨论了客户关系及其影响因素，介绍了客户战略与管理流程，阐述了客户需求确定、目标客户定位和客户开发战略，分析客户满意度测评等。

主要内容

- ❖ 客户类别及其特征；
- ❖ 客户关系及其因素；
- ❖ 客户关系管理核心流程解析；
- ❖ 客户需求确定和目标客户定位；
- ❖ 客户的选择和开发；
- ❖ 客户沟通内容、结果与方法；
- ❖ 客户体验环节及其应用；
- ❖ 客户期望与服务差距；
- ❖ 客户满意度的相关因素、调查和评价。

10.1 客户关系管理概述

客户关系管理是设施管理团队在核心竞争力建设中为求竞争制胜和快速成长，树立以客户为中心的理念，所制定的包括判断、选择、争取、发展和保持客户的完整商业战略；是以客户关系为重点，优化组织体系和业务流程，提高客户满意度和忠诚度，并有效提高效率和利润的业务实践；也是围绕客户价值创造，为最终实现信息化运营目标，开发和使用的先进技术、软硬件、管理制度与解决方案等的总和。

10.1.1 客户类别及其特征

客户资源是企业生存和发展的战略资源。设施管理工作的实施必须明确客户类别，按照不同的标准对客户进行分类，形成差异化的客户策略。

（1）按照客户价值划分

根据设施管理团队对客户价值的评估，可进一步将价值量化的结果对客户进行更准确的分类。

对于量化分析客户价值的结果，可采用ABC分类法进行划分，又称帕累托（Pareto）分析法。它是根据事物在技术或经济方面的主要特征，进行排队分类，分清重点和一般，从而有区别地确定管理方式的一种分析方法。因为该方法将分析对象分成A、B、C三类，所以称为ABC分类法。

采用ABC分类法进行划分，依据客户价值的量化评分结果，可把客户分为贵宾型客户、重要型客户和普通型客户三种。基于价值的客户ABC分类，见表10-1。

基于价值的客户 ABC 分类　　　　　表 10-1

客户类型	客户名称	客户数量比例	客户创造的价值比例
A	贵宾型	5%	50%
B	重要型	15%	30%
C	普通型	80%	20%

注：表中所列数值符合帕累托原理，仅为参考值，需要根据具体情况确定。

此外，还可以按照客户价值与服务成本的相对关系进行分类，将客户分为最具价值的客户（Most Valuable Customer，MVC）、第二层的客户（Second-Tier Customer，STC）和负值客户（Below-Zero Customer，BZC）。按照价值与服务成本的客户分类，如图10-1所示。

1）最有价值的客户：指那些战略价值最高的客户。这些都是设施管理团队的核心目标客户。

2）第二层的客户：指那些具有较高未实现潜在战略价值的客户。尽管这些客户现在实际价值并不高，但未来会具有更高的价值。这类客户是设施管理团队广泛关注并着力拓展的对象。

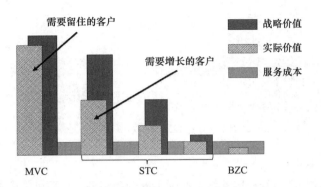

图10-1 按照价值与服务成本的客户分类

3）负值客户：指那些根本无法带来足以平衡相关设施管理团队服务成本的客户。他们是需要满足其基本需求，但又不能舍弃的客户。

最有价值的客户、第二层的客户两类客户的服务成本均等于或低于其实际价值。

（2）按照客户关系和作用划分

在设施管理业务中，客户对设施管理的关注度、参与度及利益相关程度都是不同的。通过对客户关系和作用的分析，可以将客户分为权力型、主力型和普通型三种，他们分别具有不同的特点。按照关系和作用的客户分类，如图10-2所示。

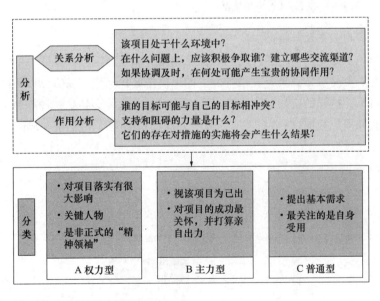

图10-2 按照关系和作用的客户分类

（3）按照客户所处位置划分

按照客户所处位置划分，客户可分为内部客户和外部客户。内部客户就是企业内部设施管理的受用部门，它包括企业的股东、高级管理层、业务部门（包括核心业务部门和非核心业务支持部门）等；外部客户就是企业外部的客户群，包括外部的业务伙伴及访客等外部利益相关者。按照客户所处位置分类，如图10-3所示。

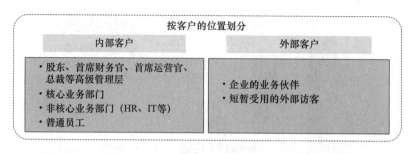

图10-3 按照客户所处位置分类

1)内部客户

企业内部的高级管理层是指企业的决策者和领导者,是决定设施管理工作能否有效开展并取得成效的关键因素,需要同这一高级别的客户保持良好的沟通和专业互动;设施管理为核心业务部门的客户提供专项针对性的服务,辅助企业的核心业务发展;非核心业务部门与设施管理部门共同提供支持性服务,需要协作机制和联动性;维系普通员工的策略应是及时更新员工信息、调查需求动向、评价客户满意度。

2)外部客户

与企业业务伙伴建立起长远的伙伴关系,维系忠诚度;注重访客对企业环境的体验与评价,寻求建议。

10.1.2 客户关系及其影响因素

(1)客户关系及其特征

客户关系是指企业与客户之间的相互作用、相互影响和相互联系的状态,并不是所有的交易双方都具有关系特征。如果仅把客户当作交易方,以单次交易作为主要目标,这样的交易被称为互不关联的交易。这种交易是一种零和游戏,各方的收益和损失相加总和为"零"。客户关系及其特征,如图10-4所示。

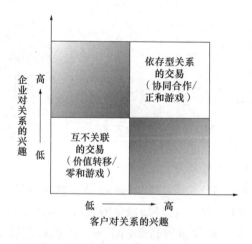

图10-4 客户关系及其特征

在设施管理客户关系管理中,企业需要致力于建设依存型客户关系,同客户一起创造一种以主观能动性为基础的真实关系。

（2）客户关系阶段

在客户关系发展过程中，交流、合作、利益冲突的解决能够产生强化作用，反之则产生不利影响。客户关系阶段划分及其描述，如图10-5和表10-2所示。

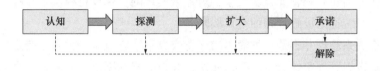

图10-5 客户关系阶段划分

客户关系阶段描述　　　　　　　　　　　表10-2

序号	阶段	内容
1	认知	交易开始前，企业与客户双方都会意识到对方是可见的关系伙伴，这时双方开始努力去论证各自的吸引力或是自我激励，在这一阶段，没有互动关系发生
2	探测	关系的测试阶段，企业与客户双方开始致力于确定目标的可比性、忠诚度以及其他取得成效的能力，这一阶段发生交流并表达希望、问题等
3	扩大	探测阶段获得的积极结果提供了一种证据，建立关系的一方看到了另一方的价值所在。这样，关系的发展自然进入扩大阶段，不断增加双方在关系建立中已经得到的利益和互相之间的依赖性
4	承诺	都已经达到所期待的价值和满意水平，这使得双方能够对这种关系的确立作出承诺，在作出承诺的同时，双方对选择建立另一种关系的愿望就极大降低了
5	解除	这可能在客户关系的任何阶段发生。在关系发展过程中，企业与客户双方需要付出一定程度的努力，当任何一方认为维持这种关系的利益抵补不了成本时，解除就发生了

（3）客户关系影响因素

客户关系是多属性的变量。在同客户交往的过程中，信任、保证、满意、依赖、公平和对称这六个因素都会对客户关系产生影响。客户关系影响因素，如图10-6所示。

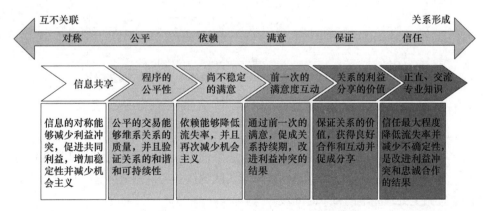

图10-6 客户关系影响因素

在图10-6中，从左向右的关系形成因素对建立客户关系的正向影响逐渐变大。以信任因素为例，对建立依存型客户关系具有正向的影响，其本质为正直的交往和专业知识的提供，以此作为降低客户流失、减少不确定性和改进利益冲突的结果，并促成忠诚合作。

10.1.3 客户战略与客户关系流程

(1) 客户战略

企业如何建立和管理客户关系，对关系实现的目标及目标实现途径的整体性把握，可以统称为设施管理的客户战略。

客户关系管理并不是一种简单的概念或方案，它也是一种设施管理战略。客户战略是设施管理整体战略的有效支撑，客户战略的制定和实施是一个需要企业各部门协调操作，完成整体资源整合和调动的过程。客户战略体系，如图10-7所示。

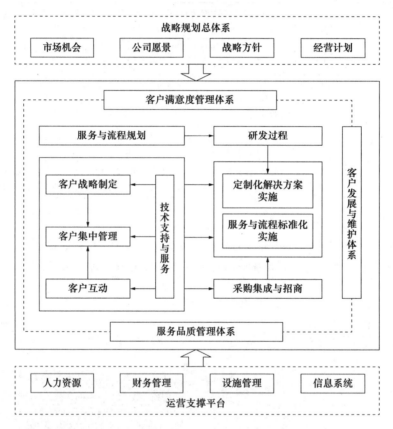

图10-7 客户战略体系

(2) 客户关系周期

客户关系周期是从一个客户开始对设施管理团队进行了解或团队开始准备对某一客户实施开发活动开始，直到客户与团队的业务关系完全终止，且与之相关的事宜完全处理完毕的整个时间段。

根据投入与客户贡献收益的不同，设施管理客户关系周期可分为五个阶段。客户关系周期，如图10-8所示。

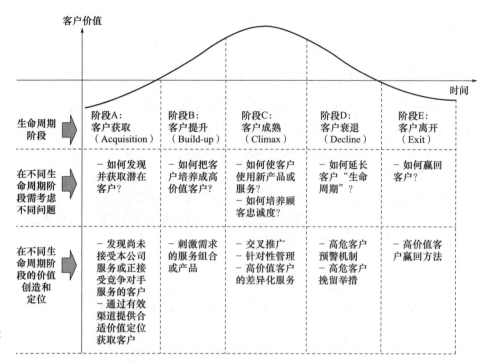

图10-8 客户关系周期

处于不同生命周期阶段的客户,其需求及对设施管理团队提供的价值均有所不同,也意味着对客户管理与服务方式应采用不同标准的管理模式。

(3)客户关系流程

客户关系是通过一系列的行动来巩固及进一步发展与客户长期稳定关系的动态过程和策略。客户关系流程,如图10-9所示。

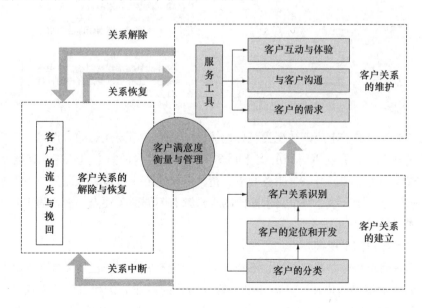

图10-9 客户关系流程

10.2 客户关系实施

10.2.1 客户需求确定

设施管理必须以客户的需求为导向。客户需求包括客户的目标、需要、愿望以及期望,是通过双方的长期沟通,将客户对设施管理的欲望、用途、功能进行逐步发掘,将客户心里模糊的认识以精确的方式描述并展示出来的过程。

(1)客户需求层次

马斯洛需求层次理论中,把人类需求按其重要性和产生次序分为五个层次,即生理、安全、社交、尊重和自我实现需求。从这个角度进行分析,可搭建设施管理客户的需求层次,如图10-10所示。

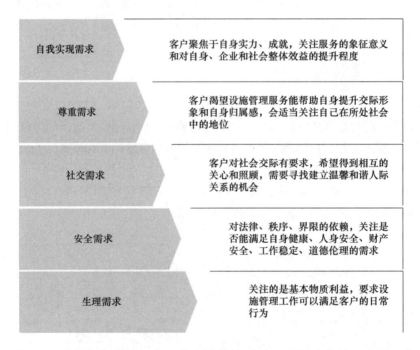

图10-10 设施管理客户的需求层次

了解客户的需求应该被视为一种连续性的活动。需要注意的一点是,客户的需求是动态的,会随着时间的变化而逐步升级,客户的需求升级经历了经济高效、规模提升、功能升级、服务升级、精神需求这五个阶段,从而完成对设施管理需求的进一步升级。每个需求阶段的客户都有不同的关注点。客户需求升级路线,如图10-11所示。

(2)客户需求挖掘

客户需求往往是多方面的、不确定的,很少有客户对自己所需要的服务和产品形成非常精确的描述,其需要设施管理团队的专业分析和引导。在这种情况下,需要增强与客户的沟通,对客户的需求进行挖掘。客户需求挖掘过程,如图10-12所示。

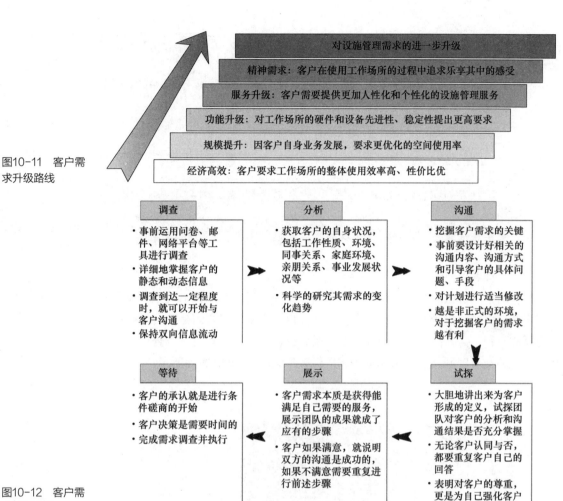

图10-11 客户需求升级路线

图10-12 客户需求挖掘过程

客户需求调查可以通过访谈、问卷等方式进行，应包括服务水平、建筑形式、空间规划、室内环境、区位交通、建筑设备等方面。

10.2.2 目标客户定位

客户是设施管理团队的服务对象，客户定位是设施管理业务战略的重要内容。客户定位可以节约有限的资源，是一种化被动为主动的思维方式，有利于树立统一的企业形象。

（1）目标客户特征

一般来说，目标客户应满足一些基本特征，设施管理团队可依据这些特征进行客户定位。目标客户特征，如图10-13所示。

除此之外，设施管理团队还可以依据现有的忠诚客户的特征来选择目标客户，从分析现有忠诚客户所具有的共同特征和特点，来寻找最合适的目标客户，即以最忠诚的客户为标准去寻找目标客户，这是选择最可能忠诚的目标客户的一个捷径。

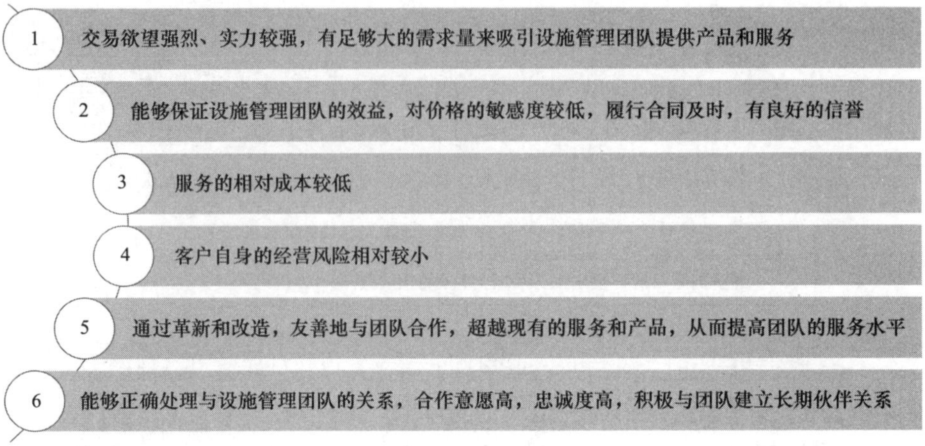

1
交易欲望强烈、实力较强，有足够大的需求量来吸引设施管理团队提供产品和服务
2
能够保证设施管理团队的效益，对价格的敏感度较低，履行合同及时，有良好的信誉
3
服务的相对成本较低
4
客户自身的经营风险相对较小
5
通过革新和改造，友善地与团队合作，超越现有的服务和产品，从而提高团队的服务水平
6
能够正确处理与设施管理团队的关系，合作意愿高，忠诚度高，积极与团队建立长期伙伴关系

图10-13 目标客户特征

（2）目标客户策略

能不断产生价值的客户所带来的长期效益应该超过为长期吸引、推广和服务该客户所花费的可接受范围内的成本。服务提供者和受用者之间是双向选择和对等选择的过程，需要结合客户综合价值与服务提供者的综合能力进行分析，然后找到两者的交叉区域，形成选择策略。目标客户策略，如图10-14所示。

企业综合能力分析
优
劣
消极选择
重点选择
放弃选择
择机选择
劣
优
客户综合价值分析

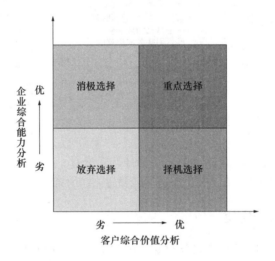

图10-14 目标客户策略

（3）客户价值评估

在认识客户的阶段，设施管理团队所评估的客户价值是指在企业与客户的关系维持过程中客户对企业发展所产生的所有贡献，包括货币和非货币两种形式。根据80/20规则，即企业80%的利润来自20%的客户。因此，设施管理团队必须进行客户价值的评估和分析，找出对企业有价值的客户，动态认识客户的价值。

作为客户关系建立的开端，可通过一些预估性的判断来评价客户价值。设施管理的客户价值可分为历史价值、当前价值、影响价值与未来价值。客户价值评价模型，如图10-15所示。

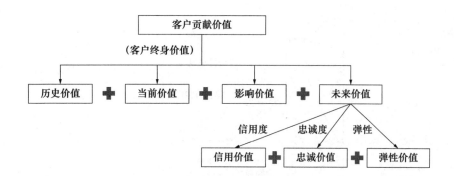

图10-15 客户价值评价模型

未产生交易行为时，客户具有非客户、潜在客户和目标客户三种形态。产生交易行为后，客户状态将转变为初次交往客户、重复交往客户和忠诚客户三种形态，任何一种形态的客户都具有流失概率，转变为流失客户。

潜在客户是指客户有可能产生交易但还没有产生行动的客户；目标客户是正在主动寻找的尚未有交易行动的客户。客户状态流转，如图10-16所示。

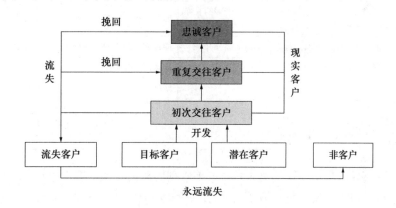

图10-16 客户状态流转

10.2.3 客户开发战略

客户开发是设施管理团队通过调研工作了解所选择的客户情况和市场状况，对有实力和有意向的客户重点沟通，制订开发计划并将目标客户转变为现实客户的过程。要成功做好客户开发工作，需要将客户信息和自身资源情况相结合，制定适合设施管理客户的开发战略。

客户开发模式有市场份额战略和客户份额战略两种，分别从客户数量和单个客户价值两个方向作用于客户整体价值的提升。客户开发战略，如图10-17所示。

采用市场份额战略，会导致客户基数的增加以及市场份额的提升；采用客户份额战略，将获取客户的努力放在具有更高价值的客户身上，采取措施提高现有客户的价值，可使客户的混合价值曲线发生移动，上升到具有更高价值的位置上。这也是通过价值对客户进行排队和管理的过程，是一种较为成熟的客户管理模式。客户开发战略比较，见表10-3。

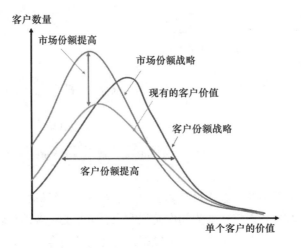

图10-17 客户开发战略

客户开发战略比较　　　表10-3

序号	市场份额战略	客户份额战略
1	客户经理（品牌经理）一次对尽可能多的客户推广一种服务	客户经理一次对一个客户推广尽可能多的服务
2	通过服务的不同与同行业竞争对手区分开来	通过客户的不同与同行业竞争者区分开来
3	把服务贩售给客户	同客户一起工作、一起努力创造
4	持续去寻找新客户	持续寻找与已经拥有的客户继续开展新业务的合作机会
5	利用媒体来建设品牌、宣传品牌与发布信息	通过互动式的交流来了解单个客户的需求，同每个客户进行交流

在确定客户开发的基本模式后，设施管理团队需要收集客户信息、初析客户需求、制订客户开发计划、开展客户亲和管理及评估客户开发的可行性和效果。客户开发步骤，如图10-18所示。

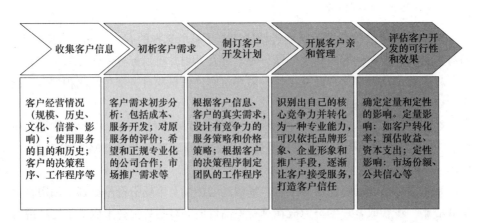

图10-18 客户开发步骤

10.2.4　客户沟通

客户沟通是指设施管理团队通过努力来巩固及进一步发展与客户长期、稳定关系的动态过程和策略。客户沟通的目标就是要提升客户忠诚,特别是要避免优质客户的流失,实现优质客户的忠诚。

(1)客户沟通内容

沟通是人与人之间的信息交流,是一个相互影响、相互作用和协调操作的动态过程。有效沟通是实现与客户互动的重要途径,是提升客户满意度的重要环节。

在与客户达成有价值的沟通之前,必须先满足一些基本的沟通条件。客户沟通条件及其内容,见表10-4。

客户沟通条件及其内容　　　　表10-4

序号	沟通方式	主要内容
1	对话双方都已经清楚地被对方所识别	在沟通前设施管理团队应对客户进行详细的分类与识别,明确客户的位置、沟通的力量与阻碍
2	对话双方都必须全身心地投入其中	双方都应该拥有与对方交换的信息和知识,信息技术的进步使得这种沟通的成本有效降低
3	对话双方都愿意参与此对话	沟通的主题应是客户感兴趣并且对客户有利的,这样才能增强沟通的意愿
4	对话可以由参与对话的任何一方来控制	一次沟通涉及的是双方共同的利益,对话中双方交换信息和观点,它可以按照任何一方选择的主题和方法进行
5	能够以某种方式改变未来行动,并以此作为沟通结果	设施管理团队同客户的沟通会改变服务的行为,并朝着有利于客户的方向发展。反之,也会改变客户的行为,朝着有利于另外一方的方向发展
6	沟通应从前一次沟通停止的地方开始	界定一种关系的内容,也是能够触动客户产生忠诚的因素,表现得如同这种沟通没有终止一样

(2)客户沟通结果

在客户沟通的过程中,双方信息的缺失、先入为主的假设或是想当然、不同的沟通方式以及不同的背景和文化等,都会成为阻碍高效沟通的因素,也因此会导致沟通漏斗的出现。沟通漏斗,如图10-19所示。

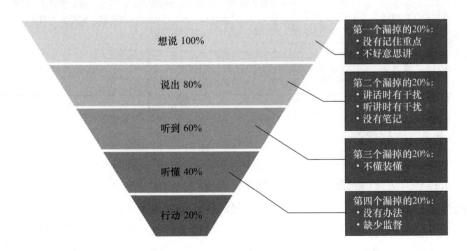

图10-19　沟通漏斗

（3）客户沟通方法

设施管理团队需要熟练掌握沟通的方法和技巧，从而顺利地开展沟通并达成共识。与客户沟通的过程可以概括为倾听、分担、承担、建议和处理，最终达成沟通的目的。客户沟通方式和技巧，如图10-20和表10-5所示。

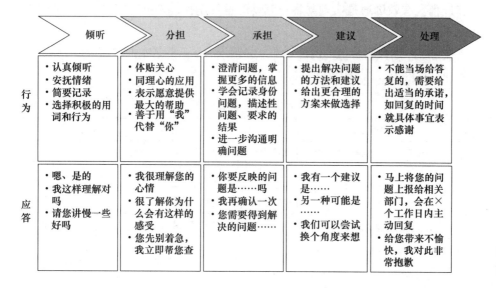

图10-20 客户沟通方式

客户沟通技巧　　　　　　　　　表10-5

序号	基本技术	主要内容
1	自检	检查自己是否不愿意沟通、不相信沟通、不会沟通和不明白沟通；每次沟通，是否能做到事先明确沟通目标；在沟通过程中，是否表达了信息、思想和感情；沟通结束时是否达成了目标
2	共情	指采用适合他人的方式与他人沟通，包括：有意识地使用肢体语言；小心使用术语；坦白陈述自己的感觉；观察对方举止的时候头脑要开放
3	询问	使用开放性问题并结合封闭性问题；尽量保证一次只问（回答）一个问题以及提供有效建议
4	理解	指听到＋思考＋同理心理解，其中同理心倾听不是同情心，而是不要给人以自传式回应，设身处地地为他人考虑问题，包括：听对方说；理解听到的话；在心中思考理解到的意思；说出你对对方的理解
5	处理	找出异议，问大量的问题并聆听对方的话；先提出异议，目的在于暴露对方的异议；找出反对或异议的根；并不明确表示反对，而是问问题澄清对方的观点，或反其道而行之，先讲理由再表达不同意见

10.2.5 客户体验

设施管理服务客户体验的目标是构建一种关系，它的出发点和落脚点是客户需求，必须从客户的角度出发才有可能实现服务价值的最大化。客户体验上所做的努力，目的是为了提高客户满意度，最终提高工作效率。

客户对产品和服务的基本需求都对应着关键体验点。为了使客户获得良好的体验和感受，设施管理服务团队必须有效地找到这些关键体验点，从而进行更好的客户体验设计。客户体验环节，如图10-21所示。

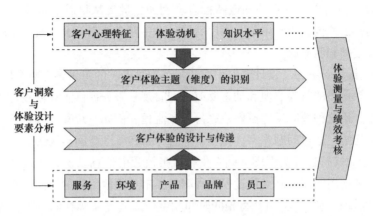

图10-21 客户体验环节

设施管理团队应注重与客户的每一次接触，通过协调整个服务的各个阶段和各种接触渠道，有目的、无缝隙地为客户创造差异化的客户体验，强化客户感知价值。

（1）用户角色分析

用户角色也称用户画像，是指从工作和生活习惯、消费行为等真实数据中提取目标用户的典型特征。根据用户的目标、行为和观点将用户分类管理。

1）收集用户数据。通过数据挖掘与调查等方法获取用户的人口属性（性别、年龄等）、业务属性（业务部门、工作模式等）、兴趣特征、位置特征（所处区域、移动轨迹等）等与用户需求趋向相关的信息，从而具象用户特征。

2）构建用户标签。从收集到的数据中抽取共同的特征值，通过分析用户特征值，对用户资料进行分类、归纳、比较，多维度地构建针对用户的描述性标签属性；并按照重要性进行排序，将重要、核心、关键、规模较大的用户凸显出来，形成不同的特征用户群，准确地对用户进行分级管理。

3）建立用户行为模型。通过对用户标签进行整合、管理，记录用户行为轨迹及其变化信息，可利用文本挖掘、自然语言处理、机器学习、聚类算法等大数据技术进行用户行为建模。

4）预测用户行为。设施管理团队通过模型预测，对未来用户行为进行预测分析，使用户特征得以可视化、形象化、生动化，从而对用户作出精准判断，为用户提供全方位、人性化、个性化的定向优质设施管理服务。

（2）用户体验地图

为了解某个用户或用户群的行为习惯和使用反馈，以及各个环节的相互制约与联系，设施管理者需要绘制特定使用群体的用户体验地图。用户体验地图能够可视化地描述用户使用设施（建筑空间和物理要素）或接受服务的体验情况，以此发现用户在整个使用过程中的问题点和满意点，并从中提炼出建筑或服务的改进点和机会点。

1)设计服务旅程。设计人员从用户的角度体验整个空间和配套服务流程，充分理解所有服务触点中用户的心理活动和行为特征，从而获得解读心理和行为获得对服务体验提升的新认知或新创意。例如，员工从早晨上班停车、经过大堂、到达办公工位，再到中午去餐厅就餐、下午在会议室开会，直到下班离开办公场所等空间和服务触点。

2)实施影子练习。设计者以用户影子（观察者）的身份参与整个服务流程，观察并记录用户的行为习惯和动态反应，即时观察服务提供者和使用者的瞬时反应。通过分析这种瞬时反应更好地完善服务流程。例如，观察并改善餐厅高峰期排队就餐问题，通过问题观察优化餐饮业态分布和餐厅空间格局等。

3)绘制支持过程流程图。确定支持服务流程的信息系统，按该系统在服务流程中的被使用顺序绘制支持过程流程图，显示与其他行为的协同合作。

4)连接和整合流程图。将相同时间发生的服务元素画在同一列，通过识别包含不同服务参与者的服务元素，将三个流程图和一个支持过程两两通过相同服务元素相连，绘成服务蓝图。

(3) 服务体验评价

用户平台或社区是用户参与互动和管理创新的一种方式，建立用户平台/社区有助于维护用户体验中的友好度、公平性和游戏性等因素，同时通过用户平台/社区可以建立用户的信任和忠诚度。

1)确定用户平台/社区形式。线上建立企业服务公众号和企业社区交流App，线下成立专项委员会。例如，通过膳食委员会征求员工诉求、对企业餐饮服务进行评价和建议，甚至参与业态规划和供应商选择。

2)强化用户参与度。及时反馈用户问题和建议，确保他们的意见会被设施管理部门和企业管理层听取，设置游戏活动（如接受任务、激励反馈、挑战关卡等）、抽奖环节和线下交流活动，让用户能充分参与设施管理服务用户平台/社区的建设，从而建立用户的信任，提高其满意度。

3)进行用户分级。当平台/社区规模达到临界值（如出现热门话题），对社区中的用户进行分级。针对不同用户的活跃程度赋予不同的发帖、评论权利以及各种奖品和福利活动，强化用户归属感。

【案例】

某跨国公司设施管理团队致力于创造人性化的工作环境、弹性的工作时间以及开展与员工全方位的互动。创造最佳的工作条件能确保员工保持个性并专业性地发展自己，也能保证公司的成长和发展。

该公司创造的工作条件包括：灵活的工作时间和办公空间；一些辅助福利包括膳食、旅游、健身和交通等。这些项目可以全面地建立和维系与客户之间的情感联系，并使这种联系最终转化为稳定的客户关系。该公司的客户体验项目，见表10-6。

客户体验项目　　　　　　　　　　　　　　　　表10-6

项目	分类	内容
健康活动	群组课程包括瑜伽、健美等	身体和精神的平衡
	个人训练	2~3个人的私人培训
	特殊运动训练	散打、空手道等
	团队建设服务	室内拓展和室外项目
	按摩服务	传统按摩、拔罐疗法、刮痧疗法，更加优惠的价格和更加便利的服务
辅助团队建设	组织户外拓展、真人CS、泡泡足球赛等活动	关注员工的健康、团队精神等
餐饮和活动支持	早餐、果汁吧、咖啡吧	为员工提供新鲜的健康早餐，并收集未过期食物以避免浪费，创造工作和生活方式的结合
	提供员工午餐	通过员工调查确定菜品，分析每月销售数据，并对员工进行价格、口味、服务和餐厅距离的调查，变换菜色并提供新的服务
	组织派对和宴会支持	组织圣诞派对、员工生日聚会等，策划流程，提供装饰、花、食品、饮料以及受欢迎的礼物
生活服务	专业的标语设计	专业团队设计维修牌、警示语、菜单、食品券和健身券等
	办公室沟通和商业化	假期安排、服务人员安排、办公室注意事项等采取人性化措施

10.3　客户满意度测评

客户满意度反映的是顾客的一种心理状态，它来源于客户对设施管理团队提供的服务所产生的感受与自己的期望所进行的对比，是客户对团队、服务和人员的认可。通过客户满意度测评，有利于设施管理团队对服务进行持续改进，调整服务运营方案。

10.3.1　客户期望与服务差距

客户满意度主要是由购买前的期望和使用后的感知之间的差异来决定的。菲利普·科特勒（Philip Kotler）提出，客户满意是指一个人通过对一个产品或一种服务的可感知效果（或结果）与期望值相比较之后所形成的愉悦或失望的感觉状态。弗雷德·赖克哈尔德（Fred Reichheld）通过对各种行业的研究，发现客户忠诚度提高5%，利润上升幅度最低为35%，最高可以达到100%。

（1）服务质量感知

客户对服务质量的期望和感知是由口碑、个人的需要以及过去的经历来决定的，期望服务和感知服务之间的差距也就是服务差距。设施管理服务人员应追求感知服务大于预期服务的惊喜质量。服务质量感知模型，如图10-22所示。

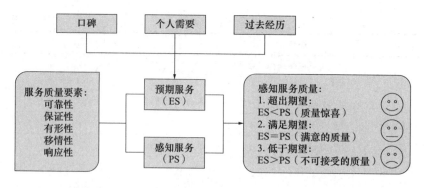

图10-22 服务质量感知模型

（2）服务质量差距

服务质量差距模型由美国营销学家帕拉休拉曼（A. Parasuraman）、赞瑟姆（Valarie A Zeithamal）和贝利（Leonard L. Berry）提出，在服务行业中作为改进服务质量的基本框架，有助于管理者分析服务质量问题产生的原因，并帮助管理者了解改进服务质量的方法与措施。熟练掌握这一模型应用，通过构建一套系统全面的客户服务质量管理体系来消除服务质量差距。服务质量差距模型，如图10-23所示。

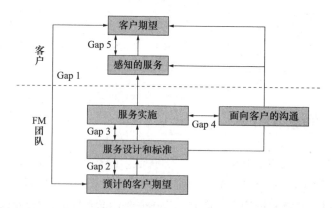

图10-23 服务质量差距模型

服务质量的每一个差距都有其各自的来源及解决方法。缩小服务质量差距的方法，见表10-7。

缩小服务质量差距的方法　　　　　　　　表10-7

差距	来源	采取方法
Gap1 认知差距	设施管理人员对前期的需求调查不足，或是调查对象、方法或程序存在不足，以及日常服务过程中未及时掌握需求变化	倾听客户的心声，应该采用多种渠道和方法沟通，建立和完善沟通机制和投诉机制
Gap2 质量标准差距	服务质量规范制定有缺陷，不能支持目标的整体实现，或是由于资源、成本等限制因素，无法实现用户期望	应综合考虑各方因素，设定服务目标。根据服务水平协议，制定作业范围，确保服务水平得以实现并可衡量
Gap3 服务交易差距	服务人员缺乏服务意识、服务技能、工作积极性或受情绪影响，服务各环节、人员缺乏团队合作精神，或没有足够的现场处理能力	严格管理供应商认证以及招聘工作，加强持续性的培训，提高服务意识、责任心和服务技能，提高团队意识和沟通合作技能。同时注重绩效考核，设置关键的控制点

续表

差距	来源	采取方法
Gap4 沟通差距	服务人员同用户沟通时提出过度承诺，且在内部未达成共识，服务各流程环节的不同部门之间缺乏沟通和配合	对多环节服务设计及时反馈机制，确保各环节的处理信息及时有效地传递给用户；创建多渠道沟通机制，确保各部门之间能够进行有效的横向沟通；配合加强服务政策、服务目标的宣传和引导，对用户期望值进行引导
Gap5 感知服务质量差距	客户对服务的直观感知，在很大程度上是以上几种差距中的某几种因素共同作用的结果	提高服务水平就要尽可能缩小服务过程中的差距来使客户满意，明确各项差距的产生原因及相互关系

10.3.2 客户满意度影响因素

对客户满意度因素的研究表明，客户满意度影响因素主要由三个方面组成：产品或服务因素、客户因素和环境因素。客户满意度影响因素，见表10-8。

客户满意度影响因素　　　　表10-8

序号	影响因素	主要内容
1	产品或服务因素	产品相关因素：如品牌、性能、质量、价格、功用、便利等；服务相关因素：如质量、便利、流程、价格、文化等
2	客户因素	主要有客户属性、个人偏好
3	环境因素	主要包括宏观经济、技术、竞争厂家、供求关系、渠道等

设施管理客户满意度可以表述为以下两个方面：

（1）物质因素

客户满意度影响因素（物质因素），见表10-9。

客户满意度影响因素（物质因素）　　　　表10-9

组别	因素	问题	组别	因素	问题
1	热舒适度	➢温度的舒适性 ➢制冷 ➢温度变化	5	隐私控制	➢视觉隐私 ➢语音隐私 ➢电话隐私
2	空气质量	➢通风舒适度 ➢空气清新度 ➢空气流动	6	照明	➢电器照明 ➢灯光亮度 ➢灯的眩光
3	噪声控制	➢噪声干扰 ➢噪声水平 ➢特殊噪声	7	建筑噪声控制	➢空调系统噪声 ➢照明系统噪声 ➢建筑物外部噪声
4	空间舒适度	➢家居布置 ➢工作空间 ➢工作存储空间 ➢个人存储空间	8	总体满意度	➢总体满意度

（2）服务因素

服务质量取决于客户所感知的服务水平与客户所期望的服务水平的差距程度。客户满意度影响因素（服务因素），如图10-24所示。

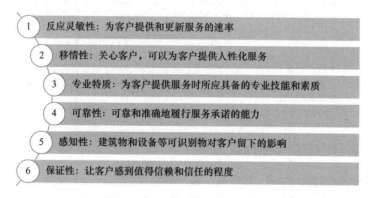

图10-24 客户满意度影响因素（服务因素）

1. 反应灵敏性：为客户提供和更新服务的速率
2. 移情性：关心客户，可以为客户提供人性化服务
3. 专业特质：为客户提供服务时所应具备的专业技能和素质
4. 可靠性：可靠和准确地履行服务承诺的能力
5. 感知性：建筑物和设备等可识别物对客户留下的影响
6. 保证性：让客户感到值得信赖和信任的程度

图10-24中所示的六个因素是影响客户对设施管理服务感知的关键因素，其中每个因素又包含一些具体的问题。客户满意度影响因素（服务因素）细分，见表10-10。

客户满意度影响因素（服务因素）细分　　表10-10

组别	因素	问题	组别	因素	问题
1	反应灵敏性	➢网络系统的灵活性 ➢通信技术安全性 ➢应急事件反应 ➢有毒废物的管理 ➢固体废物的管理 ……	4	可靠性	➢保留客户记录 ➢根据客户要求履行职责 ➢工作程序、步骤 ……
2	移情性	➢发展规划 ➢公众需求 ➢条例实施 ……	5	可感知性	➢公用设备 ➢景观绿化 ➢公共厕所 ➢空间设计 ……
3	专业特质	➢理解工作进程 ➢礼貌待客 ➢专业技巧 ➢沟通交流 ➢职员仪表 ➢对投诉的反应 ➢与公众的联系 ……	6	保证性	➢客户的安全感 ➢客户忠诚度 ➢诚实守信 ……

10.3.3　客户满意度调查

客户满意度调查的目的是针对客户不满意的因素寻找改进措施，进一步提高产品和服务质量。因此，通过对收集到的客户满意度信息进行分析整理，找出不满意的主要因素，确定纠正措施并付诸实施，以达到预期的改进目标。

(1) 客户满意度调查方式和步骤

客户满意度调查的方式多种多样，包括口头的和书面的。根据调查信息收集的目的、性质和资金等条件，来策划客户满意度调查的最佳方案，确定责任部门，对收集方式、频次、分析、对策及跟踪验证等作出规定。收集客户满意度的渠道有如下几方面：① 客户投诉；② 与客户的直接沟通；③ 问卷和调查；④ 密切关注的团体；⑤ 消费者组织的报告；⑥ 各种媒体的报告；⑦ 行业研究的结果等。

在具体操作中，可以采用定性和定量两种调查方法。定性调查可采用评定满意等级的方法进行；为了获得客户满意度具体数据，应该进行定量调查。客户满意度调查步骤，如图10-25所示。

图10-25 客户满意度调查步骤

(2) 客户满意度调查方法

客户满意度调查方法主要有面谈调查法、电话调查法、函件调查法和网上调查法四种，见表10-11。

客户满意度调查方法　　　　表10-11

调查方法	主要内容
面谈调查法	调查人员与一个被调查者直接进行面谈，或者与几个被调查者集体面谈。这种方法可以直接与被调查者见面，灵活性较大，得到的资料也比较真实；但这种方法成本较高
电话调查法	由调查人员根据抽样的要求，在样本范围内用电话向被调查者提出询问。这种方法收集资料快、成本低，并能以统一格式进行询问；但不易取得被调查者的合作，调查难以深入
函件调查法	将设计好的问卷邮寄给被调查者，按照表格要求填写后寄回。这种方法调查范围较广，被调查者有较充裕的时间来考虑回答问题且不被影响，收集情况比较真实；但问卷回收率较低，时间往往拖得较长
网上调查法	通过E-mail、网页端、移动端问卷等方式向被调查者发放问卷。这种方法调查成本较低，样本容量较大，效率比较高；但往往因为调查问卷的长度和难度等因素导致有效问卷数难以保证

(3) 客户满意度调查表

客户满意度调查应该紧扣可能引起客户不满意的问题。通常在制定客户满意度问卷调查表时，应当根据各种设施管理的具体状况、不同特点和已建立的评价指标体系来设计调查表。根据设施管理客户满意度影响因素和企业自身情况，可以选择相应的问题，制作问卷调查表，并采用5级或10级量表测量工具进行打分。客户满意度问卷调查表，见表10-12。

客户满意度调查表　　　　　　　　　表10-12

亲爱的客户：

　　感谢您长期对**设施管理部门的支持，为了更好地了解您的需求和持续改善我们的服务质量，烦请您认真填写本问卷调查表，您的意见将对我们的设施管理工作提供很大的帮助，谢谢您！（请您依据满意度回答下列问题，并提出您的宝贵建议。

序号	指标	指标评定程度						
1	温度的舒适性	差	1	2	3	4	5	好
2	制冷	太冷	1	2	3	4	5	舒适
3	温度变化	太频繁	1	2	3	4	5	不变
4	通风舒适度	差	1	2	3	4	5	好
5	空气清新度	浑浊空气	1	2	3	4	5	新鲜空气
6	空气流动	通风不好	1	2	3	4	5	流通良好
7	噪声干扰	差	1	2	3	4	5	没问题
8	噪声水平	太嘈杂	1	2	3	4	5	舒服
9	特殊噪声	烦扰的	1	2	3	4	5	没问题
10	家居布置	差	1	2	3	4	5	好
11	工作空间	差	1	2	3	4	5	好
12	工作存储	不足	1	2	3	4	5	充足
13	个人存储	不足	1	2	3	4	5	充足
14	视觉隐私	差	1	2	3	4	5	好
15	语音隐私	差	1	2	3	4	5	好
16	电话隐私	差	1	2	3	4	5	好
17	电器照明	差	1	2	3	4	5	好
18	灯光亮度	太亮	1	2	3	4	5	不太亮
19	灯的眩光	高眩光	1	2	3	4	5	无眩光
20	空调系统噪声	嘈杂	1	2	3	4	5	没问题
21	照明系统噪声	嘈杂	1	2	3	4	5	没问题
22	建筑物外部噪声	嘈杂	1	2	3	4	5	没问题
23	总体满意度	不满意	1	2	3	4	5	非常满意
24	请您提出您对我们的建议或其他问题：							

单位名称		填表人		职务	
填表日期		联系电话		邮箱	

客户有时是根据自己使用产品或服务之后所产生的主观感觉来评定满意或不满意,往往会由于某种偏见而产生情绪障碍和关系障碍。因此,不能仅靠客户主观感觉的评价,同时也应考虑是否符合客观标准的评价。

要评价客户满意的程度,必须建立一组与设施管理有关的、反映客户对设施管理服务满意程度的指标体系。客户满意度评价指标是指用以测量客户满意程度的一组项目因素。评价指标体系的设定应既包括建筑硬件项目,又包括无形的和外延的服务项目。否则,就不能全面了解客户的满意程度,也不利于提升客户满意水平。另外,由于影响客户满意度的因素很多,应该选择具有代表性的主要因素作为评价项目。例如,校园设施管理满意度评价指标体系,如图10-26所示。

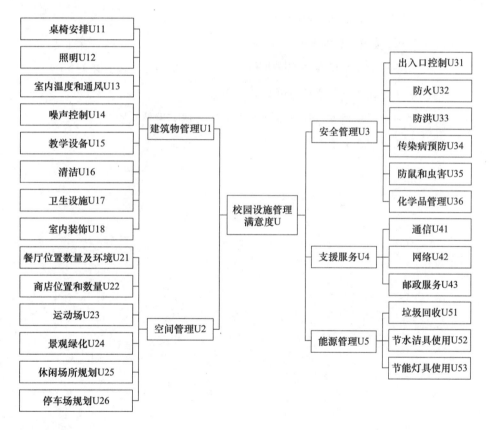

图10-26 校园设施管理满意度评价指标体系

关键术语

客户关系　内部客户　外部客户　客户战略　客户价值　客户关系周期　目标客户　客户需求　潜在客户　客户沟通　沟通漏斗　客户体验　客户期望　服务质量差距　客户满意度

复习思考题

1. 设施管理客户可以按照哪些标准进行分类？
2. 按照相关性分类时，如何对客户进行分析？
3. 依存型客户关系具有哪些特征？
4. 客户关系影响因素有哪些？
5. 设施管理客户关系周期如何划分？
6. 客户需求升级路线是怎样的？
7. 客户需求挖掘应包括哪些过程？
8. 客户开发应包含哪些步骤？
9. 客户沟通方式有哪些？
10. 服务质量差距模型中有哪些差距？应通过哪些方法减少差距？
11. 设施管理客户满意度有哪些相关因素？
12. 客户满意度调查方法有哪些？各方法具有何种特点？
13. 如何建立客户满意度评价体系？

第11章

设施管理服务评价与审核

> **本章导读**
>
> 设施管理服务评价与审核是设施管理过程中的关键环节。设施管理服务评价侧重对设施管理服务供应商服务水平的管理;设施管理审核是对企业现有资产以及设施管理服务进行的评价,范围更加广泛。设施管理服务评价体系为企业获得良好的设施管理服务,实现业务稳定运营提供有力保障。本章介绍了设施管理服务范围规划、工作分解结构体系,分析了设施管理服务水平协议、关键绩效指标内容和设计方法,阐述了设施管理审核分类、内容和程序。

> **主要内容**
>
> ❖ 设施管理服务需求识别;
> ❖ 设施管理服务范围界定;
> ❖ 设施管理工作分解结构;
> ❖ 设施管理服务说明书;
> ❖ 设施管理服务水平协议;
> ❖ 设施管理关键绩效指标体系;
> ❖ 设施管理关键绩效指标评价方法;
> ❖ 设施管理审核的分类、程序及内容。

11.1 设施管理服务范围

设施管理职能范畴覆盖面非常广,对其服务范围也有多种说法。针对各类企业内容庞杂的设施管理,做好服务范围的界定和管理是至关重要的。本节引入项目管理中较为成熟的范围管理理论,从范围管理计划、工作分解结构及变更控制等角度展开论述,然后介绍设施管理服务说明书的内容组成和作用。

11.1.1 服务范围规划

"范围"一词通常是指工作或服务范围和规范,即工作或服务中应包含哪些功能和特征,这些功能和特征具体是什么样的,属于对服务要求的度量。确定服务范围就是定义服务工作边界,确定服务目标和主要可交付成果。确定服务范围是开展管理工作的第一步。

服务范围规划具体表现为需求识别、服务范围界定两个部分。需求识别需要服务供应商充分利用自身经验和专业知识,在与客户的不断沟通中引导和帮助客户清晰准确地表达需求。

（1）需求识别

需求识别是一个过程,客户通常在收集需求之初会给出某种愿望和期待,这些愿望和期待一般是一个范围,属于高层级的需求,然后通过收集整理信息和资料、展开调研等途径将需求信息逐步明晰、量化。只有可量化的、可跟踪的、完整的、相互协调的且主要参与方愿意认可的需求才能作为基准。需求识别除了与各利益相关者沟通之外,还可以采用专业的需求识别方法技术。需求识别方法技术,见表11-1。

需求识别方法技术   表11-1

名称	说明	特点
访谈	通过与利益相关者直接交谈而获取信息,有助于识别和定义需求特征	成本高,耗时多
焦点小组会议	将利益相关者和专家集中在一起,共同提出对服务的期望和态度,通过讨论和互动明确需求	成本较低,耗时少
原型法	参考相似企业服务需求说明书,结合自身服务项目的特点再作修订	成本低,耗时少,有丢失需求的风险
质量功能展开（QFD）	QFD的实质是将顾客的需求转换为项目对应的工程语言,它通过质量展开和功能展开两类途径,不仅能实现客户需求的转化,也能识别客户对详细设计的需求。适用于有实物成果的设施管理工作,如机房改造、设备系统升级等	专业性要求高,成本高,需求识别更明确

需求识别过程输出的是需求文件。需求文件格式多种多样,既可以是一份按主要参与方和优先级分类列出全部需求的简单文件,也可以是一份包括内容提要、细节描述和附件等的详细文件。经过科学的需求识别得到的记录完好的需求文件,将在服务展开后发现对于批准的服务范围的偏离。

需求文件的主要内容包括：

1）业务需求：可跟踪的业务目标和服务目标；执行企业的业务规则；企业指导原则。

2）参与方需求：对其他领域的影响；对执行企业内部或外部团队的影响；参与方对沟通和报告的需求。

3）解决方案需求：功能和非功能需求；技术和标准合规性需求；支持和培训的需求；质量需求；报告需求。

4）项目需求：服务水平、绩效、安全和合规性等需求；验收标准。

5）过渡需求：从当前状态过渡到未来状态所需的临时能力，如数据转换和培训需求。

6）与需求相关的假设条件、依赖关系和制约因素。

（2）服务范围界定

服务范围界定就是确定范围，并编制服务说明书（Statement of Work，SOW）的过程。一般根据项目启动过程中确认的主要可交付成果、假设条件和制约因素来编制服务说明书。

服务范围界定是一项非常严密的分析、推理和决策工作，因此需要采用一系列逻辑推理方法和分析识别技术。范围界定技术方法，见表11-2。

范围界定技术方法 表11-2

名称	说明
专家判断	常用于分析制定服务范围所需的信息，通过专家的专业知识进行技术细节的处理（例如设备维护参数的界定等）
产品分析	包括产品分解、系统分析、需求分析、系统工程、价值工程、价值分析等。适用于可交付成果的设施管理项目（如工程交接、新建系统验收等）
备选方案识别	常用的备选方案识别技术有头脑风暴、横向思维、配对比较等。适用于范围界定提出不同的执行方法
利益相关者参与	通过利益相关者共同参与讨论，协调各利益相关者之间的需求差异，迅速有效地界定范围

服务范围界定的过程是在充分研究需求文件的基础上将工作分解为具体、细致、可执行的单元，并以此为依据得到工作分解结构图的过程。服务范围界定最常用的工具是工作分解结构（Work Breakdown Structure，WBS），主要成果是服务说明书。服务说明书（SOW）是对服务范围、主要可交付成果、假设条件和制约因素的描述。其还描述了为创建这些可交付成果而必须开展的工作，这是服务各参与方针对各项工作范围达成共识后的成果。

11.1.2 工作分解结构

工作分解结构（WBS）方法是将全部服务工作内容分解成易于管理的层级关系和组成部分，以确保识别出工作范围所需要的所有工作要素。在工作分解结构最底层是完成服务所必需的全部工作包。WBS是按照工作发展规律，依据一定的原则和规定进行系统化的、相互关联和协调的层次分解技术。当WBS的细度足够具体，层次足够清晰，即可以作为企业实施具体工作所依据的重要文件。工作分解结构过程，如图11-1所示。

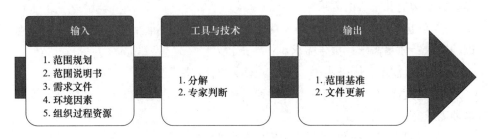

图11-1 工作分解结构过程

（1）WBS层次

WBS可包括多个层次，WBS的深度主要取决于设施管理规模和工作内容的复杂程度以及企业管理层次的需求。创建一个好的WBS是一项重大的挑战，必须要充分了解服务内容和范围，对利益相关者需求和支持给予综合考量，再结合科学的分解方法才能完成。

最低级的WBS称为工作包。工作包是WBS中可评估的组分，即可以对工作包进行时间和成本的准确评估。服务团队负责在WBS中确定合适的范围和详细程度。WBS范围和详细程度，如图11-2所示。

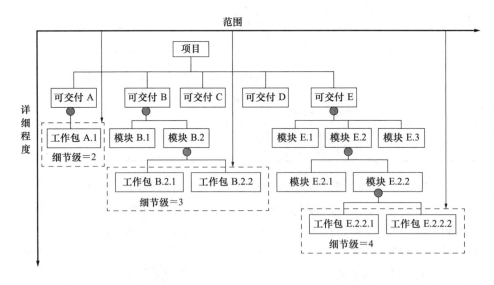

图11-2 WBS范围和详细程度

WBS分解详细程度要根据实际可交付成果的内容来决定，不同的可交付成果可以分解到不同的层次。某些可交付成果只需分解到下一层即可到达工作包的层次，而另一些则须分解更多层。分解得越细致，对服务内容的规划、管理和控制就越有力。但是，过细的分解会造成管理的无效耗费、资源使用效率低下、服务实施效率降低，同时造成WBS各层级数据冗杂、汇总困难。

（2）WBS原则

WBS有一个"金科玉律"，称之为100%法则，即WBS应100%覆盖服务说明书中的全部服务内容和可交付成果。创建WBS的原则，如图11-3所示。

图11-3 创建WBS的原则

1. 一个服务任务只能在WBS中出现一次
2. 一个WBS项的服务内容是其对应下级各项服务之和
3. 服务团队成员必须参与WBS的制定过程，以确保一致性和全员参与
4. 每项WBS都必须归档，以确保准确理解项目包括和不包括的服务范围
5. WBS必须具有一定的灵活性，以适应无法避免的变更需要
6. 分解的层次应确保工作包的工期、成本易于估算，同时结果易于验证和度量
7. 需考虑内部行动和其他工作包之间是否有从属关系
8. 如果有需要特别关注的风险，尽量单独列为不同的工作包

（3）WBS方法

常用的WBS方法，见表11-3。

常用的 WBS 方法　　　　表 11-3

序号	方法	说明
1	类比法	参考类似服务的WBS的范围定义和范围分解，结合过往的经验和当前特点制定新的WBS的方法
2	自上而下法	自上而下法是最常规的制定WBS的方法，即从最大的服务目标开始逐步将工作细化、分解成下一级的多个细分工作，最末一级的细分工作叫作工作包
3	自下而上法	自下而上法是从基层着手明确各个工作包，然后将其分类聚集成总体活动，即WBS中更高层级的工作。该方法比较费时，但其分类更加清晰明确，WBS的有效性更显著
4	思维导图	一种发散性思维的图形思维工具，从一个核心理念发散出来，将思想和想法结构化。该方法无需采用线条结构，限制少，更具有可视化和创造性

某系统开发项目WBS，如图11-4所示。

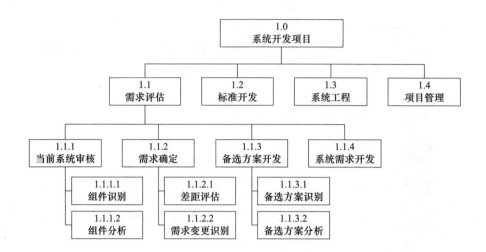

图11-4 某系统开发项目WBS

11.1.3 服务说明书

服务说明书（Statement of Work，SOW）是服务范围界定的结果，是对所要提供产品或服务的叙述性描述，在合同管理和采购管理中有至关重要的作用，是实现设施管理部门科学管理和绩效评估的基础。在设施管理领域无论是软性服务还是对硬件设备的维修、维护均可理解为服务，服务说明书描述范围包含设施管理中软性和硬性服务的各个方面。

（1）服务说明书内容

设施管理服务说明书通过客户对服务期望的定性描述进行分析，转化为服务内容和范围的准确描述。设施管理领域内的标杆企业针对各类设施管理服务职能、技术规范、服务范围限定等要求，均具备一套健全的服务说明书（标准格式文本）。服务说明书主要内容，如图11-5所示。

图11-5 服务说明书主要内容

企业从自身需求出发，结合实际情况因地制宜地编制设施管理服务说明书。服务说明书的内容除了与企业自身匹配之外，当然也具备一定的共性。

设施管理服务说明书的一级目录一般由通用信息、合同管理、合规性、建筑运维、EHS管理、空间管理等构成。在通用信息中，需要对服务结果的输出和服务质量标准作出清晰的规定，同时也可以对服务质量水平与绩效考评作出量化规定。同时，一些客户也鼓励供应商提供创新型的增值服务，相关标准和鼓励措施也会在通用信息中给予界定。

(2) 服务说明书框架

设施管理服务说明书（示例），如图11-6所示。

一级目录	二级目录	三级目录
0 通用信息	4.1 服务概述	4.2.1 供变配电系统
1 合同管理	4.2 变配电系统	4.2.2 室内照明系统
2 合规性	4.3 暖通系统	4.2.3 室外照明系统
3 财务管理	4.4 给水排水系统	4.2.4 防雷接地系统
4 建筑系统管理	4.5 电梯系统	4.2.5 发电机系统
5 物业管理	4.6 消防系统	4.2.6 UPS系统
6 空间管理	……	
7 环境、健康、安全		
8 安全与危机管理		
9 餐饮&招待		
10 自动售货机		
11 清洁服务	13.1 建筑系统维护	
12 邮件及文件服务	……	
13 预防性维护		
14 基础设施服务及工具		
15 可持续性及能源管理		
16 废品管理		
17 访客登记		
18 车辆及移动设备服务		
19 其他服务（绿植、虫控）		

图11-6 设施管理服务说明书（示例）

设施管理服务说明书二级及三级目录则是对服务内容进行更详细的解构，同时也是对企业需求的细分解读。例如，图11-6中的"13预防性维护"目录下的"13.1建筑系统维护"针对客户需求和供应商提供的服务作出进一步规范。建筑系统维护（二级目录）下客户需求和供应商提供的服务，如图11-7所示。

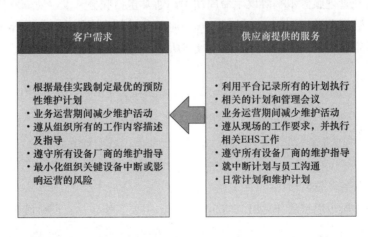

图11-7 建筑系统维护（二级目录）下客户需求和供应商提供的服务

(3)服务说明书作用

设施管理服务说明书作用,如图11-8所示。

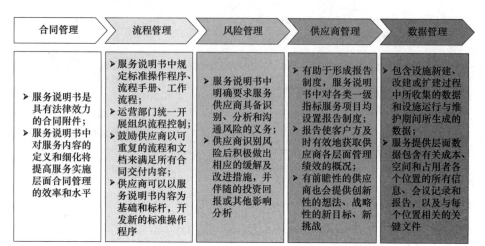

图11-8 设施管理服务说明书作用

11.2 设施管理服务水平协议

服务水平协议(Service Level Agreement,SLA)是指服务供应商和客户之间或者服务供应商之间的一种互相认可的协定,包含各方对服务内容、优先权和责任的共同理解,以及对服务质量等级的协定。

设施管理服务水平协议建立了设施管理服务供应商和客户之间有别于传统形式的服务关系和服务模式,量化了设施管理服务供应商的服务质量,并且使客户能够参与设施管理服务水平协议管理。

11.2.1 服务水平协议阶段

服务水平协议的一大亮点就是帮助客户实现服务质量量化评估,而量化的关键在于SLA的指标设计、测量和评价。

在设施管理服务水平协议生命周期中,通常包括服务开发、协商和定制、服务执行和数据监控、评估四个阶段,每一阶段几乎都是围绕指标评分相关工作开展的。设施管理SLA阶段划分,如图11-9所示。

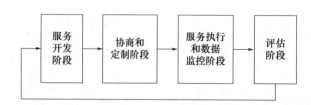

图11-9 设施管理SLA阶段划分

(1)服务开发阶段

这一阶段可以被看作是SLA的起始阶段,主要工作包括:明确客户需求,明确所提供的服务，明确反映SLA的指标及SLA指标的取值范围，SLA指标等级划分和设计SLA模板。

为了满足不同客户的需求，SLA可以承诺不同等级的服务水平。服务水平的等级代表着可以提供不同的服务质量和水准。较高的服务质量水平也意味着较多的资源投入和较高的服务管理费用。客户在考虑服务质量的同时，也需要考虑服务成本的支出。设施管理服务水平与等级关系，如图11-10所示。

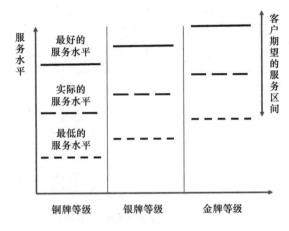

图11-10 设施管理服务水平与等级关系

按照不同客户的需要，可以根据SLA指标，将设施管理服务水平划分为金牌、银牌、铜牌三个等级。其中，设施管理合同规定的最低服务水平、设施管理服务供应商实际服务水平和能够达到的最好服务水平所形成的客户期望的服务区间处于高、中、低不同的位置，企业应当根据自身设施管理要求选择相应的服务水平等级。

设施管理服务供应商的目标就是将服务质量控制在客户可接受的范围之内，并努力实现最高的服务水平。当服务水平低于合同规定的水平时，客户就可以根据设施管理服务水平协议中规定的惩罚条款，对设施管理服务供应商的管理费用进行扣减，甚至要求设施管理服务供应商赔偿损失；当服务水平达到或者接近可能达到的最高水平时，设施管理服务供应商可以根据设施管理服务水平协议中规定的奖励条款，申请得到规定的奖励费用。

（2）协商和定制阶段

这一阶段，根据开发阶段形成的服务目录对服务选项、服务类别和SLA指标数值进行协商，主要工作有：客户根据自身需要和服务供应商提供的建议，选择与相应服务水平有关的SLA指标，并通过协商明确各SLA指标的取值；双方协商付费、违例赔偿等问题；明确设施管理SLA报告输出的内容。服务供应商与客户确认设施管理SLA指标标志着这个阶段结束。

为了确保服务水平协议内容的完整性和准确性，客户和服务供应商需要在服务水平协议设计过程中进行充分的沟通和了解。服务水平协议设计流程，如图11-11所示。

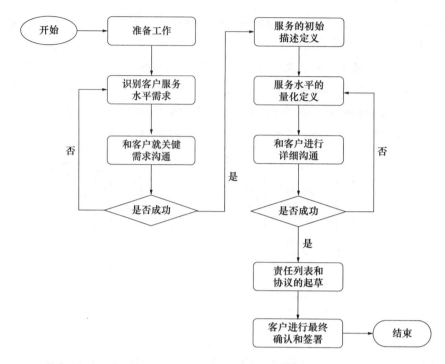

图11-11 服务水平协议设计流程

SLA指标设计一般分为重点一级指标和详细二级指标（有时也会设计更加具体的三级指标）。SLA指标的设计是SLA能否发挥其重要作用的关键，若SLA指标制定不当，会导致以下问题：指标含糊不清，无法实现SLA执行的期望，难以执行自动化管理，产生虚假的SLA违约；不合理的指标甚至可能会激发错误行为。设施管理SLA评分指标（示例），见表11-4。

设施管理 SLA 评分指标（示例）　　　　　　表11-4

一级指标	二级指标	打分人	评估频率
关键业务中断	100%正常运营	全球FM负责人	月度
报告	·及时性 ·报告内容完整性 ·持续性 ·数据完整性	全球FM负责人	月度
工单完成及时率	—	区域FM负责人	季度
工单满意度	—	区域FM负责人	季度
EHS合规性	·受伤事故 ·合规性问题处理及时性 ·报告内容完整性和及时性 ·EHS关键事件报告 ·EHS工作完成度	全球EHS负责人	季度
额外项目完成及时性及预算控制情况	—	全球FM负责人	月度
交通	·到达准时率 ·事故沟通及时性 ·女性乘客护送保障	项目交通委员会	季度

续表

一级指标	二级指标	打分人	评估频率
食品	·服务报告完整性和及时性 ·膳食委员会会议纪要及时性 ·食品短缺等事件通知及时性	项目膳食委员会	季度
能源管理	·能源数据收集完成率 ·能源节省机会 ·能源数据提交及时率及准确性	全球FM负责人	月度
关键岗位稳定情况	—	全球FM负责人	月度
关键岗位更换周期	—	全球FM负责人	月度

（3）服务执行和数据监控阶段

这一阶段，设施管理服务供应商根据SLA文件中规定的各指标的服务标准提供客户所需的服务，服务性能指标数据将会按照规定的监测依据进行记录，最终形成定量评价的基础数据。例如，工单完成率、响应性指标等数据通过工单系统每周或每月导出，构成KPI评价的基本数据。SLA是关键绩效指标（KPI）中的一部分，即SLA数据监控工作就是相关KPI的监测结果。当数据监控结果超过或达不到SLA的要求时，按照合同指明的奖惩措施进行处理。

（4）评估阶段

SLA评估分为接受设施管理服务的企业和设施管理服务供应商两类主体的评估。两类主体SLA评估过程，如图11-12所示。

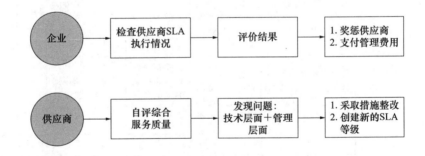

图11-12 两类主体SLA评估过程

11.2.2 服务水平协议内容

一份高质量的SLA内容要求具有完备性、可扩展性、可实现性、可操作性和可理解性。SLA要求，如图11-13所示。

SLA作为客户与设施管理服务供应商之间签订的协定，表达了客户对于设施管理服务水平的期望，并将这些期望转化为正式要求和目标，说明可以忍受的目标临界值。以照明设备或者复印设备服务响应时间为例，故障维修响应时间对设施管理服务供应商来说应该具备可行性，同时对客户来说是可以忍受的。

因此，深刻理解设施管理SLA内容，对设施管理SLA实施有重要意义。SLA综合管理（一级指标）下属二级指标体系（示例），见表11-5。

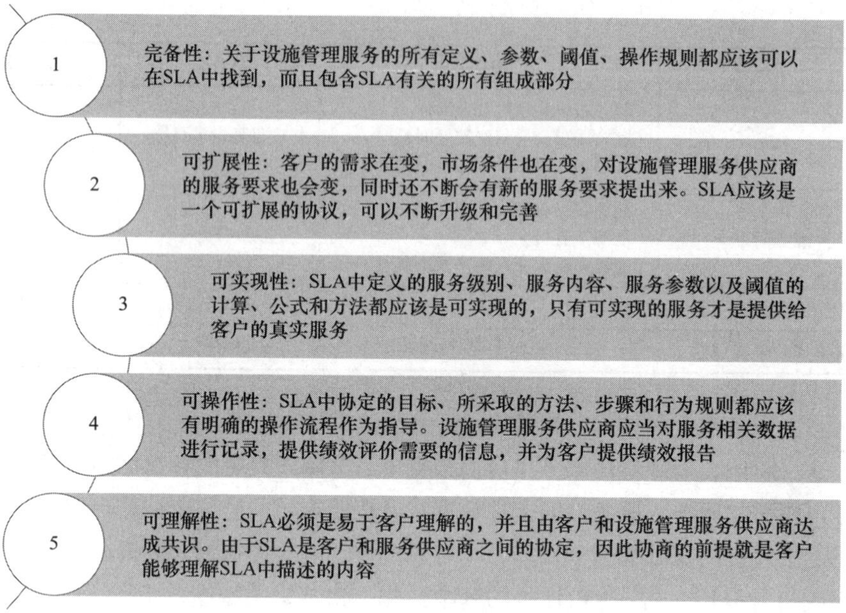

1. **完备性**：关于设施管理服务的所有定义、参数、阈值、操作规则都应该可以在SLA中找到，而且包含SLA有关的所有组成部分

2. **可扩展性**：客户的需求在变，市场条件也在变，对设施管理服务供应商的服务要求也会变，同时还不断会有新的服务要求提出来。SLA应该是一个可扩展的协议，可以不断升级和完善

3. **可实现性**：SLA中定义的服务级别、服务内容、服务参数以及阈值的计算、公式和方法都应该是可实现的，只有可实现的服务才是提供给客户的真实服务

4. **可操作性**：SLA中协定的目标、所采取的方法、步骤和行为规则都应该有明确的操作流程作为指导。设施管理服务供应商应当对服务相关数据进行记录，提供绩效评价需要的信息，并为客户提供绩效报告

5. **可理解性**：SLA必须是易于客户理解的，并且由客户和设施管理服务供应商达成共识。由于SLA是客户和服务供应商之间的协定，因此协商的前提就是客户能够理解SLA中描述的内容

图11-13 SLA要求

表11-5 SLA综合管理（一级指标）下属二级指标体系（示例）

二级		服务水平	成果	指标	测量方法	权重	打分
1.1	服务质量及投诉处理	跟踪并响应业主的投诉	及时响应业主的投诉	收到并解决的业主投诉的数量	已完成95%的业主投诉		
1.2	专业服务	提供完整的供应商计分卡，并且利用其他方法监控分包商的绩效	确保分包商以协议条款约定的方式提供服务	完成的计分卡（每月）	月度计分卡100%完成，并在完成后立即提交给业主		
		建立并维护清晰的政策和程序，以解决分包商所关注的问题与纠纷	确保在服务中彻底、一致和全面地实施供应商绩效报告	已发布完整且格式正确的政策和程序数量（每月）	总包商提交（每月一个）政策检查报告		
		……	……	……	……		
1.3	合规管理	供应商需要熟悉且遵守业主方及当地合规性政策及法规	确保现场的所有供应商工作人员符合业主、当地政策及法规的要求	事故报告	0违规事故报告		
1.4	业务连续性	在供应商管辖范围内没有因系统故障而导致供应中断、破坏或损失等事件（不可抗力因素导致的除外）	确保业务受影响时间小于1小时	事故报告（根据事故报告记录时间统计）	1：业务受影响时间≤1小时（合格） 0：业务受影响时间＞1小时（不合格）		
1.5	人力资源管理	制定关键岗位人力资源规划	确保关键岗位无空缺，人员流转率低	关键岗位人员流转率	关键岗位人员流转率<5%		

续表

二级	服务水平	成果	指标	测量方法	权重	打分
1.6 采购	与业主共同制定年度分包商竞争性采购计划，并协助开展所有采购活动	确保采购计划的实施完全符合业主对分包商竞争性采购的要求	计划完成百分比，建立通用方法和度量方法	协助分包商开发100%符合业主法规要求的采购计划		
	记录供应商选择标准和选择分包商的过程	记录和验证采购过程，用于业主审核	处理完整且格式正确的记录或报告数量（根据选择）	总包商提交（每月一个）记录报告		
	……	……	……	……		
……	……	……	……	……		

SLA需要对设施管理服务优先级进行分类，并对相应服务的传递时间进行描述。服务优先级一般与服务的传递时间紧密相关。以服务响应时间为例，一般服务优先级越高，服务响应时间越短。服务优先级及响应时间（示例），见表11-6。

服务优先级及响应时间（示例）　　　　表11-6

服务优先级	响应时间
0	2小时
1	1天
2	2天
3	1周
4	一个月
5	两个月

11.2.3 服务水平协议评估

设施管理服务水平协议评估分为两类：一类是客户根据自己的要求，检查设施管理服务供应商服务水平协议的执行情况，并根据评价的结果对设施管理服务供应商进行奖惩，支付相应的管理费用；另一类是设施管理服务供应商评估对客户的综合服务质量，明确在技术和管理方面存在的问题，调整服务目标和设施管理措施，创建新的SLA等级。

设施管理服务供应商则需要依据评价的结果制定应对方案，改进现有设施管理方案的不足，并通过评价发现客户对于SLA指标需求的变化，对KPI及其等级的选择进行及时更新。SLA指标更新后就进入了下一轮SLA循环，SLA正是通过不断的循环、改进而逐渐发展完善的。

对设施管理服务供应商服务水平的评估可关注以下几个方面：

（1）对规范和标准的遵守程度；

（2）服务质量指标；

（3）服务时间指标；

（4）服务支出；

（5）设施管理服务供应商和客户的沟通；

（6）客户满意度。

服务水平测量相关数据可以通过一系列方法进行收集。例如，从设施管理服务供应商的工作簿（Worksheet）和工作报告中可以得到相关的测量数据，或者通过客户调查的反馈记录得到相关的测量数据。

工作报告可分为内部报告和外部报告。

（1）内部报告

它用于服务供应商对建筑系统性能和服务进行内部诊断，以及进一步生成给客户的报告。内部报告中设定的可接受服务水平下限可能比SLA合同中规定的更加严格，以保证在违例情况发生前有机会采取纠正措施，避免合同中规定的违例情况出现。同样，内部报告的产生间隔也比外部报告要短，以便根据报告分析结果对系统进行及时调整。

（2）外部报告

它应当每隔一定周期（通常为一个月）由设施管理服务供应商提交给客户。客户代表可以为设施管理服务供应商提供服务绩效记录表格模板，设施管理服务供应商有责任根据这一表格完成相关质量报告。外部报告中要体现所提供的服务达标情况，以便让客户知道是否达到SLA中协商的服务要求。主要服务绩效记录表，见表11-7。

主要服务绩效记录表　　表11-7

目录	内容
维护详情	维护实施记录——引起的服务故障，对协议中预防性维护计划的遵守情况
工作单	响应时间的服务水平范围和客户满意度
保安	保安规范遵守程度，出现事故时当职人员的出席情况
保洁	对所有规定项目的完成率
安全	对所有计划行动的完成率
空间和设备规划	空间数据库的更新，客户对规划进展情况的了解
接待	对访客接待程序的遵守情况
……	……

企业在收集到这些数据后，应当每隔一段时间将这些数据输入相应的计分簿（Scoresheet）中。计分簿的格式和内容应当在服务水平协议中进行描述和列示，这样就为协议双方提供了绩效评测的共同基础。响应性维护服务的评分表，见表11-8。

响应性维护服务的评分表　　　　　　表11-8

KPI	目标服务水平		实际服务水平		客户满意度	
	描述	分值	描述	得分	描述	得分
条例/标准	符合健康和安全条例，使用合格产品	10	符合健康和安全条例，使用合格产品	10	满意	10
服务质量	问题得以纠正，避免其重复发生，将对客户业务的影响程度降到最低	20	错误得以诊断，问题得到纠正，对客户业务的影响程度较小	18	应当加强对业务影响的关注	12
服务时间	最长2小时之内响应；最长4小时之内完成（最长总服务时间为6小时）	10	响应时间为3小时；服务时间为2小时（总服务时间为5小时）	8	应当加强对响应延迟的关注	5
服务支出	总费用在120～200元之间	10	总费用为200元	10	满意	10
服务供应商与客户的沟通	通知客户工作进展情况以及可能的完成时间	20	工作完成后，通知客户问题得以修正	16	在收到反映的问题到工作完成过程中，与客户没有进行联系	14
服务整体情况	工作按照以上要求完成	70	工作执行情况较为满意，成本控制在协议成本之内，但是响应时间不符合协议水平	62	工作情况和成本较为满意，响应时间和沟通情况较不满意	51

在表11-8中，实际服务水平是根据服务供应商提供的相关服务数据和信息进行评分的。实际服务水平的测量与服务响应时间、客户调查、服务费用及服务质量因素相关；客户的满意度得分是基于企业对客户的服务满意程度的记录得到的。当实际服务水平与目标服务水平不一致时，服务供应商应当采取相应的改进措施。这样可以促进企业和服务供应商对服务水平测量的积极参与和持续改进。

综上所述，SLA指标是SLA实现定量管理和评估的媒介。SLA通过SLA指标的定量化，实现了设施管理服务供应商绩效监测和评估的定量化，从而对设施管理服务供应商提供的服务质量进行更加科学、客观的管理。

11.3　设施管理关键绩效指标

关键绩效指标（Key Performance Indicator/Index，KPI）是指用于沟通和评估被评价者主要绩效的定量化或行为化的标准体系。KPI被看作是连接个体绩效和企业战略目标的桥梁。在设施管理中，KPI是通过对设施管理服务的关键参数进行设置、取样、计算、分析，来衡量设施管理绩效的一种目标式量化管理指标。

KPI对于客户而言，可以形象地表述设施管理服务质量，从而使客户合理地评价设施管理服务供应商的绩效，增强可控性并有效地简化管理流程；对于设施管理服务供应商而言，KPI起着牵引和导向的作用，可以通过对KPI的分析找出业务上的不足，实现持续改进。

11.3.1 关键绩效指标体系

在构造设施管理绩效测量的关键指标时，应当从分析企业战略成功关键影响因素着手。关键成功因素（Critical Success Factors，CSFs）是指企业为了实现已有目标必须采取的措施。每个关键成功因素可能包含一个甚至多个KPI，而KPI的设置就是为了使管理层能够理解、测量以及控制每个关键成功因素。例如，如果企业确定了实现客户满意度最大化这一目标，则关键成功因素中应当包括客户满意度，而其中一个KPI应当为固定时间内的客户投诉次数或者客户满意度评级。

设施管理KPI涉及财务、建筑、服务、客户、安全和环境等多个角度。设施管理KPI体系，见表11-9。企业可以根据自己的战略目标设置不同关键成功因素下属的关键绩效指标，并确定不同的权重，以保证企业战略目标的实现。

设施管理 KPI 体系　　　　　　　　　表 11-9

绩效影响因素	评价角度	关键成功因素	一级 KPI 举例
需求驱动因素	财务角度	经济性	·成本是否在预算之内； ·成本节约百分比； ……
	建筑角度	可靠性	·建筑平均无故障运行时间； ·预防性维护完成率； ……
质量感知因素	服务角度	便捷性	·服务响应性； ·服务完成时间； ……
	客户角度	满意度	·客户满意度； ·客户投诉率； ……
基本保障因素	安全角度	安全性	·治安事件发生率； ·火灾发生率； ……
	环境角度	可持续性	·污水、垃圾等污染物的处理； ·相关环保法规的遵守； ……

首先，分析设施管理绩效影响因素，其包括如下几方面：

（1）需求驱动因素

由于提高建筑运行可靠性、降低设施管理成本是企业将设施管理服务外包的两项主要驱动因素，设施管理需求驱动因素应该包括财务和建筑两个角度的关键成功因素。

财务角度关键成功因素主要衡量设施管理的经济效果，针对预算、成本节约和能源成本进行评价；建筑角度关键成功因素主要衡量建筑运行可靠性，针对建筑运行和维修、维护状况进行评价。在评价设施管理服务供应商绩效时，这两个方面是最主要的考查角度。

（2）质量感知因素

由于客户对于服务质量的感知主要受到服务便捷性的影响，并反映在客户满意度方面，因此设施管理质量感知因素主要包括服务和客户两个角度的关键成功因素。

服务角度关键成功因素主要衡量建筑空间使用的便捷性，主要针对服务的响应性和完成时间进行评价；客户角度的关键成功因素主要衡量客户满意度，主要通过客户满意度调查进行评价。

（3）基本保障因素

保障建筑运营的安全性、实现环境质量达标和遵守环保法规是设施管理不可或缺的重要服务内容，也是设施管理服务的基本保障因素。安全角度的关键成功因素主要衡量空间环境的安全性，针对治安事件发生率和火灾发生率等KPI进行评价，保障企业日常业务运营安全性；环境角度的关键成功因素主要衡量环境质量达标和环保相关法规遵守程度，针对污染物处理以及相关环保法规遵守程度进行评价，反映现代设施管理可持续性。

由于每个关键成功因素对应着一个或多个KPI，因此可以通过因果关系图（也称鱼刺图）对关键成功因素进行分门别类的排列，找出设施管理关键成功因素下的KPI。客户满意度分类指标，如图11-14所示。

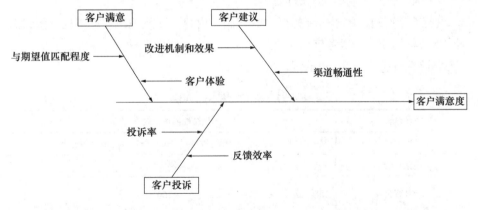

图11-14 客户满意度分类指标

对关键成功因素进行分解后，设施管理服务供应商和客户应对绩效指标体系进行认真审核与筛选，体现成本、质量和效率方面的平衡性和各指标之间的相关性，客观地反映设施管理各项业务重点，防止自相矛盾和相互冲突。

11.3.2 关键绩效指标设计

KPI设计的合理性决定了绩效评价能否真实反映服务供应商的服务水平，因此KPI的设计至关重要。

(1) KPI设计原则

指标的设计需要满足SMART原则，即：

1) 明确的（Specific）：指标要具体、清晰、明确，符合特定的工作要求，不能笼统。

2) 可测量的（Measurable）：指标可数量化或者行为化，验证这些指标的数据或者信息是可以获得的。

3) 可达到的（Attainable）：指标在付出努力的情况下可以实现，避免标准设立过高或过低。

4) 相关的（Relevant）：指标要和工作有相关性。

5) 时限性的（Time bound）：指标要有时限性，应规定完成绩效指标的特定期限。

(2) KPI维度

确定指标科学性、合理性后，还要对关键绩效指标的维度信息进行描述，一般主要包含以下内容：

1) 指标名称：便于指标评价和管理。

2) 指标定义：界定指标内在性质和范围，避免理解错误。

3) 设置目的：明确表示指标设置对设施管理服务的影响和目的。

4) 指标计算公式：清晰地界定指标量化评价方法。

5) 数据收集：明确考核数据收集负责部门。

6) 数据来源：明确考核数据的来源。

7) 数据核对：明确考核数据核对责任部门。

8) 考核周期：由于每个指标内容和涵盖内容不同且关注程度不同，要设置不同的考核周期。一般考核周期分为月度、季度和年度三种。

预防性维护完成率KPI示例，见表11-10。

预防性维护完成率 KPI 示例 表 11-10

指标名称	预防性维护完成率
指标定义	某一时期、某建筑实际预防性维护完成量与计划完成量的比率
设置目的	考核某建筑预防性维护及时完成情况
指标计算公式	预防性维护完成率 = $\dfrac{实际完成量}{计划完成量} \times 100\%$
数据收集	相应的设施管理部门
数据来源	相应的设施管理部门的管理记录
数据核对	行政部门
考核周期	每半年一次

(3) KPI设计要求

KPI要符合下列基本要求：

1）要尽量使用数量化的描述方式。对于不能形成一致理解的模糊性形容词，应尽量避免使用，如"及时响应""以最快的速度"等都是非量化的模糊性形容词，不适宜作为KPI评价标准。而应使用诸如"五分钟内予以响应""按照客户书面要求的速度"等类似语言来予以描述。

2）要尽量使用"实义动词＋数量词"的表达方式。例如"设备完好率达到90%"等；避免使用"虚义动词＋名词"的表达方式，如"保持设备良好性能"等。因为这样的描述会影响绩效评价的准确性和客观性，容易产生分歧，引发矛盾。

3）要尽量使用简洁的语句，避免使用冗长句子。KPI评价应当简洁明了、具体实用，避免冗长的句子表述，或者使用不同的断句方式导致理解上的歧义。

4）要尽量使用清晰概念，避免模糊不清的定义。例如，在绩效评价标准中使用"重大失职"，却没有对"重大失职"明晰的定义。那么，在服务供应商绩效评价时会发生较大的歧义。如果对重大失职定义为："对客户业务造成中断，并且造成财产损失**元以上的称为重大失职"，则可以避免歧义的出现。

KPI规范化描述语言示例，见表11-11。

KPI 规范化描述语言示例   表 11-11

不宜使用的语言	宜使用的语言
·难以达成共识的形容词 举例：及时响应；以最快的速度	·数字化和描述性的语言 举例：五分钟内予以响应；按照客户书面要求的速度
·虚义动词＋名词 举例：保持设备良好性能	·使用"实义动词＋数量词"的表达 举例：设备完好率达到90%
·冗长、概括性的句子 举例：在工作日期间开放时间与工作时间相同	·句子简洁清楚 举例：工作日开放时间为上午9：00—下午6：00
·使用模糊不清的定义 举例：使用"重大失职"一词，却缺乏相关定义	·清晰的专用词汇定义 举例：对客户造成业务中断，并且造成客户财产损失**元以上的称为重大失职

KPI指标体系并不是一经设定就永远不变的，业主可能根据该体系的执行情况及需求变化增加、删除或修改KPI的权重，但必须提前一定期限向服务供应商发送书面通知。设施管理KPI打分卡，见表11-12。

设施管理 KPI 打分卡   表 11-12

KPI 类别	KPI 类别权重	KPI 名称
财务	5%	报告/开具发票及时性和准确性
EHS合规	10%	EHS方面SLA计分卡
客户&质量	10%	管理层满意度调查（合作关系健康度）
	5%	数据库输入完成度和准确度
	10%	最终用户满意度调查
供应链合规	10%	供应链 SLA 计分卡

续表

KPI 类别	KPI 类别权重	KPI 名称
财务管理	10%	战略思维/执行，流程管理，有效的措施、风险、合规性及持续改进的报告
服务水平	15%	供应商审核评分
	20%	服务供应商SLA计分卡
可持续性	5%	能源消耗和废物的减少

KPI打分体系中可以设定分数等级，如：5—服务超出预期；4—达到服务预期；3—服务符合要求；2—服务低于要求；1—服务不符合要求等。

11.3.3　关键绩效指标评价

要实现设施管理服务供应商绩效合理评价，还需要明确其评价基准并选择相应的评价方法。合理选择绩效评价基准和评价方法不仅可以为客户提供决策支持，还能帮助服务供应商寻找和改进自己的不足。

（1）KPI评价基准

在对设施管理的KPI进行评价时，通常采用以下基准：

1）历史基准。它是指以企业以前年度的业绩状况作为评价设施管理的基准。基于历史基准的设施管理绩效评价是一种判断绩效改进程度的方法，它可以针对绩效表现改进进行评价，从而显示设施管理服务供应商的管理效果和水平，但是缺乏设施管理行业间的可比性。

2）行业基准。它是指以行业KPI基准作为参考，从而制定的评价基准。它是以一定时期、一定范围内的同类企业为样本，采取一定的方法，对相关数据进行测算从而得出的基准值。这种方法要求企业具有比较敏锐的市场触觉，具有较好的外部信息敏感性，能够通过科学、可靠的方法和渠道收集同类企业的相关信息，并具备较强的信息处理能力。

3）经验数据基准。它是指根据服务供应商为各种企业提供服务所得到的经验数据，经过识别目标企业和客户的类型，并根据企业要求对经验数据加工和调整后得到的评价基准。

4）计划基准。它是指以事先制订的年度计划、预算或预期达到的目标作为参考要素而制定的评价基准。这样得到的评价基准可能主观性比较强、人为因素比较大，但如果服务供应商能够清晰地对年度计划或者预期达到的目标进行阐述，并且与客户达成共识，那么其质量和效果还是相当理想的。例如，计划设定预防性维护完成率100%的目标。如果设施管理服务供应商能够清晰地阐述预防性维护的措施及计划，那么该项指标便可以成为一项有效的KPI。

（2）KPI评价方法

对于能够用数量表示的KPI，可以采用百分比率法、调控评分法、强制性标准对照法、加减分考核法和等级评价量表法进行评价。

1）百分比率法。它是用KPI的实际完成值除以事先确定的标准值，然后再乘以权重系数，就得到该KPI的实际考核值，这是一种比较精确的计算方法。

2）调控评分法。这是一种常用的KPI计分方法，其原则是结合工作性质和实际要求，在评分时由低向高设置N个绩效区间；然后根据设施管理绩效落入的区间，将权重乘以相应区间对应的得分。调控评分法分值和计算，见表11-13。

调控评分法分值和计算　　　　表11-13

KPI区间	0~50%	50%~70%	70%~80%	80%~90%	90%~100%	100%~120%
分值	0	0.5	0.7	0.8	0.9	1.3
得分	0	权重×0.5	权重×0.7	权重×0.8	权重×0.9	权重×1.3

3）强制性标准对照法。对于一些设定的强制性标准，例如消防系统合法性，KPI评价的结果只有达到和没有达到两种。对照设定的强制性标准，绩效评估要么是满分，要么是零分，不可能有其他的选择。

4）加减分考核法。采用加减分方式确定指标标准，一般适用于目标任务比较明确、技术比较稳定的情况。在加减分考核法的基础上，有时也采用负分考核法。这是一种只对标准分进行扣减，而不加分的KPI评价方法。没有发现问题时，KPI得分为满分；当发现KPI在完成过程中出现异常情况时，按照一定的标准进行扣分。例如，当预防性维护完成率为100%时，该KPI为100分，完成率每减少1%，扣5分。

5）等级评价量表法。它是将指标的绩效水平都划分成五级、七级或九级的量表，由客户或者相关人员根据自己对服务的感知进行评价的方法。

（3）KPI评价案例

例如，某企业聘请设施管理服务供应商，经过双方商定确定设施管理KPI指标A、B、C、D、E、F的权重分别为0.20、0.20、0.17、0.15、0.15、0.13。

一季度后，客户根据规定的KPI评价方法和程序对设施管理服务供应商绩效进行考核。设施管理服务供应商KPI绩效考核，见表11-14。

设施管理服务供应商 KPI 绩效考核　　　　表11-14

KPI 指标	A	B	C	D	E	F
权重	0.20	0.20	0.17	0.15	0.15	0.13
目标	20	20	17	15	15	13
实际得分	18	17	14	13	14	11
目标实现率（%）	90.00	85.00	82.35	86.67	93.33	84.62

经过统计，该服务供应商各项KPI指标实际得分分别为18分、17分、14分、13分、14分、11分。根据计算得到的各KPI的目标实现率分别为90.00%、85.00%、82.35%、86.67%、93.33%和84.62%，计算出该供应商KPI绩效总分为87分。服务供应商绩效评价雷达图，如图11-15所示。

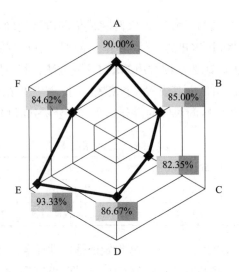

图11-15 服务供应商绩效评价雷达图

本例绩效评价基准采用的是计划基准,即以原定目标作为基准值。由图11-15可知,该季度设施管理在C和F方面表现最差,应当进行经验总结和改进。

在采用原定目标作为基准值时,设施管理服务供应商一般应当与客户商定一个绩效考核指标的临界值,作为判断绩效水平是否可以接受的界限。这一临界值的设定可以通过服务供应商的经验或者统计学原理制定,同时也要满足客户的要求。

在本例中,如果双方商定的绩效考核指标临界值为85%,则C和F两个方面的KPI处于临界值以下,客户可以按照规定给予设施管理服务供应商一定的惩罚,并要求该供应商提供相应解决方案和改进措施。设施管理服务供应商也可以根据分解后的二级KPI的得分进一步发现具体问题,提出应对办法。

11.4 设施管理审核

审核是经过授权和具备相应资格的企业和人员所从事的活动,是收集客观证据、发现不足、促进管理体系持续改进的过程。设施管理审核通过对企业现有房地资产运营状况以及设施管理服务进行评价,进而起到帮助企业识别资产运营状况、找出设施管理的缺陷、制定未来设施管理规划的作用。因此,设施管理审核对企业的战略意义愈发显著。

11.4.1 设施管理审核分类

设施管理审核主要包括对建筑空间管理、建筑及设备管理系统、EHS管理、能源管理以及业务流程等方面内容的审核。设施管理审核分类,如图11-16所示。

设施管理审核内容,见表11-15。

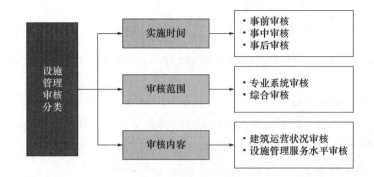

图11-16 设施管理审核分类

设施管理审核内容　　　　　　　　　　　　　　　表 11-15

分类依据	分类结果	具体内容
实施时间	事前审核	设施管理服务供应商在投标前，首先需要对客户所拥有的建筑及其运营情况进行调查，从而对未来的工作范围和复杂程度形成大致的了解，并根据其情况制定相应的服务水平标准
	事中审核	在设施管理过程中，企业将对设施管理资源、内部期望和外部标杆进行有序的、客观的比较。设施管理者应当了解自己团队工作的现状，即设施管理服务是否能够满足管理者和客户的要求和期望
	事后审核	其是对设施管理某一个阶段的管理服务结束后的审核，是设施管理服务团队对其提供的设施管理服务绩效的阶段性评价。企业主管部门领导根据设施管理审核的结果，给予设施管理服务团队相应的奖励或惩罚
审核范围	专业系统审核	对建筑的某类系统及其管理进行审核，常见的专业系统审核包括电气、暖通、机械、消防等系统审核，空间审核，能源审核等。该审核通常会使用访谈、问卷、照片/视频记录和物理测量等方法。专业系统审核一般会根据审核对象的复杂程度持续两三周至几个月不等
	综合审核	该审核内容最为全面，同时也是用时最长、调查最为深入、费用也相应最大的审核方式。通常会对建筑空间、财务管理、项目管理、管理流程、质量体系等方面进行全面的调研和观察。该审核一般持续几个月到一年，甚至更长，它所得到的结论和建议具有长期战略价值。综合审核目标并不在于改善某个现有问题，而是为了考察企业总体管理水平，为企业未来设施管理规划提供决策支持
审核内容	建筑运营状况审核	建筑运营状况包括建筑本体、电气系统、暖通系统、空间环境系统等的运营状况。通过对上述系统的审查和回顾，对其性能状况进行准确的评估，总结系统缺陷，提出针对性的改进意见。通过系统、全面的建筑运营状况审核可以帮助企业跟进自身各类系统运营状况并及时整修完善，增强系统的运行能力和使用寿命，提高建筑系统的利用效率，产生经济效益
	设施管理服务水平审核	其是企业对设施管理服务供应商的管理水平、合同管理、财务管理、质量管理、业务流程等方面的全面梳理和审核。通过审核，企业可以对设施管理服务供应商的工作绩效有更加客观的认识，有助于建立更加完善和高效的合同管理框架，优化业务流程

11.4.2 设施管理审核内容

设施管理专业系统审核和综合审核因为目的性不一样,审核内容也不尽相同。

(1)专业系统审核

专业系统审核主要关注企业硬件系统管理水平,其侧重点在建筑系统物理环境、功能性、维护环境、周围环境影响、操作性影响、环境问题和合规性等方面的表现。设施管理专业系统审核内容,如图11-17所示。

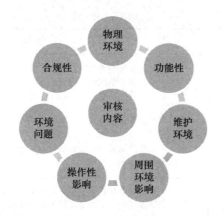

图11-17 设施管理专业系统审核内容

不同企业或同一企业出于不同目的所进行的设施管理审核的内容有较大的差异。

(2)综合审核

综合审核即包括设施管理的全部硬性服务和软性服务成果的审核,由建筑运营状况审核和设施管理服务水平审核两部分组成。

因为综合审核涉及的内容较多,难以将所有指标一一列出,因此本文仅对主要审核内容进行阐述。综合审核主要内容,如图11-18所示。

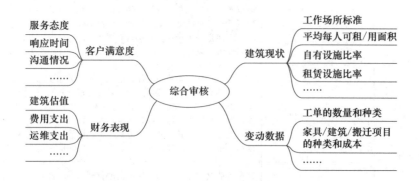

图11-18 综合审核主要内容

11.4.3 设施管理审核程序

虽然设施管理审核对象和内容不同,审核主体、审核流程和审核资源投入等方面存在差异，但它们的审核程序存在共性。各类设施管理审核都需要经历准备阶段、数据收集阶段、评价阶段和决策阶段四个阶段。设施管理审核流程，如图11-19所示。

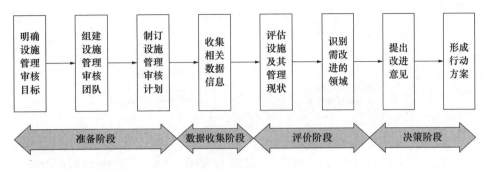

图11-19 设施管理审核流程

（1）准备阶段

在准备阶段，需要完成明确设施管理审核目标、组建设施管理审核团队以及制订设施管理审核计划三项工作。

1）明确设施管理审核目标

设施管理审核负责人应通过与企业高层主管、中层运营管理人员及基层专业人员的沟通，明确企业需求，确定设施管理审核类型和审核目标。

2）组建设施管理审核团队

设施管理审核团队的组建主要需要解决以下两个问题：明确外部咨询单位在审核中的职责和企业内部设施管理审核团队人员的选择。

专业系统审核根据实施方式不同，聘请咨询公司可以分为以下两种方式：

① 主导型专业系统审核。它主要依靠外部咨询单位进行数据收集、基准比较及分析，最后由咨询单位提供一份设施管理绩效的评价和整改行动报告，让客户从整体上把握自己拥有的建筑空间状况。

② 辅导型专业系统审核。它主要依靠客户内部人员完成相关的数据收集和整理工作，而咨询单位主要扮演导师的角色，指导客户内部人员的审核工作。在这种审核方式下，客户不仅能了解建筑资产的整体概况，还能对细节给予关注，从而充分掌握详细的建筑资产运营状况。

在咨询方主导型专业系统审核中，企业应把团队组建的关注点放在明确外部咨询单位的职责方面；而在咨询方辅导型专业系统审核中，企业应把关注点放在内部设施管理审核团队人员的选择上。

综合审核相对时间更长，诊断范围更大，通常需要咨询方和客户的共同配合才能完成。在综合审核组织机构中，最高层为审核委员会，通常由企业高层管理人员或者设施管理经理担任，主要负责提供工作建议和审批审核报告。委员会直接管辖审核工作组，该工作组的主要职责为制订工作计划以及进行数据收集和分析。外部咨询单位应当向工作组提供相关指导、服务和信息。综合审核组织架构，如图11-20所示。

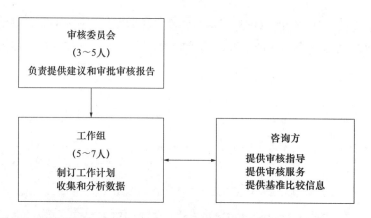

图11-20 综合审核组织架构

3）制订设施管理审核计划

制订设施管理审核计划的前提是明晰审核范围。因此，确定审核范围也属于制订设施管理审核计划的一项重要内容。根据专业系统审核和综合审核的不同要求，设施管理审核范围可以涵盖建筑专业系统、财务管理、项目管理、管理流程、质量体系等多方面的内容。建筑专业系统审核范围，见表11-16。

建筑专业系统审核范围　　　　表11-16

序号	系统组成 建筑结构	设备系统
1	基础/斜坡	HVAC系统
2	屋面系统	电气系统
3	地板系统	消防系统
4	门窗	管道排污系统
5	天花板系统	排风系统
6	外墙	电信系统
7	内墙	运输系统
……	……	……

明确建筑审核范围后，审核团队负责人可以根据资源条件及具体工作内容制订审核计划，并在审核过程中跟踪审核情况。

（2）数据收集阶段

在专业系统审核中，审核团队应当审阅各专业系统的运行记录和维护数据，对建筑进行现场调查，并对建筑的物理性能、使用功能和维护状况等进行打分；在综合审核中，除了上述方法外，审核团队还可以从设施管理内部人员、设施管理相关方、最终客户等方面进行访谈、问卷调查、市场分析、同类标杆比较，以及查阅技术、经济和管理文件（包括组织架构、财务报表、成本记录、管理制度、工作流程等）。

（3）评价阶段

评价阶段的主要工作包括评估设施管理现状及识别需要改进的领域。设施管理现状评估是通过对KPI进行打分来实现的,并通过基准比较方法识别出需要改进的领域。有必要时,也可以对不同专业系统进行风险评级,一般分为无风险、低风险、中等风险、高风险、需紧急改善五类。

(4)决策阶段

决策阶段的主要工作包括提出改进建议及形成行动方案。一般在审核负责人的带领下,各类专业工程师通过头脑风暴,运用价值工程等方法对现有建筑系统提出新的改进和整改措施。在确定改进方案的同时,审核团队还需要根据各项系统的评价结果确定各项改进方案的实施优先级,以及确定资金的分配情况,最后形成行动方案。

关键术语

服务说明书　工作分解结构　服务水平协议　服务供应商　服务质量评估　关键绩效指标　关键成功因素　评价基准　历史基准　行业基准　建筑运营状况审核　事前审核　专业系统审核　审核程序

复习思考题

1. 服务说明书有什么作用?主要内容有哪些?
2. 设施管理服务水平协议设计的内容有哪些?
3. 从服务供应商的角度看,设施管理SLA的作用是什么?
4. 设施管理绩效影响因素有哪些?
5. 设计关键绩效指标的SMART原则是什么?
6. KPI设计的基本要求有哪些?
7. 在设施管理KPI评价中,如何认识行业基准的作用?
8. 常用的KPI的评价方法有哪些?
9. 设施管理审核如何分类?各类审核的具体内容是什么?
10. 设施管理审核分为哪几个阶段?

第 12 章

业务持续管理

本章导读

近年来，自然灾害和人为事故等突发事件的发生，给社会和企业造成了巨大的财产损失，对相关业务持续产生了严重影响。为预防或减轻突发事件造成的损害，增强各类组织机构的业务持续能力，各国政府和社会组织推出了一系列业务持续管理（BCM）标准和规范。本章结合标准规范和行业实践，系统地阐述了设施管理有关的业务持续管理（BCM）体系与流程，介绍了业务影响分析步骤、风险识别内容与风险评估方法、业务持续响应计划的编制，讨论了设施管理业务持续管理的演练、维护与评审。

主要内容

- ❖ 业务持续管理概念与发展；
- ❖ 业务持续管理生命周期及阶段任务；
- ❖ 业务持续管理相关方、组织结构和战略；
- ❖ 业务影响分析步骤；
- ❖ 风险识别内容及风险评估方法；
- ❖ 业务持续的风险减轻策略；
- ❖ 业务持续管理响应计划；
- ❖ 业务持续管理演练、维护和评审。

12.1 业务持续管理概述

业务持续管理（Business Continuity Management，BCM）是识别企业潜在威胁以及这些威胁一旦发生可能给业务运行带来的影响的一整套管理过程。该过程为企业建立有效应对威胁的自我恢复能力提供了框架，以保护关键相关方的利益、声誉、品牌和创造价值的活动。设施管理有关的业务持续是企业业务持续管理（BCM）的重要组成部分，通过识别并分析威胁企业设施管理有关的重要业务运营风险及可能造成的影响，建立相应的组织架构和管理机制来应对这些风险，保证企业设施管理能够持续运营或在规定时间内恢复，减少企业的损失。

12.1.1 业务持续管理由来

"业务持续"的概念最早源于"灾难恢复"一词，灾难恢复（Disaster Recovery，DR）是指利用技术和管理手段，确保企业在灾难发生后的关键数据、数据处理系统和业务可以恢复，其最终目的是保证在灾难发生后指定时间内恢复既定范围的业务运营。随着国际形势和经营环境的日益复杂，各种灾难事件的发生给企业带来的损失逐渐超出了企业能够承受的范围，为了应对这一情况，业务持续管理（BCM）应运而生。

英国皇家特许管理协会（Chartered Management Institute，CMI）公布的调查揭示了企业进行BCM的驱动力量，其中52%的企业认为企业治理是最主要的驱动力量。企业BCM驱动力量，如图12-1所示。

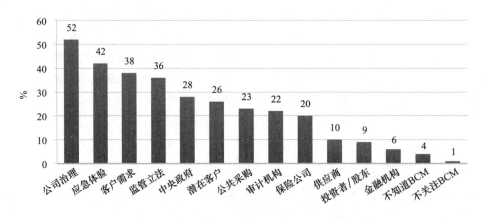

图12-1 企业BCM驱动力量

有效的BCM能够减轻中断事件（包括突发中断和渐进中断两种）对企业的影响。据Gartner Group统计，在经历大型灾难事件而导致系统停运的企业中，有2/5左右再也没有恢复运营，剩下的企业中也有1/3在两年内破产。"9.11"事件中，1200家企业受灾，400家企业启动了灾难恢复计划，其中纽约商品交易所几小时后就在"长岛"恢复交易，摩根士丹利几天后在新泽西州恢复营业，而无业务持续能力的企业损失惨重。BCM应对突发中断和渐进中断，如图12-2和图12-3所示。

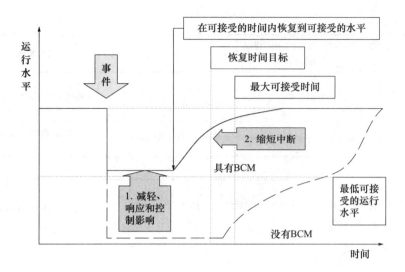

图12-2 BCM应对突发中断

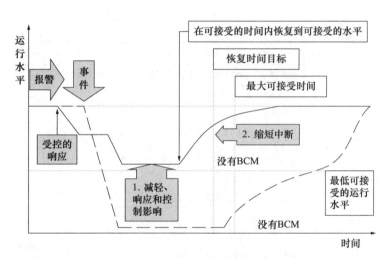

图12-3 BCM应对渐进中断

BCM保证了关键业务或建筑系统能够经得起各种突发事件的影响，即无论发生任何意外事件，企业关键业务与建筑系统都不会中断运营。业务持续管理（BCM）比灾难恢复（DR）的内涵和外延更宽泛，它不再是那种传统的应对自然灾害的应急反应措施，其已成为企业战略层面重要的管理内容之一。BCM发展历程，见表12-1。

BCM 发展历程　　　　　　　　　表 12-1

时间段 项目	20 世纪 70 年代—20 世纪 80 年代	20 世纪 90 年代	21 世纪
概念	灾难恢复（DR）	业务恢复（Business Recovery，BR）	业务持续管理（BCM）
重点	数据中心运转中断	现场故障（数据中心／办公室）	重要业务过程（包括供应链）中的运作风险
可交付项目	信息技术灾难恢复计划	业务恢复计划	业务持续计划

续表

时间段 项目	20 世纪 70 年代—20 世纪 80 年代	20 世纪 90 年代	21 世纪
驱动因素	·早期法规 ·中央主机不断增加的重要性	·电子商务 ·集中的ERP	·企业治理 ·恐怖主义/生物威胁 ·供应链管理
典型事件	数据中心火灾或管线故障	关键呼叫中心运转中断	关键供应商破产或网站受到攻击
决策	可选	→	法定

由于BCM对企业业务持续保障方面的重要作用，针对事关国计民生的关键行业，多数发达国家的政府部门均提出和制定了BCM方面的法规和标准。现行BCM标准，见表12-2。

现行 BCM 标准   表 12-2

序号	标准号	标准名称	发布时间	备注
1	GB/T 30146—2013	公共安全 业务连续性管理体系 要求	2013-12	等同ISO 22301：2012
2	GB/T 31595—2015	公共安全 业务连续性管理体系 指南	2015-06	等同ISO 22313：2012
3	GB/T 35625—2017	公共安全 业务连续性管理体系 业务影响分析指南（BIA）	2017-12	等同ISO/TS 22317：2015
4	GB/T 38299—2019	公共安全 业务连续性管理体系 供应链连续性指南	2019-12	等同ISO 22318：2015
5	GB/T 40755—2021	公共安全 业务连续性管理体系 业务连续性管理能力评估指南	2021-11	
6	GB/T 27422—2019	合格评定 业务连续性管理体系 审核和认证机构要求	2019-12	
7	GB/T 27021.6—2020	合格评定 管理体系审核认证机构要求 第6部分：业务连续性管理体系审核认证能力要求	2020-03	等同ISO/IEC TS 17021-6：2014
8	ISO/IEC TS 17021—6：2014	Conformity assessment — Requirements for bodies providing audit and certification of management systems — Part 6: Competence requirements for auditing and certification of business continuity management systems	2014-12	
9	ISO 22301：2019	Security and resilience – Business continuity management systems – Requirements	2019-10	国标计划20211021-T-469
10	ISO 22313：2020	Security and resilience – Business continuity management systems – Guidance on the use of ISO 22301	2020-02	
11	ISO/TS 22317：2021	Security and resilience — Business continuity management systems — Guidelines for business impact analysis	2021-11	
12	ISO/TS 22318：2021	Security and resilience — Business continuity management systems — Guidelines for supply chain continuity management	2021-12	

续表

序号	标准号	标准名称	发布时间	备注
13	ISO/IEC 27031：2011	Information technology — Security techniques — Guidelines for information and communication technology readiness for business continuity	2011-03	ISO/IEC CD 27031
14	YD/T 2880—2015	域名服务业务连续性管理要求	2015-07	行业标准
15	NF Z74—007—2014	信息技术—安全技术—信息和通信技术业务连续性的准备指南	2014-12	法国标准

12.1.2 业务持续管理周期

BCM既是一体化的管理体系，也是一个循环往复的、动态的、具有前瞻性的管理过程。它可以分为四个阶段实施，并要求企业将这四个阶段深植于企业文化中。BCM生命周期，如图12-4所示。

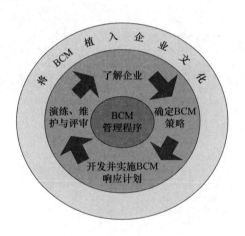

图12-4 BCM生命周期

（1）了解企业

在这一阶段，企业宜建立、实施和保持一个正式的业务影响分析（Business Impact Analysis，BIA）和风险评估（Risk Assessment，RA）过程。理解企业向客户交付产品和服务随着中断时间会对企业目标和运行产生负面影响是非常重要的，分析相互关系和支持产品与服务活动的资源要求，以及它们所受的威胁也是很重要的。通过BIA和RA来了解企业，为有效的BCM策略选定提供了依据。了解企业，如图12-5所示。

（2）确定BCM策略

在这一阶段，企业的目的是找出并仿真各项可选择的策略，以便确保关键建筑系统能够持续运营，或者在中断后企业能够在合理的复原过程中将建筑系统复原至可接受的持续性水平。确定BCM策略，如图12-6所示。

（3）开发并实施BCM响应计划

这个阶段是BCM生命周期中最重要的阶段，包括计划准备与拟定、进行事件应对，并且可在业务中断时一步步恢复并加以维护，达到预定的水准。在这个阶段，企业需要制订事件管理计划（Incident Management Plan，IMP）、业务持续计划（Business Continuity Plan，BCP）及业务活动恢复计划（Activity Resumption Plan，ARP）。开发并实施BCM响应计划，如图12-7所示。

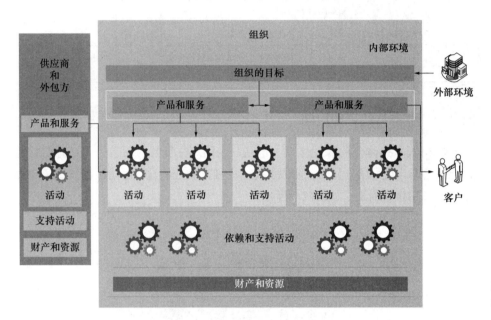

图12-5 了解企业

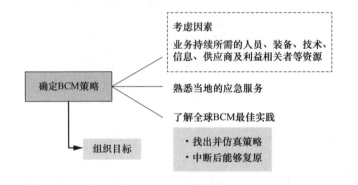

图12-6 确定BCM策略

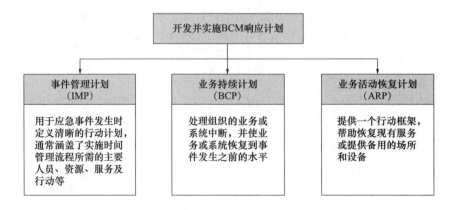

图12-7 开发并实施BCM响应计划

(4)演练、维护与评审

该阶段的目的是企业可通过持续性改善行动,确保BCM项目的有效性、正确性和实用性。演练、维护和评审,如图12-8所示。

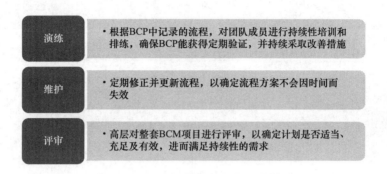

图12-8 演练、维护和评审

为确保BCM项目成功,企业应当确认BCM项目是否已被正确地列入企业文化和日常业务,以及是否符合企业的目标和方针。企业中所有成员都应对自身角色有足够认知,并接受相关培训,以学习如何处理特殊任务。当全体成员都理解并接受BCM体系功能时,企业对于业务中断的处理能力才会提升。设施管理有关BCM实施流程,如图12-9所示。

12.1.3 业务持续管理组织

BCM是需要企业最高管理层推动的管理活动。一个完善BCM框架能够让企业有足够的弹性来应对不同的事件。在成长为一个可信赖的企业的过程中,与BCM有关的企业战略和风险是一个企业必须面对的重要问题。

(1)BCM相关方

在建立BCM时,企业应考虑相关方的需求和要求。

企业宜识别与其BCM相关的所有相关方,并基于他们的需要和期望确定他们的要求。识别强制的、阐明的和通常隐含的要求很重要。

企业需要知道其相关方有哪些,比如媒体、供应商、竞争对手等。企业BCM相关方,如图12-10所示。

(2)BCM组织

BCM组织由BCM工作组、BCM协调者、各行动小组三个层次组成。BCM组织内的每一个人都将在BCM项目中扮演各自的角色。BCM组织结构图,如图12-11所示。

1)BCM工作组。由高级管理层及重要部门负责人组成BCM工作组,并在灾难发生时负责全部的BCM。

2)BCM协调者。一位训练有素的BCM协调者将在BCM工作组和各行动小组之间起到桥梁作用。

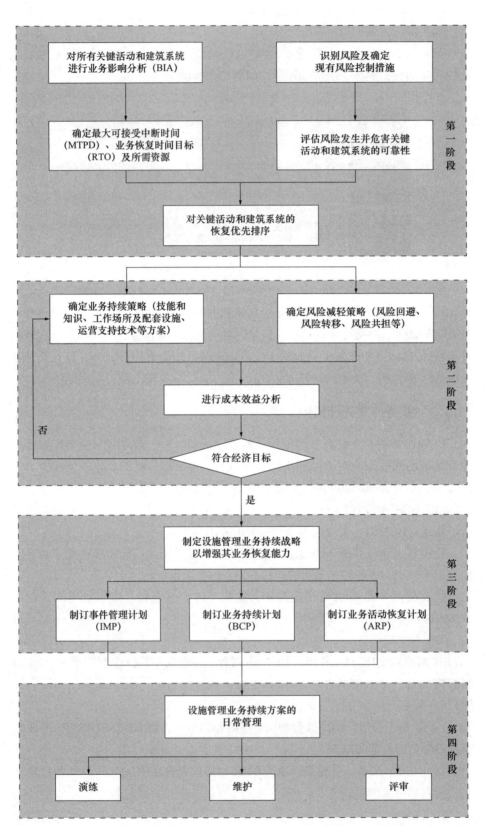

图12-9 设施管理有关BCM实施流程

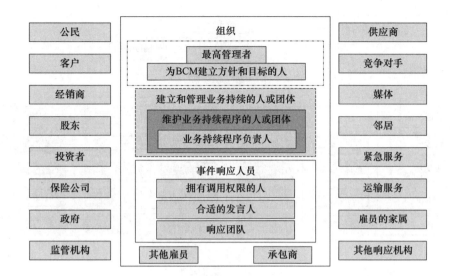

图12-10 企业BCM相关方

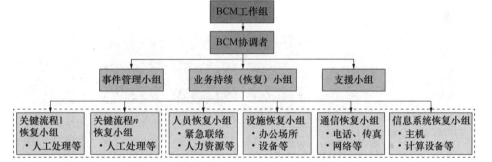

图12-11 BCM组织结构图

3）各行动小组。其包括事件管理小组，按照IMP文件进行事件应急响应工作；业务持续（恢复）小组，按照BCP文件进行业务持续或恢复工作；支援小组，负责对业务持续（恢复）起支援作用的功能或领域的持续（恢复）工作，如人员恢复、设施恢复、通信恢复、信息系统恢复等。

通常情况下，根据企业实际需要，可设立常态模式下BCM组织和事件模式下BCM组织。

在常态模式下，BCM组织结构中董事会为决策机构，企业执行委员会（简称执委会）为执行机构，内部审计部门（简称内审部）为审核机构。在业务持续管理部下，结合矩阵型组织结构，设立或者指定一个特定部门牵头日常BCM工作。大型企业常态模式下BCM组织结构，如图12-12所示。

在事件模式下，该企业本着统一领导、分级负责、属地管辖原则，依据企业特性，设立一个或者多个级别的事件管理小组，即应急管理组、舆论控制组、业务恢复组和其他任务组。企业设立总指挥部，由事件管理小组在指挥中心的平台上通过会议作出决定，并在事件管理小组休会期间由指挥中心运行人员在授权范围内传达决议、汇总信息、协调响应，向事件管理小组主管上报异常情况。大型企业事件模式下BCM组织结构，如图12-13所示。

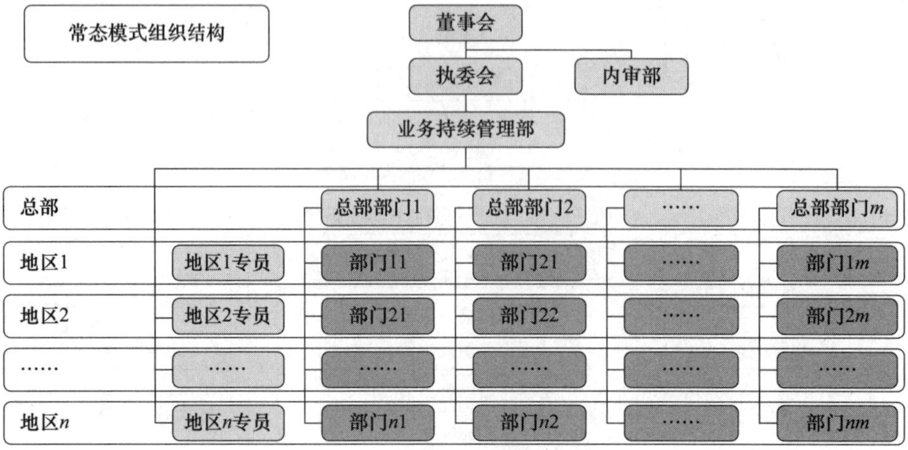

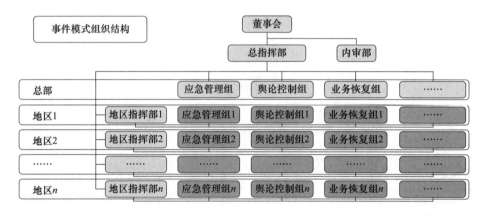

图12-12 大型企业常态模式下BCM组织结构

图12-13 大型企业事件模式下BCM组织结构

在常态模式下矩阵管理模式的BCM组织结构有利于企业建设BCM体系。在一般情况下，BCM组织结构与日常管理组织结构具有相似性。而在事件模式下的BCM组织结构可能要设立与平时不同的指挥体系，按照属地管辖的原则设立区域性指挥机构。例如，在局部地区发生事件时，可能需要启动该地区的区域事件管理小组，尽管在平时可能按照业务条线由总部对各地进行管理。

（3）BCM企业战略

所有企业无论大小都有其短期、中期和长期战略目标。例如，扩张、多元化、收购兼并其他企业等。这些战略目标一般都是通过企业战略规划和方针制定的形式来描述和确定的。

随着市场变化和企业对外部环境敏感度的提高，BCM正日益成为企业至关重要的战略议题。由于业务中断事件将给企业造成不同程度的损失和影响，当企业最高管理层认识到BCM的重要性，就会主动识别影响企业战略发展的风险，并评估企业对这些风险的接受水平。企业业务中断后果，如图12-14所示。

此外，一旦破坏性事件不断发展，则会出现新的利益相关者，例如竞争对手、环保主义者、监管部门和媒体等，并直接影响该事件最终的严重程度。在某些情况下，某些利益群体可能也会对企业应对业务中断施加负面的压力。

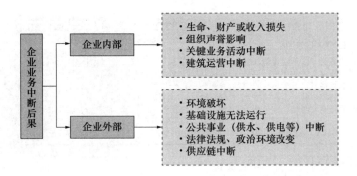

图12-14 企业业务中断后果

12.2 业务影响与风险

BCM的第一步是通过业务影响分析（BIA）及风险评估（RA）对企业自身及其所处的环境有一个充分的了解。对于企业来说，BIA和RA都非常重要。如果没有RA，企业将不能识别潜在风险。没有充分的BIA，企业BCP将失去方向，并将损坏企业灾难之后迅速恢复的能力。企业应基于分析与评估结果选择BCM方案，并编制相应的BCM响应计划，同时确保BCM项目与企业的目标、义务及法定职责相匹配。BIA和RA的区别，见表12-3。

BIA 和 RA 的区别　　　　　　　　表 12-3

序号	业务影响分析（BIA）	风险评估（RA）
1	将容忍多长时间无法访问信息资产资源	将提供何种程度的控制措施保护信息资源
2	比较企业的损失导致的无法容忍的影响和持续应对损失的花费	比较缺少安全控制措施时信息资产的损失和实时控制措施的花费
3	评估事件在一段时间内所造成的影响	评估事件发生的可能性和后果的严重性
4	恢复策略	保护和防范措施
5	如何应对和恢复	如何积极主动的防范

12.2.1 业务影响分析

业务影响分析（Business Impact Analysis，BIA）是指分析活动和业务中断可能带来的影响的过程。BIA一般采用问卷调查和有选择的内部交流的方式来获取所需信息，主要包括关键业务流程识别、恢复优先级排序、恢复关键业务流程所需资源、业务流程中断影响的定性及定量分析、各业务流程之间的相互依赖性、重要数据记录等工作。业务影响分析（BIA）步骤，如图12-15所示。

BIA过程中，需要对识别出的每一项关键流程评估其最大可容忍中断时间（Maximum Tolerable Period of Disruption，MTPD）、恢复时间目标（Recovery Time Objective，RTO）和恢复点目标（Recovery Point Object，RPO）等重要流程中断恢复时间参数。

确定关键业务流程	确定业务中断造成的影响	评估中断恢复时间参数	确定支持业务的关键资源	确定业务恢复优先顺序	BIA报告
识别所有的业务流程，短时间中断就造成极大影响且需要被迅速恢复的流程应被定为关键业务流程	应确定定量和定性的影响。例如，定量影响：收益减少、资本支出增加；定性影响：市场份额减少、公共信心减少	对识别出的每项关键流程确定最大可容忍中断时间（MTPD）、恢复时间目标（RTO）和恢复点目标（RPO）等重要流程中断恢复时间参数	进行资源需求评估，确保尽快恢复关键业务流程及相关的依赖关系。可能的资源包括设施、人员、设备、软件、外部机构的支持等	根据企业运营目标、价值观及前述三个时间参数对所有关键业务流程进行恢复优先级排序	

图12-15 业务影响分析（BIA）步骤

（1）最大可容忍中断时间（MTPD）

每项关键业务流程的最大可容忍中断时间（MTPD）是指建筑系统所能容忍的该流程最长中断的时间。一旦该流程在此期限内无法恢复，建筑业务持续将面临严重的威胁。它一般由下列三项数据综合确定：

1）流程自中断到恢复所需的最长时间；
2）恢复期应该维持的最低运营水平；
3）恢复到正常运营水平所需时间。

通常情况下，企业确定的MTPD值越低，业务恢复所需的成本就越高，恢复策略的复杂性也越高。因此，应根据企业实际情况确定业务恢复的各项要求。MTPD与恢复成本的关系，如图12-16所示。

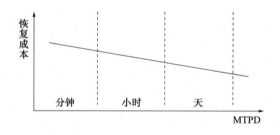

图12-16 MTPD与恢复成本的关系

（2）恢复时间目标（RTO）

恢复时间目标（RTO）是指事件发生后，所设定的恢复关键业务流程的目标时间。在确定了关键业务流程MTPD后，可确定每项关键业务流程的RTO。恢复时间目标（RTO）评估，如图12-17所示。

（3）恢复点目标（RPO）

恢复点目标（RPO）是指因硬件、程序或通信发生故障等风险事件导致的建筑业务中断后，必须恢复到过去某时间点业务运营状况的要求。例如，除了对某些特别重要的业务信息数据进行实时复制，保证的备份副本始终都是完整和最新的。一般业务信息数据很可能在风险事件发生后部分丢失，就需要确定备份的最低频率，并选择最佳恢复技术和程序。

在BIA步骤完成后，根据分析内容形成BIA报告。要注意的是，有些关键业务流程是在企业内部运行的，而有些则是在企业外部由其他企业（如供应商）运行。业务影响分析（BIA）报告示例，见表12-4。

图12-17 恢复时间目标（RTO）评估

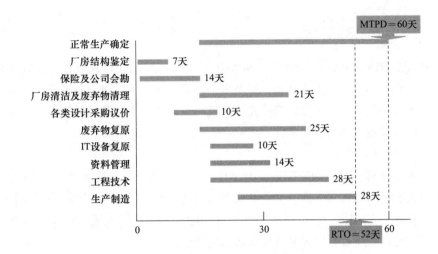

业务影响分析（BIA）报告示例　　　　　　　　　　　表12-4

日期	
负责人	
业务流程/部门	
工作地点	
是否在其他地区也设有工作场所	

业务影响分析

		财务损失（万元）	影响值	得分
财务方面	（1）若此业务操作中断一天将产生的财务损失	0 0~1 1~10 10~50 50~100 >100	0 1 3 5 7 9	
	（2）若此业务操作中断一天产生的财务损失大于10万元，则请指出此业务操作中断4小时将产生的财务损失	0 0~1 1~10 10~50 50~100 >100	0 1 3 5 7 9	
监管机构	（1）若此业务操作中断一天是否会违背当地监管机构相关政策			
	（2）若此业务操作中断4小时是否会违背当地监管机构相关政策			
合作伙伴/客户	（1）若此业务操作中断一天是否会对合作伙伴及客户产生影响			
	（2）若此业务操作中断4小时是否会对合作伙伴及客户产生影响			
	（3）哪些外部组织将会受到影响	合作伙伴		
		客户		
法律法规	若此业务操作中断一天是否会违反法律或合同			

注：影响值可根据企业实际情况确定。

12.2.2　风险识别与评估

在完成BIA后和进行RA前，企业应该了解哪些风险会对其业务持续造成影响。风险识别所要回答的问题是：存在哪些风险？哪些风险应予以考虑？引起风险的主要原因是什么？风险识别不是一次就可以完成的事，其结果应根据企业内部和外部环境的变化持续更新。

（1）风险感知

风险感知即通过调查识别风险的存在。例如，调查企业是否存在财产损失、责任负担和人身伤害等方面的风险。又例如，通过调查了解到一家企业因业务中断面临的财产损失风险、人身风险和责任风险，而财产风险又包括车辆财产损失、存货仓库及库存物损失和其他设备损失等。

（2）风险分析

风险分析即通过归类分析，掌握风险产生的原因和条件及风险的性质。例如，造成企业财产损失、责任负担和人身伤害等风险的原因和条件是什么，这些风险具有什么样的性质和特点。再例如，引起供电系统中断的风险因素很多，如火灾、地震等，而引起供水系统中断的风险因素有洪水、暴雨、水管或其他设备破裂、供水总管道破裂等。

一般企业业务运营风险可简单的区分为内部和外部两大类。通常风险识别主要采用环境调查、文档分析、面谈以及现场检查等方式。常见的内部风险有设备故障、火灾、爆炸、机密信息外泄、重要管理人员被同业挖角、建筑发生重大质量问题等；外部风险有电力中断、恐怖袭击、天灾（台风、水灾、地震）、金融风暴、竞争对手恶意攻击等。

（3）风险评估

风险评估（RA）就是对识别后所存在的风险作进一步分析及度量，其是对企业某一特定风险的性质、发生的可能性及可能造成的损失进行估算、测量。通过RA不仅可以计算出比较准确的损失概率和损失严重程度，也有可能分辨出主要风险和次要风险，为风险定量评价提供依据，也为BCM人员进行风险决策提供依据。

RA方法有很多种，有德尔菲法（Delphi Method）、风险矩阵分析法、层次分析法，还有模糊综合评估法和风险价值法等。

风险矩阵分析法是一种普遍采用的方法。它是指将风险发生的概率和风险的严重性划分为不同等级，并给每个等级赋值；然后对识别出的每项风险，将其概率和严重性相乘得出该风险的风险等级。即：

$$风险等级 = 风险概率 \times 风险严重性 \tag{12-1}$$

如果对企业的每项关键业务流程和识别出的每项风险都进行以上评估，就能得到关键业务风险评估矩阵。设施管理风险评估矩阵，见表12-5。

设施管理风险评估矩阵 表12-5

潜在的业务中断	发生概率	发生时间少于　时,潜在的影响				
		SER	CUS	COM	FIN	REG
自然事件 —火灾、爆炸 —洪水、风暴 —地震 技术&环境破坏 —硬件或软件故障 —公用设施中断(电力、供水等) —通信或邮政中断 —运输中断 —化学或生物污染 人为因素 —人的错误 —安全漏洞 —心怀不满的成员 —劳动争议和停工 —内乱 其他 —前任操作 —后续操作 —非技术支持单位 —技术支持单位 —外包业务 —外部服务供应商						

注:业务中断的发生时间可设为24小时、1~2天、3天~1周、超过1周以及超过1个月等。服务(SER)——不符合服务水平协议;客户(CUS)——失去客户对业务的信心;竞争(COM)——损失业务的竞争地位;金融(FIN)——影响企业的财务状况;法律&注册(REG)——不遵守法律和监管要求。用"L""M"和"H"来表示可能性和影响,分别为"低""中"和"高"。

12.2.3 风险应对策略

对于企业面临的部分可控风险,如决策风险、技术风险和运营风险,可以通过计划、组织、协调等方式对其加以预防和控制。而对于一些不可控风险,如由于宏观政策环境、市场需求所导致的风险,可采用风险回避、风险转移、风险共担、业务持续等风险减轻策略。

(1)风险回避

风险回避是指经过风险预测评价,权衡利弊得失,主动放弃或改变某项可能引起较大风险损失的活动,从而中断风险源,遏制风险事件发生。风险回避也能够在风险事件发生之前完全消除某一特定风险可能造成的损失。但风险回避在某种程度上意味着丧失企业可能获利的机会,导致企业争取获得高收益的进取精神不足。

风险回避只有人们对风险事件的存在与发生、对损失严重性完全有把握的基础上才具有积极的意义。由于人们的认识能力有限,无法对所有的风险都进行识别并评价,因而风险回避的方法存在一定的局限性。

（2）风险转移

风险转移是指企业将自身可能遭遇的损失或不确定性后果转嫁给他人的风险处理方式。尽管企业转移风险的原因和手段各异，但都试图达到同一目的，即将可能由自己承担的风险损失转由其他人来承担。风险转移一般有两种形式，风险的财务转移与风险的非财务转移或实体转移。风险转移形式，如图12-18所示。

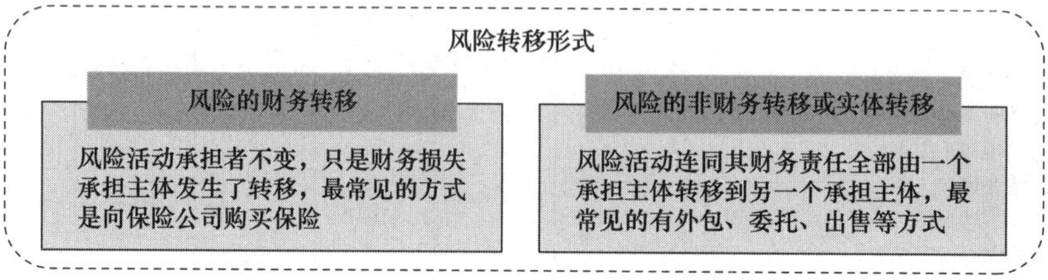

```
┌─────────────────────────────────────────────────────────────┐
│                      风险转移形式                            │
│   ┌──────────────────────┐    ┌──────────────────────────┐  │
│   │   风险的财务转移      │    │  风险的非财务转移或实体转移 │  │
│   └──────────────────────┘    └──────────────────────────┘  │
│   风险活动承担者不变，只是财务损失   风险活动连同其财务责任全部由一个  │
│   承担主体发生了转移，最常见的方式   承担主体转移到另一个承担主体，最  │
│   是向保险公司购买保险              常见的有外包、委托、出售等方式     │
└─────────────────────────────────────────────────────────────┘
```

图12-18　风险转移形式

（3）风险共担

风险共担是通过增加风险承担者数量来使每个承担者的风险减少。例如，在引入节能新技术、新工艺、新产品时，企业可采用融资租赁、合同能源管理等模式与其他企业联合，以弥补在技术经验、技术信息、管理经验、市场信息等任一部分的不足，从而提高总成功率，提高共同抗风险能力。

（4）业务持续

业务持续策略包括：劳动力、技能和知识；工作场所及配套设备；运营支持技术；数据和信息；日常用品和设备；成员基本保障等方面。一旦企业业务中断，在BIA阶段确定的时间表内，以上这些方案的组合将为企业业务持续提供保障。

1）劳动力、技能和知识

企业应对业务运营所必需的技能和知识进行完整的分析，并制订合适的方案。在分析时，不应只局限在企业内部，还应扩展到拥有专业知识和技能的供应商和利益相关者。劳动力、技能和知识具体措施，如图12-19所示。

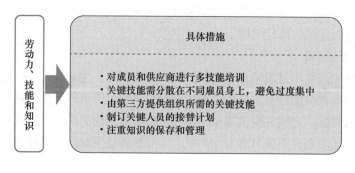

图12-19　劳动力、技能和知识具体措施

2）工作场所及配套设备

企业制订工作场所及配套设备方案（也称后备站点），降低现有工作场所不能使用所造成的影响。工作场所及配套设备具体措施，如图12-20所示。

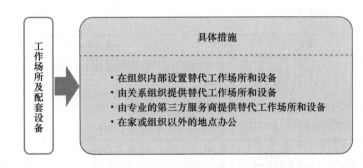

图12-20 工作场所及配套设备具体措施

例如，某金融企业采用内部自有站点与签约供应商站点的组合工作场所及配套设备方案，其第三方站点为某自助餐厅，共设置280个座位。自助餐厅搭建座位所需设备就保存在现场，每年4次分别搭建自助餐厅1/4的座位进行测试。在突发事件发生后，自助餐厅的280个座位在4个小时内就搭建好了。

3）运营支持技术

企业应该配置支持建筑运营的技术资产，包括IT硬件、通信设备、应急供电、卫生急救、安全消防等。运营支持技术具体措施，如图12-21所示。

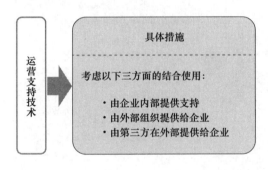

图12-21 运营支持技术具体措施

4）数据和信息

企业信息安全方案应确保对企业至关重要的信息受到适当的保护，并且维持其可恢复性。信息安全方案要将与企业业务运营有关的所有形式的数据都考虑进来，即所有物理格式（如书面资料）和虚拟格式（如电子资料）信息。信息系统灾难恢复等级，见表12-6。

信息系统灾难恢复等级　　　　表12-6

级别	要求	具体内容
1	基本支持	每周至少做一次完全数据备份 制定介质存取、验证和转储的管理制度 完整测试和演练的灾难恢复计划
2	备用场地支持	预定时间调配数据、通信线路和网络设备 备用场地管理制度 设备及网络紧急供货协议
3	电子传输和部分设备支持	配置部分数据、通信线路和网络设备 每天实现多次的数据电子传输 备用场所配置专职的运行管理人员

续表

级别	要求	具体内容
4	电子传输及完整设备支持	配置所需要的全部数据和通信线路及网络设备，并处于就绪状态 7×24小时运行：更高的技术和运维管理
5	实时数据传输及完整设备支持	实现远程数据复制技术 备用网络也具备自动或集中切换能力
6	数据零丢失和远程集群支持	实现远程数据实时备份，实现数据零丢失 应用软件可以实时无缝切换 远程集群系统的实时监控和自动切换能力

5）日常用品和设备

企业应详细列出支持业务运营所需日常用品和设备目录，并维持一定的库存，以防止供应中断。日常用品和设备具体措施，如图12-22所示。

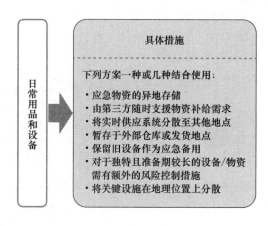

图12-22 日常用品和设备具体措施

6）成员保障

风险事件发生后，企业成员各项基本保障可能会受到很大的影响。企业应制订相应的方案保护成员不受或尽量少受伤害，并满足成员的一些基本需求。成员基本保障措施，如图12-23所示。

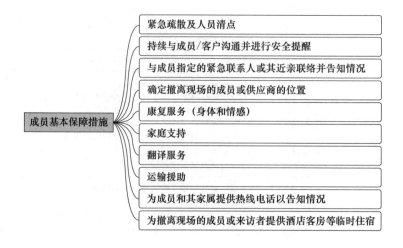

图12-23 成员基本保障措施

在紧急情况发生后,政府应急部门在抢救生命和减少损失方面扮演着非常重要的角色。因此,企业应与政府应急部门保持联系,做好预先准备,并指定专门人员与政府应急部门取得联系,同时应授予该人员适当的权利以便在必要的时候作出决策。

12.3 业务持续响应计划

一个重大事件可以造成企业业务中断,并进而影响企业履行其义务的能力。企业对风险事件的响应可分为战略层面、战术层面和操作层面,不同层面分别对应企业制订的事件管理计划(IMP)、业务持续计划(BCP)及业务活动恢复计划(ARP)。制订各项计划的目的是尽可能地明确企业应对业务中断所需采取的各项行动及所需各种资源。事件响应组织层面与响应层级关系,如图12-24所示。

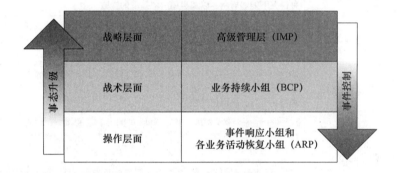

图12-24 事件响应组织层面与响应层级关系

不同事件发展阶段BCM响应计划功能,见表12-7。

表12-7 不同事件发展阶段 BCM 响应计划功能

事件发展阶段	状态	事件管理计划(IMP)	业务持续计划(BCP)	业务活动恢复计划(ARP)
1	事件初期	媒体管理 战略评估	联络紧急救助部门 损害评估 正式启用业务持续服务	损害限制与资产抢救 伤亡管理
2	危机化解	媒体管理 监控业务持续小组	调用可替代资源	联络成员
3	开始恢复	停止	管理可替代资源	恢复关键业务运营
4	成果巩固	评审	停止/评审	恢复更多业务功能

以上三个层次的BCM响应的功能和结构适用于只有一个运营场所的中等规模的企业。对于更小的企业来说,可能只设置一个管理团队来承担所有战略和战术层面的职责就足够了,但是一个团队最好专注于处理战略层面的问题,将战术层面的问题交给另一个团队处理。

12.3.1 事件管理计划

事件管理计划（Incident Management Plan，IMP）详细描述了企业高级管理层如何在战略层面管理危机给企业造成的影响，这些影响可能并不完全包含在BCP的范围之内。也就是说，IMP处理的危机事件并不一定会造成业务中断。

IMP为应对所有威胁到企业业务运营的问题提供了行动标准。它能够使企业在事件的急性状态下及时做出反应，并采取应对措施。在事件发生后，及时应对外部环境问题及利益相关者关切的问题。IMP的根本目的是：确保所有相关人员的安全；将损失降到最低。此外，IMP应该有高级管理层的支持，并且有足够的预算以支持IMP的制订、维护和演练。企业IMP的内容，见表12-8。

企业 IMP 的内容　　　　　　　　　　　　　　　表 12-8

序号	主题	内容
1	目的和范围	IMP应明确要恢复的业务系统，并设定具体时间目标，同时明确该计划在何种情况下能够启用，以及启用后应采取的措施
2	角色和责任	IMP中应明确所有拥有一定权力（决策权或动用某项资源的权利）的人员或团队在事件期间和事件发生后应扮演的角色和应担负的责任。另外，对发挥关键作用的角色应指定副手
3	调用/动员程序	IMP文件中应明确IMP启动方法。企业应该有一个清晰明确的流程，以便能够在破坏性事件发生后最短的时间内启用IMP。此外，计划中应明确谁在何种情况下负责启用该计划
4	文件的编制者和维护人员	应指定IMP的主要编制者，并在文件中明确由谁负责审查、修改和定期更新IMP。应建立计划版本的控制系统，一旦计划有更改，应立即向有关方面发出正式通知
5	行动计划	对于BIA阶段确定的业务运营所引起的每一种后果，IMP都应有对应的响应策略
6	人员响应	计划中应详细说明事件发生后企业如何与成员、成员的亲属、朋友以及紧急联络人取得联系。在某些情况下，在一份独立文件中详细列出这些内容可能更合适
7	媒体响应	IMP应明确事件发生后的媒体响应程序，包括：① 企业事件沟通策略，并描述企业与媒体的首选沟通方式；② 媒体响应行动指南，或者是事先起草好声明模板，在事件发生后就尽快寻找合适的时机提供给媒体；③ 挑选经过训练的、能够胜任的发言人，授权向媒体发布信息
8	利益相关者的管理	计划中还应明确企业利益相关者，并按照联络先后顺序排序。如果有必要，还应制订一个利益相关者管理计划，以确定排序准则，并为每一个利益相关者或利益相关团体分派一名管理人员
9	汇合地点（指挥中心）	应预先确定一个汇合地点（或指挥中心）。在事件发生后，管理人员能够在那里发布指令、处理相关事务。指挥中心中应配备必要的设备。如果事件造成当地电话网络超载，那么该会议地点将发挥关键作用。此外，还应指定备用场所，一旦原先的场所无法使用，可以立即启用
10	其他	以事件日志或其他形式记录有关事件细节的关键信息、作出的决定、伤亡细节、损失评估、所发布信息等内容；图/表/照片以及其他可能与事件有关的信息；与第三方（合资合作伙伴、承包商、供应商等）有关，并得到双方认可的响应策略；资源停留集结区详细信息；各关键区域交通规划；索赔管理流程，确保所有保险索赔方案及企业提出或针对企业的法律诉讼符合相关法规和合同要求

12.3.2 业务持续计划

业务持续计划（Business Continuity Plan，BCP）是为了处理企业的业务中断，并使企业设施管理业务运营恢复到事件发生之前的水平。BCP应根据企业BCM战略来制订，为BCM小组提供处理流程和程序，并为小组成员分配权力、义务和责任。BCP还应详细界定企业与外部各方，如服务供应商、政府紧急救助部门的恢复界面及处理原则。企业BCP包含内容，如图12-25所示。

图12-25 企业BCP包含内容

（1）目的和范围

BCP旨在帮助企业从业务中断中恢复。具体而言，BCP提供政策和指导，以确保该企业能有效地应对业务中断，并尽可能恢复其业务。

风险事件发生时，企业设施管理业务运营会遭受重创，毫无准备的企业由于恢复业务时间较长，有可能导致客户流失，甚至企业倒闭。相反，事先制订了BCP的企业，在确保关键建筑业务不中断的情况下，迅速恢复了产品供应或服务，从而保全了企业形象及市场占有率，赢得客户的信赖。BCP实施效果，如图12-26所示。

（2）角色和责任

BCP中应明确所有拥有一定权力（决策权或动用资源权）的人员或团队在事件期间以及事件发生后应扮演的角色和担负的责任。如果需要，BCP还应包括：与外部组织或机构的接口，以及企业内部各业务持续小组、事件管理小组之间的接口；应对事态升级或诱发事件的职责和程序；确保事件由急性期顺利过渡到可控阶段的一系列程序，并记录此过程中的所有重要信息；事件发生后的审查程序和检查表。

（3）调用/动员程序

BCP文件中应明确BCP启动的方法。企业应该有一个清晰、明确的流程，以便企业能够在破坏性事件发生后最短的时间内启用BCP。此外，计划应明确谁在何种情况下负责启用该计划。

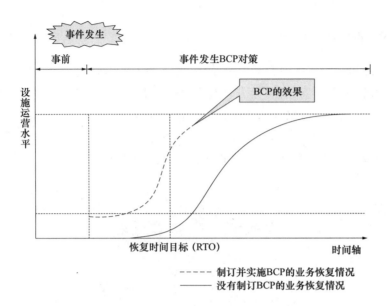

图12-26 BCP实施效果

（4）文件编制和维护人员

企业应指定BCP主要编制者，并在文件中明确负责审查、修改和定期更新BCP的人员，建立计划版本控制程序。企业可通过制作文件分发表，明确计划每一个副本的责任人头衔以及该副本的存放位置。文件分发表格式，见表12-9。

文件分发表格式　　　　　　　表12-9

副本编号	责任人头衔	存放地点
1	BCP协调人 （BCP Coordinator）	总部大楼 1楼 主管办公室
2	部门主管 （Agency Director）	总部大楼 1楼 主管办公室
3	通信主管 （Communications Director）	总部大楼 2楼 212室档案柜
4	IT主管 （IT Director）	总部大楼 32楼 318室档案柜
……	……	……

（5）行动计划/任务表

BCP的行动计划中，应将事件须采取的行动和任务以结构化的形式，按照先后顺序列出，要突出强调：

1）行动计划如何启动；

2）谁负责确认，并启动BCP；

3）作出上述决定须采取的步骤；

4）在作出该决定之前，决策者应向哪些人咨询；

5）一旦决定启动BCP，应该告知哪些人；

6）明确何人在何时到哪里去；

7）何时、何地、有何资源/服务可以使用，还包括调用外部和第三方的资源；

8）以上这些信息何时以及如何在企业内传递；

9）相关人工替代作业和系统恢复详细流程等。

（6）资源需求

计划应明确不同时间点业务恢复所需的资源，主要包括：人员、设备和日常用品、技术、通信和数据、安全保障、运输物流保障、人员救济需求、应急费用等。

（7）重要信息

计划应明确重要信息的来源以及获取方式，主要包括：

1）财务（如工资）详情；

2）客户账户记录；

3）供应商和利益相关者的详情；

4）法律文件（如合同、保险政策、契约等）；

5）其他服务文件（如服务水平协议）。

（8）责任人

企业指定专人负责事件发生后的人员救济事项，如人员紧急疏散与人员清点；持续和成员/客户沟通与安全提醒；确定撤离现场的成员或供应商的位置；康复服务（身体和精神）；家庭支持；翻译服务；运输援助等。

BCP目录，见表12-10。

BCP 目录 表12-10

章节	一级标题	二级标题
1	简介	1.1 文档目的 1.2 BCP范围 1.3 计划、审查、批准和维护
2	BCP责任	2.1 设施管理（FM）通信录 2.2 责任团队 2.3 支持单位及外部服务供应商列表 2.4 进度报告优先级 2.5 重要记录及其位置列表
3	业务影响分析（BIA）	3.1 业务影响分析流程 3.2 业务持续风险 3.3 潜在业务中断与业务影响分析评估
4	业务持续计划（BCP）	4.1 联系信息（内部与外部） 4.2 风险管理团队 4.3 BCP站点 4.4 BCP资源/设备/物资

续表

章节	一级标题	二级标题
5	预防与控制策略	5.1 预防策略 5.2 控制策略
6	恢复策略	6.1 损坏评估 6.2 原场所恢复
7	测试策略	7.1 概述 7.2 测试团队组织架构 7.3 测试标准 7.3.1 准入标准 7.3.2 准出标准 7.4 测试策略清单/成功标准 7.4.1 综合测试 7.4.2 局部测试 7.5 测试结果评估

12.3.3 活动恢复计划

活动恢复计划（Activity Resumption Plan，ARP）将为事件管理小组和各业务恢复小组提供一个行动框架，帮助他们恢复现有服务或提供备用场所。

ARP的目的是在总体BCP的指导下，系统化地安排事件管理小组和各业务恢复小组的响应活动，以应对业务中断。ARP包括具体部门或业务单位对事件的响应活动，如：

（1）设施管理部门对特定事件，以及特定事件对建筑造成的影响所制订的计划；

（2）人力资源部门为应对事件期间的人员救济问题所制订的计划；

（3）IT部门为恢复IT服务及相关业务所制订的计划；

（4）具体业务部门为在规定时间内恢复建筑功能所制订的计划。

设施管理业务流程的复杂性和紧迫性决定了一个活动恢复计划涵盖的活动数量。根据企业的复杂程度，活动恢复计划可能需要更多更加详细的计划来支持，如对特定的响应活动、地点或设备制订更详细的计划。

ARP应该是"行动导向"的。这就要求它能够快速启用，而且不应包括与事件无关的内容。ARP编制流程，如图12-27所示。

编制操作层面的ARP所需的方法、工具和技术包括：访谈（结构化和非结构化）、BIA和资源需求分析、检查表和计划模板、研讨会等。

具体活动恢复计划包括以下内容：损害限制与抢救计划、成员救济计划、业务单元恢复计划、建筑恢复计划等。ARP内容，见表12-11。

失去场所时设施管理ARP清单，见表12-12。

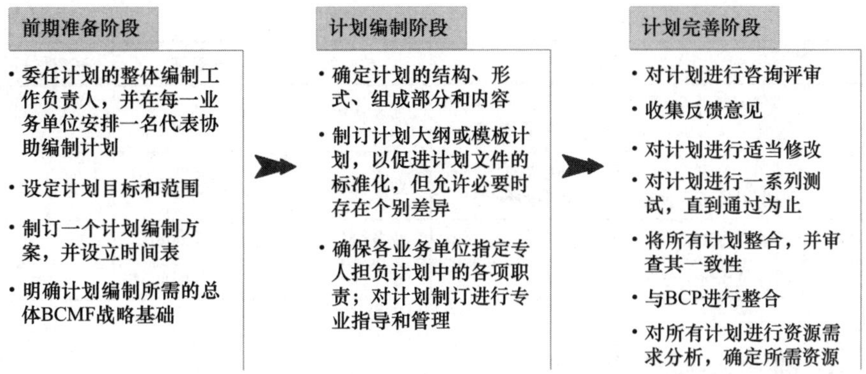

图12-27 ARP编制流程

前期准备阶段
- 委任计划的整体编制工作负责人，并在每一业务单位安排一名代表协助编制计划
- 设定计划目标和范围
- 制订一个计划编制方案，并设立时间表
- 明确计划编制所需的总体BCMF战略基础

计划编制阶段
- 确定计划的结构、形式、组成部分和内容
- 制订计划大纲或模板计划，以促进计划文件的标准化，但允许必要时存在个别差异
- 确保各业务单位指定专人担负计划中的各项职责；对计划制订进行专业指导和管理

计划完善阶段
- 对计划进行咨询评审
- 收集反馈意见
- 对计划进行适当修改
- 对计划进行一系列测试，直到通过为止
- 将所有计划整合，并审查其一致性
- 与BCP进行整合
- 对所有计划进行资源需求分析，确定所需资源

ARP 内容　　　　表 12-11

序号	计划内容	序号	计划内容
1	人员疏散及"限制外出"计划	13	事态升级准则
2	炸弹或类似情景的处理措施	14	事态升级至运营持续小组的流程
3	避难点（包括备用或场外避难点）	15	对运营持续小组初步联络的响应
4	与政府应急部门的联络	16	联系小组成员
5	工作人员和访客的疏散	17	每个运营流程的恢复计划；成员人数；关键联系人；运营活动的恢复程序；恢复优先权；特殊流程；所需耗材
6	抢救资源并根据合约请求支援		
7	事态升级情景描述		
8	人员救济		
9	健康和安全的法律责任		
10	人员清点程序		
11	人员联络程序		
12	复原和咨询方面的资源	18	其他

失去场所时设施管理 ARP 清单　　　　表 12-12

序号	行动	执行者	备注	完成后打勾
1	接收有关紧急情况的报告	业务恢复小组	记录时间	
2	联络××场所事件管理小组负责人	业务恢复小组	记录时间	
3	联络备用设备场所，并且警告可能会宣布灾难	业务恢复小组	记录时间	
4	评估损失	业务恢复小组	网络、设备、大楼、成员	
5	预估	业务恢复小组	<1小时……	
6	预估业务风险	业务恢复小组		
7	决策：如果决定是不宣布，那么联络备用场所，通知他们警告结束；如果决定是宣布，继续步骤8	业务恢复小组		

续表

序号	行动	执行者	备注	完成后打勾
8	宣布灾难：立即通知高管层小组；按照附录××中的程序在备用场所宣布灾难	业务恢复小组		
9	通知：在紧急通知名单中确认的事件管理小组负责人使用附录××中的程序	业务恢复小组	记录时间	
10	启动指挥中心	业务恢复小组	记录时间	
11	到达位于××场所的指挥中心	业务恢复小组	记录时间	

12.4 业务持续管理实施

企业为保障设施管理业务持续所作的一切安排，应通过不断的演练、维护和评审，确保其实施确实适合企业所设定的目标，还需要通过测试和演练来验证其可执行性和适用性，并把所发现的问题输入持续改进过程；针对可能的变化，还需要有专门的角色来负责对这些计划的维护，以保证信息的不断更新，计划的持续适用；最后，还要对计划进行定期评审，以发现其中不适用的部分，并对计划执行的成效进行评估和审查。

12.4.1 业务持续管理演练

BCM演练的目的是通过培训、评估、改进等手段，提高企业的业务持续能力和紧急事件管理能力。通过演练可以锻炼事件响应团队的协作能力、信心，并积攒正确处理事件所需的经验。

（1）演练类型

企业开展BCM演练可采用包括桌面演练、功能演练和全面演练在内的多种演练类型。BCM演练类型及其特征，见表12-13。

BCM 演练类型及其特征　　　　表 12-13

演练类型	测试特性	目的	复杂度	建议频率
桌面演练	□ 互动式的假设情景讨论 □ 在会议室或小型场所举行 □ 相关部门负责人或关键岗位人员参加 □ 采取口头评论形式和简短的书面报告	□ 检验响应流程的完整性和正确性 □ 锻炼参与人员解决问题的能力	简单	至少每年一次
功能演练	□ 针对某项业务持续响应功能或其中某些响应活动 □ 调用有限的外包资源 □ 在应急指挥中心举行，可可同时开展现场演练 □ 更多的响应人员和部门参加。必要时，还可要求外部机构或组织参与 □ 提交有关演练活动的书面汇报	□ 测试团队间的互动及协作沟通能力 □ 展示参与人员的知识和技能	较复杂	每年或半年一次
全面演练	□ 针对BCP中全部或大部分响应功能 □ 动员大量的人员和设备 □ 提交正式的书面报告	针对整个BCM系统进行全面的测试	最复杂	每年或两年一次

（2）演练评价

只有通过评价，才能确定一次演练是否成功。通过评估演练阶段收集到的各种信息，可以帮助改进BCP，并为将来的演练设计更加完善的场景。演练评价可以突出培训需求，发现BCP与实际需要之间的差距，并明确业务持续所需的资源。

演练评价方法主要有两种：专职评价人员评价法和参与人员访谈法。

1）专职评价人员评价法。它是指在演练覆盖区域的关键地点和各关键岗位上，派驻公正的评价人员。他们的任务是观察整场演练，记录演练人员采取的行动，监控演练的进度，记录演练中遇到的各种问题，收集评估所需的各种数据，并最终评估演练的成功与否。

评价人员在评价中可采用的评价准则包括计划的完成度、清晰度、有效性及可执行性几个方面。演练评价准则，见表12-14。

演练评价准则　　　　　　　表12-14

类别	准则
完成度	• 计划每一步之间都逻辑相关（没有步骤缺失） • 演练参与人员不需要作出计划外的假设 • 计划包含所有需要的信息（电话号码、地址等） • 计划表明了所有的依赖关系
清晰度	• 演练参与人员理解计划的每个指示或步骤，不需要业务持续协调者给予解释 • 计划每部分的目标明确 • 计划执行的组织体系清晰且符合逻辑，演练参与人员不至于"迷路" • 计划的各种图、表易于理解 • 计划的职责清晰，不会出现询问谁负责此事的情况 • 如需要，演练参与人员能知道其他地点正在发生什么，以及其他人员在做什么 • 计划语句流畅，表达清晰 • 页面布局和格式（字体、大小、在页面中的位置等）令人满意
有效性	• 计划所述的行动对业务持续来说是有意义的 • 计划所述的行动是可行的 • 计划所述的行动对计划所处环境和假设条件来说是最佳选择 • 恢复点目标（RPO）是可实现的
可执行性	• 计划有一个明确起点 • 计划有一个明确终点 • 计划编写过程逻辑清晰 • 恢复时间目标（RTO）是可实现的

2）参与人员访谈法。它是指在演练结束后，对演练参与人员进行问卷调查或访谈，回顾演练的目标，并要求参与人员评价目标实现程度。演练控制人员负责收集、分析调查结果，并编写评估报告。同专职评价人员评价法一样，评估报告应包括对现有BCP缺陷和优点的评价、对演练目标实现程度的评价、对计划改进的建议等。该报告应作为改进BCP和未来演练方案的指导文件。

演练之后，各个部门应当完成演练报告（表12-15），获得部门主管批准，并上报演练组织方。报告应当包含演练结论、发现的问题和行动计划。演练组织方应当汇总报告，并跟进问题的解决。如有必要，针对未解决的问题，再组织小范围演练。

演练报告 表 12-15

序号	行动事项	责任	预计完成的时间	问题或意见
1	用正确的电话号码更新紧急通知名单	通信恢复小组	**年**月**日	4%的成员由于电话号码不正确无法联系上
2	依据确认的变化来更新恢复程序	关键流程恢复小组	**年**月**日	
3	补充异地存储中所缺少的数据	信息系统恢复小组	**年**月**日	缺少应有的操作手册
4	在指挥部安置2条额外的电话线和一块较大的白板	建筑恢复小组	**年**月**日	
……	……	……	……	……

12.4.2　业务持续管理维护

BCM维护的目的是对BCM流程定期修正并更新，确保其持续有效、适用且不随时间而失效。对BCM方案进行维护的频率取决于业务系统变化的性质、规模和步伐。当业务流程、地点或技术出现重大变革、BCM演练或测试过后、按照BCM评审提出的改进建议对BCM方案改进过后或者根据BCP中规定的维护时间表要求，企业应对BCM方案进行维护。

（1）BCM维护内容

BCM维护内容包括：

1）审查企业内部设施管理业务流程、所用技术及人员等方面的变化。审查可能是由变更管理流程引起的，也可能是由BCM演练结果或评审报告所引起的。

2）对BIA阶段关于企业运行环境作出假设，如对一些时间节点进行审核，并提出质疑，以检查自上一次审核以来，这些时间节点是否需要改变。

3）审查企业困难时期所需的外部服务是否能及时且充分的获得，如资产恢复、信息恢复和分包服务。

4）审查业务持续安排中有迫切时限的供应商是否仍然满足企业要求。

5）审查是否需要对相关人员进行培训、宣传或沟通，以确保他们了解这些变更或修订。

BCM维护过程结束后，企业应通过正式的版本变更控制流程，向企业关键人员分发更新修正或修改后的BCM政策、战略、方案、进程和计划。

（2）BCM维护成果

通过BCM的维护流程，企业会得到如下维护成果：

1）一份正式的业务持续与维护方案文件。

2）由高级管理层同意，并签署的一份正式BCM维护报告（包括相关建议）。

3）以文件形式证明企业采取BCM前瞻性管理和监控措施。

4）核实企业负责实施BCM战略和计划的人员是否受过专门训练且是否能胜任。

5）核实企业监控BCM风险的手段。

6）以文件形式证明企业在制订BCP和IMP时已经充分考虑了其结构、活动、宗旨、工作人员和目标等方面的重大改变。

12.4.3 业务持续管理评审

企业管理高层应对整套BCM进行评审，以确定计划是否适当、充足及有效，进而满足设施管理业务持续性的需求。BCM评审主要包括审计和自评估两个方面。

（1）审计

审计的目的是对企业现有BCM能力与竞争力进行全面审视与检查，以验证是否与企业最初确立的BCM标准和准则相违背。

通过BCM审计，可以验证企业BCM策略是否与现行法律、标准、战略、框架及最佳实践标准兼容，可以找出BCM各方面存在的关键缺陷及问题，并予以解决。BCM审计流程，如图12-28所示。

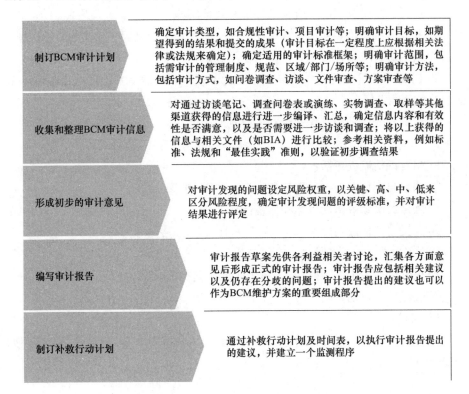

图12-28 BCM审计流程

审计的频率和时机根据企业的规模、特性以及法律地位而定，并受到相关法律和法规的影响，有时还受利益相关者需求的影响。

BCM审计可以安排内部人员进行,也可以邀请外部审计人员或设施管理专业人员进行。审计一般半年或一年进行一次。

(2)自评估

BCM自评估在确保企业拥有强大、有效且适用的BCM能力和竞争力方面扮演着重要角色。通过自评估可以证明企业确实拥有从事件中恢复业务运营的能力,且自评估被认为是一项最佳实践。自评估应根据企业的设施管理目标开展,并考虑相关的行业标准和最佳实践。

1)自评估内容

企业自评估工作宜验证以下内容:

① 所有的关键产品和服务,以及支撑这些产品和服务的活动和资源都已被识别,并被包含在企业的业务持续策略中。

② 业务持续策略、框架和业务持续程序能够准确地反映企业的优先级和要求(企业的目标)。

③ 人员能力和企业的业务持续是有效并与其目的相适应的,能使企业在响应中断事件时完成管理、指挥、控制和协调工作。

④ 业务持续解决方案是有效的、得到及时更新的、与其目的相适应的,并与企业面临的风险等级相适应。

⑤ 业务持续维护和演练方案已经被有效地实施。

⑥ 业务持续策略和程序包含了在事件、演练和维护过程中确认的改进措施。

⑦ 组织具有持续开展业务持续培训的意识和方案。

⑧ 已与相关员工就业务持续程序进行了有效的沟通,并使那些成员已理解他们的角色和责任。

⑨ 已具备变更控制过程并得到了有效地运行。

2)自评估流程

BCM自评估流程包括:

① 确定自评估参与人员责任和权力,并建立问责制度。

② 确定关键绩效指标目标和衡量标准。

③ 定义自评估成功因素。

④ 将KPI纳入内部和外部的合同条款和年度考核之中。

⑤ 根据KPI和相关行业标准,对企业BCM进行评估和考核。

⑥ 提供补救行动计划。

3)自评估指标

企业BCM自评估包括定性评估与定量评估两部分。BCM自评估KPI,见表12-16。

BCM 自评估 KPI   表 12-16

序号	KPI	备注
1	BCP文件完整度	计划中每一步之间都逻辑相关（没有步骤缺失） 计划中提出的各种假设充分 计划中包含所有需要的信息（电话号码、地址等） 计划中表明了所有的依赖关系
2	自上次有效演练以来的月数	
3	自上次演练以来仍未解决的问题数	
4	自上次BIA以来的月数	
5	自上次BIA以来仍未解决的问题数	
6	BCM/BCP中包括的经评估的新IT技术	
7	BCM/BCP中包括的经评估的新增或更改后的运营流程	
8	业务持续小组动态指标的充分性/可行性	如小组成员联络电话号码、通知供应商名单、恢复工作任务分配情况等
9	是否为BCM的实施和维护编制了详细的预算	
10	预算控制指标	

关键术语

业务持续管理 灾难恢复 业务恢复 业务影响分析 最大可容忍中断时间 恢复时间目标 恢复点目标 风险识别 风险评估 风险减轻 事件管理计划 业务持续计划 活动恢复计划 演练 维护 评审

复习思考题

1. 简述业务持续管理概念及其发展历程。
2. 业务持续管理生命周期可以划分为哪些阶段？其主要工作内容有哪些？
3. 简述设施管理业务持续管理的实施流程。
4. 业务持续管理组织层次结构及结构模式是怎样的？
5. 业务影响分析和风险评估有什么联系与区别？
6. 简述业务影响分析的概念及其步骤。
7. 关键流程中断恢复的时间参数有哪些？

8. 风险评估的方法有哪些？
9. 风险应对的策略有哪些？
10. 业务持续策略包含哪些方面？各方面有哪些具体措施？
11. 简述业务持续响应计划层级关系、功能及其内容。
12. 业务持续管理演练类型有哪些？其特征是什么？
13. 业务持续管理维护内容有哪些？
14. 业务持续管理评审内容有哪些？

第13章

设施管理信息技术

本章导读

信息技术（Information Technology，IT）是指人类开发和利用信息资源的全部手段和方法的总和。随着知识经济时代的来临和信息社会的飞速发展，以物联网、云计算和人工智能为代表的信息技术在设施管理领域中扮演着越来越重要的角色，加速驱动设施管理行业前进的步伐，以人工智能、第五代信息技术等数字技术为代表的智慧设施管理时代正在来临，信息化、智能化成为现代设施管理中不可或缺的重要技术手段和管理工具。本章介绍设施管理信息系统方案及其应用，提出面向设施管理的BIM技术、功能和模型，探讨数据驱动设施管理的变革与展望。

主要内容

❖ 设施管理信息系统发展历史；
❖ 设施管理信息系统实施过程；
❖ 典型设施管理信息系统解决方案；
❖ 新兴信息技术及应用概要；
❖ 基于BIM的设施管理功能、模型；
❖ 数据驱动的设施管理变革；
❖ 数据驱动设施管理展望与对策。

13.1 设施管理信息系统概述

由于设施管理领域的多样性和复杂性，不同对象的设施管理内涵和设施经理角色的界定千差万别。然而，企业对于信息却有着共同的认识：信息是一种极为重要的决策制定的支持性元素；信息以电子数据为载体，增强了企业交换信息的能力，并且在时间与空间上革命性地改变了通信方式。

信息技术发展和演变对设施管理带来了巨大影响。在设施管理中应用信息技术可以大幅提高设施管理服务的质量与效率，为企业带来持续的竞争优势。设施管理信息系统（即FM信息系统）已经成为整个企业生产和运营管理系统的一个有机组成部分。

13.1.1 设施管理信息系统发展

信息技术发展给FM信息系统的产生和发展带来了持续影响。从最初的工单管理系统（Work Order Management System，WOMS）到计算机维护管理系统（Computerized Maintenance Management System，CMMS）和企业资产管理（Enterprise Asset Management，EAM)系统，到利用企业内部网络实现空间管理功能的计算机辅助设施管理（Computer-Aided Facility Management，CAFM）系统，再到通过通用接口结合CAD、BIM和GIS技术的集成化设施管理信息系统（Facility Management Information System，FMIS）。随着管理工作场所资源变得越来越复杂并涉及更多方面，集成工作场所管理系统（Integrated Workplace Management System，IWMS）专门用于管理和优化这些资源的配置，让组织可以最大限度地利用其各种不动产、设施和基础架构资产。每一次信息技术的革新都对FM信息系统的发展起到了巨大的推动作用。FM信息系统发展，如图13-1所示。

（1）工单管理系统（WOMS）

工单是组织执行运营管理的驱动力，是设施管理硬服务和软服务过程中创建的包含工作任务详细信息，并记录完成任务流程的纸质和/或数字文档。企业需要多种类型的工单来实施运行维护服务请求操作，主要工单类型有服务响应工单、应急维保工单、预防性维护工单、特殊项目工单等。

工单管理系统是设施管理信息化最初的形态，为解决工单管理的人工效率低、信息同步难、过程难监管等问题应运而生。工单管理系统是对工单的记录、跟踪、处理、评价、统计分析等进行自动化管理的系统，其主要目的是让工作任务的发起方和实施方等都能及时了解工作流程及进度，帮助企业有效地组织、沟通和跟踪运营管理工作。作为设施管理系统的基础功能，工单管理系统随着新信息技术的应用，其功能越来越完善，如移动终端接入、智能派单、服务评价、数据汇总分析等。

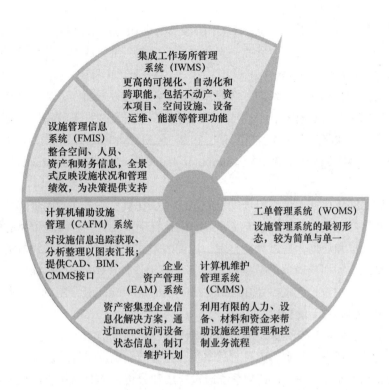

图13-1　FM信息系统发展

（2）计算机维护管理系统（Computerized Maintenance Management System，CMMS）

20世纪60年代初期，人们尚未形成对设施管理信息系统的统一认识，企业内部没有专业的设施经理和相应的设施管理部门。对设施管理的认识停留在设备维护与保养层面，有关设施管理的各项工作分散在行政办公、人力资源、后勤保障等多个部门，这些部门拥有各自的办公系统，却无法实现整体的运维目标。因此，一些企业开始在大型主机上安装并运行具备设施管理综合解决方案的计算机维护管理系统及相关应用软件。

CMMS的目标是优化并利用有限的人力、设备、材料和资金来帮助设施经理获得设施管理业务流程的控制能力，进行设备的维护维修、购置与处理。CMMS包含原有的工单系统功能，帮助维护人员在正确的地点、正确的时间作出正确的决定；同时对所有的维护活动进行不间断的管理和控制，在未发生故障前对设备进行有针对性、计划性、目标性的预防性维护工作。CMMS还包括资产管理功能，记录设备和物业的相关数据，包括规格、保修信息、服务合同、配件、购买日期、预期寿命等，以及其他任何可以帮助管理人员或是维修人员的资料。

（3）企业资产管理（Enterprise Asset Management，EAM）系统

随着设施管理的概念、内涵不断更新，对于CMMS产品的关注范围已经扩展到企业资产管理（EAM）系统。EAM系统是面向资产密集型企业的信息化解决方案的总称，其前身是计算机维修管理系统。EAM系统可以有效提高企业的生产率以及资产利用率，企业通过Internet访问集成了设备状态信息的EAM系统来

制定设备维护的计划决策。进入EAM阶段后，着眼点扩大到资产层面，将资产管理相关的项目管理、人力资源、安全与职业健康、维修成本、移动应用等子系统纳入CMMS范围。

当前，CMMS涵盖了维护、修理和运营所涉及的方方面面，从库存和采购到工作管理和建立设备模型。CMMS的领先优势在于对复杂设备的建模能力，如从公路、管道、线路到产品流程。目前，市场上CMMS和EAM系统的产品有很多。

（4）计算机辅助设施管理（Computer Aided Facility Management，CAFM）系统

20世纪80年代初，计算机辅助设施管理（CAFM）系统开始逐步应用。作为一种专业软件工具，CAFM系统能够帮助设施管理人员对各种设施相关的信息进行追踪、获取和规划，通过分析整理，以图表形式汇报；CAFM系统包括各种技术和信息源，如面向对象的数据库、计算机辅助设计（Computer Aided Design，CAD）系统、建设信息模型（Building Information Modeling，BIM）和连接到其他系统（如CMMS）的接口。

CAFM系统通常提供与CAD、BIM系统以及空间数据库相连的接口，使得计算机辅助设施管理从本质上更具有战略性。在政府、医疗保健、教育、商业等不同的行业和工业环境中，CAFM系统通过合成和分析复杂数据来改进设施管理实践，同时设施经理在空间管理和信息管理中扮演着越来越重要的角色。

现在，CMMS与CAFM系统仍然在相同或不同的行业及企业中应用，两种系统并没有绝对的区别。CMMS主要侧重设备维护管理，CAFM系统则更加侧重空间管理和搬迁管理；CMMS主要的用户是工厂，CAFM系统的主要用户是大型企业和学校、医院等公共机构。CMMS与CAFM系统不断地完善各自的功能，越来越多的在功能上相互重叠、融合。此外，随着信息技术发展，整合了CMMS与CAFM系统的功能，且与地理信息系统（Geographic Information System，GIS）、计算机辅助设计等系统互联的新的设施管理信息系统开始出现。

数据的互联性与流程自动化是实现可执行智能交付的关键。然而，企业资源规划（ERP）、企业资产管理（EAM）、计算机辅助设施管理（CAFM）及传统资产管理系统多关注局部目标。例如，ERP系统集中于层级财务目标；EAM系统集中于产能相关的资产；CAFM系统集中于有关设备的信息供给。不同的运营职能部门之间难以实现信息共享，更难以形成跨部门的统一业务流程。

（5）设施管理信息系统（Facility Management Information System，FMIS）

20世纪70年代到20世纪80年代，计算机辅助设计技术成为设施管理巨大生产力和质量的保证，数字化信息被一次性输入整合了CAD技术的设施管理信息系统。设施管理者不再依赖于纸基的设计图纸，电子化的空间信息数据在异构平台通过网络传输和共享，设施管理者可以用较小的代价达成更佳的质量控制效果。

与此同时，设施管理越来越多地涉及财务管理、人力资源管理等功能，大量的信息需要整合与共享。企业需要的是设施管理综合解决方案，即一种网络化的

并与企业原有ERP系统、人力资源系统通过通用接口整合,同时结合CAD、BIM和GIS技术的设施管理信息系统(FMIS)。

FMIS将空间、人员、资产和财务信息整合在单一系统,以全景式反映设施运营状况。FMIS提供了一个观察设施管理绩效的统一视角,并为设施管理决策提供更多更准确的信息支持。同时,FMIS越来越多地与现有成熟的地理信息系统互联,将设备和建筑物数据与地理空间科技有机结合。综合化的FMIS提供了空间业务智能支持和可视化的图表,将地理空间信息与房地产、设备和基础设施信息相结合,有助于改善企业合作和决策的制定过程。

(6)集成工作场所管理系统(Integrated Workplace Management System, IWMS)

20世纪末,业务流程外包的概念逐渐为企业所接受。在设施管理实践中,企业内部出现一种新的趋势:由原先单一的硬件设施维护转向以提供非核心业务服务为基础的综合管理。与此同时,随着信息科技的发展,基于Web技术的在线协作IT平台被广泛应用。鉴于此,员工的工作地点不再局限于传统意义上的公司办公点,"移动办公"逐渐成为企业经营活动的主体。在此背景下,设施管理信息化走向集成工作场所管理系统(IWMS)。

IWMS通过搭建企业设施管理信息系统平台,将物业、资产、设备、环境和能源等系统整合,实现楼宇自控系统、ERP系统、客户关系管理系统、计算机维护管理系统等各个子系统的数据交换、信息共享,优化建筑使用空间,从而降低成本、提高绩效。作为全方位的、集成化的工作场所管理系统,IWMS同时具有不动产、资本项目、空间设施、设施运维和能源管理等功能。

通过文献研究、专家访谈和问卷调查,对部分市场上典型的设施管理信息化软件进行推动力和全面性两个维度的考察分析,可以形成设施管理信息化软件成熟度矩阵。FM信息化软件成熟度矩阵,如图13-2所示。

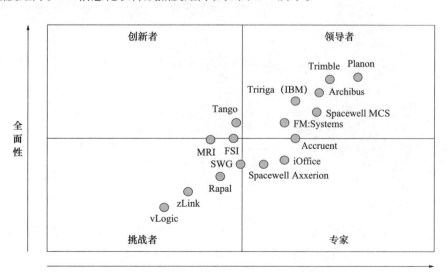

图13-2 FM信息化软件成熟度矩阵

13.1.2 设施管理信息系统实施

FM信息系统实施没有统一的模式，每个企业都需要探索属于自己的实施之路。企业要制定顶层战略规划和清晰的长远目标，要结合自身发展情况以及在设施管理实践中遇到的难点痛点，制定符合自身特点的FM信息系统实施方案。

（1）设定目标

FM信息系统涉及企业的战略、组织、文化、技术等方方面面，FM信息系统实施需要对企业战略愿景重新定位，明确实施目标和方向。因此，对于FM信息系统的实施来说，首要工作是制定科学合理又有前瞻性的目标，这个目标决定着FM信息系统后续的实施和运行效果。

影响FM信息系统目标的因素众多，决策者应根据企业自身情况制定合适的目标。

首先，设施管理作为支持性业务，是以提高用户体验和核心业务生产力为目的的组织职能，其目标应紧密围绕企业核心业务总体战略，为核心业务提供稳定的支撑。

其次，设定FM信息系统目标时要充分考虑企业的外部环境，包括宏观环境和行业环境。外部环境决定着企业对FM信息系统的发展水平、功能规划和管理要求。

再次，设定FM信息系统目标时也要考虑企业的内部环境，企业的文化、制度、组织、员工等内部环境的不同，决定着每个企业设施管理目标的差异性。

最后，还要考虑FM信息系统的应用场景（如园区、医院、学校、工厂、办公楼等），不同应用场景对设施管理的要求不同。

FM信息系统目标框架，如图13-3所示。

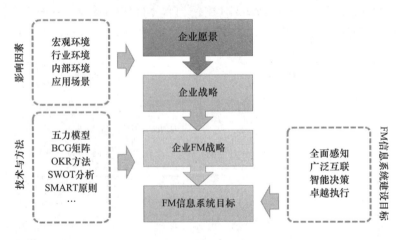

图13-3　FM信息系统目标框架

（2）需求分析

需求分析是挖掘和提炼用户需求，并把用户需求转为产品/服务需求（解决方案）的过程。FM信息系统的需求分析就是为实现FM信息系统目标和支撑主营业务而挖掘和提炼企业需求，并把企业需求转为FM需求。FM信息系统需求分析主要包括评估、规划、启发、分析、解决方案评估、监控等工作。FM信息系统需求分析框架，如图13-4所示。

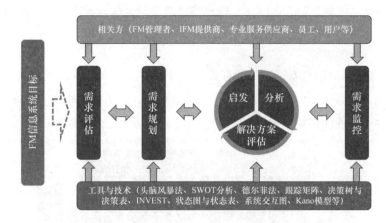

图13-4 FM信息系统需求分析框架

（3）组织变革

组织变革是指随着企业内外部环境的变化，对组织结构的不合理之处进行调整、修正和完善，包括对整个组织系统进行重新架构。这意味着，FM信息系统不仅是技术的引入和广泛使用的问题，更深层的是一个组织变革问题。

因此，企业在应用FM信息系统时必须要进行组织变革，这个阶段的工作是不可跳过的。只有对企业原有的FM的任务流程、组织架构、组织文化等进行改革，并理清FM信息系统应用中可能存在的各种人为的障碍和干扰，才能保证FM信息系统的后续应用得以顺利进行。

（4）系统集成

系统集成是指将计算机软件、硬件、网络通信等技术和产品集成为能够满足特定需求的管理信息系统。FM信息系统实施必然也要考虑与企业现有的应用系统的集成问题。FM信息系统集成，如图13-5所示。

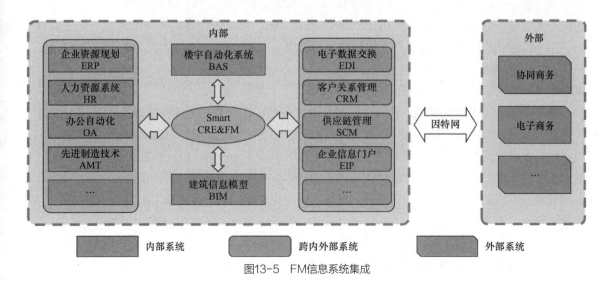

图13-5 FM信息系统集成

系统的集成可以分成三个层次：网络集成、数据集成和应用集成。网络集成是基础，解决不同应用系统的网络互连问题；数据集成解决的是不同应用系统异构数据的共享问题，即互通问题；应用集成位于最上层，解决业务活动的互操作问题。

（5）评价改进

为了确定FM信息系统运行的有效性及效果，进一步促进系统迭代优化，要对FM信息系统的实施及运行状况进行评价，通过评价了解实施效果及提升空间。FM信息系统评价体系，如图13-6所示。

图13-6　FM信息系统评价体系

13.1.3　设施管理信息系统平台

目前市场上的设施管理信息系统专业软件供应商很多，它们既提供可自由选择的功能模块，也提供综合的技术解决方案。不同性质的企业对于设施管理的要求不同，对于设施管理信息系统功能的需求侧重也有很大差别。

（1）Archibus不动产及设施管理整体解决方案

Archibus是以设施管理理论为基础的企业级不动产及设施管理整体解决方案，它从建筑物业主、管理者和使用者的角度出发，提供资产及建筑全生命周期的可视化管理，能够实现人、过程、资产以及工作环境最优化设计，从而支持企业业务目标。目前，其主要应用于房地产、基础设施、设施管理等相关领域。Archibus通过集成不动产组合管理、空间规划与管理、搬迁管理、资产管理、运行维护管理等功能模块，形成企业信息模型（Enterprise Information Modeling，EIM）。Archibus系统功能，如图13-7所示。

基于Archibus软件构建的企业信息模型实现了图形、图像和数据库的集成，不仅能够集成物联网、BIM、CAD、三维扫描等数据源，而且能够对接ERP、CMMS等企业级资源与资产管理系统。外源数据接入保证了Archibus EIM数据的准确性与时效性，为高效率的设施管理流程实施提供了一个协作环境，帮助用户实质性地追踪房地资产，具备固定资产可视化、图形化管理能力，真正地实现建筑集成管理。

（2）TRIRIGA集成工作场所管理系统

TRIRIGA是一款适用于集成工作场所管理系统（IWMS）的智能资产管理解

决方案,为房地产和设施管理专业人士提供空间优化、运营和维护、租赁、租赁核算、资本规划等模块化解决方案,满足现代设施管理需求。

TRIRIGA集成工作场所管理系统(IWMS)采用融入AI的实时洞察分析,支持动态空间规划,具有更高的可视性、控制性和自动化,以及跨部门、跨职能的功能。解决方案包括五大核心功能:不动产管理、资本项目管理、空间和设施管理、设备维护和运营管理、能源管理。TRIRIGA系统功能,如图13-8所示。

图13-7 Archibus系统功能

图13-8 TRIRIGA系统功能

(3)集智设施管理系统(IIFMS)

集智设施管理系统(IIFMS)是同济大学设施管理研究团队联合上海某安装工

程公司研发的设施管理系统，该系统综合运用大数据、物联网等信息技术，组织流程再造和决策支持模型，构建了集建筑运行状态实时监测、周期巡检、维护和决策为一体的智能设施管理解决方案。集智设施管理系统功能，如图13-9所示。

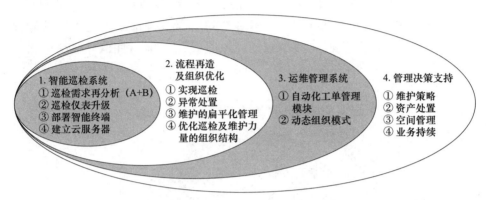

图13-9 集智设施管理系统功能

IIMFS共分为四个相互关联的层次结构：

第1层次，智能巡检系统设计。其主要是分析建筑及其设备系统的结构关系，构建巡检数字模型，综合建立数字化设备台账库。

第2层次，设施管理流程再造和组织优化。其主要是实现巡检、异常处置、维护的扁平化管理，采用信息技术手段，优化巡检及维护力量的组织结构。

第3层次，设施管理系统规模化部署。其主要是扩展建筑运营数据库，建成企业级运维管理信息系统。

第4层次，设施管理决策支持。其主要是运用大数据相关技术手段对巡检、工单、组织、物资、空间、资产等数据进行综合分析，提供决策支持。

IIMFS作为一套完整的管理数字化、操作自动化的设施管理解决方案，它可以有效提高设施管理自动化水平、优化建筑运维组织结构，同时实现对建筑运维历史数据的积累，利用大数据分析技术，为运营提供策略支持，实现设施管理业务的高效持续发展。

13.1.4 新兴信息技术应用概要

新兴信息技术为设施管理带来崭新局面，借助以微电子学为基础的计算机技术和电信技术的结合而形成的手段，对声音、图像、文字、数字和各种传感信号的信息进行获取、加工、处理、储存、传播和使用。本节概述云计算、物联网和人工智能等具有代表性的新兴信息技术的基本概念，以及它们在设施管理中的应用领域。

（1）云计算

云计算（Cloud Computing，CC）是一种基于互联网的计算方式，通过这种方式，共享的软硬件资源和信息可以按需求提供给计算机各种终端和其他设备。云计算的核心理念就是通过不断提高"云"的处理能力，进而减少用户终端的处理负担,最终使用户终端简化成一个单纯的输入输出设备,并能按需享受"云"的强大计算处理能力。

云计算具有数据安全可靠、客户端需求低、轻松共享数据等特点。云计算发展到今天,已不再是单纯地供给计算能力,而是逐渐成为一个包含基础设施、运算平台乃至整套管理软件解决方案的庞大体系。云计算基本特征,如图13-10所示。

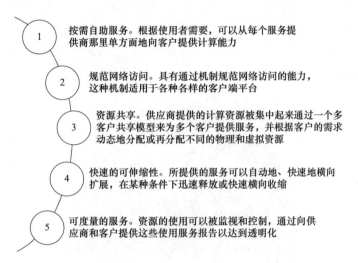

图13-10 云计算基本特征

（2）物联网

物联网（Internet of Things,IoT）是互联网、传统电信网等的信息承载体,其是让所有能行使独立功能的普通物体实现互联互通的网络,被称为继计算机、互联网之后世界信息产业的第三次浪潮。

物联网可通过射频识别、红外感应器、全球定位系统、激光扫描器等信息传感设备,按约定的协议把任何物品与互联网相连接进行信息交换和通信,以实现对物品的智能化识别、定位、跟踪、监控和管理。在设施管理领域,基于物联网可以用中心计算机对建筑、设备、人员进行集中管理、控制并搜索设备的位置、防止物品被盗等。物联网基本特征,如图13-11所示。

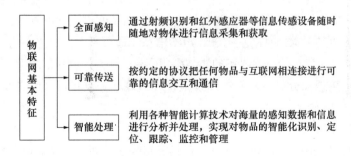

图13-11 物联网基本特征

（3）人工智能

人工智能（Artificial Intelligence,AI）是研究、开发用于模拟、延伸和扩展人的智能的理论、方法、技术及应用系统的一门新的技术科学。作为计算机科学的一个分支，AI企图了解智能的实质，并生产出一种新的能与人类智能相似的方式做出反应的智能机器，该领域的研究包括机器人、语言识别、图像识别、自然语言处理和专家系统等。

目前，AI已经在机器人、经济政治决策、控制系统、仿真系统中得到应用，产生智能手机、人脸识别技术、无人驾驶汽车和无人机等市场应用产品。与普通软硬件相比，人工智能能在更短的时间内获得更多的信息，并能不带任何人类式的偏见去做出应对。在设施管理领域，人工智能可以有效运用于园区自动导航、应急疏散、设备故障诊断、能耗监测等方面。AI领域研究内容及应用产品，如图13-12所示。

图13-12　AI领域研究内容及应用产品

（4）模式识别

模式识别（Pattern Recognition）是指对表征事物或现象的各种形式（数值的、文字的和逻辑关系的）的信息进行处理和分析，以对事物或现象进行描述、辨认、分类和解释的过程。它是信息科学和人工智能的重要组成部分，主要应用领域是图像分析与处理、语音识别、声音分类、通信、诊断、数据挖掘等学科。

随着计算机技术的发展，人类能够开始研究复杂的信息处理过程，特别是对光学信息（通过视觉器官来获得）和声学信息（通过听觉器官来获得）的识别。模式识别可以对建筑传感器收集的非结构化图片、照片、文字、符号等对象的具体模式进行辨识和分类，从而提高设施管理的效率。模式识别内容及代表性产品，如图13-13所示。

（5）混合现实

混合现实（Mix Reality，MR），包括虚拟现实（Virtual Reality，VR）和增强现实（Augmented Reality，AR），指的是合并现实和虚拟世界而产生的新的可视化环境。其中，VR是一种可以创建和体验虚拟世界的计算机仿真系统，它利用计算机生成一种模拟环境，实现一种多源信息融合、交互式的三维动态视景和实体行为系统仿真。AR则是一种实时地计算摄影机影像的位置及角度并加上相应图像、视频、3D模型的技术，这种技术的目标是在屏幕上把虚拟世界套在现实世界并进行互动。VR和AR的四个基本元素，分别如图13-14和图13-15所示。

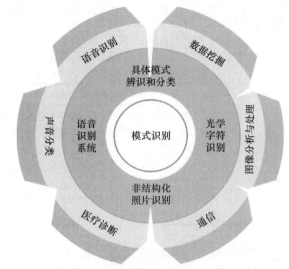

图13-13 模式识别内容及代表性产品

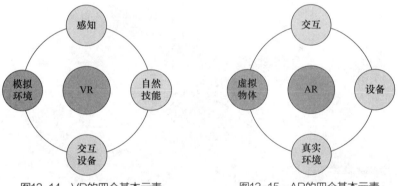

图13-14 VR的四个基本元素　　　　图13-15 AR的四个基本元素

MR将原本在现实世界的一定时间空间范围内很难体验到的实体信息（视觉、声音、味道、触觉等），通过电脑等科学技术模拟仿真后再叠加，将虚拟的信息应用到真实世界，被人类感官所感知，从而达到超越现实的感官体验。在设施管理领域，MR可以应用到园区参观、设备维修、培训实训和应急仿真培训演练等方面。

（6）建筑信息模型

作为建筑业的最热点话题和新兴信息技术，建筑信息模型（Building Information Modeling，BIM）正为整个建筑行业带来新一轮革新。《美国国家BIM标准》定义BIM为对建筑物理和功能特性的数字表达、信息共享和知识分享，为建筑和设备在概念设计、建设施工、运维拆除全生命周期中的所有决策提供可靠依据的过程。BIM代表性定义,见表13-1。

BIM 代表性定义 表13-1

序号	组织或机构	定义
1	国际标准组织设施信息委员会	在开放的工业标准下对设施的物理和功能特性及其相关的项目生命周期信息的可计算或可运算的形式表现,从而为决策提供支持,以便更好地实现项目的价值
2	美国国家建筑科学研究院	在建筑物建造前期对各专业的碰撞问题进行协调,生成协调数据
3	美国建筑师协会	一种与数据库相联系的基于模型的项目信息技术
4	欧特克公司（Autodesk）	建筑物在设计和建造过程中,创建和使用的"可计算数字信息";这些数字信息能够被程序自动管理;所计算出来的文件具有彼此吻合、一致的特性
5	图软公司（GRAPHISOFT）	一个包含图形（图纸）及非图形文件（合同、进度计划和其他数据）的知识库
5	特科拉公司（Tekla）	在建筑物细节方面进行建模和沟通的过程,以有利于建设项目的整个生命周期

BIM促进了建筑生命周期管理沟通,为业主、建筑师、工程师、承包商、运维者等利益相关方提供各类服务。基于BIM建筑全生命周期协同,如图13-16所示。

图13-16 基于BIM建筑全生命周期协同

（7）大数据

随着互联网、物联网、云计算等新一代信息技术的创新和应用,传感设备、移动终端正在越来越多地接入网络,各种统计数据、交易数据、交互数据和传感数据源源不断地从各行各业迅速生成,社会信息化日趋成熟,社会化网络逐渐兴起,信息社会已经进入大数据（Big Data）时代。

美国国家科学基金会将大数据定义为"由科学仪器、传感设备、互联网交易、电子邮件、音视频软件、网络点击流等多种数据源生成的大规模、多元化、复杂、长期的分布式数据集"。大数据基本特征（4V）,如图13-17所示。

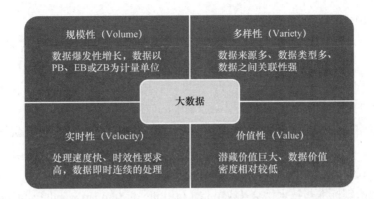

图13-17 大数据基本特征（4V）

设施管理大数据涉及企业ERP数据、客户关系数据、传感器数据、建筑运营数据等诸多结构化或非结构化数据类型，并呈现出爆炸性增长趋势。大数据技术将深刻改变设施管理服务方式、模式和手段，将越来越多地应用于运营监测、故障定位、应急预警和分析决策等各个方面。

13.2 基于BIM的设施管理

建筑生命周期中时间较长、成本较高的运维阶段，包含利益相关方众多，涉及管理内容丰富。因此，作为整合管理的信息化工具BIM（Building Information Modeling）与设施管理的整合与变革应是建筑全生命周期BIM运用的重中之重。将BIM三维模型与设施管理系统相结合，可以将BIM模型中存储的大量建筑相关信息运用于设施管理系统，克服传统的二维系统过程抽象的缺点，实现对建筑物三维可视化的运维管理。

13.2.1 面向设施管理的BIM技术

（1）BIM特性

BIM能够提供关于建筑系统协调一致的、可共享、可重复使用和可计算的高质量信息。同时，通过BIM插入、提取、更新和修改信息以支持协同作业，可以降低由于缺乏互操作性而导致的成本损失。BIM五大特性，见表13-2。

BIM 五大特性　　　　　表13-2

序号	特性	说明
1	可视化	项目设计、建造、运维过程的沟通、讨论、决策都在可视化状态下进行
2	协调性	在建筑物建造前期对各专业的碰撞问题进行协调，生成协调数据
3	模拟性	对设计、招标投标、施工和运维阶段进行模拟实验，预测可能发生的各种情况
4	优化性	进行项目方案优化、特殊项目设计优化，从而显著改善工期和造价
5	可出图	通过对建筑物进行可视化、协调、模拟、优化后，帮助输出设计图纸、碰撞检查报告和建议改进方案等

（2）BIM的应用及价值

BIM是实现工程建造、运行精细化和信息化管理的重要工具和手段。BIM可为设计师、建筑师、水电暖通设计工程师、开发商乃至最终用户等各环节人员提供"模拟和分析"的科学协作平台，帮助其利用三维数字模型对项目进行设计、建造及运维管理。BIM在工程全生命周期中的应用，如图13-18所示。

随着建筑物使用者（特别是持有型物业/非住宅地产）对于建筑绩效的要求越来越高，建筑业与设施管理的整合度正逐渐加深和加快，BIM正在改变传统建筑运维方式。

美国国家标准与技术协会（National Institute of Standards and Technology）研究报告显示，每年因计算机辅助设计、工程设计和软件系统中的互操作性不够充分而造成的损失高达158亿美元，而业主和运营商在建筑运维方面耗费的成本几乎占总成本的三分之二。美国建筑师协会（American Institute of Architects）正在考虑如何修改其合同文件，以规范建筑信息模型的迁移流程，实施一种协议结构，以便使其代表的建筑信息模型和知识产权可以自然地从建筑师过渡到业主/运营商，从而使用更有效的数据来管理建筑运维项目。面向设施管理的BIM应用，如图13-19所示。

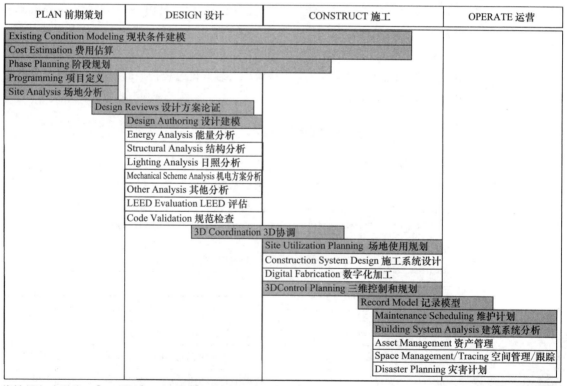

图13-18　BIM在工程全生命周期中的应用

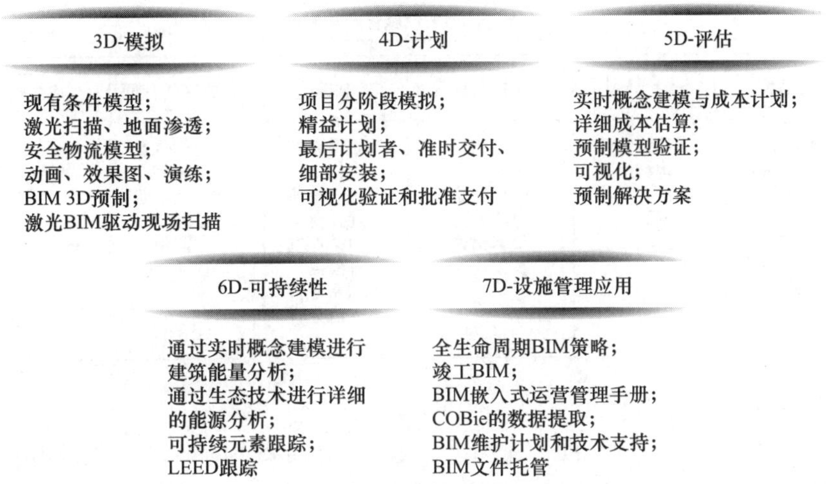

3D-模拟	4D-计划	5D-评估
现有条件模型； 激光扫描、地面渗透； 安全物流模型； 动画、效果图、演练； BIM 3D预制； 激光BIM驱动现场扫描	项目分阶段模拟； 精益计划； 最后计划者、准时交付、 细部安装； 可视化验证和批准支付	实时概念建模与成本计划； 详细成本估算； 预制模型验证； 可视化； 预制解决方案

6D-可持续性	7D-设施管理应用
通过实时概念建模进行建筑能量分析； 通过生态技术进行详细的能源分析； 可持续元素跟踪； LEED跟踪	全生命周期BIM策略； 竣工BIM； BIM嵌入式运营管理手册； COBie的数据提取； BIM维护计划和技术支持； BIM文件托管

图13-19 面向设施管理的BIM应用

目前，国内外对于BIM在建筑运维阶段运用的研究越来越感兴趣。将BIM三维模型与设施管理系统相结合，可以将BIM模型中存储的大量建筑相关信息，如几何形状信息、材料耐火等级和传热系数属性信息、构件造价和采购等数字信息运用于设施管理系统，克服传统二维系统过程抽象的缺点，实现对建筑物三维可视化的运维管理。

基于BIM的设施管理解决方案在具体实现技术上往往联合物联网、云计算等技术，解决或改善基于BIM的设施管理平台可能出现的数据采集、空间定位和运行速度问题。例如，对于数据采集以及空间定位的问题，可以通过建立相应的物联网来实现数据的自动采集，现实设备与模型自动匹配，同时实现空间定位功能；对于系统运算能力的高要求问题，可以运用云技术为系统提供强大的计算机存储能力和不同设备间的数据共享。将物联网、云技术、RFID、移动终端等结合起来应用于基于三维展示平台BIM的运维系统，不但能实现建筑三维可视化信息模型管理，使空间信息与实时数据融为一体，而且可为建筑所有组件和设备赋予感知能力和生命力，从而将建筑物运维提升到数字化、智慧化的全新高度。

13.2.2 基于BIM的设施管理功能

基于BIM的设施管理通常被理解为：运用BIM技术与设施管理系统相结合，对建筑空间、设备、资产及软性服务进行科学管理。基于BIM的设施管理功能，如图13-20所示。

（1）运行监控

基于BIM模型集成对建筑的搜索、查阅、定位功能，可以查阅供应商、使用期限、联系电话、维护情况等信息，可以查询相应设备在建筑中的准确定位，直观展示建筑是否正常运行，并通过查询历史运行数据，从而对即将到达生命期的建筑结构和设备及时预警和更换配件，防止事故发生。

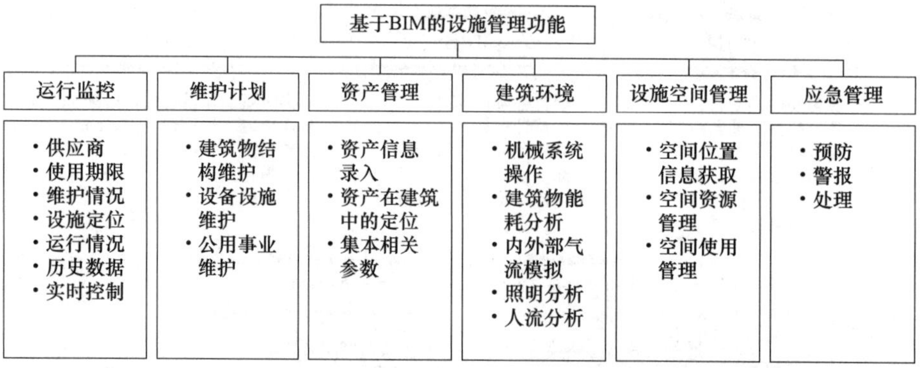

```
                    基于BIM的设施管理功能
   ┌──────┬──────┬──────┬──────┬──────┬──────┐
   运行监控 维护计划 资产管理 建筑环境 设施空间管理 应急管理
   ·供应商  ·建筑物结 ·资产信息 ·机械系统 ·空间位置   ·预防
   ·使用期限  构维护    录入     操作    信息获取    ·警报
   ·维护情况 ·设备设施 ·资产在建 ·建筑物能 ·空间资源   ·处理
   ·设施定位  维护     筑中的定位 耗分析    管理
   ·运行情况 ·公用事业 ·集本相关 ·内外部气 ·空间使用
   ·历史数据  维护      参数     流模拟     管理
   ·实时控制                    ·照明分析
                              ·人流分析
```

图13-20 基于BIM的设施管理功能

（2）维护计划

在建筑物使用寿命期间，建筑物结构及设备需要不断得到维护。BIM 结合运维管理系统可以充分发挥空间定位和数据记录的优势，合理制订维护计划，分配专人专项维护工作，降低建筑物在使用过程中出现突发状况的概率。对一些重要建筑结构和设备还可以跟踪维护工作的历史记录，以便对其适用状态提前作出判断。

（3）资产管理

一套有序的资产管理系统将有效提升设施管理水平，BIM信息能够直接导入资产管理系统，减少了系统初始化的数据准备及人力投入。此外，通过BIM结合RFID资产标签芯片还可以使资产在建筑物中的定位及相关参数信息一目了然，实现快速查询。

（4）建筑环境

基于BIM的设施管理平台可以获取建筑空间中的温度、湿度、CO_2浓度、光照度、空气洁净度等信息数据，并通过开发能源管理功能模块，自动统计分析建筑能耗情况。此外，基于BIM的专业建筑物系统分析软件，可以分析模拟和验证优化建筑性能。

（5）空间管理

基于BIM可获取各建筑系统和设备的空间位置信息，直观形象且方便查找，提高数据库的准确度，避免数据的重复及错误。BIM增强了建筑设备及空间的管理能力，不仅可以有效管理空间资源，还可以帮助管理团队记录空间的使用情况，确保空间资源的最大利用率。

（6）应急管理

基于BIM的突发事件应急管理包括预防、警报和处理。利用BIM及相应灾害分析模拟软件，可以在灾害发生前模拟灾害发生的过程，制订人员疏散、救援支持应急预案。当灾害发生后，通过与楼宇自动化系统结合，及时获取建筑和设备的紧急状态信息，能清晰地呈现建筑物内部疏散路线，提高应急行动成效。

13.2.3 基于BIM的设施管理模型

(1) 设施管理BIM模型数据特征

BIM在设计、施工阶段的技术应用已经逐渐成熟，价值获得普遍认可。BIM数据是设施管理平台的基础，也是设施管理业务开展的前提。在建筑从设计、施工到运维管理全生命周期中，BIM数据是循环利用和逐步深化的过程，每个阶段的BIM模型因其应用场景的不同都有其关键要素和特征。相较于设计和施工阶段，运维阶段更加关注空间、设备、系统及其运行数据的关联建模，侧重于BIM数据提取及模型视图的应用。设施管理BIM模型数据特征，如图13-21所示。

BIM数据应用于设施管理的过程，是BIM数据再组织和利用的过程。即以BIM数据为基础，经过提取、转换和优化，依托BIM数据交互平台，以图形化的方式将不同数据源的数据集成、分类，进而结合设施管理功能需求进行合理、高效的展现。

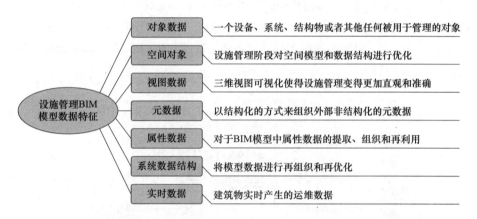

图13-21 设施管理BIM模型数据特征

(2) 设施管理BIM模型构建

基于BIM的设施管理实现方法分为两大类：第一大类是利用或改造升级现有设施管理软件，把BIM模型数据转换用于设施管理系统；第二大类是重新开发基于BIM的设施管理软件。以Revit为例描述设施管理BIM模型构建过程，通常分为三个环节：BIM模型数据重组、基础BIM模型创建、BIM模型构建。

1) BIM模型数据重组

现阶段，为设施管理系统单独开发一套展现BIM数据的图形平台不太容易。设施管理BIM模型可从两个途径获得：直接从设计、施工阶段转换，或基于BIM平台按照设施管理系统需要进行改造。两者均需要对BIM模型数据进行重组，一方面要基于设施管理的业务需求，另一方面也要考虑BIM模型交互平台的功能。

目前与Revit结合紧密且用于设施管理阶段的BIM数据交互平台包括Autodesk、Navisworks，第三方基于WebGL的零客户端纯浏览器跨平台方案，以及一些基于IFC或GIS的平台。考虑用户熟悉程度和市场流行度，以Navisworks作为设施管理BIM数据交互和展现平台来说明。BIM模型数据重组，如图13-22所示。

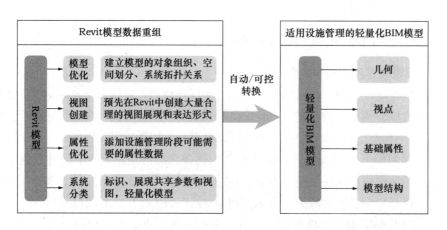

图13-22 BIM模型数据重组

该阶段可得到一个符合设施管理需要的经过数据重组优化的BIM模型,进一步转换可得到一个轻量化的BIM模型。

2)基础BIM模型创建

基础BIM模型的建立即将Revit模型由Navisworks直接打开并转换为一个轻量化的Navisworks模型。自动转换平台的优点是开发工作量少、稳定且经过验证;缺点是可控性小,需要前期模型的共享参数、视图的精细处理。基础BIM模型创建,如图13-23所示。

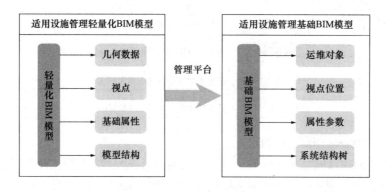

图13-23 基础BIM模型创建

① 几何数据。Revit模型中的数据转换后,需要关注的是体现在轻量化模型中的大量几何数据体,进一步经过加工和组织,几何数据体可为后续组织加工提供便利。

② 视点。Revit模型中的视图被转化为视点,目前基本可以实现一一转换,其中二维视图查看及与三维关联,可通过DWF来桥接处理。

③ 基础属性。从Revit模型到Navisworks,对象属性基本可以完整转换。但由于Navisworks选择树中的模型组织可能会有一些不合理的地方,所以对于属性的组织和调整,需要结合转换和手工编辑来进行。

④ 模型结构。目前Revit到Navisworks的自动转换,模型结构树如喷淋、风口、楼梯这些对象,其分类往往不正确,需要利用Navisworks的搜索功能,结合选择集来重新组织模型结构,这也是上述模型共享参数的原因所在。

基础BIM模型创建完成后就可进行设施管理BIM模型的建立，这个过程就是设施管理平台应该具备的功能，是需要进行定制和开发的内容。

3）BIM模型构建

BIM模型构建需要重点关注的对象包括系统结构树、设施管理对象和参数及属性等。BIM模型构建，如图13-24所示。

总体而言，基于BIM设施管理平台的实施过程是一个数据持续收集和数据库创建的过程。基于BIM的设施管理系统两大要素，如图13-25所示。

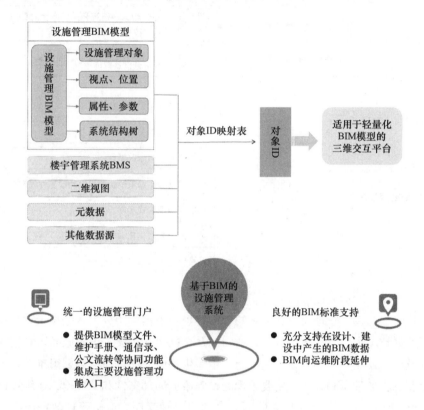

图13-24 BIM模型构建

图13-25 基于BIM的设施管理系统两大要素

13.3 数据驱动设施管理

大数据推动着人类生活、工作和思维方式的重大变革，并成为设施管理行业和企业提升的重要手段。本节在探讨设施管理数据内涵及相应思维变革的基础上，提出了数据驱动设施管理模式。设施管理行业和企业应加强对数据的认识和重视，增强处理和运用数据的能力，对数据战略目标、理论体系和应用模式等方面作出部署与探索，使数据成为设施管理服务的核心竞争力和创新驱动力。

13.3.1 数据驱动设施管理变革

（1）设施管理数据特征

随着信息技术进步和现代化管理理念的普及，设施管理服务越来越依赖信息技术和数据。设施管理价值链和服务链的整个生命周期涉及的诸多数据呈现出爆炸性增长趋势。设施管理数据分类，见表13-3。

设施管理数据特性，如图13-26所示。

设施管理数据分类　　　　　　　　表13-3

数据来源	数据内涵	具体内容
设施管理价值链	设施管理服务的客户、供应商、合作伙伴等数据	企业核心业务数据、企业ERP数据、客户关系数据、运维数据及企业外部数据
设施管理服务链	设施管理硬性服务产生的数据	工作空间、能源、建筑和设备产生的日志、记录、监测图像等，以及基础信息数据
	设施管理软性服务产生的数据	餐饮服务、保洁对象、绿化养护、安防系统等，以及运营信息数据

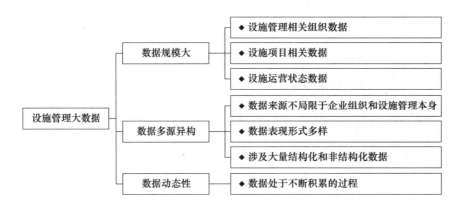

图13-26　设施管理数据特性

（2）设施管理数据应用

作为当前设施管理变革和创新的基本背景，数据应用分为数据技术和数据思维：数据技术提供了一种新技术、新资源及新能力，扩展了设施服务可利用的资源和条件，使企业能够在一个更广泛的组织生态中开展创新；数据思维带来了一种全新的服务理念和方式，主要表现为设施服务的动态性和个性化，运维决策的自主性和数据化，以及用户体验的分享性与实时互动。设施管理数据应用，如图13-27所示。

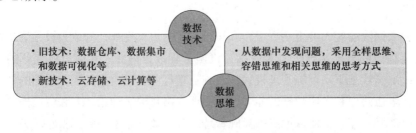

图13-27　设施管理数据应用

因此，数据资产化和决策智能化两个方面将推动设施管理变革。

1）数据资产化。在大数据时代，设施管理组织通过多个服务对象获取数据潜在价值的可能，数据因而成为设施管理服务企业的战略资产，拥有数据的规模、活性以及收集、运用数据的能力将决定设施管理服务企业的核心竞争力。

2）决策智能化。数据思维是指将目标全体作为样本的模糊思维方式、侧重相关性的思考方式及数据利用模式。在大数据时代，设施管理服务战略从"业务驱动"转向"数据驱动"，通过收集、分析、挖掘大量内部和外部的数据，企业可以预测核心业务对设施管理的需求，并进行智能化决策分析，从而制定更有效的战略。数据推动决策智能化变革，如图13-28所示。

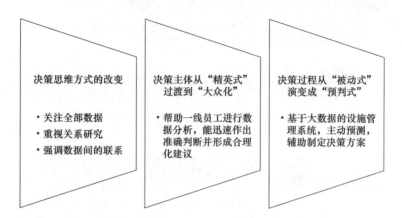

图13-28 数据推动决策智能化变革

13.3.2 数据驱动设施管理模式

由于大数据的兴起和数字化转型的迫切需要，海量、多维度的数据作为新的生产资料参与设施管理过程。通过对用户体验、运营流程、组织结构、商业模式进行基于数据的优化迭代，能够实现更高的组织效能，形成新的价值。

未来设施管理业务将依托大数据、云计算、物联网、人工智能等技术，通过数据监测、数据分析、数据挖掘、数据使能等一系列活动，应需而生、随需而动、引需而变、创需而增，完成由业务数据到信息、知识乃至智慧的逐级萃取，创造动态化、响应式、全方位、人性化的用户体验。数据驱动设施管理模式，如图13-29所示。

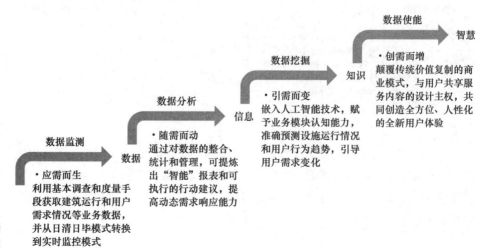

图13-29 数据驱动设施管理模式

数据驱动设施管理将彻底革新以往基于经验判断和劳动力密集型的工作范式，并将通过与更多新兴技术的结合进一步扩张服务范围和方案。数据驱动设施管理催生的变化，如图13-30所示。

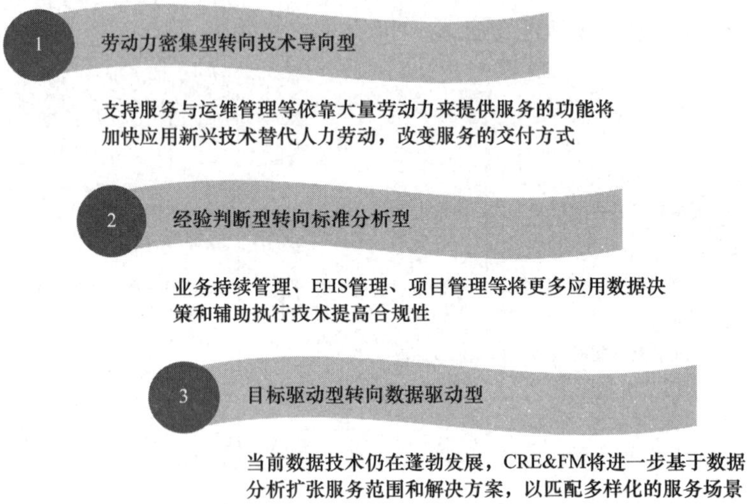

1 劳动力密集型转向技术导向型

支持服务与运维管理等依靠大量劳动力来提供服务的功能将加快应用新兴技术替代人力劳动，改变服务的交付方式

2 经验判断型转向标准分析型

业务持续管理、EHS管理、项目管理等将更多应用数据决策和辅助执行技术提高合规性

3 目标驱动型转向数据驱动型

当前数据技术仍在蓬勃发展，CRE&FM将进一步基于数据分析扩张服务范围和解决方案，以匹配多样化的服务场景

图13-30 数据驱动设施管理催生的变化

数据驱动不仅是技术和手段，更可以理解为一种设施管理服务价值产生模式：在产生、采集、加工、汇总、展现、挖掘和推送等阶段形成企业数据价值链，从服务监测、洞察、优化、盈利和重塑等方面形成行业数据价值分级实现蓝图。数据驱动设施管理价值，如图13-31所示。

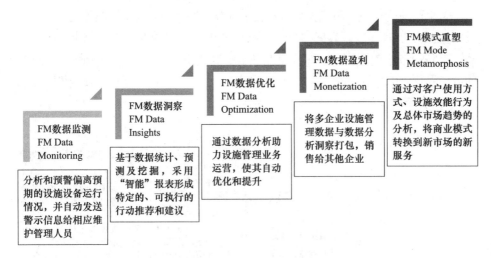

图13-31 数据驱动设施管理价值

总体而言，厘清数据驱动设施管理价值的实现蓝图，有助于根据业务优先级逐步建立数据驱动设施管理能力，确定适用的关键业务调整和价值实现方式。数据驱动的设施管理将改变行业格局和服务模式，促使行业从粗放向集约、从速度向效益发展。

13.3.3 数据驱动设施管理展望

（1）系统集成

未来设施管理将依托基于云的智能管理平台，将系统和外部业务应用相互连接，以统一的信息模型、数据库、程序界面和项目视图搭建夯实的网络数据底座，形成集成的设施管理业务控制和决策系统。通过建立融合物理空间、用户行为、服务交付全生命周期的数字孪生模型，以有机和协调的方式运行设施管理业务，以全面提高建筑物表现、用户体验和组织效能。

系统集成将建立建成空间中物理实体和业务流程的数字表示，提供对业务运行情况的全面刻画。在统一的中央数据库中收集、传输、加工、储存、更新和维护多种内外部数据源，嵌入IoT、BIM、CAD、3D扫描等外部技术并与财务、采购、人力资源、OA等外部执行系统直连，以支持CRE&FM各类功能模块的运行，辅助其制定包括投资组合管理、运行维护策略、合规性管理、生命周期成本管控、空间利用率分析与优化等各种决策，并可执行系统直接连接，监测执行效率和效果，从而适应企业战略目标，快速应对外界变化。

系统集成不仅提高了各职能部门间的通信效率、协作水平和敏捷性，而且能够通过整合并优化分布式建筑组合的数据，深度洞察人员、系统和资产的需求，建立起围绕用户的数字—物理混合世界，形成"以人为中心的智能系统"。

（2）组织生态

未来设施管理将依托云和通信、人工智能和数据智能等新兴技术，由业主主导，供应商、分包商、用户、咨询机构等多个利益相关方共同建立全连接、交互式生态系统，扩展企业设施管理活动价值链。设施管理生态系统演化，如图13-32所示。

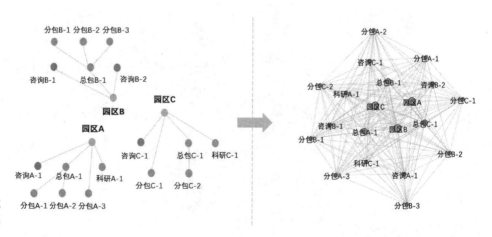

图13-32 设施管理生态系统演化

伴随着多方合作模式的广泛应用，一个完整健康的设施管理企业生态系统将实现更多的信息交互和协同增效，并体现出共生、自治、进化和溢出的演化特性。生态系统中的各类企业将跨越组织边界，通过将现有业务能力进行拆分并基于价值链进行重组,共同形成应对内部业务及外部市场环境变化的快速调整能力,以新的能力组合交付新的价值体系。

(3)组织变革

随着智慧设施管理席卷式来临,企业作为承载主体,必须根据内外环境变化及时对企业管理理念、工作方式、组织结构、人员配备、组织文化及技术等要素进行调整、改进和革新,以实现先进生产关系驱动新生产力的释放。

1)打破边界

组织边界是指一个组织与其他组织相区别、相联系的外界环境沟通的接口和通道。数据驱动设施管理打破了组织的垂直边界,更为扁平化,通过建构分散、多样化的权力结构,增强组织的弹性、动态性和多样性;同时,也打破了组织的水平边界,变专业明确、互相孤立的职能部门为多功能团队,注重组织内部的灵活性。

2)增强敏捷

敏捷是持续、灵活、快速的动态变化能力。数据驱动设施管理能够敏感感知外界的快速变化,快速响应、预测乃至引领客户需求,灵活、快速、有效地制定新战略,同时确立柔性化的组织形态,对自身资源进行快速整合及再分配,从而支持新战略。

3)赋能个体

设施管理中的个体是生态链中受组织决策和行动影响的任何相关者。数据驱动设施管理运行底层逻辑从"分"向"合"转变,组织效率从分工转向合作,个体的学习能力、数字能力、合作能力等越来越成为组织发展的强劲动能,个体与组织的关系也从以组织为主导转向合作共生。数据驱动设施管理赋能个体,如图13-33所示。

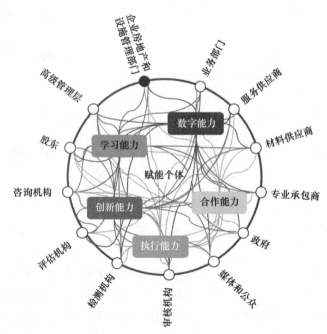

图13-33 数据驱动设施管理赋能个体

（4）用户体验

用户体验，即用户在体验某项服务之前、体验期间和体验之后的全部感受，包括情感、信仰、喜好、认知印象、生理和心理反应、行为和成就等各个方面。受益于数据驱动设施管理的爆发、更先进的组织和运营模式以及组织和用户之间互动的根本性转变，用户体验将迎来巨变。

数据驱动设施管理用户体验关注服务提供全过程（用户旅程）给予用户的感受，而非只寻求单一接触点（用户触点）优化。数据驱动设施管理端到端用户旅程，如图13-34所示。

图13-34 数据驱动设施管理端到端用户旅程

数据驱动设施管理的极致用户体验往往会带来更出色的客户洞察力、客户黏性和员工满意度，是助力核心业务保持高速增长、最终走向卓越的关键因素。

13.3.4 数据驱动设施管理对策

大数据时代促进了设施管理的转型和升级，设施管理行业和企业开始利用现有的和新的数据源进行试点和实施，其间面临诸多问题和挑战。不同视角数据驱动设施管理面临的问题，如图13-35所示。

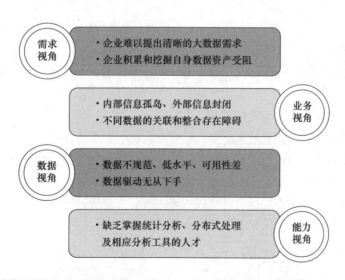

图13-35 不同视角数据驱动设施管理面临的问题

建立数据驱动业务的设施管理模式，实现设施管理精细化目标必须脚踏实地、循序渐进，不能一蹴而就。要正视设施管理行业和企业在数据管理方面存在的问题和挑战，同时不被各种流派和概念淹没，养成一个重视数据收集、分析和使用的习惯。数据驱动设施管理对策，如图13-36所示。

图13-36 数据驱动设施管理对策

（1）数据资产化及职能转变

企业不动产与设施数据的收集、管理和分析是整合和创新设施管理服务的充分条件。数据中心需要围绕设施管理核心目标规划，建立统一的数据标准和完备的数据资源体系，逐步形成以"数据管理、监测评价、信息服务"为主要特征的新型数据驱动设施管理职能。

（2）核心服务目标顶层设计

顶层设计是从整体出发，考虑一整套解决各层次问题和调动各层次资源，围绕全局目标，有序地、渐进地落实和推进，最终达成整体目标的方法。数据驱动设施管理顶层设计，如图13-37所示。

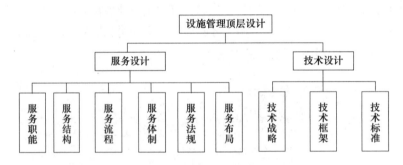

图13-37 数据驱动设施管理顶层设计

（3）数据驱动服务模式转变

设施管理领域会积累越来越多的供应商数据、设备运维数据、个体行为数据等，如何在合规范围内使用这些数据创造价值成为设施管理亟待解决的难题。从国际经验和其他行业来看，对数据价值的挖掘主要集中在两大方向：一是利用用户洞察，制订有针对性的运营计划或战略决策；二是提升数据共享能力，实现数据价值最大化。数据价值挖掘的方向，如图13-38所示。

图13-38 数据价值挖掘的方向

（4）组织管理与软硬件设施准备

数据的应用需要进行相应的组织管理和软硬件设施准备。组织管理准备指的是与数据思维和技术相匹配的管理提升和人员配备。软硬件设施准备主要指为数据应用提供硬件基础和软件配置。

总体而言，数据驱动的设施管理模式将在设施管理行业服务方式、服务模式、服务手段的改变上发挥非常重要的作用：收集、分析和利用数据的能力以及数据的质量和规模，将决定企业的核心竞争力；以数据深度挖掘为特点，促使设施管理模式走向精细化；企业内部关键运行数据信息管理始终是管理者进行决策和管理的依据，而合理利用外部的数据信息会使企业提前获取行业的潜在变化信号，明确所在设施管理行业未来的发展动向。

关键术语

设施管理信息系统　工单管理系统　计算机维护管理系统　企业资产管理系统　计算机辅助设施管理　集成化设施管理系统　集成工作场所管理系统　数据特征　云计算　物联网　混合现实　建筑信息模型　大数据　组织生态　用户体验　数据驱动

复习思考题

1. 设施管理信息系统的发展分为哪些阶段？
2. 设施管理信息系统实施过程包含哪些方面？
3. 举例说明典型的设施管理信息系统解决方案的应用。
4. 简述新兴信息技术在设施管理中的应用场景。
5. BIM的特性有哪些？
6. 如何构建设施管理BIM模型？
7. 如何理解数据驱动设施管理模式？
8. 数据驱动设施管理的对策有哪些？
9. 数据驱动设施管理未来有哪些展望？

参 考 文 献

［1］Kathy O.Roper, Richard P.Payant.The Facility Management Handbook[M].4th Edition. AMACOM, 2014.

［2］曹吉鸣，缪莉莉. 设施管理概论［M］. 北京：中国建筑工业出版社，2011.

［3］曹吉鸣，刘亮. 设施管理［M］. 北京：中国建筑工业出版社，2017.

［4］企业房地产与设施管理指南编委会. 企业房地产与设施管理指南［M］. 上海：同济大学出版社，2019.

［5］曹吉鸣，缪莉莉. 综合设施管理理论与方法［M］. 2版. 上海：同济大学出版社，2024.

［6］曹吉鸣，缪莉莉. 我国设施统管理的实施现状和制约因素分析［J］. 建筑经济，2008（3）：100-103.

［7］John Boudreau. 未来，这个世界只有4种工作模式［EB/OL］. 哈佛商业评论，2016.

［8］Per Anker Jensen.Organisation of facilities management in relation to core business[J]. Journal of Facilities Management, 2011, 9(2): 78-95.

［9］Sarich Chotipanich,Veerason Lertariyanun.A study of facility management strategy: the case of commercial banks in Thailand[J]. Journal of Facilities Management, 2011, 9(4): 282-299.

［10］小阿瑟·汤普森，格丽特·彼得拉夫. 战略管理：概念与案例［M］. 21版. 北京：机械工业出版社，2019.

［11］费雷德·戴维，福里斯特·戴维. 战略管理：建立持续竞争优势［M］. 17版. 北京：中国人民大学出版社，2021.

［12］Robert S.Kaplan, David P.Norton.The Balanced Scorecard:Translating Strategy into Action [M].Boston: Harvard Business School Press, 1996.

［13］理查德·L. 达夫特. 组织理论与设计［M］. 13版. 北京：清华大学出版社，2022.

［14］徐晨. 运营持续管理在设施管理组织中应用研究［J］. 北方经济，2012（16）：102-103.

［15］朱倩，徐晨. 基于社会网络的设施管理组织网络结构特性研究［J］. 管理观察，2013（13）：113-115.

［16］FrantišekKuda, Eva Berankova.Integration of Facility Management and Project Management as an Effective Management Tool for Development Projects[J].Applied Mechanics & Materials, 2014, 501-504: 2676-2681.

［17］Shahabudin Abdullah, Hishamuddin Mohd Ali, Ibrahim Sipan.Benchmarking space usage in higher education institutes:attaining efficient use [J].Journal of Techno-Social, 2012, 4(1): 11-20.

[18] Tertiary Education Facilities Management Association (TEFMA).Space Planning Guideline[M]. 3rd edition. Sydney: TEFMA Publication, 2009.

[19] Office of Real Property Management, Performance Measurement Division.Workspace utilization and allocation benchmark[R].GSA, 2012.

[20] Office of the Assistant Secretary, Office of Real Property Leasing, Deputy Assistant Secretary - Indian Affairs.Space management: request for space handbook[M].Release # 14-29, 2014.

[21] 陈光. 现代企业空间管理［M］. 上海：同济大学出版社，2014.

[22] Marek Potkany.Facility Management and Its Importance in the Analysis of Building Life Cycle[J].Procedia Economics and Finance, 2015.

[23] DubenI.Ikediashi, Stephen O.Ogunlana, Prince Boateng.Determinants of outsourcing decision for facilities management(FM) services provision[J].Facilities, 2014, 32(9/10): 472-489.

[24] Bernard Lewis, Richard Payant.Facility Manager's Maintenance Handbook[M]. 2nd Edition. McGraw-Hill Education, 2007.

[25] John Fennimore.Sustainable Facility Management: Operational Strategies for Today [M]. Pearson, 2013.

[26] IFMA, Eric Teicholz.Technology for Facility Managers: The Impact of Cutting-Edge Technology on Facility Management[M].John Wiley&Sons Inc, 2012.

[27] U.S.Department of Energy.Operation & Maintenance Best Practice Guide: A Guide to Achieving Operational Efficiency(Release 3. 0)[R].2010.

[28] 刘忠和，李校生. 物业设备维护与管理［M］. 3版. 大连：东北财经大学出版社，2015.

[29] 冯国会，李洋，李刚，等. 暖通空调系统运行维护［M］. 北京：人民交通出版社，2013.

[30] Constantin Stephan.Industrial Health, Safety and Environmental Management[M]. Epubli, 2016.

[31] 黄院臣，王韶华，李建军. 变电设备运行维护培训教材（基础篇）［M］. 北京：中国电力出版社，2015.

[32] 李长宏. 工厂设备精细化管理手册［M］. 北京：人民邮电出版社，2014.

[33] 中华人民共和国住房和城乡建设部. 公共建筑节能设计标准：GB 50189—2015［S］. 北京：中国建筑工业出版社，2015.

[34] 中华人民共和国住房和城乡建设部. 民用建筑节水设计标准：GB 50555—2010［S］. 北京：中国建筑工业出版社，2010.

[35] 全国能源基础与管理标准化技术委员会. 能源管理体系要求及使用指南：GB/T 23331—2020/ISO 50001：2018［S］. 北京：中国标准出版社，2020.

[36] 赵旭东. 能源管理体系［M］. 北京：中国标准出版社，2014.

[37] Francis Buttle, Stan Maklan.Customer relationship management:concepts and technologies[M]. 3rd Edition. London: Routledge, 2015.

[38] Per Anker Jensen, Theo van der Voordt, Christian Coenen.The Added Value of Facilities Management: Concepts, Findings and Perspectives[M].Lyngby: Polyteknisk Forlag, 2012.

[39] Stefan Wuyts, Aric Rindfleisch, Alka Citrin.Outsourcing customer support: The role of provider customer focus[J].Journal of Operations Management, 2015, 35: 40-55.

[40] Joseph H.K.Lai, Edmond C.K.Choi.Performance measurement for teaching hotels:A hierarchical system incorporating facilities management[J].Journal of Hospitality Leisure Sport & Tourism Education, 2015, 16: 48-58.

[41] SarelLavy, Salil Jawadekar.A Case Study of Using BIM and COBie for Facility Management [J].International Journal of Facility Management, 2014, 5(2).

[42] Colleen Kasprzak, CraigDubler.Aligning BIM with FM: streamlining the process for future projects[J].Construction Economics and Building, 2015, 12(4): 68-77.

[43] Frank Booty. Facilities management handbook[M]. 4th Edition. London:Routledge, 2009.

[44] 靖鲲鹏，宋之杰．风险管理的新方法——业务持续管理［J］．燕山大学学报（哲学社会科学版），2013，14（1）：92-99.

[45] 高维．风险评估与业务影响分析的区别与联系［J］．计算机安全，2011，（4）：79-81.

[46] Patrick Woodman,Paul Hutchings.Disruption & Resilience–The 2010 Business Continuity Management Survey[R].Chartered Management Institute, 2010.

[47] Patrick Woodman,Paul Hutchings.Managing Threats in a Dangerous World–The 2011 Business Continuity Management Survey[R].Chartered Management Institute, 2011.

[48] Ben Musgrave, Patrick Woodman.Weathering the storm–The 2013 Business Continuity Management Survey[R].Chartered Management Institute, 2013.

[49] 王金玉．业务连续性管理（BCM）国家标准诞生的背景与现实和历史意义［J］．办公自动化杂志，2014（12）：30-33.

[50] 全国公共安全基础标准化技术委员会．公共安全业务连续性管理体系 指南：GB/T 31595—2015/ISO 22313：2012［S］．北京：中国质检出版社，2015.

[51] 全国公共安全基础标准化技术委员会．安全与韧性业务连续性管理体系 要求：GB/T 30146—2023/ISO 22301：2019［S］．北京：中国标准出版社，2023.

[52]《智慧设施管理（Smart FM）战略研究报告》编写组．智慧设施管理战略研究报告［R］．同济大学复杂工程管理研究院设施管理研究中心，2018.

[53] 2017设施管理行业基准报告报告编写组．设施管理基准分析——寻求卓越的最佳实践过程［R］．戴德梁行&同济大学，2018.

[54] 曹吉鸣，汤洪霞，田哲．基于有向加权网络的设施管理综合服务商评选模型［J］．同济大学学报，2020，48（3）：463-470.

[55] 曹吉鸣，田哲．国际设施管理高等学历教育体系研究及启示［J］．高教学刊，2019，

（3）: 5-8.

[56] Charles D.Baker,Matthew A.Beaton,Karyn E.Polito,etc.Energy Management services Guide 3. 0[R].Massachusetts Department of Energy Resources, 2016.

[57] Noor Azman M.Nor, Abdul H.Mohammed, Buang Alias.Facility Management History and Evolution[J].International Journal of Facility Management, 2014, 5(1).

[58] 国际WELL建筑研究院. WELL健康建筑标准（第2版）[S/OL].

[59] 清华大学建筑节能研究中心. 中国建筑节能年度发展研究报告2021（城镇住宅专题）[M]. 北京：中国建筑工业出版社，2022.

[60] 香港机电工程署. 商业类别——能源消耗指标[OL].

[61] 香港机电工程署. 住宅类别——能源消耗指标[OL].

[62] 钱龙海，柳学信. 2021中国ESG年度发展报告[M]. 北京：经济管理出版社，2022.

[63] 曹吉鸣，刘亮，等. 公共建筑设施管理成熟度模型构建[J]. 工程管理学报，2017，31（2）：59-63.

[64] 尼基尔·萨瓦尔. 隔间：办公室进化史[M]. 桂林：广西师范大学出版社，2018.

[65] 王曙. 业务连续性管理实务[M]. 北京：人民邮电出版社，2022.

[66] 电力规划设计总院. 中国能源发展报告（2023）[M]. 北京：人民日报出版社，2023.

[67] International Property Measurement Standards Coalition(IPMSC). International Property Measurement Standards:Office Buildings[S]. 2014.